JN115158

保険論

第2版

実際とリスクマネジメントへの適用

李洪茂

HAKUEISHA

はしがき

保険は、リスクマネジメントの重要な手段の一つとして、現代社会を支える重要なインフラの一つであり、保険学は、リスク・リテラシーのためにも、重要な学問である。

この保険制度の重要性は、次の通りである。

第一に、保険は、個別経済体のリスクへの対応としての重要な手段である。例えば、2011 年 3 月 11 日に発生した「東日本大震災」は、甚大な損害をもたらした。この地震による加入者の住居の損害に対する対策として、政府の再保険による地震保険が実施されており、福島第一原子力発電所の損害賠償責任のための原子力損害賠償責任保険も存在していた。また、個人の生活の中で発生する交通事故や火災などに対処する自動車保険や火災保険があり、パンデミックやサイバーリスクのような新しいリスクによる各経済体の損害に対応する保険も登場している。さらに、企業の活動に伴う製造物賠償責任や信用リスクなどに対応する保険もある。

第二に、保険は、社会全体のリスク対応として重要な手段である。例えば、人生 100 歳時代が現実の社会として到来した。この超高齢社会への対応として、年金保険・医療保険・介護保険の役割が期待されている。

一方、多くの大学に「保険論」の講座が設置されている。その内容は、多様で統一された内容がなく、目指す講座の目的も多様である。例えば、ある本では、保険契約の法律的な解説に集中しているが、ある本では保険会社の経営や保険販売に集中している。これらは、それなりに有効な面があり、一定の貢献をしていることも事実である。

しかし、多くの人が必要としているのは、消費者または利用者の立場から保険制度を理解して、各自の立場でのリスクマネジメントに活用できるようになることである。このように保険消費者からの需要を優先的に考慮した保険論は、あまり存在しないのが事実である。つまり、既存の保険論では、供給者の立場から、生命保険会社または損害保険会社、そして社会保険の運営主体である政府の立場からの損害保険と生命保険、そして社会保険などに、保険制度を縦割りと横割りの二重の分割で解説しているため、保険消費者の立場で発生するリスクに対応して、体系的に保険制度を理解することが容易ではなかった。

本書では、保険消費者の立場から、消費者のリスク別に、強制保険と任意保険、社会保険と民営保険を統合的に概説している。例えば、医療保障であれば、公的医療保険と民営医療保険がパッケージとなって、病気やケガという一つのリスクに対処している。したがって、効率的なリスクマネジメントのためには、特定のリスクに対する保険制度を社会保険と民営保険を同じ項目の中で統合的に立体的に理解する必要がある。

この本では、第1部保険理論、第2部災害と損害保険、第3部生死のリスクと生命保険に構成した。これによって、実際のリスクの対応に、保険理論がどのように活用されているかを統合的に理解できるようにした。

本書が、保険消費者の立場からのリスク対応に必要とされる基礎知識を体系的に理解するための概説書として、活用されれば幸いである。

2022年10月1日

李洪茂 (Hongmu Lee)

目次

01 保険理論

03 生死のリスクと生命保険

INSURANCE

01 保険理論

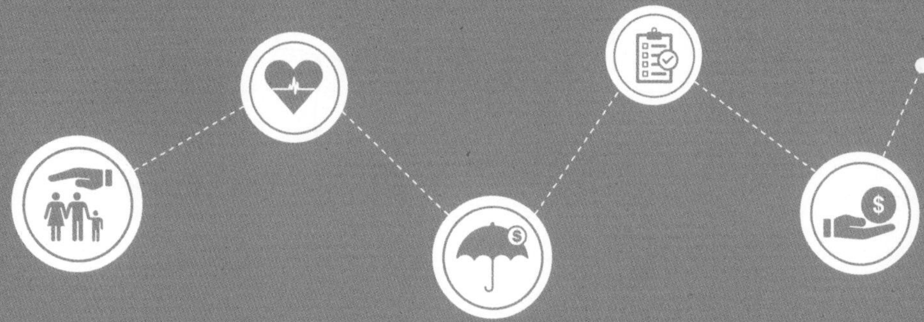

第1章 リスクと保険

危険とは、一般に、危ないこと、または危害や損害の生ずるおそれがあること、と説明される。しかし、この「リスク（Risk）」は、一般に統一された定義が存在しておらず、その概念も様々である。本章では、リスクの概念と種類について概説する。

1. 付保可能性によるリスクの分類

伝統的には、保険の可能性を基準に、リスク（危険）の分類が行われてきた。つまり、リスクの中には、保険で対応できないものがある。

[1] 純粋リスクと投機的リスク

純粋リスクと投機的リスクの分類は、損益の発生有無によるものである。この分類は、Mowbray（1969）が提唱したとされる[1]。純粋リスク（Pure Risk）は、利益の発生の可能性はなく、損害の発生の可能性のみが存在するリスクであり、後述するように、静態的リスクとも称される。例えば、火災、交通事故、自然災害などである。人的リスク（Personal Risk）、物的リスク（Property Risk）、責任リスク（Liability Risk）などは、リスクを対象別に分類したものであるが、純粋リスクに分類される。

これに対して、投機的リスク（Speculative Risk）とは、利益または損失を発生させるリスクであり、価格変動リスク、為替リスクなどがその事例である。投機的リスクは、後述する動態的リスクでもある。この投機的リスクは、その発生確率の統計的な測定が困難であるため、保険で対応することができないとされる。純粋リスクは、発生確率の統計的な測定が可能であるため、保険で対応できるリスクである。

[2] 静態的リスクと動態的リスク

静態的リスクと動態的リスクの分類は、Willet（1951）が“The Economic Theory of Risk and Insurance”の中で提唱したものである。静態的リスク（Static

1 Insurance（6th ed）（1969）の中で提唱したとされる。

Risk）とは、変動しない社会や経済において発生するリスクである。つまり、静態的リスクは、経済的情勢・政治的情勢・法的規制・技術的情勢、経営戦略、消費者の嗜好や流行などのリスクの前提条件のような基盤が変化しない状態でのリスクであり、落雷・火災・死亡のように、自然的、人為的なリスクである。静態的リスクは、統計的な把握がしやすく、それゆえに保険で対応することに適している。

一方、動態的リスク（dynamic risk）とは、社会や経済が変化・発展するときに発生するリスクである。動態的リスクは、経済的情勢・政治的情勢・法的規制・技術的情勢の変化、経営戦略の変化、消費者の嗜好の変化や流行の変化などのリスクの前提条件のような基盤が変化するものであり、投機的リスクでもある。動態的リスクには、規則性がないため、統計的な把握がしにくく、保険で対応できないとされている。

2. 保険におけるリスクと偶然

保険で使われるリスクの意味は、様々である。それらの意味は、次の通りである。

【1】保険におけるリスク

リスクは、伝統的に保険によって対応してきたが、損害発生または事故発生の可能性を意味し、この可能性は、金銭的に評価できる損害に限られた。保険におけるリスクの考え方は、次の通りである。

第一に、リスクは、危険要因とも訳されるハザード（Hazard）の結合ともいわれる。このハザードとは、損害発生の潜在的要因または拡大要因であり、損害発生の回数を意味する頻度（Frequency）、損害の大きさを意味する強度（Severity）または規模（Size）のいずれかを増大させる条件である。

例えば、倉庫内に貨物とガソリンが一緒に保管されている場合、ガソリン自体は損害を発生させないが、火災の発生頻度とそれによる損害の強度を増大させるものであるため、この場合のガソリンはハザードとなる。このハザードには、路面凍結、急カーブなどのような物理的なハザード、不注意などの心理的なハザードがあるとされ、これらのハザードの結合がリスクであると説明される。

第二に、リスクは、ペリル（Peril）を指すこともあるが、ここでのペリルとは、火災・爆発・衝突などのような事故自体を意味する。

第三に、ペリルの結果、損害（Loss or Damage）が発生するが、この損害の可能性をリスクと理解する場合もある。

ハザード、ペリル、損害の関係は、次の通りである。

図1 ハザードとペリルの関係

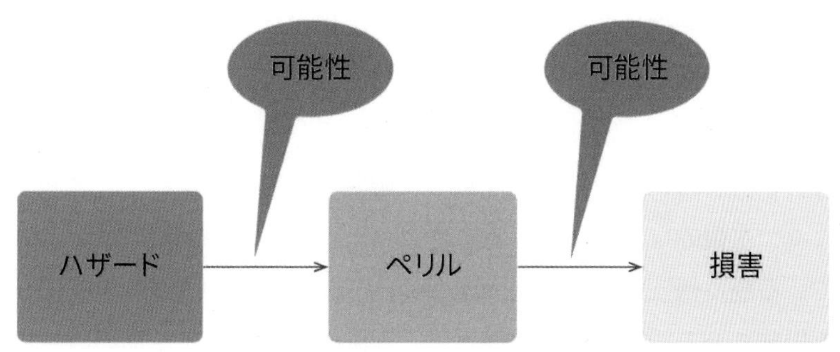

出典 各種資料を参考にして作成

上の図で示した通り、ハザード、ペリル、損害の間には、可能性が介在している。また、保険におけるリスクは、ペリルすなわち事故の発生確率（頻度）と損害の大きさ（強度）を乗じた値が損害の期待値であるリスク値（Risk Value）として、リスクの大きさを表す。

リスク値（Risk Value）＝ 事故の発生確率 × 損害の大きさ

このリスク値には、事故の発生確率と損害の大きさの両面が含まれており、リスクが一つの指標で示されている。

「損害」という用語は、物体の損壊または人身傷害に対して使われる場合が多く、「損失」という用語は、利益と損失のように、金銭に対して使われる場合が多い。保険では、「損害」という用語が多く使われている。

[2] 保険における偶然

保険における偶然事故とは、損害を被ったある出来事において、「①発生の有無、②発生の時期、③損害の態様」の３つのいずれかについて偶然性がみられる場合を指す。保険は、これらの偶然事故を担保リスクとしているが、①の発生の有無に偶然性が見られるのは、自然災害や火災・交通事故などであり、地震保険・火災保険・自動車保険などがこの偶然事故を対象とする保険である。②の発生の時期に偶然性が見られるのは、人間の生死であり、生命保険の死亡保険である定期保険、または生存保険である年金保険がこの偶然事故を対象とする保険である。③の損害の態様に偶然性が見られるのは、その損傷による故障の程度が時期等によって変動する船舶や機械の故障などであり、修繕保険がこの偶然事故を対象とする保険である。

これらの偶然性は、不可抗力的なものに限定されるのではなく、客観的である必要もなく、主観的なもので足りるとされる。例えば、海上保険などにおいて認められている遡及保険（Retrospective Policy）は、主観的偶然性を担保リスクとしている保険である。この遡及保険とは、保険契約締結時より前の時点に遡って保険期間の開始として危険を担保する保険である。この遡及保険において、客観的には保険事故がすでに発生していても、保険契約者が主観的にその事実を知らなければ、その保険契約は有効とされる。

 3. リスク・マネジメントにおけるリスクの定義

リスク・マネジメントは、保険が保険会社という供給者の立場からリスクの一部の種類のみを保険事業というビジネスの対象としているのと異なり、各組織や個人という消費者（利用者）の立場からすべてのリスクに対処する必要があるため、その定義も異なっている。

[1] ISO 31000におけるリスクの定義

ISO（International Organization for Standardization：国際標準化機構）は、スイスのジュネーヴに本部を持つ民間の非政府組織の国際機関として、1947 年に

発足し、電気分野を除くすべての分野において、国際規格または標準を制定している。各国から１機関だけが参加できるが、日本からは、日本工業規格（JIS）[2]の調査・審議を行っている日本工業標準調査会（JISC）[3]が、1952年に加入した。

ISO規格には、品質マネジメント・システム規格ISO 9000シリーズや環境マネジメント・システム規格ISO 14000シリーズなどがある。ISO 9000シリーズは、製品の設計・製造から検査までの品質管理システムの認証であり、ISO 14000シリーズの中の環境マネジメント・システム（EMS : Environmental Management Systems）の構築を要求した規格がISO14001である。

さらに、リスク・マネジメント規格として、2009年11月15日、ISO 31000「リスク・マネジメント原則及び指針」（ISO 31000 : 2009 Risk management - Principles and guidelines）とリスク・マネジメントの用語の定義集であるISO Guide73が公表された。

ISO 31000 : 2018には、「リスク」は、「諸目的に対する不確かさの影響（Effect of Uncertainty on Objectives)」と定義されている[4]。その結果、好ましくない（Negative）影響をもたらすリスクだけではなく、好ましい（Positive）影響をもたらすリスクもリスク・マネジメントの対象に含まれる[5]。その結果、このリスクの定義には、純粋リスクに加えて、投機的リスクも含まれる。

リスク・マネジメントのフレームワークを規定しているISO 31000におけるリスクの定義に、好ましくない影響だけではなく、好ましい影響をも含むことによって、ISO 31000を投機的リスクが含まれる経営全般に適用できるようにした。仮に、リスクの定義を好ましくない影響だけに限定している場合は、リスク・マネジメントは、純粋リスクを対象とする防災活動や安全活動などに限定されることになる。また、「諸目的に対する不確かさの影響」とは、リスクを組織の目的達成

---

2 JIS（Japanese Industrial Standards）（日本工業規格）とは、工業標準化の促進を目的とする工業標準化法（昭和24年）に基づき制定される国家規格である。

3 日本工業標準調査会（Japanese Industrial Standards Committee、略称JISC）は、工業標準化法（昭和24年6月1日法律第185号）第3条第1項の規定により経済産業省に設置される審議会である。

4 詳細については、拙稿『リスク・マネジメント論』成文堂、2019年、第４章、第５章を参照されたい。

5 ISO/IEC Guide 73：2002では、リスクは、「事象の発生確率と事象の結果の組み合わせ（combination of the probability of an event and its consequence）」であるとし、好ましくない結果を得る可能性として考えられていた。

に影響を与える要素としてとらえていることであり、それによってリスク・マネジメントを、組織の目標達成を支援するものとして位置付けている。

[2] COSO-ERMにおけるリスクの定義

アメリカでは、1980年代、会計不正による企業の経営破たんが頻発していた。これに対応するため、1985年6月、「不正な財務報告全米委員会（The National Commission on Fraudulent Financial Reporting）」が組織されたが、初代の委員長がJames C. Treadway、Jr. であったために、通称、トレッドウェイ委員会とも呼ばれる。このトレッドウェイ委員会は、現在のIMA（The Institute of Management Accountants）の会計5団体、すなわちアメリカ会計学会（The American Accounting Association：AAA)、アメリカ公認会計士協会（The American Institute of Certified Public Accountants：AICPA)、財務担当経営者協会（Financial Executives International：FEI)、内部監査人協会（The Institute of Internal Auditors：IIA)、全米会計人協会（The National Association of Accountants：NAA）で構成された。

同年、このトレッドウェイ委員会を支援するために、COSOすなわちトレッドウェイ委員会支援組織委員会（Committee of Sponsoring Organizations of Treadway Commission：COSO）が組織された。このCOSOは、上記の会計5団体が支援する委員会組織である。COSOの目的は、企業リスク・マネジメント（Enterprise Risk Management)、内部統制（Internal Control)、そして詐欺の抑制（Fraud Deterrence）の三つのテーマに関する先駆的な考え方を提供することである[6]。

COSOは、2001年、プライスウォーターハウス・クーパース（Pricewaterhouse Coopers）[7]に対して、企業組織のリスクと機会を全社横断的・継続的に評価・改善していくフレームワークを開発するプロジェクトを委託した。その結果は、『エン

---

6 COSOホームページ参照。

7 プライスウォーターハウス・クーパース（Pricewaterhouse Coopers）は、ロンドンを本拠地とし、世界151カ国に163,000人のスタッフを擁する世界最大級のプロフェッショナルサービスファームである。デロイト・トウシュ・トーマツ、KPMG（Deloitte Touche tohmatsu : DTT）、アーンスト・アンド・ヤング（Ernst&Young）と並び、世界4大会計事務所（Big 4）の一角を占める。

タープライズ・リスク・マネジメント：統合的枠組み（Enterprise Risk Management- Integrated Framework、以下 COSO ERM)』という報告書にまとめられ、2004年9月に公表された。

COSO-ERM（2004）フレームワークにおいては、リスクを「組織の目的達成に負の影響を与えるもの」として定義し、イベント（事象）と表記されていた。このイベントをマイナスの影響を与える事象を「リスク」、プラスの影響を与える事象を「機会（Opportunity)」と区分していた。

一方、COSOは、2017年9月6日、2004年に発表したERMフレームワークの改訂版を公表した[8]。COSO-ERM（2017）フレームワークでは、イベント（事象）という言葉を使わず、プラスの影響を与える「機会」とマイナスの影響を与える「リスク」を総称して「リスク」と称している。また、リスクとは「事業戦略およびビジネス目標の達成に影響を与える不確実性」であるとしている。COSO-ERM（2017）では、リスク・マネジメントの国際規格であるISO 31000に足並みを揃えたと見られる。

4. 企業リスクの分類

企業が抱えるリスクの種類は多種多様であるが[9]、大きく分けて、市場リスク（金利・通貨など)、信用リスク、オペレーショナル・リスクに分類される[10]。

---

8 2013年に「内部統制フレームワーク」の20年ぶりの改訂を受けて、後続のプロジェクトとして、「ERMフレームワーク」について改訂が行われた。COSOから委託を受けたPwCのプロジェクトチームが中心となって改訂作業を行い、2016年 6月に公開草案を公表し、その後、パブリックコメントなどで寄せられた指摘を反映する形で2017年9月に改訂版が公表された。

9 アメリカ損害保険アクチュアリー会（Casualty Actuarial Society）は、企業が抱えるリスクを次の四つに分類している。①ハザード・リスクで、賠償責任、財産損害、自然災害などである。②財務リスクで、価格リスク、資産リスク、通貨リスク、流動性リスクなどである。③オペレーショナル・リスクで、顧客満足、製品欠陥、不誠実（Integrity）、評判リスクなどである。④戦略リスクで、競争、社会的傾向、資本の調達可能性などである。

10 拙稿「第1章　リスク概念と企業リスク」『リスク・マネジメント論』成文堂、2019年から抜粋して加筆・修正した。

図2 企業リスク

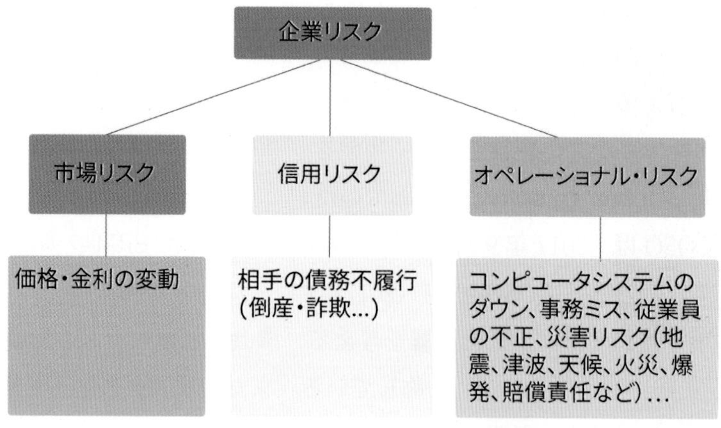

出典 各種資料を参考にして作成

[1] 市場リスク

市場リスク（Market Risk）とは、金利・為替レート・株価等の価格変動によって、損失を被るリスクを意味する。一方、ビジネスにおける市場リスクとは、製品に対する需要または価格が変動するリスクなどを意味する。この市場リスクは、投機的なリスクであるため、保険では対応できない。企業が保有する市場リスクは、業種または企業によって異なるが、金融機関が保有する市場リスクのリスク・ファクター（Risk Factor：危険因子）の例は、次の通りである（金融検査マニュアル）。

表1 市場リスクのファクター

リスク	内　　容
金利リスク	金利の変動によって、資産・負債（オフ・バランスを含む。）の現在価値（又は期間収益）に影響を与えるリスクである。例えば、預金、貸出金、債券、金融派生商品が金利リスクを保有する。
為替リスク	為替レートが変動することによって、資産・負債（オフ・バランスを含む。）の現在価値（又は期間収益）に影響を与えるリスクである。例えば、外貨建ての資産・負債、外国為替取引、これらの派生商品（先渡、先物、スワップ、オプション等）、為替レートを参照してキャッシュ・フロー（償還金額、クーポン・レート等）が定まる資産・負債は、為替リスクを保有する。
株式リスク	株価、株価指数等が変動することによって、資産・負債（オフ・バランスを含む。）の現在価値（又は期間収益）に影響を与えるリスクである。例えば、株式、新株予約権付社債、上記の派生商品（先渡、先物、スワップ、オプション等）、株価、株式指数等を参照してキャッシュ・フロー（償還金額、クーポン・レート等）が定まる資産・負債は、株式リスクを保有する。
コモディティ・リスク	商品価格、商品指数等が変動することによって、資産・負債（オフ・バランスを含む。）の現在価値（又は期間収益）に影響を与えるリスクである。例えば、商品の派生商品（先渡、先物、スワップ、オプション等）、商品価格、商品指数等を参照してキャッシュ・フロー（償還金額、クーポン・レート等）が定まる資産・負債は、コモディティ・リスクを保有する。
その他の市場リスク	キャッシュ・フローが複数の指標を参照して定まる資産・負債（オフ・バランスを含む。）における複数の指標間の相関等がある。

出典 金融検査マニュアルから抜粋して作成

[2] 信用リスク

クレジット（Credit）は、一般に商品等の代金後払いを指すが、貸付の意味でも使用される。信用リスク（Credit Risk）とは、取引先による貸倒れや取引先からの代金の回収遅延、仕入れ先による納入遅延などが発生する可能性を意味するが、貸付先の財務状況の悪化等によって、貸付債権などの価値が減少または消失して損失を被るリスクであるとも定義される（金融庁「金融検査マニュアル」）。特に、債権の回収に関するリスクとしては、債務不履行リスクを意味するデフォルト・リスク（Default Risk）とも称される。現金取引の場合は、取引相手に「信用」を供与していないため、信用リスクは存在しない。しかし、売掛金、融資や債券投資等の場合は、取引相手に「信用」を提供しており、将来にその債権が回収できなくなる可能性があるため、信用リスクが存在する。

債券投資の場合の投資家（債権者）は、その債券を発行した国や企業などの発行体が破たんした際には、元利金を回収できなくなる可能性である信用リスクを抱える。預金者は、銀行などが破たんした場合は、預金の回収ができなくなる信用リスクを抱えている。株式投資の場合も、企業が破たんしたときに、株価が急落するため、投資家は、発行体（企業）の信用リスクを抱えることになる。また、金融機関は、住宅ローンやカード・ローンなどの貸付を行う場合、それらの全額または一部の金額が返済されない可能性があるため、信用リスクを抱える。信用リスクが内在されている金融商品は、貸出債権や国債・社債・金融債等の債券・株式やクレジット・デリバティブなどである。

信用リスクの概念図は、次の通りである。

図3　信用リスク

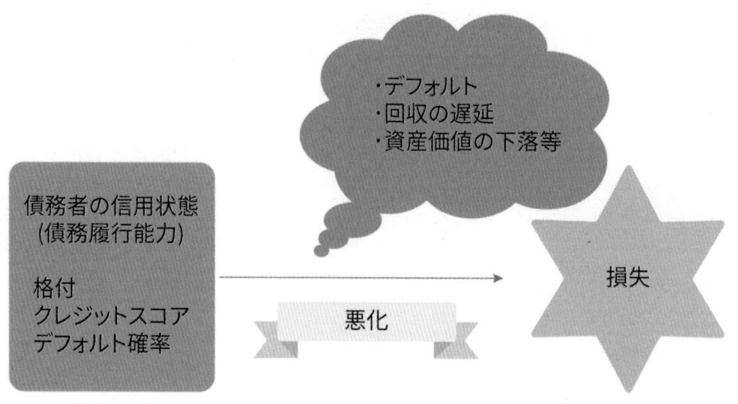

出典　各種資料を参考にして作成

債権者または投資家は、信用リスクが発生すれば、直接的損失または間接的な損失を被る。ここで、直接的損失とは、デフォルトによって債券等の元利金の全額、もしくはその一部が回収不能となる損失である。間接的損失は、デフォルト確率が高まったことによる信用力の低下、またはそれを反映した債券価格の下落によって発生する損失であり、デフォルトおよびその可能性の増大に起因する資産価値の減少ともいえる。

信用リスクの捉え方は、資産の種類によって異なる。貸出債権の場合は、貸出先のデフォルトなどによって、貸出金が返済されないことを信用リスクとして捉える。債券または株のように、市場で流通される金融商品の場合は、発行元の信用力の変化に伴う市場価格の下落も信用リスクとして捉える。債券は、金利に信用リスクの大きさが反映されており、信用リスクの大きい発行体の債券は、その信用リスクに比例して金利が高く設定される。一方、信用リスクの小さい発行体の債券は、そのぶん金利が安く設定される。したがって、ある企業または国の信用リスクが高くなると、その企業の社債またはその国の国債の金利が上昇する。

一方、カントリー・リスク（Country Risk）とは、国の信用リスクであり、海外投融資や貿易取引の相手国の政治や経済状況の変化によって、債務者たるその相手国または相手国所在の取引相手が債務不履行となり、債権の回収ができなくなることである。周辺諸国との戦争や内戦や革命などの勃発による政権失墜、政権交代による進出民営企業の財産の没収のリスクや相手国内の民営企業向けの貸出に対する戦争または為替制限などのリスクはポリティカル・リスク（Political Risk）と呼ばれる。また、トランスファー・リスク（Transfer Risk）とは、取引相手国の外貨準備高が不足し、送金などの対外支払いが制限または禁止され、民営企業が債務不履行となるリスクである。さらに、政府や政府関係機関などの国に対する投融資の回収ができなくなるリスクは、ソブリン・リスク（Sovereign Risk）と呼ばれる。これらのリスクの総称がカントリー・リスクである。

また、金融取引における取引相手のことを「カウンター・パーティ（Counterparty）」といい、その取引相手に対する信用リスクは、「カウンター・パーティ・リスク（Counterparty Risk）」またはカウンター・パーティ・クレジット・リスク（Counterparty Credit Risk）とも称される。金融商品の取引所取引の場合は、取引所が直接の取引相手に代わって、決済代金の支払い債務を引き受ける清算機関が整備されているため、取引当事者には、原則としてカウンター・パーティ・リスクは存在しない。清算機関（Clearing House）は、取引所の売買取引の決済処理を行う機関であり、複数の取引の支払額・受取額の調整・決済の履行を行う。しかし、店頭取引の場合は、清算機関がなく、相対（あいたい）取引となるため、取引相手が経営破たんした場合は、決済代金が支払われないなど契約が履行されない可能性であるカウンター・パーティ・リスクが存在する。

一方、信用格付けは、債券などの金融商品に対する信用リスクの指標であるが、その格付けは、企業や政府自治体などの債券や株式の発行体が破たんするリスクを評価した指標である。特に、国の信用リスクの格付けをソブリン格付け（Sovereign Rating）と称する。この格付は、「格付会社（Rating Firm）」または「格付機関（Rating Agency）」と称される企業が行っており、アメリカ系の格付け会社として、Moody's（ムーディーズ）、Standard & Poor's（スタンダード＆プアーズ）、米英系の格付け会社として、Fitch Ratings（フィッチ）、日本の格付け会社として、格付投資情報センター（R&I）、日本格付研究所（JCR）がある。こうした格付会社は、企業や国、地方自治体などを「A」から「D」のアルファベットで評価している。

格付け機関別の格付け記号の体系は、次の通りである。

表2 格付け機関別の格付け記号の体系

区分	種類	S&P	Moody's	R & I	日本格付研究所	Fitch
投資適格	1	AAA	Aaa	AAA	AAA	AAA
	2	AA+	Aa1	AA+	AA+	AA+
	3	AA	Aa2	AA	AA	AA
	4	AA−	Aa3	AA−	AA−	AA−
	5	A+	A1	A+	A+	A+
	6	A	A2	A	A	A
	7	A−	A3	A−	A−	A−
	8	BBB+	Baa1	BBB+	BBB+	BBB+
	9	BBB	Baa2	BBB	BBB	BBB
	10	BBB−	Baa3	BBB−	BBB−	BBB−
投資不適格	11	BB+	Ba1	BB+	BB+	BB+
	12	BB	Ba2	BB	BB	BB
	13	BB−	Ba3	BB−	BB−	BB−
	14	B+	B1	B+	B+	B+
	15	B	B2	B	B	B
	16	B−	B3	B−	B−	B−
	17	CCC+	Caa1	CCC+	CCC	CCC+
	18	CCC	Caa2	CCC	CC	CCC
	19	CCC−	Caa3	CCC−	C	CCC−
	20	CC	Ca	CC	D	CC
	21	C	C	C		C
	22	D		D		DDD
	23					DD
	24					D

出典 各種資料を参考にして作成

投資不適格の格付けは、ハイリスク・ハイリターンの金融商品で、ムーディーズ社（Moody's）やスタンダード＆プアーズ社（S&P）などの格付会社により、Ba以下やBB以下と格付けされた債券であるが、「ジャンク債（Junk Bond or Speculative-grade Bond）」とも呼ばれ、信用力が低く、元本の償還や利息の支払いが不確実な債券を指す。また、投資不適格債に対して、格付会社により、Baa以上やBBB以上と格付けされた信用力の高い債券は、「投資適格債」と称される。

格付会社は、債券などの資金回収の可能性を判断して投資家に情報を提供しているが、債券などの発行体（Issuer）から格付手数料をとる。ここで、格付け会社と投資家の間には利益相反があるとも指摘されるが、アナリストと営業部門の間の行き来をできなくするなどの措置をとっている。

[3] オペレーショナル・リスク

「オペレーション（Operation）」とは、業務または運営を意味する。オペレーショナル・リスク（Operational Risk）とは、字義通りであれば、業務または運営にともなう損失の可能性を意味する。このオペレーショナル・リスクは、日常の業務遂行の過程で起こるリスクの総称であり、信用リスクと市場リスク以外に企業が抱えるすべてのリスクを意味する場合もある。このオペレーショナル・リスクの定義とその範囲については、現状では十分な合意が得られていない。

一方、近年、特に銀行を中心に、オペレーショナル・リスクの管理が強化されている。2006年度末から移行されたバーゼル銀行監督委員会（Basel Committee）によるバーゼルIIでは、従来の信用リスクと市場リスクに加えて、オペレーショナル・リスクの管理が加えられた。これは、IT化の進展に伴うシステム障害または従業員の事務ミスなどの銀行の業務の変化によるリスクに対応するためであった。

バーゼルIIでは、リスクの原因に着目し、金融機関のオペレーショナル・リスクは、「内部プロセス・人・システムが不適切であること若しくは機能しないこと、又は外生的事象が生起することから生じる直接的又は間接的損失に係るリスク」と定義された[11]。バーゼル銀行監督委員会の定義するオペレーショナル・リスクの定

11 The Risk of direct or indirect loss resulting from inadequate or failed internal processes, people and systems or from external events.

義は、次の通りである。

図4 オペレーショナル・リスク（バーゼル銀行監督委員会）

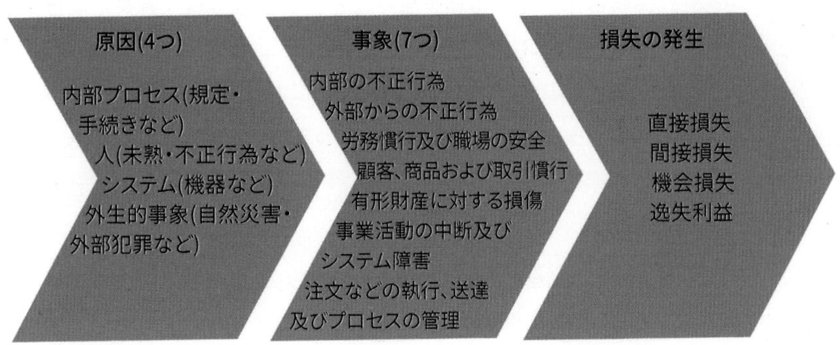

出典 バーゼル銀行監督委員会

この定義には、法務リスクは、オペレーショナル・リスクに含まれるが、戦略リスク、風評リスク、システミック・リスク（Systemic Risk）は含まれないとしている。システミック・リスク（Systemic Risk）は、個別の企業やグループのリスクと対比して用いられる用語で、一つの金融機関の倒産またはシステムの崩壊が他の金融機関または市場に連鎖的に波及し、金融システム全体の機能に影響を与えるリスクである。「Systemic」には、「全身の」という意味もあり、金融システム全体に影響するリスクを意味する。また、補足すべき損失の種類としては、直接損失は確実に補足することが求められたが、間接損失・機会損失・逸失利益については、必須とはされていない。

バーゼルIIにおけるオペレーショナル・リスクを、その原因を基準に、次の4種類に分類している。

表3 オペレーショナル・リスクの分類（原因）（バーゼルII）

分類	概要
プロセス・リスク	業務プロセスが複雑であることや、標準化・システム化されていないことに起因して損失を被るリスク。
人的リスク	役職員が正確な事務を怠ること、或いは故意・過失によって損失を被るリスク。
システム・リスク	システムのダウンまたは機能低下によって損失を被るリスク。
外的要因リスク	外部からの犯罪や天災などによって損失を被るリスク。

出典 バーゼル銀行監督委員会

さらに、国際統一基準で金融機関を監督するための金融庁の告示においては、各金融機関が内部管理上リスク事象と特定すべきオペレーショナル・リスクの損失事象を次のように定めている。

表4 オペレーショナル・リスク損失事象

損失事象の種類	オペレーショナル・リスク損失
内部の不正	詐欺若しくは財産の横領又は規制、法令若しくは内規の回避を意図したような行為による損失であって、銀行又はその子会社等の役職員が最低一人は関与するもの（差別行為を除く）
外部からの不正	第三者による、詐欺、財産の横領又は脱法を意図したような行為による損失
労務慣行及び職場の安全	雇用、健康若しくは安全に関する法令若しくは協定に違反した行為、個人傷害に対する支払、労働災害又は差別行為による損失
顧客、商品及び取引慣行	特定の顧客に対する過失による職務上の義務違反（受託者責任、適合性等）又は商品の性質若しくは設計から生じる損失
有形資産に対する損傷	自然災害その他の事象による有形資産の損傷による損失
事業活動の中断及びシステム障害	事業活動の中断又はシステム障害による損失
注文等の執行、送達及びプロセスの管理	取引相手や仕入先との関係から生じる損失又は取引処理若しくはプロセス管理の失敗による損失

出典 平成 18 年 3 月 27 日金融庁告示第 19 号、別表第二

上の表で確認できるように、発生のコントロールが不可能である自然災害もオペレーショナル・リスクに含めている。

オペレーショナル・リスクに、ビジネス・リスクとコンプライアンス・リスクを含む場合が多い。ビジネス・リスク（Business Risk）は、ビジネスを営む上で、回避できないリスクであり、経営戦略の誤りや企業間競争、製品市場の動向などであるが、その範囲については一般に合意されていない。特に、ビジネス・リスクとオペレーショナル・リスクの境界は明確でない。

また、コンプライアンス・リスク（Compliance Risk）は、業務遂行や従業員の行動が、法令、あるいは企業規則に反することから生じる損失の可能性であるが、オペレーショナル・リスクに含められる場合も多い。このコンプライアンスは、単に法令遵守という内容を超え、社内または組織の規則の遵守、さらには倫理観のある行動等に至る広い意味で理解される。また、災害リスク（Disaster Risk）とは、地震・暴風・豪雨・洪水・噴火その他の異常な自然現象によって生じる損害または人為的な損害賠償責任または火災などによって生じる損害のリスクをいう。

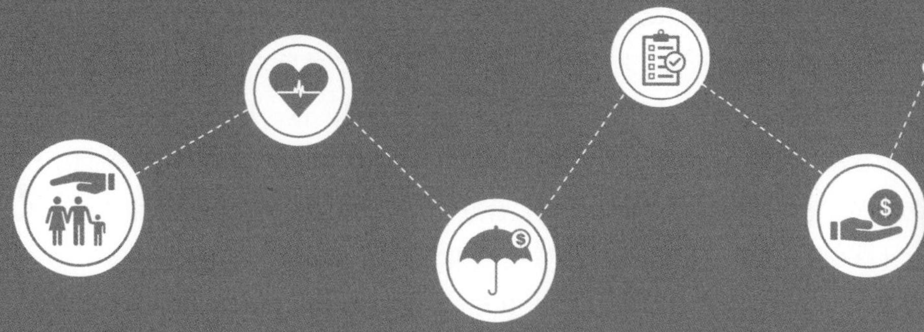

第2章

保険制度の活用と弊害

保険制度は、リスク対応手段としての限界がありながらも、我々の社会活動に深くかかわっており、欠かせない制度となっている。しかし、一方では、その弊害も指摘されている。本章では、保険制度の活用と弊害について解説する。

1. 企業リスク・マネジメントと保険

欧米では、1990年代ごろから統合型リスク・マネジメントに注目が集まった。この統合型リスク・マネジメントは、一部の先進企業が、その企業が抱えるすべてのリスクに全社的に対処する包括的なリスク・マネジメントや、企業価値を増大させるための手段の一つとして、1990年代前半に開発され、エンタープライズ・ワイド・リスク・マネジメント（EWRM：Enterprise Wide Risk Management）、戦略的リスク・マネジメント（SRM：Stretigic Risk Management）、ビジネス・リスク・マネジメント（BRM：Business Risk Management）、包括的リスク・マネジメント（CRM：Comprehensive Risk Management）、統合的リスク・マネジメント（IRM：Integrated Risk Management）、ホリスティック・リスク・マネジメント（Holistic Risk Management）、トータル・リスク・マネジメント（Total Risk Management）などと呼ばれた。

この統合型リスク・マネジメントでは、従来の保険的リスク・マネジメントと異なり、保険以外の金融と保険の両方の技術が使用され[12]、企業リスク・マネジメント（ERM：Enterprise Risk Management）という名称が一般的に使われるようになった。この企業リスク・マネジメントは、企業の経営上発生する可能性のあるすべてのリスクに対して、全社的に管理しようとするものである[13]。

従来のリスク・マネジメント手法では、主として、信用リスク、市場リスクといった特定のリスクを対象に、その業務の担当部署に関連したリスクに対して、縦割りでリスク・マネジメントを行っていた。このようなリスク・マネジメントは、サイロ型（Siloed Approach）リスク・マネジメントと称され、例えば、信用リスクは貸付部署が担当し、市場リスクは資産運用の担当部署が管理していた。また、

12 Doherty, Neil A., *Integrated Risk Management*, 2000, pp.10-13.

13 詳細については、拙稿『リスク・マネジメント論』成文堂、2019年、第2章を参照されたい。

財務または審査、あるいは内部監査人など一部の人たちがその業務を担当していた。このサイロ型リスク・マネジメントでは、リスク情報は、各部門内に止まるこになり、部門をまたがるリスクまたは境界線にあるリスクは、対応できなくなる場合があった。しかし、ERMでは、リスクの洗い出し、評価、対応などを全社的に横断的に行うことによって、漏れなくより効率的にリスク・マネジメントが行えるようになる。

従来のリスク・マネジメントでは、リスクは利益の減少（損失）であり、避けべきものと理解されてきたが、企業リスク・マネジメントでは、リスクは利益の源泉として理解され、リスクを取って利益を追求すべきであると考えるようになってきている。この企業リスク・マネジメントでは、全社的なリスクが、経営レベルで、横断的に、全社的かつ統合的に管理される。その結果、リスク情報が全社横断的に共有され、部門をまたがるリスクまたは境界線にあるリスクの対応もできるようになる。企業リスク・マネジメントは、従来のリスク・マネジメントと比較すると、①リスクを「避ける」から「とる」、②「損失の回避・軽減」から「企業価値の維持向上」、③「企業の利益」から「ステーク・ホルダー[14]、社会の利益」、④「個別のリスク対応」から「全リスク対応」、という特徴がみられる。

また、従来のリスク・マネジメントは、保険に加入する保険的リスク・マネジメントに大きく依存していた。しかし、近年の企業リスク・マネジメントでは、従来の保険的リスク・マネジメントと異なり、純粋危険のみならず投機的リスクもその対象にしている。例えば、自動車の輸出に対するリスクを考える場合、保険的リスク・マネジメントにおいては、自動車の輸送おける事故などによる損失または損失賠償などの純粋リスクがその対象となっていた。しかし、企業リスク・マネジメントでは、その純粋リスクのみならず、為替の変動や価格変動などの投機的リスク（市場リスク）もその管理の対象としている。

14 「ステーク（stake）」とは、「失う危険のある大事なもの」であり、「利害関係」のことである。ステークホルダー（stakeholder）とは、企業の場合、投資家・債権者、株主、ビジネス・パートナー、取引先、従業員・労働組合、利用者・消費者など、企業と何らかの利害関係を持つ人または団体である。最近では、地域住民、産業界、地方自治体・関連省庁なども含まれるようになっている。

表5 従来の RM と ERM

区分	従来のRM	ERM
対象	オペレーショナル・リスクやクライシス・マネジメントなどの個別リスクに対応するもの。	戦略達成、財務目標達成に関わるリスク。
リスクの定義	将来の損失発生の可能性。	将来の不確実性。収益と損失の両方が含まれる。
リスクに対する姿勢	リスクは避けるべきもの。	リスクは管理すべきもの。
リスク・マネジメント	損失等の発生を防止し、リスクが発生した場合の影響（損失）を最小限に抑えるプロセス。	リスクは利益の源泉でもあり、リスクを取った企業価値増大活動により事業体の存続を図るプロセス。
対象リスク	純粋リスク。	純粋リスク。 投機的リスク（市場リスク)。
目的・管理体系	個別のリスクの低減が目的であるため、個別リスクの管理体系の集合。グループ内の各社または拠点別に異なる体系。	全社またはグループのリスクを統合的に管理。目的や方針を共有した統一的な取り組み。
特徴	ある部門で認識されているリスクでもグループでは認識されていない場合もある。収益につながる戦略リスクの管理、モニタリングの欠如。	組織横断的なリスク認識。企業のリスク許容内でリスクをコントロールしながら事業目標の達成。

出典 各種資料を参考にして作成

2. リスク対応と保険の限界

【1】リスク対応

リスク・マネジメントにおけるリスク対応の手段は、リスク・コントロール（Risk Control）とリスク・ファイナンシング（Risk Financing）に分類される[15]。

図5 リスク対応の手段の分類

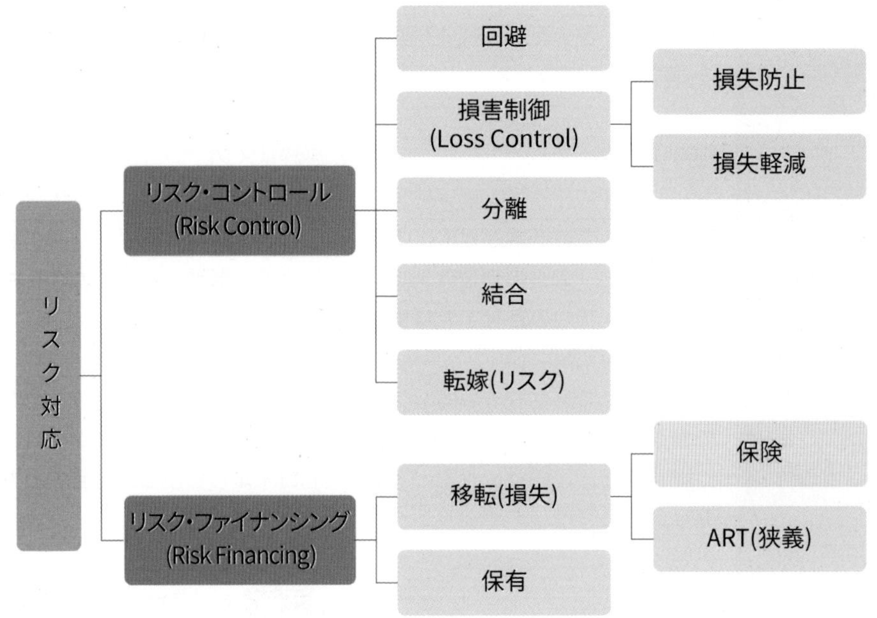

出典 各種資料を参考にして作成

リスク・コントロールとは、損実の発生を事前に防止または低減するための予防策である。リスク・コントロールによって、損実の発生を完全になくすことは難しく、残留リスクによる損実に対する財務的な対策として、リスク・ファイナンシングが行われる。実際のリスク対応は、リスク・コントロールまたはリスク・ファ

15 George Headによる分類である（Williams, C.A. & Heins, Risk Management, 1976.）。

イナンシングの中の特定の一つの手段のみを選択するとは限らず、リスク・コントロールとリスク・ファイナンシングの中で複数の手段を組み合わせて選択する場合が多い。リスク対応のオプションの選択は、組織の目的、リスク基準に従って行う必要がある。

一方、リスク・マトリクス（Risk Matrix）を基準にしたリスク対応には、移転、回避、保有、低減の4つの組み合わせが考えられる。

図6 リスク・マトリクス（Risk Matrix）とリスク対応

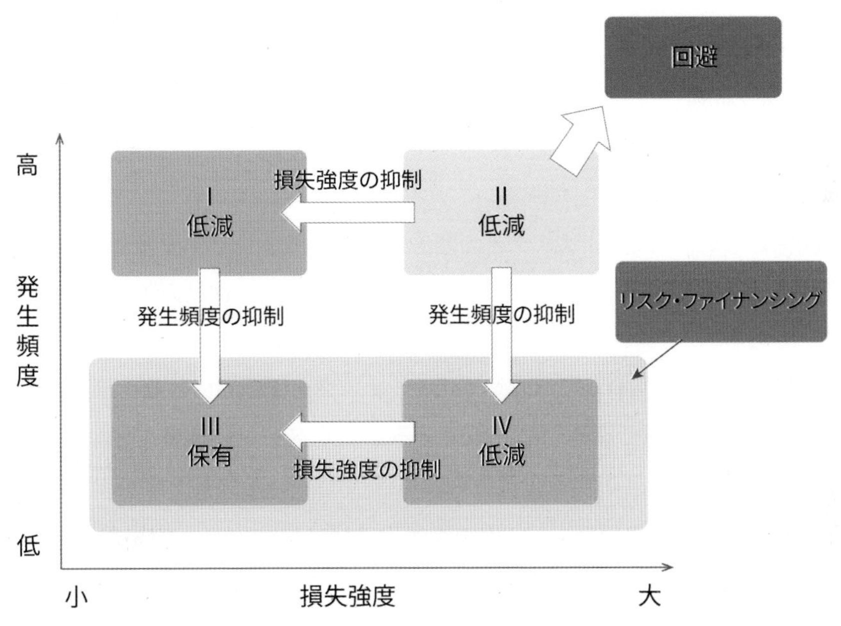

出典 各種資料を参考にして作成

一般論でいえば、上の図で見るように、まず後述のリスク・コントロールによって、損失強度および発生頻度（発生確率）の抑制が行われる。その後のIIIとIVの領域の残留リスクに対しては、リスク・ファイナンシングが行われる。そのうち、IIIの領域に対しては保有が行われ、IVの領域に対しては保険または後述のARTなどによるリスク移転が行われる。それに対して、IIの領域は、発生頻度が高く損失強度が大きいので、回避が行われる。

[2] リスク・コントロール

リスク・コントロール（Risk Control）は、純粋リスクと投機的リスクの両方を対象とし、損失が発生する前に行われる損害の発生確率（Frequency）（発生頻度）と損失の強度（Severity）を軽減する方法または技術である。このリスク・コントロールは、復元または補償のための財源確保を目的とせず、実際の損失を問題とする。例えば、交通事故の場合、歩行者にとっては自動車による人身事故、運転者にとっては賠償責任がロス予防の対象となるように、その効果は主体別にしか測定できず、スプリンクラーは、ほとんどの火災に対して有効であるが、潤滑油などにはより危険であるといったように、ロス・コントロールは特定の危険にのみ有効である。

① リスク回避

リスク回避（Avoidance）とは、リスクを伴う活動を中止または断念し、予想されるリスクを遮断することである。「リスクにさらされている人、モノ、事業等に一切関係しない」こと、「リスクとの関係がなくなるようリスクそのものを排除し除去する」ことである。例えば、食中毒を起こしやすい食品の製造を中止することなどである。

しかし、リスクの回避ができないものや、リスクを積極的にとるべきものもある。リスク回避は、単純で消極的な対策であるが、リターンの放棄を伴い、リスクに見合ったリターンを追求する企業活動には適当でない場合も少なくない。例えば、年間の純利益100億円の場合と10%確率で1,000億円のロスの場合などである。このリスク回避によって、新たな別のリスクを抱える可能性もあり得る。

② ロス・コントロール（Loss Control）

ロス・コントロールには、ロス予防（Loss Prevention）とロス低減（Loss Reduction）があり、ロス・コントロールのためには、それぞれのリスクによる損失発生のプロセスを理解する必要がある。ロス予防は、損失の発生確率を減少させる方法であり、損失発生を事前に予防するための対策である。つまり、ロス予防は、予防措置を講じて発生確率を減じる対策であり、真空包装による腐敗防止などの物的手段と、安全教育や定期点検を実施するなどの人的手段がある。

また、ロス低減は、損失発生の規模である損失の強度を軽減するものであり、損失の拡大を防止・軽減し、損害の規模を抑えるための対策である。このロス低減としては、不良品の発生時のリコール体制の整備、火災に備えてのスプリンクラー、消火設備設置などの事前策と、事故が発生した後に、応急措置などの事後策によって損失の強度を減少させる手段が挙げられる。「クライシス・マネジメント」は、クライシスの発生後に、ロス低減を体系立てて行うマネジメント手法である。

期待損失（Expected Loss）は、次の通りに計算される。

期待損失 ＝ 損失の頻度(確率) × 損失の強度

③ リスクの分離、結合

リスクの分離（Separation of Risk）とは、リスクを分離して分散させることである。例えば、工場を異なる場所に分離して分散させ、地震が発生した際の経済的損害を減少させることなどである。一方、リスクの結合とは、リスクを集積させるなどして、リスクの不確実性を低減させ、発生する損失の予測を可能にすることである。例えば、保険会社は、同じ性質のリスクに対する保険契約の数を増やして、大数の法則が働くようにし、統計的に損失の発生確率を安定させている。このリスク結合によって、安定的な損害発生の確率が算出できれば、内部積み立てなどによるリスクの保有ができるようになる。

④ リスクの転嫁

リスク・コントロールにおけるリスクの転嫁（Risk Transfer）とは、リスク・ファイナンシングにおけるリスク移転とは異なり、契約を通じて、財産または賠償責任などのリスク自体を他者に転嫁することである。例えば、リース契約や業務の外部委託などがリスク転嫁の事例である。

[3] リスク・ファイナンシング

リスクマネジメントにおけるリスク対応の手段は、リスク・コントロール（Risk Control）とリスク・ファイナンシング（Risk Financing）に分類される。リスク・コントロールとは、損失の発生確率と強度（Severity）を低減するための予防策である。リスク・コントロールによって、損失の発生確率を完全になくすことは難しいため、残留リスクによって発生する損失に対する財務的な対策として、リスク・ファイナンシングが行われる。リスク・ファイナンシングとは、リスクの発生後に必要となる資金を調達する活動である。このリスク・ファイナンシングにおける損失（リスク）の移転には、保険と保険以外の手段（ART : Alternative Risk Transfer）がある。保険は、リスクマネジメントにおけるリスク・ファイナンシングの伝統的かつ代表的な手段である。

筆者は、この「リスク・ファイナンシング」という講義科目を早稲田大学商学部と商学研究科に設置して講義を担当している。このリスク・ファイナンシングは、コーポレート・ファイナンス（Corporate Finance）と異なり、災害発生による損失発生の可能性が存在する状況で行うものである。大災害などによる損失が発生した場合は、その資金調達による追加的な事業収入を見込めないためである。つまり、コーポレート・ファイナンスとは、一般に「利益のための企業活動に必要となる資金の調達」と、「調達した資金の効率的な運用」を意味する。これに対して、リスク・ファイナンシングは、保険で見るように、利益を目的とせず、発生する可能性のある損失に対する金銭的な対策をその分野としている。また、金融会社の運営などに限定したリスクマネジメントは、「Financial Risk Management」と称されるが、リスク・ファイナンシングとは、異なる意味で使われている。

一方、リスク・ファイナンスという用語が頻繁に使われている。一般的にファイナンス（Finance）は、主として応用経済学の一つであるコーポレート・ファイナンスを指す用語として使われている。それに対して、ファイナンシング（Financing）は資金調達の手段を意味する。アメリカで出版された書籍を検索すれば、リスク・ファイナンシング（Risk Financing）は、多数検索されるが、リスク・ファイナンス（Risk Finance）は一件も検索れない。しかし、日本では、このリスク・ファイナンシングの代わりに、ファイナンスが馴染みがあるという理由でリスク・ファイナンスという用語が使用れ、日本保険学会などでも無批判的に使用される状況となっている。このリスク・ファイナンシングの代わりのリスク・ファイナンスという用語は、アメリカでは使われていないため、和製英語であるといえ、正しい用語とはいえない。この用語の誤用によって、リスク・ファイナンシングが応用経済学の一分野である金融の一つであると誤解される場合があり、リスクマネジメントまたは保険学が独立した学問ではなく経済学の一分野として誤解される可能性も生じている。

リスク・ファイナンシングは、保有と移転に分類される。

① 保有

保有（Retention）とは、リスクを認識した上で保有することである。知らないうちにリスクを抱えている場合は、「リスク・ファイナンシング」としての「リスク保有（Retention）」にはならない。積立金、キャプティブ（Captive）、借入金、自家保険などがその事例である。経常費は、当座の資金、余剰金などの一般資金を利用する方法であり、積立金は、特定のリスクにより生じる損失処理のために資金を留保する方法である。キャプティブ（Captive）は、端的にいえば自社専用の危険引受子会社といえるが、自社以外の危険を引き受けるものもあり、保険会社に発展するものもある。借入等は、金融機関借入や社債発行等の資金調達等である。自家保険（Self-Insurance）は、一定の発生確率に基づいて、予想損害額またはそれ以上の額を組織内に留保する方法である。

② 移転

リスク・ファイナンシングにおけるリスク移転（Risk or Loss Transfer）とは、リスク・コントロールにおけるリスク転嫁（Risk Transfer）と異なり、リスク保有（Risk Retention）の対極であり、財務的な損害の移転を意味する。移転には、保険（Insurance）と保険以外の移転がある。保険は、伝統的なリスク移転手段であるが、純粋リスクのみを対象にしており、後述の ART は、純粋リスクを含み、市場リスクをもその対象にしている。保険は、保険会社に保険料を支払い、将来発生することのある損失を保険会社が負担するものであり、リスク移転の手段として最も広く利用されている。保険による財務的な損失の移転のメリットは、不規則な損害の発生を保険料という形の経常的コストで対応できることと、事故発生の場合に、保険金による企業の損失の補てんができることである。

一方、保険によるリスク移転は、企業の立場としてのリスクの対応としては機能しているが、社会全体としてのリスクは低減されないこととなり、根本的なリスクの低減にはなっていない、という限界がある。例えば、工場で爆発によって発生した損害に対して、保険は、その損失を補てんするが、爆発という事象そのものを防止し、それによって発生する社会的な損失を低減することには寄与しない。

保険以外の移転としては、保険類似の手段、リスク移転契約、リスクの相殺、代替的リスク移転（ART）などがある。共済、保証、各種プールの保険類似の手段があり、相対（あいたい）または集団で損失に備える仕組みである。リスク移転契約は、損失発生時の相手方の負担を契約により明確化する方法である。リスクの相殺は、逆相関関係にあるリスク（価格変動等）を組み合わせてリスクを減じる方法であり、ART は、保険と金融の技術を融合したリスク・ヘッジ手法である。

リスク・ファイナンシングと保険の関係は、次の図のように分類できる。

図 7　リスク・ファイナンシングと保険の関係

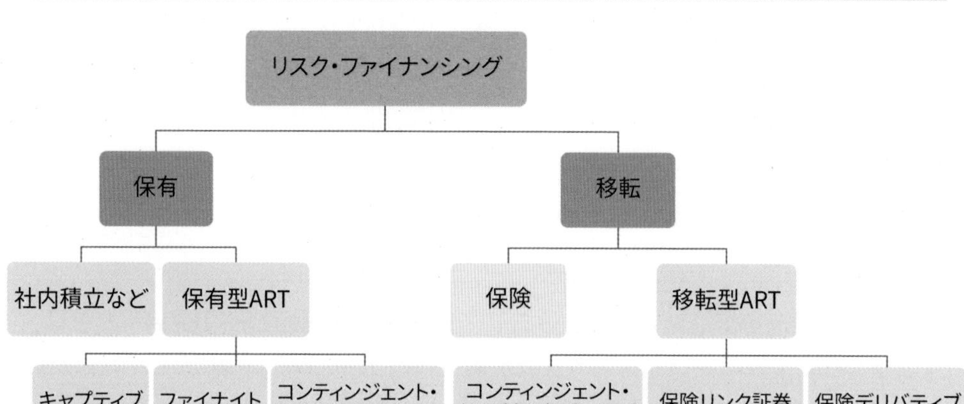

出典　各種資料を参考にして作成

また、ART の定義は様々であるが、ART とは、リスク・マネジメントの目標を達成するために、保険市場と資本市場の間にリスクを移転する新しい商品、受け皿、またはソリューション（Solutions）であり、ART 市場は、革新的な保険と資本市場のソリューションが複合されたリスク・マネジメント市場である、と定義できる[16]。リスクを移転する新しい商品、受け皿（Vehicles）、またはソリューションには、次のようなものがある。①リスクを移転する新しい商品（Products）とは、リスク・マネジメントの目標を達成するために使用される手段又は仕組みであり、代表的なものとして、保険リンク証券やコンティンジェント・キャピタル、保険デリバティブなどがある。②リスクを移転する新しい受け皿（Vehicles）とは、代表的なものとして、リスク・マネジメントの目標を達成するために使用されるキャップティブ、特別目的会社（SPC）などがある。③リスクを移転する新しいソリューション（Solutions）とは、リスク・マネジメントの目標を達成するために使用さ

16　Erik Banks, *Alternative Risk Transfer*, John Wily & Sons, Ltd, 2004, pp.49-50.

れる複数の商品または受け皿の広範囲なプログラムであり、代表的なものとして、企業リスク・マネジメント・プログラムがある。

ARTは、ファイナイトのように保険にタイミング・リスクの分散に限定する仕組みを取り入れることや、デリバティブや証券化と呼ばれる革新的な金融手法を保険分野に活用し、金融市場から資金を調達する仕組みを持つようになり、保険と金融の重なるフィールドに存在するものとして多様化し、保険と金融の特徴を合わせ持つことになった。

[4] 保険の限界

保険は、伝統的なリスク・マネジメント（Risk Management : RM）の手段として使われてきた。この保険は、リスク・ファイナンシングの一つであるため、損害の発生を防止できるものではないが、損害が発生した後にその損害を回復させるための手段である。リスク・ファイナンシング手段としての保険の限界は、次の通りである。

第一に、リスクには、前述した通り、保険で対応可能な純粋リスクと保険で対応できない投機的リスクが存在し、この投機的リスクに対する保険は存在しない。金融分野で派生商品等を利用してヘッジを行うことを保険と称する場合があるが、それは保険とは言えない。この投機的リスクに対する保険が存在しないことが、リスク・マネジメントとしての保険の限界となった。リスク・マネジメントでは、リスクの区分に関係なく、すべて対応する必要があるためである。

第二に、保険制度では、保険と賭博を区分するため、18世紀に被保険利益という概念が導入された。それによって、保険を利用した賭博はできなくなり、さらに利得禁止の原則を貫くための実損てん補の原則があり、代位が行われる。その結果、保険制度は社会的に有益なものとして評価され、保険産業は持続的な発展を遂げてきた。

しかし、保険制度に被保険利益の概念を導入したことで、保険による利得の獲得はできなくなり、保険市場は、利益を追求する投資家に魅力的な市場ではなくなった。また、保険事故の発生の際には、損害てん補の原則を守るための損害調査が必要となり、保険金の支払業務には時間がかかることになった。さらに、保険価額と保険金額の関係によって、保険金額が保険価額より少ない一部保険の場合には、比例てん補の原則によって、損害額に保険価額に対する保険金額の比率を乗じて、保険金が支払われる。また、保険で対応できるリスクでさえも、保険市場の変動によっては、保険料が急騰したり保険会社が保険の引受を拒絶する保険危機が発生した。

このような保険の限界ともいえる問題点は、保険市場の引受能力の不足と保険実務の複雑化を招き、ARTなどの新たなリスク・マネジメント（リスク・ファイナンシング）手段の発展を促す結果となった[17]。

3. 保険制度の活用

保険制度は、次のように活用されている。

第一に、保険制度は、年金、健康保険、介護保険、失業保険、労災保険などの公的保険のように、社会福祉（企業福祉）に活用されている。日本の公的保険制度の概要は、次の通りである。

表6　日本の公的保険制度の概要

分　類		保険	給付内容
被用者保険	社会保険	健康保険［医療］(介護保険)	業務外の病気、ケガ、出産、死亡等(介護状態)
		厚生年金保険［年金］	老齢、障害、遺族
	労働保険	労災保険	業務上または通勤途上の病気、ケガ、死亡
		雇用保険	失業等、会社への助成金
国民保険		国民健康保険［医療］	病気、ケガ、出産、死亡等
		国民年金［年金］	老齢、障害、遺族

出典　各種資料を参考にして作成

17　詳細については、拙稿『リスク・マネジメント論』成文堂、2019年、第9章を参照されたい。

第二に、生命保険や自動車保険・火災保険のように、家計のリスク管理手段として活用されている。

第三に、政府、企業、組織のリスク管理または危機管理の手段として活用されている。

この保険制度の効用は、次の通りである。

① **私経済の効用**
経営の安定、信用の増大、事業の合理化に寄与する。

② **国民経済的効用**
損害発生の防止、金融力の増強、国の財政・福祉　政策への協力、労働力の育成に貢献する。

③ **社会的効用**
被災者の保護、福祉に貢献する。

4. 保険制度の弊害

保険制度の弊害として逆選択とモラル・ハザードが指摘される。逆選択は、保険料率が適切に算出されていないときに発生するものであり、モラル・ハザードは、保険制度の悪用である。

[1] 危険選択と逆選択

保険契約の際には、保険会社が危険度に応じた公平な保険料を課すために危険選択（Selection）を行う。この危険選択に失敗して逆選択（Adverse Selection/Anti-Selection）が行われれば、保険契約者間の保険料の不公平な負担となり、危険度が低い保険契約者が危険度の高い保険契約者に対して内部補助（Subsidy）を行う結果となる。

生命保険会社の危険選択である医的選択（Medical Selection）または医的診査は、生命保険加入者の公平性を保つため、保険契約締結に先立ち被保険者の医学的にみた健康状態を把握して生命保険契約の申込みに対する諾否を決めることである。

危険選択（Selection）は、保険契約締結の際に、保険会社が行う行為であるのに対して、逆選択（Adverse Selection）は、保険申込者が行う行為である。例えば、入院の必要のある人が医療保険の申込を行うことや、地震の多発地域の人が地震保険に加入しようとすることを表す。

逆選択は、保険料率が適切に算出されていないときに発生するものであり、リスクの程度を保険料率に適正に反映しているときには発生しない。この逆選択が成功した場合、保険会社の危険選択は失敗したことになり、保険申込者は保険契約に成功することになる。その結果、その保険契約の被保険者は、平均的な被保険者よりも保険金支払いの確率が高い状態となり、保険会社はその逆選択によって損失を被ることになる。

この逆選択は、保険料率が適切に算出されていないときに発生するものであり、リスクの程度を保険料率に適正に反映しているときには発生しない[18]。つまり、逆選択は、保険契約申込者が自分のリスクのコスト、すなわち自分のリスクに見合う保険料率よりも安い保険料率で保険に加入できる場合に発生するためである。したがって、リスクが高い保険契約申込者に対して、より高い保険料率を賦課すれば、逆選択は発生しなくなる。

経済学における逆選択は、自然淘汰（Natural Selection）の反対語として使われる場合がある。市場での競争を通じて本来は良質のものが生き残る（選択される）はずが、そうではなく逆に良質でないものだけが市場に出回るような状態を指す。また、逆選択は、交渉の一方の当事者が、相手の保険契約から生じる純利益を左右するような事柄に関する私的情報を持ち、なおかつ、そのような保険契約に合意する者が、保険契約内容が自分にとって非常に不利になるような私的情報を持つ場合にのみ生じる、保険契約前の機会主義的行動として説明される場合もある。この「情報非対称」[19]とは、取引の際、一方は多くの情報を持っているのに、もう一方は情報を持っていないような、商品や契約内容についての知識量に隔たりが存在する状況をいう。中古車を売る人は、車の欠陥についてよく知っている

18　鈴木辰紀監訳『ドーフマン　保険入門』成文堂、1993年、p.34参照。

19　ジョージ・アカロフ（George Akerlof；米カリフォルニア大学バークレー校）教授が1970年に「レモンの市場」（The Markets for Lemons）という論文で、情報の非対称性と市場の関係に対する分析を行い、その功績として2001年にノーベル経済学賞を受賞した。ここで使われた英語のレモン（lemon）には、不良品、欠陥のある中古車、との意味もある。 オレンジとは違い、レモンは、酸っぱくそのままでは食べにくいことから由来した。

が、買おうとする人はそうでないので、外見だけ立派なレモン（欠陥のある中古車）を高い値段で、騙されて買うことがある。こうした「レモンの可能性」のため、中古車価格は低く設定され、良い中古車を持っている人は中古車市場に車を出さず、知り合いを通じて売ろうとする。その結果、中古車市場では、良い品質の売り物は消え、質の低い売り物だけが残るようになる現象が「逆選択（Adverse Selection）」である。

[2] モラル・ハザード

モラル・ハザード（Moral Hazard）とモラール・ハザード（Morale Hazard）とは、リスクの増大の程度が異なり、いずれも保険を利用して利得をしようとする心理的な現象を指すが、両者を区分せずに、モラル・ハザード（Moral Hazard）またはモラル・リスク（Moral Risk）と称する場合もある。このモラル・リスクまたはモラル・ハザードは、「道徳的危険」と訳される場合もあり、保険で使われてきた用語であるが、最近は、制度などを悪用して利得を得ようとする心理現象を指すために、経済学や金融論、経営学などでも広く用いられる。

保険契約における逆選択は、保険契約の申込の際に発生するものであるが、保険金の獲得を目的として、放火や保険金殺人を行うモラル・ハザード（Moral Hazard）またはモラル・リスクは、保険契約を締結したために、すなわち保険契約締結後に発生するものである。このモラル・ハザード（Moral [mɔːrəl] Hazard）とは、保険事故を故意に発生させること、つまり保険犯罪を意味し、Morale [mərǽl] Hazard とは区別する場合もある。

Moral Hazard と Morale Hazard は、いずれも保険によって利得しようとする心理のハザードのことであるが、程度の差がある。「モラール・ハザード（Morale Hazard）」は、保険で担保されているために、被保険者または保険契約者が損害防止活動に無関心になり、リスクを増大させる心理的なリスクを指す。例えば、火災保険に加入しているので火災の場合でも保険からてん補されると信じて、火災の防止に注意を怠り、結果として火災発生のリスクが高まる心理的な現象である。これに対して、「モラル・ハザード」（Moral Hazard）は、保険金を目当てにして、火災保険に加入しておいて放火する場合のように、意図的に火災発生のリスクを高める心理的な現象である。

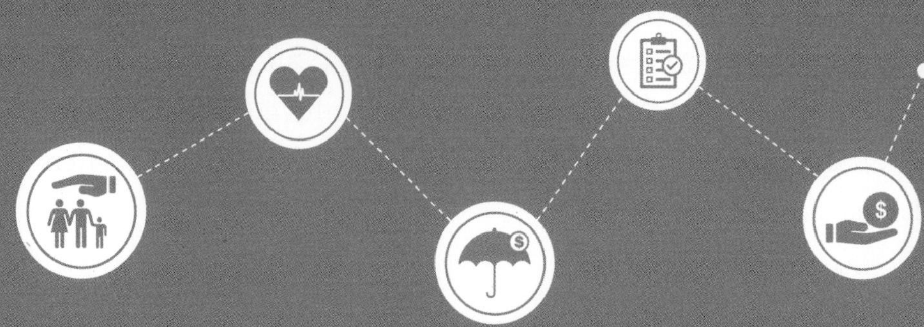

第3章

保険類似制度と保険制度

本章では、組合などによって運営される共済などの保険類似制度と、保険会社によって運営される保険制度について概説する。

1. 保険類似制度

保険類似制度と保険制度の類似点と相違点は、次の通りである。

[1] 貯蓄

貯蓄は、すべての不特定のリスクを対象にして、一経済体内でリスクの対応が行われる。それに対して、保険は、特定のリスクを対象にして、保険契約者とは別の経済体である保険会社にリスクが移転されている。また、保険は、単独で積立が行われる貯蓄とは異なり、確率に基づいた保険料を徴収することによって、多数が共同で基金を形成している。

この貯蓄は、開始時点から満期の間で災害が発生した場合、その時点で積み立てられた金額までしか利用できない。そのため、その時点で積み立てられた金額と目標額（必要額）の差額が不足額となる。

図8　貯蓄と目標額（必要額）

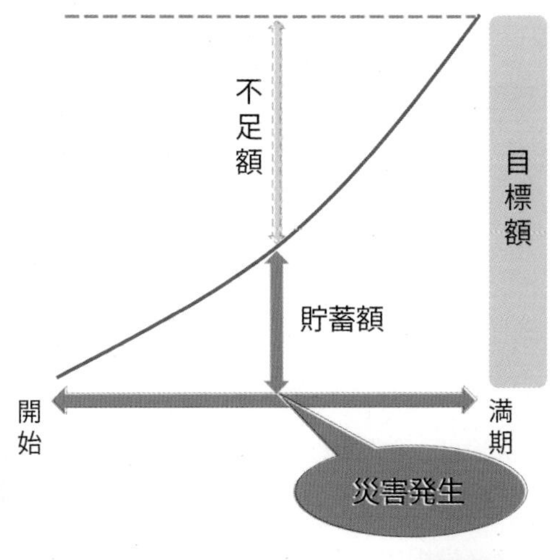

出典　各種資料を参考にして作成

しかし、保険は、保険契約時から保険契約の満期までの間であれば、いつでも一定の契約金額の保障（補償）が得られる。つまり、保険においては、保険契約時から保険契約の満期までの間であれば、いつ災害が発生しても不足額は発生しないことになる。

図9　必要額と保険金

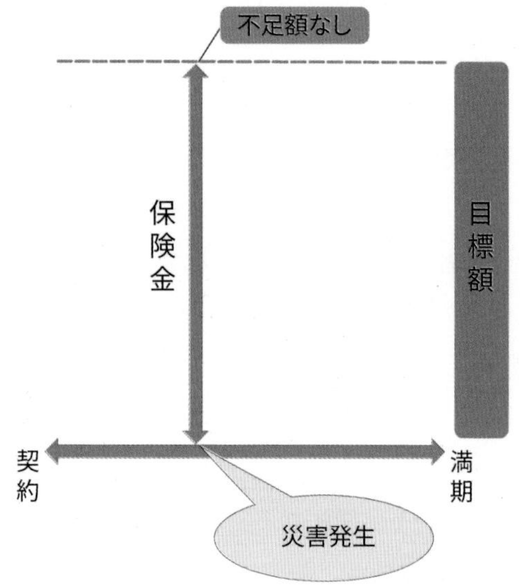

出典　各種資料を参考にして作成

このことから、「貯蓄は三角、保険は四角」と説明される。また、保険（Insurance）は、「All Person for One Risk」であり、貯蓄は、「One Person for All Risks」ともいわれる。

[2] 賭博・宝くじ

賭博・宝くじと保険の両方は、多数で行われ、その勝敗が抽選などの偶然（確率）に基づいて決まり、その運営に収支相等の原則による技術（準備金）が適用されている。しかし、保険は、純粋リスク（純粋危険）を対象にし、すでに保有しているリスクの除去を目的に、そのリスクを移転している。これに対し、賭博・宝くじは、投機的リスク（投機的危険）を対象にし、利得を目的に、保有していないリスクを意図的に引き受けていることが異なる。

[3] 自家保険

自家保険は、確率の計算に基づいて積立金（準備金）を用意することは保険と同じであるが、一経済体の内で行われるもので、リスクを多数の経済体（企業等）に分散するものではない。企業が貸倒引当金を一定の確率に基づいて社内に積み立てる場合などが自家保険であるが、これにはリスクの外部経済体への移転はなく、一企業内にリスクを保有することになる。

これに対して、保険は、リスクが他の経済体（保険会社）に移転され、多数の経済体（企業等）に分散されるものである。

[4] 保証

保証には、債務保証、身元保証、品質保証などがあるが、これらは一般的に無償で行われ、売買などに付随して行われる場合が多い。これらの保証は、多数の加入者を集めて有償（保険料）で行われるものではなく、一般に、無償で行われ、債務者の債務不履行等に対しては保証人自身の資産を充当することがほとんどである。しかし、この保証に対して、一定の確率に基づいて算出される保険料を受け取り、多数の契約者を集めて有償で行う場合は、保証保険となる。

[5] 共済

保険業法に規定される「保険業」の定義は、次の通りである。①人の生死に関し一定額の保険金を支払うことを約し保険料を収受する保険、②一定の偶然の事故によって生ずることのある損害をてん補することを約し保険料を収受する保険、③その他の保険の引受を行う事業（他の法律に特別に規定のあるものを除く）（保険業法第２条１項)、である。

この保険業法における保険業の定義では、多数の要件を規定していないが、人工衛星保険などのように、実際の保険が多数の保険契約によって運営されていないことを考慮したものである。

一方、共済には、後述するJA共済などのように、その根拠法を有する「制度共済」

と、根拠法を有しない「列挙された共済」および「少人数共済」がある。

保険業法の適用対象外の共済は、次の通りである。

図 10　保険業法の適用対象外の共済

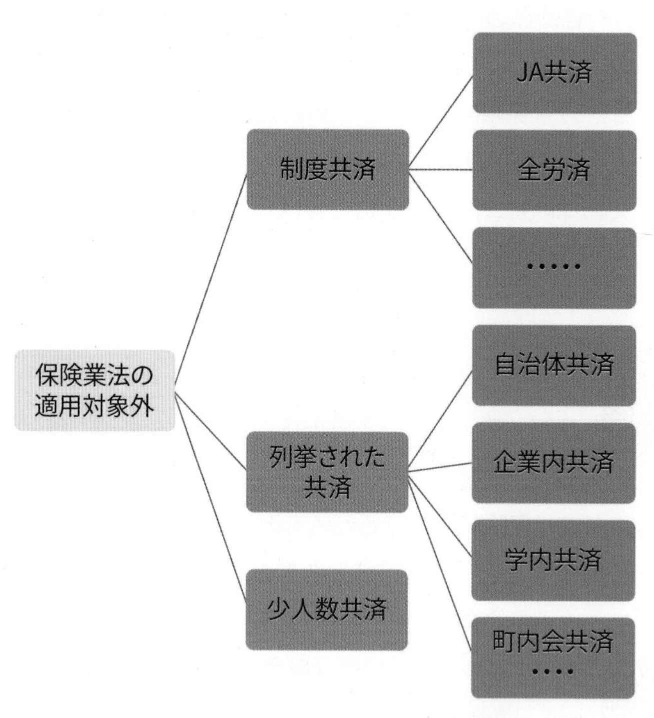

出典　各種資料を参考にして作成

共済は、職場内で結婚祝い金などのために行われる場合など、加入者が職域・地域的に限定される場合が多く、給与の一定割合などを掛金（保険料）として集めるなど、小規模、少額で行われ、合理的計算に基づかない場合が多い。しかし、大規模で、合理的な掛金（保険料）を算出している場合は、後述する制度共済のように、その名称が共済であっても、実体としては保険であるといえる。

制度共済と保険は、根拠法令、監督官庁が異なる。保険会社の根拠法は保険業法であり、監督官庁は金融庁である。それに対し、制度共済では、「都道府県民共済」「こくみん共済」「CO・OP 共済」は、消費生活協同組合法に基づき厚生労働省が監督官庁となっており、「JA 共済」は、農業協同組合法に基づき農林水産省が監督官庁となっている。これらの制度共済は、実質的には保険業の要件を満たしても、保険業法の規制を受けない。

さらに、制度共済と保険において使用される用語も異なる。協同組合の共済では、保障事業を「保険」ではなく「共済」と称している。そのため、共済においては、医療保険を医療共済、保険期間を共済期間、保険金額を共済金額と称しており、保険会社とは異なる用語が使われているが、用語の違いで保障内容が大きく異なることはない。

表7　共済団体と共済

実施組合	会員団体	所管官庁	火災	生命	傷害	自動車	年金	その他
農業協同組合	JA共済連	農林水産省	○	○	○	○	○	○
漁業協同組合	JF共水連	農林水産省	○	○	-	-	○	-
生活協同組合	全労済	厚生労働省	○	○	○	○	○	○
	コープ共済連		○	○	-	-	-	-
	大学生協共済連		○	○	-	-	-	-
	全国生協連		○	○	○	-	-	-
	生協全共連		○	○	○	-	-	-
	防衛省生協		○	○	-	-	-	-
	神奈川県民共済		-	○	○	-	-	○
事業協同組合	日火連	経済産業省	○	○	○	○	-	○
	交協連	国土交通省	-	-		○	-	-
	全自共	経済産業省	-	-	-	○	-	-
	中済連	経済産業省	-	○	-	-	-	-
農業共済組合	NOSAI全国	農林水産省	○	-	-	-	-	○

出典　日本共済協会の資料を参考にして作成

保険では生損保の兼営は禁止されているが、前頁の表で確認できるように、制度共済ではそれが認められている場合も見られる。

制度共済と保険の比較は、次の通りである。

表8 制度共済と保険の比較

項目	制度共済		保険
	全労済/都道府県民共済/CO・OP共済	JA共済	
根拠法令	消費生活協同組合法	農業協同組合法	保険業法
監督官庁	厚生労働省	農林水産省	金融庁
用語	① 掛け金 ② 共済金 ③ 加入者 ④ 割戻金		保険料 保険金 契約者 配当金
加入条件	出資金を払い込んだ組合員		不特定多数
商品	所管官庁の認可を受けた商品（生損保兼営をしている団体もある）		生損保兼営禁止
目的	組合員の社会的・経済的地位の向上		原則的に営利事業（相互会社は組織の形式上では非営利）
セーフティー・ネット	なし		生命保険契約者保護機構 損害保険契約者保護機構

出典 各種資料を参考にして作成

上の表で示した通り、制度共済と保険は、根拠法や監督官庁が異なる。また、保険には、保険会社破たん時の契約者保護のためのセーフティー・ネットがあるが、制度共済にはそれが存在しない。これらの保険会社と制度共済の相違点は、同一市場において、平等な条件での競争が必要であると主張される根拠にもなっている。

共済の根拠法と共済団体は、次の通りである。

表9 共済の根拠法と共済団体

根拠法	共済団体
中小企業共同組合法	事業協同組合、火災共済協同組合など
農業協同組合法	農業協同組合(JA全共連)
消費生活協同組合法	生活協同組合(CO・OP共済)
農業災害補償法	農業共済組合(全国農業共済協会)
森林組合法	森林組合(全国森林組合連合会)
水産業協同組合法	漁業協同組合、水産加工協同組合
地方自治法	市町村自治体、地方公共団体

出典 各種資料を参考にして作成

韓国では、日本の状況とは異なり、共済に対して、保険会社と同一の水準の監督などが行われている。その背景には、韓国とアメリカなどの間のFTAがある。FTA（Free Trade Agreement：自由貿易協定）とは、2ヶ国以上の国・地域が、物品の関税やサービス貿易の障壁等を削減・撤廃することを目的とする協定である。

韓国とアメリカのFTAは2012年3月に発効した。それに基づいて、共済は、そのFTAの発効後3年以内である2015年3月までに、保険会社と同一水準の監督が求められ、簡易保険は発効後2年以内の2014年3月までに、保険会社と同一水準の監督が要求された。

また、韓国とEUのFTAは、2011年1月に発効し、それに基づいて、共済は発効後3年以内の2014年7月までに、保険会社と同一水準の監督が求められた。その内容は、郵便局、信用協同組合、水産協同組合、セマウル金庫は、可能な限り、保険会社と同一水準で監督を行うことが求められた。それは、郵便局保険（日本の郵便局民営化以前の簡易保険に相当）や共済に、民営保険会社と比較して、競争上の優位を与えないというものであった。

これに伴い、韓国では2012年3月に新農協法が施行され、韓国農協中央会の下に金融持株会社が置かれることになった。その金融持株会社の傘下に、農協銀行、NH生命保険、NH損害保険が独立した株式会社として新設された。それまで、韓国農業中央会が担っていた生命保険事業や損害保険事業が、それぞれNH生命保険、NH損害保険に移管され、同時にそれらの保険事業は、それぞれをNH生命保険株式会社とNH損害保険株式会社とし、農林畜産食品部の監督から金融監督院の監督下に置かれることとなった。したがって、韓国農協共済は、民営保険会社との同等な条件下での競争を意味するイコール・フッティング（Equal Footing）が図られるようになった。

一方、日本は当初から、EPAを推進してきた。このEPA（Economic Partnership Agreement：経済連携協定）は、締約国間の貿易・投資の拡大を目指して、FTAに加えて、投資、政府調達、知的財産権、人の移動、ビジネス環境整備などを含む協定である。しかし、FTAの中には、EPAと同様に、広範囲の分野を含んでいるものも見られるようになっている。

また、TPP（Trans-Pacific Partnership Agreement：環太平洋パートナーシップ協定）は、環太平洋地域の国々による多角的な経済連携協定（EPA）である。この環太平洋パートナーシップ（TPP）協定は、モノとサービス、投資の自由化を進め、さらには知的財産、電子商取引、国有企業の規律、環境などの幅広い分野で、21世紀型のルールを構築する経済連携協定である。アメリカは、2017年1月20日のドナルド・トランプ大統領就任直後に、TPPを離脱した。その後、アメリカ以外の11ヶ国[20]による協議が行われ、2018年3月8日にチリのサンティアゴで署名式が行われた。その結果、日本における制度共済と保険の異なる水準の監督が温存されることになった。

しかし、これからの日米または日欧の通商交渉において韓国と同様に、制度共済と保険業の間のイコール・フッティングが求められることが予想される。

[6] 講

講（こう）の本来の意味は、「講義」「講読」の「講」であり、寺院内で仏典を講読・研究する僧の集団を称する言葉であったが、やがて仏典の講読を中心とする仏事（講会）を指すようになり、無尽講などの相互扶助団体の名称にも使われるようになった。

20　オーストラリア、ブルネイ、カナダ、チリ、日本、マレーシア、メキシコ、ニュージーランド、ペルー、シンガポール、ベトナムの11カ国である。

一方、無尽（むじん）または無尽講（むじんこう）とは、一つの金融の方法で、個人や法人等が講の組織に加入して、一定又は変動した金品を定期又は不定期に講に支払い、その会員は、競りや抽選によって、順番に金品の給付を受けるものである。一定の条件に沿って、全員が、全期間の内の１回積立金を受け取った時点で、無尽は終了となる。

この無尽講は、抽選などの偶然によって金品の給付を受けることは、保険と同じであるが、小人数で行うことと、リスクの発生確率などを問題とせずに、利息などの計算に基づいて拠出金額や給付額が決まることが保険とは異なる。

[7] 金融デリバティブと保険デリバティブ

保険デリバティブ（Insurance Derivatives）は、天候デリバティブ、地震デリバティブ、クレジット・デリバティブなどを総称する（詳細は、拙著の『リスク・マネジメント論』(成文堂、2019年)の第14章参照)。この保険デリバティブは、保険ではなく、金融デリバティブの一種とされるが、保険会社や銀行によって販売されている。

保険デリバティブに利用される金融デリバティブの技術は、オプションとスワップの２種類である。つまり、デリバティブにおける価格変動リスクの他者への移転と他者との交換の機能を保険リスクの移転と交換に応用したものである。

この保険デリバティブは、保険ではなく、金融デリバティブの一種と理解されるが、通常の金融デリバティブとは異なる。保険デリバティブと通常の金融デリバティブ（以下、デリバティブと称する。）は、次の点が異なる。①対象とするリスクが異なる。デリバティブは、主として市場リスクを対象としており、保険デリバティブは保険リスク(純粋リスク)を対象としている。②原資産の有無が異なる。保険デリバティブには原資産となる金融商品がなく、保険リスクを基準とする指標の変動等が対象となっている。したがって、デリバティブの売りによって、原資産である保有金融資産のリスクをヘッジすることができるが、保険デリバティブの売りによって、原資産のリスクをヘッジすることはできない。つまり、保険デリバティブの売手は、原資産がないので、保険デリバティブをヘッジの手段として使えない。その結果、保険デリバティブの売り手は、天候リスクなどのリスクを抱えたままになり、その分を天候デリバティブ価格にリスク・プレミアムとして加えることになる。

この保険デリバティブと保険は、次の点が異なる。①保険デリバティブは、保険商品ではなく、デリバティブの一種とされる。②保険デリバティブは、客観的な指標（Index Base）などによって決済金が支払われ、実損てん補（Indemnity Base）を原則とせず、「実損」が発生していることを要件としていないため、保険金支払いに必要な損害調査も行われない。したがって、実の損害額と支払金額に差が出る可能性であるベーシス・リスク（Basis Risk）が存在する。③被保険利益の概念もないため、一部保険、全部保険、超過保険の概念がない。したがって、利得禁止の原則もない。④保険料率は、大数の法則に基づいた統計的な手法によって算出されるが、保険デリバティブのプレミアムは、金融工学的な手法によって算出される。

2. 損害保険と生命保険

[1] 損害保険会社と生命保険会社の業務領域

保険を大きく分類すると、人の生死に対して保障する生命保険（第一分野）と、人の生死以外のリスクを対象とする損害保険（第二分野）がある。定期保険や終身保険、養老保険などは、第一分野（生命保険）の保険であり、火災保険や自動車保険は、第二分野（損害保険）となる。

また、医療保険、ガン保険などは、人に関する保険であるが生死に関するものではなく、「第一分野（The First Field）」と「第二分野（The Second Field）」のいずれにも属さないとされ、第一分野と第二分野の中間に位置するものとして「第三分野（The Third Field）」の保険として分類される。第三分野保険は、疾病・傷害分野の保険であり、医療保険・介護保険・傷害保険などがある。

第三分野保険は、生命保険会社と損害保険会社のいずれの保険会社にもその販売（兼業）が認められている。なお、2010年に施行された保険法においては、保険契約のうち、保険者が人の傷害疾病に基づき一定の保険給付を行うことを約するものを傷害疾病定額保険として位置づけている（2条9号）。

損害保険会社と生命保険会社の業務領域は、次の通りである。

図 11　損害保険会社と生命保険会社の業務領域

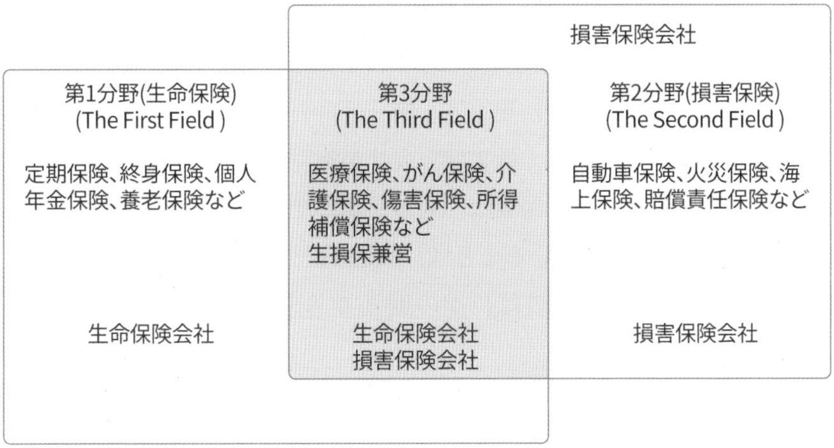

出典　各種資料を参考にして作成

生命保険と損害保険は、将来のリスクに対応するための金銭的な備えという意味では共通しているが、次のような相違点もある。

第一に、保険の対象すなわち担保リスクが異なる。生命保険は、疾病・災害・事故などによる人の生死を対象としている。具体的には、生命保険では、定期保険・終身保険など死亡保険における死亡リスク、または年金のような生存リスクを担保の対象にしている。損害保険は、災害・事故などによる人の死亡やケガ、その他の財物の損壊や賠償責任などを対象としている。人の死亡に限定してみれば、生命保険では疾病・災害・事故などによる死亡を対象とするが、損害保険では疾病による死亡を対象としていない（韓国では損害保険会社が保険期間 20 年以内などに保険期間を限定して疾病による死亡リスクも担保している）。また、損害保険では、人の生存リスクを担保とする年金はその事業範囲としていない。この損害保険には、地震保険、自動車保険や火災保険、賠償責任保険などがある。

第二に、保険金の支払い方法が異なる。生命保険では、定額給付が行われている。例えば、生命保険の死亡保険では、死亡時に受け取る保険金の金額が保険契約の時点であらかじめ決まっており、死亡時にはその金額が保険金として支払われる。一方の損害保険では、保険金の支払額は、保険金額か損失の金額のどちらか低い方となり、保険契約時に決める保険金額は、保険金の上限額である。この損害保険では、事故や災害に遭遇した後で、その損害額を算定して、その損害額と保険金額の中で少ない金額を上限とした金額が保険金として支払われる。これは、生命保険では、「保障」という用語が使われているが、損害保険では「補償」という用語が使われる所以でもある。

第三に、販売する保険会社が異なる。第一分野の生命保険は生命保険会社が販売し、第二分野の損害保険は、損害保険会社が販売する。これを生損保経営禁止と称する。しかし、第三分野保険は、生命保険会社と損害保険会社のいずれもが販売できる兼営が認められていることは、前述の通りである。

損害保険と生命保険の比較は、次の通りである。

表 10　損害保険と生命保険の比較

区　分	生命保険 (第一分野)	第三分野	損害保険 (第二分野)
担保リスク	人の生存・死亡	傷害・疾病・介護	偶然な事故（人の生存・疾病による死亡を除く：兼営禁止）
保険金の支払方法	定額給付	定額給付・損害てん補	損害てん補
業務領域	生命保険会社	生命保険会社・損害保険会社（本体・子会社）	損害保険会社

出典　各種資料を参考にして作成

[2] 生・損保兼営禁止

保険業法では、同じ保険会社が損害保険と生命保険の２種類の免許を併せて受けることはできないと定められている（保険業法第３条第３項）ため、生命保険業免許と損害保険業免許とは、同一の者が受けることはできない。これが、生損保兼営禁止であるが、この生・損保兼営禁止の根拠は、生命保険と損害保険は、そのリスクや保険期間に差異があり、両者のリスクを遮断するべきとされている。ただし、一定のルールのもとで、子会社方式による生・損保相互乗り入れは認められている（保険業法第 106 条）。

アメリカにおいても、独立当時は生損保の兼営が認められており、生命保険事業者の多くが、火災保険または海上保険に従事していた。18 世紀には、主として火災保険会社の数が増加した。1835年12月16日にニューヨーク市に大火が発生し、3 日間で市の中心部にある 648 棟の建物が焼失し、その損害額は 1 千 8 百万ドルに達した。その火災による保険金支払いの影響によって、当時同州内で営業していた 26 社の保険会社のうち 23 社が破産した。

その影響で、1849 年に「保険会社の設立に関する一般法」が制定された。この法律によって、火災保険と海上保険の双方を引き受ける保険会社の設立はできるが、個人の生命および健康に関する保険を引き受ける保険会社は、その他の危険を引き受けてはならず、海上または火災保険会社と結合または統合してはならないと規定された。それは、海上の暴風および陸上の大火から生命保険契約者を保護するためであった。これによって、アメリカにおいて生損保兼営は、禁止されることになった。

一方、日本では、1879（明治 12）年に有限責任東京海上保険会社（東京海上火災保険株式会社の前身の一社）が貨物保険、1881（明治 14）年に株式会社組織の明治生命が生命保険、1887（明治 20）年に有限責任東京火災保険会社（安田火災海上保険株式会社の前身の一社）が火災保険を始めたのがそれぞれの分野における近代的民営保険の端緒であるとされる。これらは、いずれも東京府知事の認可を受けて設立されたものであり、当時の保険会社は免許制ではなかった。

さらに、当時の社会事情により 1898（明治 31）年になってようやく施行された 1890（明治 23）年制定の旧商法 693 条 2 項には、経営および計算を分離することを条件として、生命保険事業と損害保険事業との兼営を認めていた。その頃の保険者は、保険金支払などのための準備金の積立てを行わないまま当期純利益を計上して高率の株式配当を行っており、保険事業は高収益の商売と見られた。そのことから次々と多くの保険会社が設立され、生命保険事業と損害保険事業を兼営する会社も散見されたが、保険料割引による激しい競争が行われた結果、倒産する会社が続出した。1899（明治 32）年に新商法（旧商法）が施行されることによって保険と他業との兼営が禁止され、生命保険と損害保険の兼営もはじめて禁止された。

続いて 1900（明治 33）年に旧保険業法が制定され、保険事業の免許主義、基礎書類認可による監督方式、事業主体を株式会社と相互会社に限定し、かつ他業兼営禁止などを規定した。これによって準備金の積立てがないまま高率の株主配当を行うことはなくなり、保険契約準備金の制度が確立されることになる。また、保険約款とその変更は認可事項となった。しかし、火災保険会社が海上保険を、また海上保険会社が火災保険を引き受けることは禁止されず、傷害・自動車などの新種保険に対しても兼営を認めるようになる。

[3] 第三分野の兼営

アメリカのアメリカンファミリー生命保険（現アフラック生命保険株式会社）は、1974年、日本での営業を開始し、がん保険を発売した。第三分野の保険の販売が中小の国内生命保険会社と外資生命保険会社に限られたこともあり、同社のがん保険における販売シェアは85%以上（1999年）にまで達した時期もあった。国内大手生命保険会社は当時圧倒的な販売力を持っていて、外資の保険会社の参入を保護するため、国内大手生命保険会社には医療保険を特約による販売しか認められず、単品としての医療保険の販売は認められなかったためであった。

1996年4月、改訂保険業法が施行され、生命保険会社と損害保険会社の第三分野への参入も可能になる予定であったが、1994年から毎年開催された日米保険協議の結果、第三分野保険を中小の国内生命保険会社と外資生命保険会社に限る取り扱いを2001年まで延長する激変緩和措置が決定された。その後、2001年7月から初めて第三分野の販売は完全に自由化され、多くの生損保の保険会社が相互参入することとなった。この第三分野保険の販売は、2001年に全面解禁されたことによりこれまで特約としての取り扱いしかできなかった国内生損保は、医療保険単品としての販売が可能となった。これによって、第三分野保険は、生損保兼営が認められたことは、前述の通りである。

3. 少額短期保険業者

少額短期保険業者とは、2006年4月1日施行の保険業法改正の規定により 内閣総理大臣の登録を受けた保険金額が少額かつ保険期間が短期の保険のみの引受を行う業者であり、保険金額等が一定額以下、保障期間2年（生命保険系1年）以下の商品の取扱に限定される。

表11 少額短期保険業者の保険区分別の保険金額

保険の区分	保険金額
疾病による重度障害・死亡	300万円
損害保険	1,000万円
疾病・傷害による入院給付金等	80万円
傷害による重度障害・死亡	600万円
賠償保険(自動車の運行に係るものを除く)	1,000万円

出典 各種資料を参考にして作成

少額短期保険業者は、生命保険・損害保険の併売が可能であり、登録制（保険会社は認可制）である。

表12 少額短期保険事業者と保険会社の比較

区　分	少額短期保険業者	保険会社
参入要件	登録制	免許制
最低資本金	1,000万円	10億円
供託金	1,000万円 ＋ 年間収受保険料の5%	なし
事業規模	年間収入保険料50億円以下	無制限
取扱商品	少額、短期、積立保険以外に限定	無制限(高額、長期、運用型も可)
資産運用	安全資産（預金、国債等）	原則自由（株式、不動産、融資等も可）
業務範囲	本業 ＋ 他の少額短期保険業者・保険会社のための保険募集等	本業 ＋ 他の保険会社その他金融業を行う者の代理代行等、債務の保証、金銭債権の取得・譲渡、デリバティブ取引等
責任準備金	積立基準は同様	
その他	支払余力基準、情報開示、募集規制、検査・監督等は基本的に同様	

出典 各種資料を参考にして作成

保険募集人は、損害保険や生命保険と別な資格制度を有し、セーフティネットは対象外であるが、供託として１千万円以上が求められる。再保険先は、原則日本国内の保険会社とする。会社名に「共済」は可とするが、保険の名称を使う場合は、「少額短期保険」とする。法人の形態は株式会社または相互会社である。生存保険や外貨建ての保険販売はできない。また、年間収入保険料が 50 億円未満の共済などであるが、これを超える規模でビジネスを展開している共済は、免許制の「保険会社」の免許を取得する必要がある。

4. 再保険

[1] 再保険の概要

損害保険会社が大きな工場や巨大な建物のような物件に対する保険を引き受けている場合、その損害保険会社は、保険事故が発生すれば、高額の保険金を支払う可能性がある。また、地震や台風あるいは列車事故などが同時に発生する場合などにも、損害保険会社は、巨額な保険金の支払いが発生する可能性がある。したがって、損害保険会社は、その発生が不確実な異常災害の発生に備えなければならない。

損害保険会社は、このような高額の保険金支払リスクに対して、自社がどの程度まで保有できるかを判断したうえで、危険分散のために、他の損害保険会社に引き受けた保険契約上の支払責任の一部または全部を移転する保険契約が「再保険（Reinsurance)」である。再保険を引き受けた保険会社がさらに再保険を出す保険契約は「再々保険（Retrocession)」と称される。

図 12　元保険と再保険

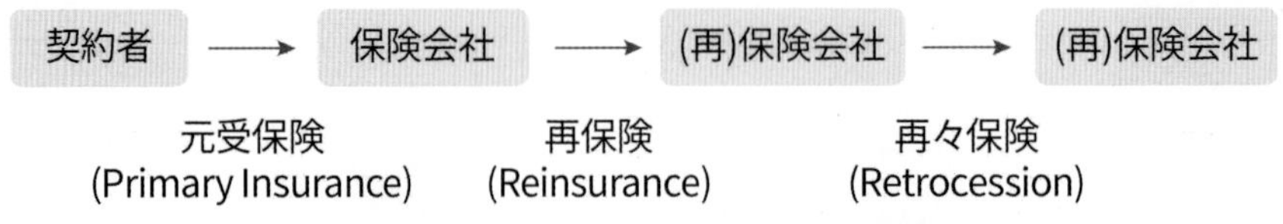

契約者 → 保険会社 → (再)保険会社 → (再)保険会社

元受保険 (Primary Insurance)　再保険 (Reinsurance)　再々保険 (Retrocession)

出典　各種資料を参考にして作成

再保険契約とは、リスクを外部に移転する側である出再保険会社（Cedant）がその被るべき偶然な事故に関し、リスクを引き受ける側である受再保険会社（Re-insurer）に対して再保険料を支払い、リスクを移転する損害保険契約の一種である。この保険会社のリスク分散のための再保険は、「保険の保険」であるため、「再保険（Reinsurance）」と称される。保険会社が保有するリスクの一部または全部を他の保険会社に移転することは、出再保険と称され、保険会社がこれを引き受けることは受再保険と称される。

一方、元受保険（Primary Insurance）とは、保険会社が個別の保険契約者と締結する保険契約を指す場合があるが、「ある保険契約」について再保険契約が締結されている場合、再保険契約に対して、その「ある保険契約」が元受保険と称される。

元受保険と再保険の仕組みは、次の通りである。

図13 元受保険と再保険の仕組み

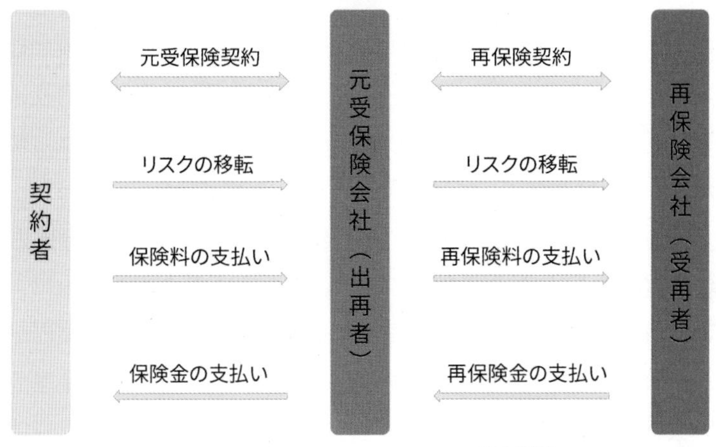

出典 各種資料を参考にして作成

この再保険契約は、発生した損害を補償する保険であるため、損害保険契約の一つであるが、生命保険会社も、巨額な支払いに備え、生命保険に限って、再保険契約を行っている。受再保険会社の立場では、出再保険会社は保険募集を行っている保険代理店のような存在であり、受再保険会社は、出再保険会社に対して出再手数料を支払っている。

再保険料（Reinsurance Premium）は、出再者が、支払責任を移転した対価として、受再者に支払う保険料である。再保険金（Reinsurance Claim）は、再保険契約に基づく損害の発生の場合、受再者が出再者に支払う保険金を指し、出再者が受再者から再保険金を受け取ることは、「再保険金の回収」と称される。

ある保険契約について再保険契約がなされているとき、再保険契約に対してその保険契約を元受保険というが、この元受保険は、保険会社が個々の保険契約者と契約する保険のすべてを指す場合がある。元受保険契約に基づいて保険会社が領収する保険料は、元受保険料と称される。

保険会社のリスク分散は、伝統的に再保険によって行われている。「再保険」を引き受けた保険会社は、さらに別の保険会社に再々保険を出すことによって、多くの保険会社間でリスクが分散される仕組みである。例えば、損害保険会社が石油コンビナートのような巨大リスクの保険契約を引き受けている場合、保険事故の発生の際には、その保険金の支払額が支払能力を超える可能性がある。損害保険会社は、このような巨額の保険金の支払いの場合でも自社の財務状況に大きな影響が出ないように、引き受けたリスクの一部または全部を再保険会社などに再保険することによって、リスク分散を行っている。一方で、保険会社は、自社の引受能力の範囲内の大きさのリスクを他社から引き受けることによって、大数の原則を満たそうとしている。

保険業界は、この再保険によって、保険業界の中でリスクを分散させ、保険業界全体の引受能力を有効に活用してきた。しかし、その引受能力は、損害保険業界全体の資本金の合計によって制限される。したがって、保険業界の引受能力は、その自己資本の合計によって制限されるため、大災害または金融危機などによって保険会社が大きな損害を被ったときに、保険業界は、その引受能力の不足に直面した。そのような局面では、保険市場がハード化し、保険料率が急騰した。この異常災害に対する保険会社の引受能力不足を補うため、保険市場よりも資金量が豊富な資本市場がリスクの移転先として注目された。リスクの証券化などによって資本市場にリスクを移転する手法は第2章で説明したARTと称される。

この再保険は、損害保険の一種であり、ほとんどの損害保険会社が行っているが、再保険専門会社もある。日本では、トーア再保険株式会社と日本地震再保険会社が再保険専門会社である。「生命再保険」は、損害保険会社以外にも、生命保険会社も引き受けることが認められる。

再保険契約は、出再者である元受保険会社が保険契約者との間で締結する元受保険契約とは、全く別個の独立した保険契約である。したがって、受再者である再保険会社は、出再者（元受保険会社）から再保険料を受け取れない場合にも、保険契約者に直接その支払いを請求することはできず、また保険契約者は、出再者（元受保険会社）が保険金を支払わない場合にも、受再者に直接その支払いを請求することはできない。一方、元受保険会社は、再保険会社からの再保険金の受取りに関係なく、元受保険契約による支払い責任を負う。また、元受保険契約者は、再保険の当事者ではなく、再保険会社に対して、何の権利も有せず、直接保険金を請求することもできない。

この再保険は、保険業界の中でリスクを分散させ、元受保険会社の収益の安定化と追加引受能力の確保を通じて、保険市場の拡大と安定化に寄与している。しかし、再々保険の連鎖によって、関係している再保険会社が多くなればなるほど、それらの保険会社の信用リスクが多くなる。保険事故が発生した際に、再保険会社が再保険金を支払えなくなる可能性があるが、再保険の連鎖の中である１社の支払不能状態は、支払不能の連鎖を引き起こす可能性があるためである。

支払不能の連鎖が発生した実際の事例として、1980 年代にロンドンの再保険市場で発生した超過再保険契約（Excess of Loss Cover）である LMX（London Market Excess of Loss）のスパイラル（Spiral）がある。超過再保険契約とは、再保険契約の一種で、一事故による損害額が、再保険契約で決めた金額を超えた場合、超過した部分について補償するものである。ロンドンの再保険市場のシンジケートのアンダーライターは、この再保険契約を繰り返し締結し、自ら出再したリスクを再び引き受ける事態となった。この状態で、1987 年と 1990 年の間に発生した台風や地震などの空前の大災害の連続が原因で、多くのシンジケートが破たんすることになった。

【2】再保険の種類

再保険は、再保険契約手続によって、任意再保険と特約再保険に分けられる。任意再保険（Facultative Reinsurance）は、元受保険会社と再保険会社が個別に契約条件を定める方式であり、特約再保険（Treaty Reinsurance）は、元受保険会社と再保険会社が予め取引条件を定め、一定の条件に合致するものを再保険の対象とする方式である。

また、責任分担方法によって、割合（プロポーショナル）再保険（Proportional Reinsurance）と非割合（ノンプロポーショナル）再保険（Non-Proportional Reinsurance）に分類される。割合再保険は、責任分担額を割合的に決める方式であり、保険料の計算は、元受保険料に対する出再割合（%）となる。再保険の効果は、共同保険と同じであるが、共同保険における各保険会社は、元受保険の契約者に対して直接のてん補責任を負うことが再保険とは異なる。

図 14　再保険の種類

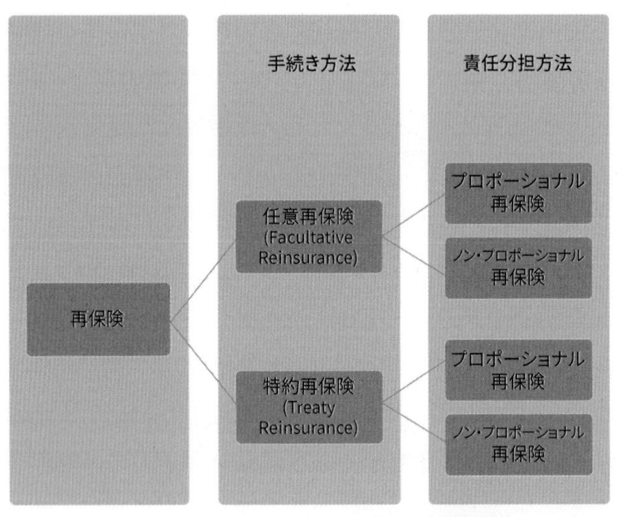

出典　各種資料を参考にして作成

また、非割合再保険は、損害保険金の金額を基準にして再保険会社の責任分担額を決める方式である。出再保険料は、元受保険契約の事故発生頻度や予想損害額などを基準に決められ、出再保険金は、元受保険金から元受保険会社の自己負担額（Retained Limit）を控除した金額となる。

受再保険会社は、出再保険会社から、再保険契約の対象となるリスクに関する情報や、過去の保険金支払の実績などの情報提供を受け、再保険料を算出する。再保険金に当てられるべき部分の保険料をネット再保険料といい、ネット再保険料に経費、手数料、利潤などの付加保険料を加えたものをグロス再保険料という。

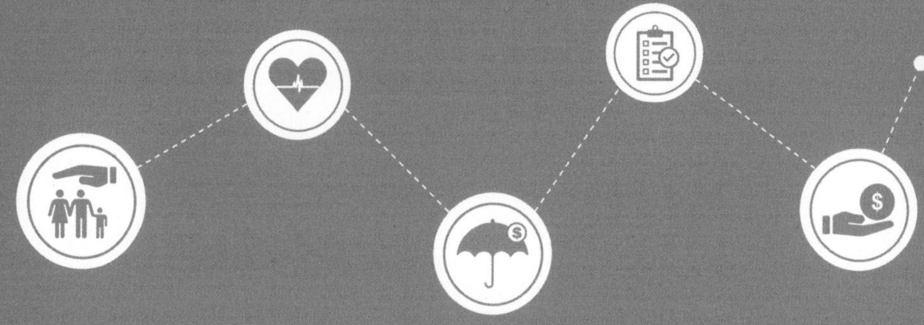

第4章

郵政民営化と保険販売チャネル

本章では、郵政民営化と民営保険の販売チャネルについて概説する。

 公営・民営保険と郵政民営化

[1] 公営保険と民営保険

保険は、公営保険と民営保険にも分けられる。公営保険は、社会政策または経済政策的理由から公的機関によって実施される保険であり、民営保険は、民営の損害保険会社、生命保険会社が販売している保険である。

公営保険は、公保険とも称され、保険の運営主体である保険者は国や地方自治体である。保険者が公的機関であることから分かるように、公保険の目的は「公共政策上の目的を達成すること」にある。この公営保険は「社会保険」と「産業保険」に大別される。

社会保険は、国民生活を安定させることを目的としている公保険であり、医療保険、年金保険、介護保険、雇用保険、労災保険の５種類がある。これらの社会保険は、加入が義務付けられているため、任意で脱退することはできない。我々は、これらの保険によって日常生活におけるケガや病気、仕事中の事故、意図しない失業などの様々なリスクによる損害が補償（保障）されている。給与生活者は、これらの公保険の保険料が給与天引きとなる。

産業保険は、産業を安定させることを目的として実施される公保険であり、農業保険、漁業保険、漁船保険、貿易保険などがある。これらのリスクはその発生確率が掴みにくく、そのリスクが発生した際にはその損害額が巨額なものとなり、民営保険会社では引き受けができない規模の保険事故となる。したがって、これらのリスクは、保険会社が引き受けることが困難なものであるが、産業の安定のために実施されており、そのような保険は産業保険と称される。

民営保険は、私営保険または私保険とも称される。この民営保険は、生命保険会社または損害保険会社によって販売されており、私たちが任意に加入する生命保険や損害保険は、すべて民営保険に分類される。保険会社によって販売される保険の中には、自賠責保険（自動車損害賠償保障法）や地震保険（地震保険法）のように、社会政策的趣旨で実施されるものもある。

[2] 郵政民営化

1916年（大正5年）に誕生した簡易保険は、低廉かつ小口の保険を普及させて国民生活を安定させることを目的として導入された。当時の生命保険会社は、富裕層を対象に（半）年払いの生命保険の販売で事業を拡大していたが、郵便局は、生命保険会社の生命保険の販売対象からもれた一般庶民を対象に、「小口、月払い、医的診査なし」の簡易保険を販売した。1946年に法改正の以降、生命保険の主力商品が月払保険に傾斜し、一方で簡易保険の加入限度額が高くなるにつれ、生命保険と簡易保険が類似するようになっていた。

しかし、2005年、郵政公社の完全民営化を内容とする郵政民営化法が成立され、2007年から郵政公社は、その4大業務である郵便、保険、郵貯、窓口に対応させた4つの株式会社に分割されることになった。

さらに、2012年10月1日、新たな「日本郵政グループ」の下で、「日本郵便株式会社」、「株式会社ゆうちょ銀行」、「株式会社かんぽ生命保険」の3社となった。日本郵政株式会社は、日本郵便・ゆうちょ銀行・かんぽ生命保険等からなる日本郵政グループの持株会社である。郵便局は、日本郵便株式会社の店舗となり、窓口サービスを行うことになった。郵政民営化法では、日本郵政は、株式会社ゆうちょ銀行と株式会社かんぽ生命保険の株式は、その全部を売却することを目指すとしている。

日本郵政グループは、次の通りである。

図15 日本郵政グループ

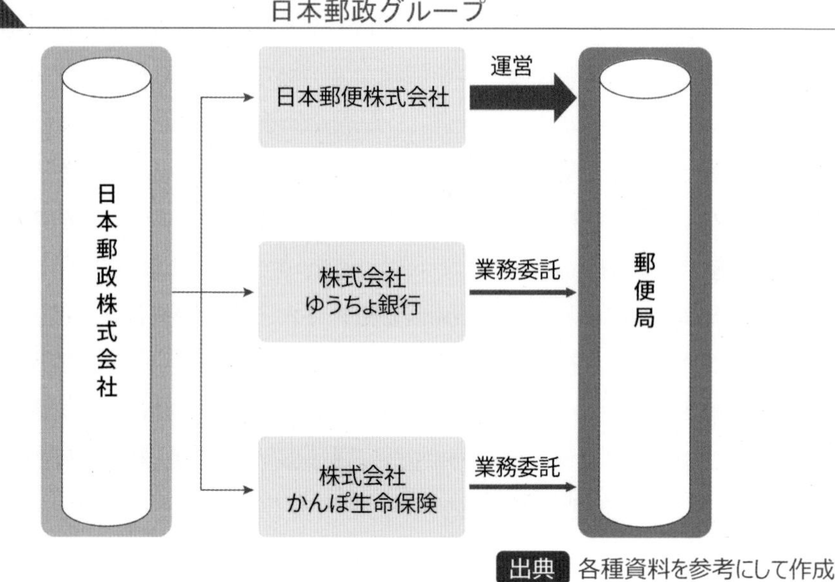

出典 各種資料を参考にして作成

また、郵便局は、株式会社ゆうちょ銀行と株式会社かんぽ生命の代理店として、それらの業務の委託を受けている。株式会社ゆうちょ銀行（JPゆうちょ銀行：JP BANK）は、従来の通常郵便貯金などを郵政公社から継承し、郵便貯金業務を行う。ゆうちょ銀行には、1,000万円までという預入限度額が設定されており、残高が1,000万円を超えた場合、超えた金額分は、送金や決済の利用に特化した利子のつかない貯金振替口座の扱いになる。このゆうちょ銀行では、住宅ローン、カードローン、企業融資などの業務は取り扱わない。

株式会社かんぽ生命保険（JPかんぽ生命：JP INSURANCE）は、生命保険業務を行う。このかんぽ生命には、保険金額は最大で1,300万円、年金額は90万円（年額）という限度が設定されており、申込時に医師の診査がいらず、職業による加入制限がない。

2. 保険の販売チャネルと専門職

[1] 損害保険の販売チャネル

損害保険の販売は、大きく分けて、「代理店扱い」「直扱い」「仲立人扱い」の3つに分類される。

この損害保険の販売チャネルは、次の通りである。

図16 損害保険の販売チャネル

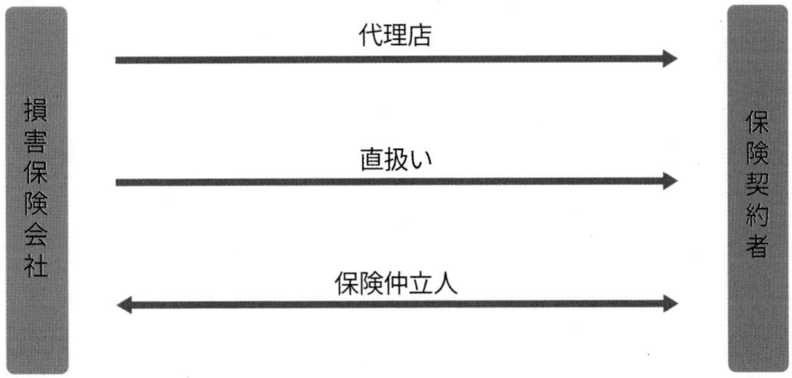

出典 各種資料を参考にして作成

損害保険の販売は、伝統的に、「代理店扱い」と「直扱い」であったが、保険仲立人は、1996年の保険業法の改正によって導入された制度である。損害保険業界の収入保険料の中で、代理店扱が9割以上を占めている。

(a) 代理店

ア・代理店の種類

保険代理店は、損害保険代理店委託契約に基づき、保険会社に代わって保険契約者と保険契約を締結し、保険料を領収することを基本業務とする。保険契約の締結の代理および媒介は、損害保険の代理店または生命保険募集人に認められ、顧客に媒介であるか代理であるかを明示（保険業法第294条）しなければならない。生命保険募集人と損害保険代理店は、金融庁に登録（保険業法第276条）する。保険契約者が適切な保険商品の選択が行えるよう助言すると共に、災害や事故が発生して保険金の請求を行う場合には、必要な書類の取りそろえ方や記載方法などを助言する。

代理店の種類は、次のように分類をすることができる。

① 専業代理店と副業代理店

保険販売を専業とする代理店は「専業代理店」と称され、保険販売以外の業務もあわせて営んでいる代理店は、「副業代理店」と称される。ディーラー、修理工場、不動産業者、旅行代理店などが損害保険代理店としての業務も行っている場合が副業代理店にあたる。

② 専属代理店と乗合代理店

1社の保険会社とのみ委託契約をしている代理店は「専属代理店」と称され、複数の保険会社と委託契約をしている代理店は「乗合代理店」と称される。

③ 個人代理店と法人代理店

代理店の登録は、「個人」・「法人」のいずれもできる。したがって、個人が独立して代理店を営むことも、会社組織として代理店を営むことも可能である。

イ・乗合代理店

乗合代理店とは、生損保を含めた2社以上の保険会社と代理店契約を結んでいる保険代理店の総称で、特定の保険商品だけを扱う保険会社や専属代理店とは違い、「保険ショップ」「来店型保険代理店」などとも称される。これに対して、一社の保険会社のみと代理店契約を結んでいる保険代理店のことを専属代理店や一社専属代理店という。

また、1996 年に保険業法が改正され、複数の保険会社の商品が販売できる乗り合い代理店制度が解禁された。一つの代理店で生命保険・損害保険のすべての保険の販売ができるようになった。

企業のセキュリティが厳重になり、生命保険外交員の訪問による保険営業が難しくなるなか、2010 年ころから「ほけんの窓口」「保険クリニック」「保険見直し本舗」「みつばち保険ファーム」といった「保険ショップ」「来店型保険代理店」とよばれる乗合代理店が急成長した。ここでは、顧客が来店し、相談を受けたり、複数の保険会社の保険を比較することができる。

しかし、顧客ニーズにあわなくても保険会社からの販売手数料が高い保険商品を勧める代理店があるとの指摘もあった。2014 年 5 月に、保険会社や代理店に対し、顧客の意向に沿った適切な商品を提案するよう求める保険業法改正が行われた。それによって、来店した顧客には取り扱う保険商品の一覧を示した上で、保障内容や保険料を比較できる十分な情報を提供することが義務付けられた。

また、顧客のニーズを十分に把握した上で意向に合った商品を提案しているかの確認が求められる。つまり、商談初期のヒアリングの段階から契約に至るまでの過程の記録（証跡）を残さなければならない。そして、こうした情報提供や意向把握が行われるような体制整備も必須になった。

ウ・窓販

保険商品の銀行窓販解禁は、特に保険業界にとって影響が大きかった。窓販は、銀行などが保険会社の代理店 として その窓口で保険を販売するものである。

日本における保険商品銀行窓販の販売対象商品の段階的な拡大は、次の通りである。

図17 銀行窓販の販売対象商品の段階的な拡大

2001年4月	• 生命保険分野 • 住宅関連信用生命保険 • 損害保険分野 • 住宅関連長期火災保険、住宅関連債務返済支援保険、海外旅行傷害保険
2002年10月	• 生命保険分野 • 個人年金保険、財形保険 • 損害保険分野 • 年金払積立傷害保険、財形傷害保険
2005年12月	• 生命保険分野 • 一時払終身保険、一時払養老保険、短満期平準払養老保険、貯蓄性生存保険 • 損害保険分野 • 個人向け賠償保険等、積立火災保険等、積立傷害保険
2007年12月	• 生命保険分野 • 定期保険、平準払終身保険、長期平準払養老保険、医療・介護保険 等 • 損害保険分野 • 自動車保険、団体火災保険等、事業関連保険、団体傷害保険

出典 各種資料を参考にして作成

2001（平成13）年4月の第1次銀行窓販の解禁は、住宅ローンに関連する信用生命保険や火災保険等の販売を可能にした。この第1次銀行窓販の解禁においては、販売できる信用生命保険は、販売する銀行の子会社または兄弟会社である保険会社が引き受けるものに限るとする仕入先制限があったので、生命保険会社には実質的には販売できる商品がなかった[21]。

したがって、生命保険の本格的な銀行窓販は、個人年金（変額年金、定額年金）の販売が開始された2002年10月の第2次銀行窓販の解禁に始まることになる。2002（平成14）年10月には、個人年金等に対する第2次解禁が行われ、2005（平成17）年12月に、一時払い終身保険・一時払い養老保険等の貯蓄性の強い商品を対象とした第3次銀行窓販の解禁が行われた。2007（平成19）年12月に、すべての商品の販売を可能にする全面解禁が実施された。

21 松岡 博司「本格始動後10年が経過したわが国の保険商品銀行窓販ー特定の商品では極めて大きな販売シェアを獲得ー」『保険・年金フォーカス』ニッセイ基礎研究所、2013年2月12日。

(b) 直扱い

損害保険会社の役職員が保険募集を行う場合をいうが、直接販売とも称し、それ以外に次のようなものがある。特別研修生は、将来、専属代理店として独立させることを目的として、保険会社が雇用する職員である。直販社員は、保険契約の募集に従事することを職能として、保険会社が雇用する役職員である。通信販売は、DM、インターネットなどを活用して保険会社が直接保険を募集している。

(c) 保険仲立人

1996年4月1日施行の保険業法に基づいて新たに導入された保険仲立人は、保険会社から委託を受けることなく、日本において免許を受けた保険会社の保険商品について保険契約の締結の媒介を行う者である。この保険仲立人は、いわゆる保険ブローカーとも称され、保険契約者の立場から保険契約者に一番適切な保険を探し、媒介する職業である。保険仲立人となるためには、所定の事項を記載した登録申請書を、内閣総理大臣に提出して、保険仲立人登録簿に登録されなければならない（保険業法第286条）。

保険仲立人は、保険会社を代理していないので、保険契約締結権、告知受領権および保険料領収権などを有しない。保険契約者に対しする賠償責任（代理店の場合は、保険会社が賠償責任）として、最低4千万円から最高8億円の保証金の供託する。

再保険、外航船舶保険、外航貨物保険、商業用航空保険などについては、日本において免許を受けていない海外の保険会社に対し、保険契約の締結の媒介ができる。この保険仲立人は、主に保険会社各社の販売する保険の種類や保険料が大きく異なる企業保険分野で活動しているとされる。日本は、欧米と異なり、家計分野保険においては、保険会社別の保険種類や保険料率の差が少ないため、あまり活動していない。

保険仲立人は、顧客のために誠実に契約締結の媒介する誠実義務（ベスト・アドバイス義務）（保険業法第299条）を負い、禁止行為（保険業法第300条）は、次の通りである。虚偽のことを告げたり、重要な事実を告げない行為、保険契約者等が保険会社に対して重要な事項について虚偽のことを告げることを勧める行為、保険料の割引、割戻しその他特別の利益を提供、他の保険契約との比較において誤解されるおそれのあることを告げる行為、もしくは表示する行為などである。

さらに、保険会社又はその役員または保険会社の委託を受けて募集を行う者を兼ねることはできない（保険業法第289条1項1号）。また、損害保険代理店・生命保険募集人との兼営（兼務）が禁止される。

[2] 生命保険の販売チャネル

生命保険会社は、全国的に出先機関である支社、支部とその下で働く数多くのいわゆる営業職員によって構成されている。このほかには生命保険会社と委任契約を結んだ諸代理店がある。

生命保険の販売チャネルは、次の通りである。

(a) 営業職員

戦後「保険募集の取締に関する法律」（昭和23年法律第171号）が制定され、営業職員は大蔵省に登録しなければならず、その募集活動にはいろいろな規制が加わり、保険契約者の保護が図られたが、現在は保険業法に統合されている。営業職員は個々の契約締結見込者に保険契約の募集を行うが、保険契約の締結権、保険契約者からの告知の受領権は与えられていない。

生命保険会社の販売職員による販売で、直近加入契約の加入チャネルとして「営業職員」は占率を下げてきているものの、生命保険会社の収入保険料に占める割合は5割強である。外資系保険会社やカタカナ生命保険・ひらがな生命保険会社の保険販売職員には、転職者が多く、前職の人間関係を使い保険を販売している。これらの前職の人間関係を利用した販売では、高額所得者や、中小企業の役員保険や福利厚生のための保険が多く販売されている。また、医師・歯科医師に ターゲットを決めて営業をしている「特定業種専門」の募集人も多い。

(b) 代理店

大手企業内の保険代理店である機関代理店（企業内のインハウス代理店）、特に銀行系の機関代理店は、銀行の行員の紹介で中小企業の法人契約や社員の保険を扱う。この機関代理店は、他の代理店が競合しても、銀行の力で保険契約を獲得できる場合が多く、銀行の出向者が多いので、優秀且つ営業力があるとされる。また、保険ショップなどの乗合代理店や銀行や信用金庫等にて保険を販売する窓販による販売もある。代理店による販売は、2割弱であるが、「保険代理店の窓口・保険代理店の営業職員」は、その占率を高めてきており、その重要性は増している。

営業職員を販売チャネルの中心に据える生命保険会社においても、金融機関と提携した代理店化の推進や乗合代理店の買収による自社ブランド化の展開など、チャネルの多様化は著しい。このことは、取引先企業（保険契約地盤）であってもセキュリティの観点からの職員の出入りが厳しく制限されてきていることや地区活動において不在住宅の発生など、従来の体制のままでは営業活動が困難・先細りとなることから、多様化を行ってきた結果であるとみられる。したがって、代理店チャネルは、徐々にその占率は高まるものと見られる。

(c) 通信販売

通信販売には、保険会社直接販売と、カード会社やカタログ通販会社などを経由（代理店）する2種類がある。インターネットを含めた「通信販売」は5％台と低位で推移している。

[3] 専門職

保険分野には、次のような専門職がある。

(a) アクチュアリー

アクチュアリー（Actuary）とは、日本アクチュアリー会の「正会員」であるが、その正会員の資格を取得するためには、日本アクチュアリー会が毎年実施している資格試験の全科目合格とプロフェッショナリズム研修の受講が必須の要件である。

(b) 保険計理人

保険会社は、保険業法によって、取締役会で保険計理人を選任し、保険料・責任準備金・配当の算出方法等に関する事項に関与させることが義務づけられている。日本アクチュアリー会の正会員であることが保険計理人の資格要件の一つになっている。

保険計理人は、金融庁が認定した実務基準によって、毎決算期において責任準備金が健全な保険計理に基づいて積み立てられているか等を確認することとなっている。

(c) 年金数理人

厚生年金基金制度では、年金基金の財政を健全に維持することを目的として、年金数理人制度が導入された。この年金数理人は、年金数理の専門家として厚生労働大臣の認定を受け、厚生労働大臣に提出する年金数理に関する書類について、適正な年金数理に基づいて作成されていることを確認し、意見を述べる。

1997年からは、指定年金数理人制度が導入され、各厚生年金基金が年金数理人を指定し、その指定年金数理人が上記の書類を確認することに加え、継続的に基金の財政状況の診断等を実施している。

確定給付企業年金制度においても、年金数理人が年金数理に関する書類を確認している。日本アクチュアリー会の正会員であることが資格要件の一つである。

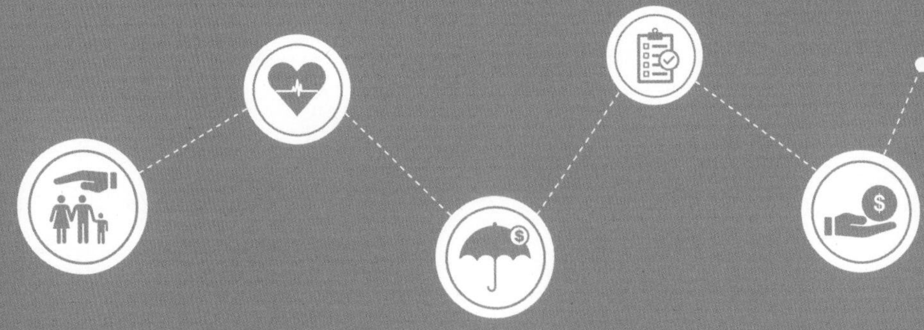

第5章

保険の歴史

保険の歴史の中で、海上保険が一番古い。しかし、各種保険は、それぞれの発展の過程を有している。本章では、各種保険の歴史について概説する。

1. 海上保険への展開

[1] 交易と海上保険

古代オリエントでは交易が盛んに行われていたが、その交易には、自然の猛威・盗賊・海賊などの大きなリスクが伴っていた。商人たちは、これらのリスクによる損害をてん補するために、資金の借入を行っていたが、その金利が100%にもなり、人質を担保にしていたために、バビロニアの通商が衰退したといわれる。また、当時の商人たちは、隊商やダウ船を時間的に地域的に分散させることで、リスクの分散を図ったりもしていた。

14世紀、ルネサンス初期に、ジェノバ、ピーサ、フィレンツェ、ヴェネチアなど、地中海に面したイタリアの諸都市で、貿易商が引き受けた「海上保険」が、「保険」の始まりである。この「海上保険」は、1666年のロンドン大火（後述）後に火災保険が登場するまでに、3世紀にわたっては唯一の「保険」であった。

[2] 冒険貸借と危険担保

「海上保険」は、紀元前300年頃のローマ・ギリシャの時代に、地中海地方の「冒険貸借」が発展したものである。この「冒険貸借（Bottomry）」は、船主・荷主が、その船や積荷を担保にして、金融業者から借金し、無事に帰港できれば高率の利息を付けて返済し、事故によって船や積荷が失われれば、全額返済不要という条件の貸借であった。利息は、一航海につき22%から75%にも達したといわれるが、それには貸主が負担する危険に対する保険料を含んでいたためである。「冒険貸借」は、「融資」と「危険担保」という2つの機能を有していた。

図18　冒険貸借と危険担保

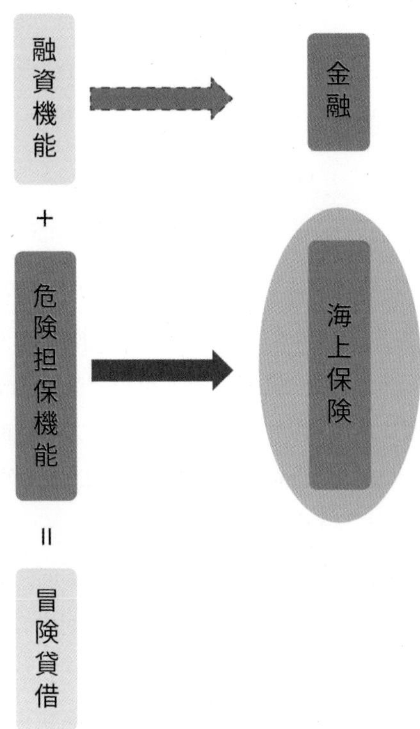

出典　各種資料を参考にして作成

[3] 海上保険への展開

1230年、180代教皇グレゴリ9世は、利息を受け取って儲けることはキリスト教の教えに反するという理由で、「利息禁止令」を出した。これによって「冒険貸借」の制度も終わる。しかし、貿易商人には、「冒険貸借」の有する「危険担保機能」は、商売に必要不可欠な機能であったため、約100年をかけて「海上保険」に発展した。

次に現れた仮装売買は、金融業者が船や積荷を買って代金を支払い、航海が無事終了すれば、売買契約は解除されて代金が返済されるものであったが、全損となったときは、売買契約は有効に存続する。

その後、14世紀前半から航海開始前には、資金調達を必要としない航海業者も出現し、一方で金融業者は、冒険貸借では、借金を踏み倒される危険を負担していたために、事後に損害の補償する仕組みが必要になっていた。このような状況を背景に現われた準保険（保険貸借）は、無償の消費貸借を仮装したもので、金融業者が航海業者から無利子で一定額の借金（保険料）をし、借用証書に実際の貸借金額よりも大きな金額を記入した。そして、海難に遭遇したときは借金の返済(保険金の支払い)、航海が無事終了すれば、契約は無効となった。この準保険(保険貸借）は、冒険貸借とは資金の流れが逆である。

図19　準保険（保険貸借）

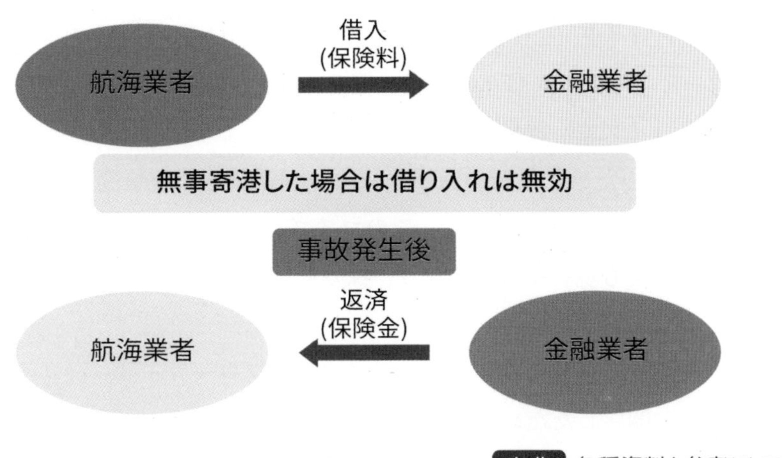

出典　各種資料を参考にして作成

この準保険は、14世紀中葉から後半にかけて現代の海上保険に変化していった。最初の契約は、1379年のイタリアのピサで行われた。さらに、イタリアからヨーロッパ大陸を北上して伝播、ロンドンへと伝播していった。16世紀にはスペインが、無敵艦隊を擁し、世界の海を支配していた。イギリスのエリザベス女王は、この強敵スペイン艦隊に対抗するため、敵船捕獲の特許を与え、海賊行為を奨励した。

この敵船捕獲の特許を有する船舶は、「私掠船（Privateer)」と称され、アメリカ植民地から帰航するスペインの財宝船を拿捕したりして大きな利益を上げていた。当時の国王をはじめ国家の要人や権力者たちは、私掠船の出資者となって成果に応じた配当をもらう、ひとつのビジネスとして確立していたが、この私掠船に対する出資は、成功する確率が高く、巨額の見返りが期待できた。

一方で、この私掠船の海賊行為に危険はつきものであるため、死傷した船員に対して保険金を支払うようにしていた。このようにして増加した「私掠船」の活躍によって、イギリスは、スペインを制圧して、世界の海を支配する大英帝国に発展した。

2. ロイズの発展

[1] ロイズ

エドワード・ロイド（Edward Lloyd）は、1688年頃、ロンドンのタワー・ストリートにコーヒー・ハウス（Edward Lloyd's Coffee House）を始め、このコーヒー・ハウスであるロイズに、貿易商や船員などが集まるようになった。ロイドは、この貿易商や船員のために最新の海事ニュースが掲載された新聞を発行し、コーヒー・ハウスは繁盛した。しかし、このロイズに保険取引業者が集中した結果、支払能力もない者も現れるようになり、保険を利用して賭けをする賭博保険も横行するようになった。

このような事態を憂慮したアンダーライターとブローカーは、新ロイズ・コーヒー・ハウスを開店したため、純粋な海上保険を引き受ける保険取引業者はこの新ロイズに移った。さらに、アンダーライターたちによって組織されたロイズ委員会は、1773年についに保険取引市場として王立取引場（Royal Exchange）にその場を移した。これによって、ロイズは、保険取引が行われるコーヒー店の名前から、保険取引市場そのものへと変貌していった。

1720年にLondon AssuranceとRoyal Exchange Assuranceの2社は、海上保険の引受を独占的に行える勅許会社として認められた。そのため、会社組織の他社は海上保険の引受ができなくなったが、個人事業者の集まりであるロイズは、海上保険の引受の禁止をまぬがれた。さらに、2社の勅許会社は、火災保険の営業に重点を置いたため、ロイズは海上保険の引受を増やすことができ、ロンドンにおける海上保険の引受の大半を占めるまでに成長していた。また、ロイズ委員会は、議会に働きかけて、1871年にロイズ法を制定させ、ロイズ委員会を法人化してロイズ保険組合となった。

[2] ロイズの仕組み

ロイズ保険組合は、それ自体が保険を引き受ける保険会社ではなく、保険引受会員であるアンダーライティング・メンバーに建物や事務的なサービスを提供している組合組織である。ネーム（Name）と称される個人のロイズ・アンダーライティング・メンバー（Lloyd's Underwriting Member）（以下、メンバーと称する。）は、シンジケートへの出資者である。メンバーになるためには、国籍および男女を問わず、他のメンバーの推薦を受け、厳しい資力の審査を受けることが必要であるが、引き受けた契約について無限責任を負っている。メンバーは、伝統的に個人に限られてきたが、1994 年より有限責任の法人メンバー（Corporate Member）が認められるようになった。2008 年以降は、有限責任の法人メンバーが、無限責任の個人メンバーよりも数の面において多くなっている。

アンダーライティング・メンバーは、それぞれシンジケート（Syndicate）というグループに属しており、専門的な経験、知識を有するシンジケートのアンダーライターが引受の実務を行っている。ロイズには多くのシンジケートがあり、海上保険や火災保険、盗難保険などそれぞれが得意とする保険を引き受けている。保険を引き受けたシンジケートは、高額の支払いのリスクを分散するため、他のシンジケートに再保険をかける。

保険契約者は、ロイズ・ブローカーを通じて、各シンジケートのアクティブ・アンダーライター（Active Underwriter）と保険契約を締結することになる。アンダーライティング（Underwriting）は、保険契約の引受の際に、当該契約の引受の可否の判断と、引受が可能な場合の引受金額、引受条件（保険料率）などを判断する一連の保険会社の危険選択である。また、アンダーライター（Undewriter）は、保険者の委任を受け、アンダーライティングの業務を行う者であり、保険引受人である。

ロイズ・ブローカーは、スリップ（Slip）と称される保険証書を持って、ロイズのルームにいる各シンジケートのアクティブ・アンダーライターたちと交渉し、各シンジケートの引受能力に応じて、引受金額を分割して保険を引き受けさせる。アンダーライターは、言葉の意味としては「下に名前を書く人」を意味するが、危険を引き受ける際に、保険証書の下に署名するところから由来しており、名前を書くことからネームと呼ばれることもある。ロイズ・アンダーライター（Lloyd's Underwriter）は、ロイズ・ブローカー（Lloyd's Broker）を通じてしか引受はできない。しかし、ロイズ・ブローカーは他の保険会社とも取引ができる。

図20　ロイズ保険組合とイギリスの保険市場

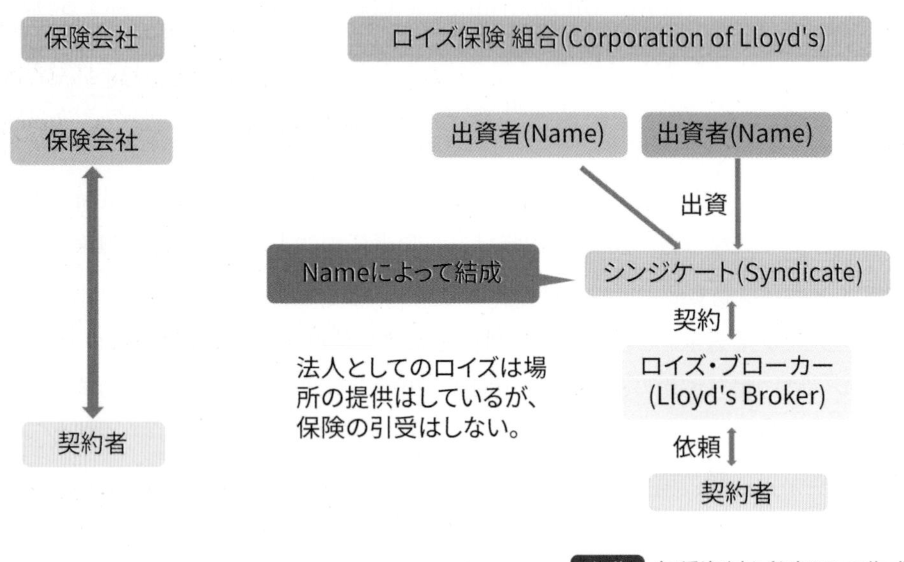

出典 各種資料を参考にして作成

一方、ロイズ・エージェント（Lloyd's Agent）は、ロイズ・アンダーライティング・メンバーの代理店ではなく、ロイズ保険組合の代理店である。その職務は、保険を引き受けることではなく、荷主の依頼によって、海難事故などの海事情報と、保険事故の際に損害の調査報告書（Survey Report）を作成することである。ロイズ・エージェントは、世界の主要都市にあるが、日本には、横浜、神戸、門司の3都市にある。

ロイズは、1906年に発生したアメリカのサンフランシスコ地震の際に、その名声を確実なものにした。当時のサンフランシスコの人口は、約40万人であったが、死者は約500人（後年の研究では約3千人）とされており、約22万5千人が家を失った。この地震による損害総額は、約5億ドル（現在の消費者物価で100億ドル相当）に達した。

この地震の損害に対して、多くの保険会社が、「地震で倒壊した建造物には火災保険が適用されない」という免責条項に基づいて、保険金の支払いを拒絶していた。しかし、ロイズは、サンフランシスコにあるエージェンシーに対し、「被保険者全員に対し、保険証券の約款に関係なく、全額を支払え」という電報を発信し、迅速に保険金を支払った。このときのロイズの支払額総額は、当時の金額で１億ドルを達したといわれる。ロイズは、この迅速な保険金支払によって、アメリカの保険市場で確実な名声を獲得した。この地震の後に、アメリカの大手損害保険会社である Hartford 社は、地震リスクの引受をロイズに依頼し、ロイズによるアメリカの地震リスクの再保険の引受が始まった。

[3] 日本における海上保険

日本においても、慶長（けいちょう）・元和（げんな）（1596〜1624年）頃の朱印船貿易では「抛銀（なげがね）」という冒険貸借に似たものが行われており、元禄（げんろく）時代（1688〜1704年)になると、海上請負と称して、廻船（かいせん）問屋や船主が積み荷の運送中に生じた損害を負担するかわりに高い運賃をとることが行われていた。

しかし、いずれも独立した保険制度として発展することはなく、近代的な海上保険制度は明治維新後に外国から移入された。1859（安政６）年に、日米修好通商条約によって、それまでの下田と函館の他に、神奈川（横浜)、長崎が開港されると、外国の貿易会社などとともに保険会社もこれらの港に進出してきて、主として外国会社を相手に営業を始め、明治時代に入ると、日本人を相手とする海上保険も取り扱うようになった。

1873（明治6）年には、北海道の開発を目的とした保任社が北海道開拓使の特許によって設立され、函館—東京—大阪間の貨物の運送を行うとともに、それに関連する荷為替（にがわせ）と海上請負業務を行ったが、採算がとれず、翌年4月には解散してしまった。1877年になると、第一国立銀行が同行の本支店間荷為替の物品に限り「海上受合（うけあい）」業務を始め、1879年には、渋沢栄一頭取が旧大名華族の資金を活用するために、三菱の岩崎弥太郎の参加を得て、東京海上保険会社（のちの東京海上火災保険、現東京海上日動火災保険）を創立し、海上受合業務を同社に譲渡した。この東京海上保険会社が日本の最初の保険会社である。

3. 火災保険の誕生

[1] ロンドン大火

火災保険誕生のきっかけとなったロンドン大火（The Great Fire of London）は、1666年9月1日（日）の深夜に、ロンドン橋付近のパン屋のかまどから燃え広がった火災である。この火災によって、ロンドンは、4日間燃え続け、シティの壁の内側にあった15,000戸のうち13,200戸（88%）を燃やし尽くした。当時のロンドンの家屋は、そのほとんどが木造であったため、被害を大きくしたといわれる。

この火災を契機に1667年には「再建法」が制定され、木造建築を禁止し、家屋は全て煉瓦造または石造とするようにし、また道路の幅員についても規定された。このような状況の中で、火災保険の仕組みが考案された。

[2] 火災保険

建築事業者兼医師のニコラス・バーボン（Nicholas Barbon）は、ロンドン大火の翌年に、世界初の火災保険引受会社である「ファイアー・オフィス（The Fire Office）」を設立した。世界最初の火災保険は、日本の火災保険が昭和30年代まで「火災」のみを担保していたのと異なり、「火災」に加えて、家屋の全壊・破損・損傷をも支払いの対象としていた。

損害のてん補は、現金の給付ではなく、建築業者による再建・復旧であった。火災保険は、その当初から「現物給付、現状復旧」であった。当時の保険料は、徴収漏れを防止するため、家賃に含まれていた。木造建築とレンガ建築では、火災の発生確率が異なるため、保険料には2倍ほどの差が設けられていた。

当時の火災保険の加入者には、ファイアー・マークが交付され、このマークを家の門や扉など最も目立つところに貼り付けていた。

図21 ファイアーマーク

出典 www.glosfire.gov.uk/sections/schools/images/s

当時は、公設の消防署がなく、各火災保険会社が自前の消防隊を保有しており、火災が発生した場合は、保険会社が消防隊を現地に急行させるが、その際、自社が保険を引き受けている物件であるかどうかを確認できる標識がこのファイアー・マークであった。自社の契約物件の場合は、消火活動を行うが、他社の契約や無保険の物件の場合は、消火活動をせずに帰っていったとされる。また、このファイアー・マークが貼られていた家屋は、放火をしても、直ぐ再建されるから放火の意味がないと見られていたため、放火に遭いにくかったという。ニコラス・バーボンは、この火災保険の販売によって、一時「莫大な利潤を得た」とされる。

[3] 日本の火災

戦争や震災を除く日本最大の火災は、「明暦の大火」であり、ロンドン大火（1666年）やローマ大火（64年）と共に世界三大火災とされている。1657年（明暦3年）1月18日の午後に、本妙寺（現在の本郷4丁目にあった）の境内で火災が発生した。後に「明暦の大火」「振袖火事」と呼ばれる大火災である。

この火災によって、外堀以内のほぼ全域が焼失した。大名屋敷や古くからの市街地が全焼し、死者は、資料によって数字が異なるが、当時の30万人の江戸の人口のうち3～10万人が焼死したとされる。江戸城の天守閣は、この火災によって焼失したが、現在まで再建されずにいる。その後、大名屋敷や寺社が郊外に移転され、延焼を防ぐために、火除け地や広小路（ひろこうじ）と呼ばれる大きな通りや土手なども設けられた。

日本では、「火事と喧嘩は江戸の花」という言葉通り、火災が頻繁に発生しており、様々な対策が講じられてきたが、近年になるまではそれが火災保険と発展することはなかった。

4. 自動車保険の誕生

自動車保険は、ガソリン自動車が発明・普及されたことを契機に、1896年にロンドンで初めて販売が始まった。世界初のガソリン自動車は、1876年に発明され、1885年にはダイムラーとベンツがそれぞれ独自に開発したガソリン自動車が発売され、急速に普及していった。ノルウェーは、1912年に自賠責保険の強制加入を最初に実施した。その後デンマークやスウェーデン、イギリス、ドイツで自賠責保険の加入が強制化され、日本でも1955年に自動車損害賠償保障法（自賠責保険法）が施行され、自賠責保険への強制加入が義務付けられた。

日本における自動車の歴史は、明治時代から始まる。1899年に明治時代に初めて自動車が輸入され、そのわずか8年後の1907年には最初の国産のガソリン車「タクリー号」が製作された。東京海上日動の前身である東京海上が、1914年に自動車保険販売の営業認可を得たのが日本における初めての自動車保険であるとされている。当時は日本国内の自動車数は1,000台程度しかなかった。この当初の自動車保険は、火災保険と同様の考え方で、自動車という財産を補填するもので、対物補償として機能していた。しかし、自動車産業の発展と自動車の普及に伴い、交通事故による犠牲者が増加し、対人補償を取り入れるようになった。そして世界的な強制保険制度の導入の傾向の中で、1955年に自動車損害賠償保障法が制定され、被害者の保護を図るため、故意・過失の立証責任を加害者側に負わせ、自動車損害賠償責任保険への加入が強制された。

5. 生命保険の歴史

[1] ギルド

生命保険は、当初は奴隷運搬の海上保険における貨物保険の形態として、1400年代のイタリアで登場した。当時の奴隷は、貨物として取り扱われていた。一方、“ギルド（Guild）”と称される職業別の自治組合においては、保険料を積み立てる制度が誕生した。ギルドは、17世紀にイギリスで誕生した中世ヨーロッパの都市に存在していた特権的同業者組合である。

このギルドでは、病気や死亡により収入がなくなった場合に保険金が支払われ、生活に困った時にも、保険金が支払われた。農民は、たとえ親が亡くなっても農地さえ残っていれば生活ができたが、商人や職人の場合、そうはいかないので、保険金を積み立てることでお互いに助け合っていた。

[2] 香典前払保険・香典前払組合

17世紀、ロンドンのセントポール寺院（St. Paul's Cathedral）では、牧師たちが一定の金額を出し合い、それを積み立て、仲間が死亡した際の香典（こうでん）として葬儀代に充てる仕組みがあったが、これが最初の生命保険とされる。これは、『香典前払保険・香典前払組合』と称されていたが、この制度は10年ほどしか続かなかった。「年齢に関係なく、同額の保険料を積み立てる」という仕組みに対して、若い牧師たちの不満が高まったことがその理由であったといわれている。

セントポール寺院における牧師たちの組合とほとんど同時期に、ロンドンの中心部では地域の人々20,000人程度が、その牧師たちと同じような「香典前払い」の仕組みの制度を運営していたが、人が死亡する都度に組合員が減っていき、約束した金額を払うための掛け金を値上げせざるを得なかったため、同様に10年程度で破産した。

[3] トンチン年金

トンチン（Tontine）年金は、ナポリ生れの医師（銀行家ともいわれる）トンティ（Lorenzo Tonti ; 1630～1695）が、ルイ14世時代のフランス財政改善のため建策した逓増年金制度である。これは、発案者の名にちなんでトンチン年金と称され、17〜18世紀のヨーロッパに広く行われた。

その仕組みは、加入者が保険料を払い、その資金を運用して得られた利息が、生存者の年金として支払われるものであった。このトンチン年金では、受給者が死亡してその人数が減ると、各加入者の受け取る年金が増えていき、加入者全員が死亡すると残っている金額は国に納められた。つまり、国庫に融資を提供する者に対し、元利の支払に代えて、終身年金を与えるものであった。この場合、出資者の年齢群によって集団を設け、各集団別にその集団全員の応募額を元として一定率の利息額に相当する年金を開始した。

トンチン性とは、死亡者の持ち分が生存者の持ち分になるため、死亡者が増えるのに従い生存者の持ち分が増加していく原理を指す。その結果、最後の一人は、基金全体の利息を受け取ることになる。純粋な生存保険はトンチン性があるといわれるが、日本では、民営の純粋年金は発売されていない。

一方、一部の外資系生命保険会社が発売した「積立利率変動型生存保障保険」では、トンチン年金の原理が用いられているといわれる。その仕組みは、積立金を生存者で山分けすることにはするが、契約者の年金受給前の死亡の場合は、保険料分を遺族に払い戻すものである。

【4】最初の近代的生命保険会社

最初の近代的生命保険会社は、1762年にイギリスで設立されたイクィタブル社（Equitable Life Assurance Society）とされる。当時の生命保険では、年齢制限や面接による印象などの非科学的な根拠に基づいて加入が断われていた。ドドソン（James Dodson）は、生命保険の加入を申し込んでいたが断られ、エドモンド・ハリーの生命表を活用した新しい生命保険料の理論を生み出し、保険会社の設立を計画した。

一方、ハレー彗星の命名で有名なイギリスの天文学者である有名な天文学者エドモンド・ハリー（Edmond Halley、1656年10月29日〜1742年1月14日）は、ロンドン王立協会会報1693年版に「プレスラウ市における出生および葬儀の綿密な諸表に基づく、人間の死亡率の推定」を発表した。

生命表とは、年齢層ごとの死亡者・生存者の割合を調査した統計表であり、年齢ごとの死亡率が統計的に導き出されている。これによって、人間の死亡率は統計によって安定的に把握できることが明らかになっていった。この生命表によって、生命保険では、年齢ごとに保険料に差をつけることができるという考えが生まれ、年齢層ごとの保険料を設定することが可能となった。

少人数の場合はその死亡時期が分からないが、多数の場合は生命表の死亡率に近づくので、その集団の中で何人が何歳で死亡するかを予測できるようになる。このように、統計による死亡率に応じて保険料を算出することが考えられた。そして、現在の近代生命保険の発祥とされるエクイタブル生命保険会社（The Equitable Life Assurance Society）が、ジェームス・ドッドソン（James Dodson）によって企画され、1762年にイギリス・ロンドンに設立された。

同社は、生命表によって保険料を計算したことによって、前近代的生命保険から近代的生命保険へと発展する契機となった。同社は、生命表によって科学的に生命保険料を計算し、保険期間中に一定額で変化しない保険料である平準保険料を適用し、保険期間の長い終身保険を販売した。しかし、ドドソンは、エクイタブル生命の設立の前である1757年に亡くなったため、彼自身が生命保険に加入することはできなかった。

平準保険料の仕組みは、契約期間の前半に将来の保険料を前払いし、その前払い分を積み立てた金額を契約期間の後半に保険料として取り崩すことによって、保険料を契約期間の間に変動させないものである。この平準保険料が、現在の生命保険の保険料計算の主流となっている。

6. 日本の保険の歴史

[1] 日本における保険制度の導入

保険は、『江戸ハルマ』（1796年）には「請合」と紹介され、『海国図志』（1852年）に「担保」として紹介されていた。また、福沢諭吉の『西洋旅案内』（1867年）に「災難請合」として紹介された。

中国では「担保」と訳されたが、1869（明治2）年に「保険」と訳されたものが発見され、この保険を「ウケアイ」と読んでいたが、1879（明治12）年に海上保険会社の設立頃から「ホケン」と読むようになっていた。保険を意味するinsurance は、assurance が語源とされるが、as ＋ sure ＝ add sure（確実さを加える）の意味を有していた。この保険は、要害の地に立てこもること、すなわち自らを安全にすることを意味している。

[2] 日本における損害保険

日本には、17世紀頃に朱印船貿易で使われた「抛銀（なげかね）」と呼ばれる習慣があった。これは、前述の「冒険貸借」と酷似したものであったが、今日の保険に発展することなく、徳川幕府の鎖国政策とともに姿を消した。

近代的な保険制度が日本に導入されたのは、1853年（嘉永6年）のペリー来航を契機に、鎖国政策が終了した後である。当時の貿易都市であった横浜に、外国の保険会社が進出し、主として、倉庫内の保管貨物の火災保険の引き受けを行ない、近代的保険制度が日本に紹介された。

明治時代には、政府や政府の保護会社が、火災危険、海上危険の請負事業を行い、外国会社との競争も始まった。また、日本における最初の民営保険会社である東京海上保険会社（現在の東京海上日動火災の前身）が1879年に営業を開始した。同社は当初、貨物保険のみを引き受けていたが、1883年に船舶保険の認可を得て、その引き受けの範囲を広げていった。

火災保険分野については、公営火災保険制度であるドイツ式にするのか、民営会社による営業を主体とするイギリス式にするのかについて議論されたが、結局イギリス式の民営会社による方法を採用することになった。これを受けて1887年、東京火災保険会社（安田火災の前身、現在の損保ジャパン）が設立され、翌1888年、営業を開始することになった。

日本の経済発展と共に、保険市場は拡大し、日清戦争前後までに保険会社が乱立した。その結果、保険料割引競争が激しく展開され、破たんする保険会社も多く出現した。これに対応するために、1900年「保険業法」が制定され、監督体制の整備が行われた。

【3】日本における生命保険

日本における最初の生命保険会社は、1879（明治12）年9月、大蔵省の官僚であった若山儀一が認可申請した「日東保生会社」である。この会社は翌年の1880年に認可を受けたが、結局開業できず、1881年6月には「解社願」を出した。「医師の診断によって生命の伸縮がおきる」と信じていた人が多く、契約が獲得できなかったため、破たんした。生命保険では、人口統計学による年齢別・男女別の生存率・死亡率の統計表である「生命表」による生死の予測に基づいた保険料が算出されるが、生命表による人の死亡の予測が当時の社会に受け入れられなかったためである。

1879（明治12）年暮れ、三菱グループの忘年会で「日東保生会社」申請のニュースが話題になった。そこでの三菱グループによる生命保険会社設立の話はすぐに具体化し、1881（明治14）年6月には「明治生命」の申請を行い、その年の7月、有限明治生命保険会社が開業した。1888（明治21）年に帝国生命、1889年に日本生命が設立された。

1894（明治27）年の日清戦争を契機にして、生命保険会社が乱立するようになった。戦死者が増えるに従って保険金の支払いも増加したが、一方では加入者は激増した。また、この日清戦後の好景気によって、さらに加入者が増える好循環となった。一方、保険会社が宗教団体と協力して、信者を大量に生命保険に加入させていた。1895（明治28）年の「真宗信徒生命」（後の野村生命）が有名な事例である。この生命保険会社は、利益の一部を本願寺に回し、本山の保護をうたい文句に加入者を増やしていた。1900年（明治33年）、保険業法が制定され、このような行為は違法となったが、このような生命保険の販売競争を背景にして、非営利の助け合い組合を目指した「相互会社」が登場した。1902（明治35）年に第一生命保険相互会社、1904（明治37）年に千代田生命保険相互会社が設立された。明治生命、帝国生命、日本生命の株式会社3社と、第一生命と千代田生命の相互会社2社が戦前の五大生命保険会社である。

1929年10月24日の「暗黒の木曜日」で有名な大恐慌時代に、銀行の破たんが多発し、中小生命保険会社の破たんも多発した。さらに、1904（明治37）年、日露戦争が起こると、生命保険各社の保険金の支払いは巨額なものになった。兵隊に対しては「戦時特別保険料」が課されていたが、保険金の支払額はその特別保険料を超える金額となっていた。

しかし、戦後になると、生命保険契約の契約高は大きく増大し、日露戦後の1905年の2億4,300万円から1908年の4億3,800万へと倍増した。また、1911年に「小口保険調査委員会」が政府によって創設され、1916（大正5）年、簡易保険が誕生し、これが現在の「かんぽ生命」の前身である。

1914（大正3）年、第一次世界大戦が始まると、生命保険業界は活況を呈し、前年の1913年に総契約高10億円を突破し、1919（大正8）年末には21億円へと倍増する。1923年、関東大震災が起きると、生命保険会社は、保険金の即時払いを決定し、資産を担保に日銀から5,000万円までの貸し出し許可を受けた。実際に払ったのは死亡保険金706万円、解約払戻金172万円、保険証券担保貸付600万円として、関東大震災の影響はほとんどなかった。この関東大震災を契機にして生命保険事業はさらに拡大を続けた。関東大震災後に財閥系が参入し、三大財閥系（安田生命、住友生命、三井生命）が生命保険業に参入していた。

一方、徴兵保険が急成長を遂げていた。中学卒業、甲種合格という条件で、1年間の入営を認め、各種下士官養成のコースの学校へ通う許可を与えていた。これは今ほど就業機会のなかった明治期にはかなり人気があった。しかし、食費と下着代他が自弁であったため、入営に当たってはある程度まとまった資金を用意せねばならなくなった。この資金を用意するための保険が「徴兵保険」であった。

男子誕生と同時にこの徴兵保険に加入し、保険料は一時払いでも分割払いでも可能であった。この徴兵保険では、その子が成長して、徴兵検査を受けて甲種合格となった場合は、約定した金額が支払われる。つまり、徴兵保険は、戦死によって保険金が支払われるのではなく、徴兵によって保険金が支払われる保険であった。入隊だけでなく、入学でも受け取れた。この徴兵保険は、現在の学資保険のような保険であったが、戦後に「こども保険」などと改名された。出世保険も似たようなものであった。この徴兵保険は、大正終わりまで、日本の生命保険会社の主力商品として成長した。最初の徴兵保険引受会社は、1898（明治31）年に設立された徴兵保険会社（後に第一徴兵保険）である。後の東邦生命（現AIGエジソン生命）が設立された。富国生命は、関東大震災後に設立された富国徴兵保険がもとの保険会社であった。

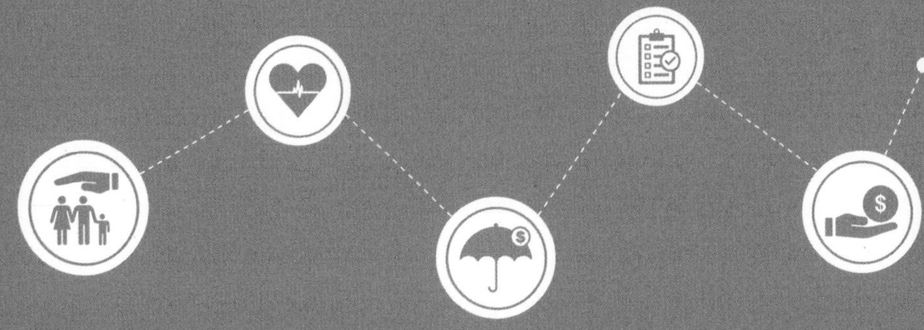

第6章

損害保険の保険料と経営指標

保険会社は、リスクの発生確率を基に保険契約者から保険料を受け取り、将来の支払の準備を行い、それが適切であったのかは事後的に検証される。このような保険料の構造と保険会社の経営指標について概説する[22]。

1. 保険の仕組み

保険は、多数の経済主体が、保険料を拠出し合って共同の基金（共同危険団体）を形成して、損害を被った者が共同基金から支払（保険金）を受ける形で、不測の事態に備えるものである。この保険の仕組みは、次の通りである。

[1] 大数の法則

個々の経済主体にとってみれば全く偶然かつ不測の出来事も、多数の主体についてみれば、一定期間内に少数の主体のみが現実にそれに遭遇し、しかもその度合いが平均的にほぼ一定していることが経験的・統計的に法則化している。例えば、理論的確率pで起きる事象に関して、試行をn回行ったとき、その事象の起きる回数がr回であるとする。このとき、試行回数nが大きくなるにつれて比率r/nは、理論的確率であるpに近づくことを大数の法則（Law of Large Numbers）と称する。すなわち、nを大きくすると標本比率は母集団比率に限りなく近づくという法則である。

$$\frac{r}{n} \to p$$

この大数の法則は、統計学や確率論の基本法則であり、1回の試行でコインの表が出る理論的確率p＝1/2である。実際にコインを投げる実験を行ったとき、試

22　拙稿「第6章　保険料」『保険論（第3版）』成文堂、2012年から一部抜粋して加筆・修正した。

行回数 n を 10, 20, 30, … と大きくしていくにつれて、コインの表がでる回数 r との比率 r/n は理論的確率である２分の１に近づくというものである。言い換えれば、大数の法則とは、例えば１回の独立した試行ではコインの表がでるか裏がでるか分からないが、試す回数を増やせば増やすほど、複数の試行全体としてはその事象の起こる確率は一定の値（理論的確率、本来の実力など）に徐々に収束していくという法則である。したがって、確率は、独立した１回の試行について意味を持つものではなく、多くの試行回数全体として意味を持つことになる。

大数の法則は、同じ属性を持った事象データを大量に集めれば集めるほど、その経験的確率と理論的確率が一致するという法則である。例えば、火災保険制度において、火災の発生確率は、大数の法則でかなり正確に予想できるので、それをもとにして保険料を計算でき、その保険料で火災による損害を補償することができる。

偶然に起きる出来事は、「大数の法則」に基づいて生じるものとされている。それは、それぞれ独立的に起こる多数の事象が発生する確率は一定値に収れんするという法則である。１回ごとの発生確率を厳密に計算することは難しいが、ある期間に数千回、数万回と起きる事象は、大数の法則に基づいて、発生確率を予測できるようになる。保険はこの大数の法則に基づいて、保険料と支払金額を決めていくのである。

保険制度は、この大数の法則の考え方に基づいて成り立っており、同種の危険に晒されている多数の者の形成する団体（共同危険団体）について、危険集団全体としての保険事故発生の蓋然性を予測し、その全体の需要を充足するために各経済主体が拠出すべき金額を合理的基礎の上に算出する。

一般的な商品の原価は、販売の時点で確定しているが、損害保険の原価（保険金支払にあてられる額）は、保険契約の時点では確定されていない。保険金支払にあてられる額は、保険契約の後、事故が発生してはじめて確定するためである。これを保険料率における「原価の事前不確定性」と称する。そのため、保険の原価は、過去の保険データ等に基づいて、将来の事故の発生率や損害額を予測したものになる。そこでは、技術的な基礎として、大数の法則が用いられる。

[2] 収支相等の原則

収支相等の原則（Principle of Equalization of Income and Expenditure）とは、保険契約者全体が支払う保険料（純保険料）の総額は、支払われる保険金全体の総額に等しくなければならないという原則である。個々の加入者の立場から見ると、早く亡くなって死亡保険金を受け取る人や、満期まで保険料を払い込んで満期保険金を受け取る人など様々で、払い込んだ保険料と保険会社から受け取る保険金は一致しない。これは、個別危険から見れば偶然性があるものであるが、大数の法則による確率を個別危険に対して適用すれば、保険契約者全体でみた場合には収支は等しくなるという原則である。

この収支相等の原則は、次のように示される。

$$nP = rZ$$

（n：加入者数、P：保険料、Z：保険金、r：保険金支払件数）

これは、純保険料（Net Premium）の収入の合計額と保険金の支払の合計額が相等しくなることを意味する。例えば、家屋が1万棟あり、各家屋の価値は2千万円、火災の発生頻度（確率）は8/10,000、損害の程度は4分の3であると仮定した場合の収入と支払の合計額は、次の通りである。

純保険料率 = (8/10,000) × (3/4) = 0.0006
保険料 = 2千万円 × 0.0006 = 12,000円
収入の合計額(保険料) = 1万棟 × 12,000円 = 1億2千万円

支払の合計額(保険金) = 2千万円 × 3/4 × 8棟 = 1億2千万円

その結果、保険会社の収入の合計額 = 支払の合計額（保険金）となることが、収支相等の原則である。

収支相等の原則は、全体的収支相等原則ともいわれるが、保険財政が健全に維持される前提とされ、収支相等の原則が壊れて、収入よりも支払保険金の合計が多い場合は、保険会社の支払能力が問題となる。

[3] 給付・反対給付均等の原則

給付・反対給付均等の原則（Principle of Matching Costs with Revenues）は、「個別的収支相等の原則」または「公平の原則」ともいわれ、一人ひとりに適用される保険料は過去の蓄積されたデータをもとに、災害や事故の生じる確率の高低により差がつけられるべきであるということである。例えば、火災保険において木造と鉄筋の建物とでは、火災で損害を受ける確率は大幅に異なるので、これらの保険料を統一することは公平とはいえず、その保険料率に差をつけて負担を公平にすべきという給付反対給付均等の原則が適用される。つまり、給付・反対給付均等の原則は、保険契約者が支払う保険料と、保険事故発生の際に支払われる保険金の数学的期待値が等しいことを示す原則である。

このレクシス（Wilhelm Lexis）[23] の原則は、P ＝ wZ（P は保険料、Z は保険金、w は事故発生の確率（r / n ; n は加入者数、r は保険金支払件数）で示され、事故発生の確率が高いほど保険料が高くなる。また、保険料 P は、P ＝ (r / n)Z であるので、nP＝rZ とも示ことができる。この nP ＝ rZ は、前述の収支相等の原則となる。

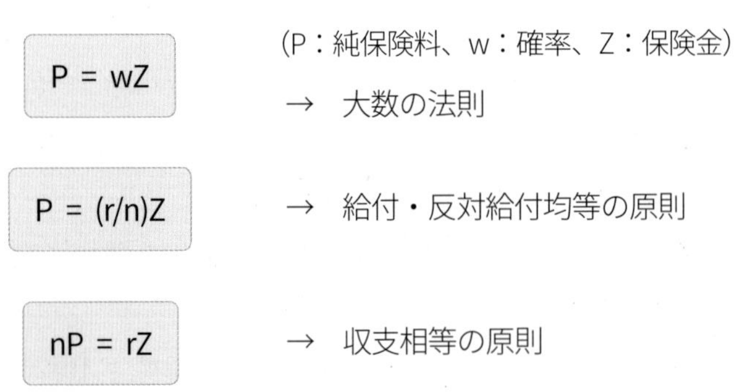

23　Wilhelm Lexis（1837 ～ 1914）は、経済学と社会科学と保険の学際的な研究の創始者であった。レクシスは、医者の息子としてドイツの Eschweiler で生まれ、ハイデルベルク大学で物理学（Physics）の博士号を取得した。レクシスは、Allgemeine Volkswirtschaftslehre（一般的な経済学の本）（1910）の著者として優秀な経済学者であったが、現在は、主に統計学者、特に人口統計学者として知られている。

上記の原則には次の3つの限界がある。一つは技術的な限界である。これは、契約の数が十分でないなどの主に大数の法則に関わる限界といえる。二つ目は、経済的な限界である。これは、各契約のリスクを正確に測定するための費用は膨大なものとなるなどの費用が発生することによる。最後は、実際的な限界である。実際には、大量契約の迅速な処理を行うことは困難である。そのため、綿密な割引・割増を行うことには限界があるといえる。

給付・反対給付均等の原則は、共同危険団体を形成する個々の経済主体については、保険事故の発生確率はまちまちなので、事故発生確率の高い者や保険金額の高い者ほどそれに比例して高い保険料を負担するという原則であるが、給付・反対給付均等の原則が貫徹されていれば全体として収支相等の原則も満たされる。この給付・反対給付均等の原則は、保険契約者間の公平性の担保のために必要となる。

2. 損害保険の保険料

[1] 損害保険の特徴

損害保険は、多くの人口の生死に基づいて作成される生命表という統計表によって運営される生命保険に比べて、その事故の発生がより不安定的である。そして科学や経済の発展につれ個々の事故による損害がますます巨額となってきている。そのため危険分散のための手段として、損害保険では、引き受けた保険契約を更に保険に出すという再保険や保険を共同で引き受ける共同保険、保険プールなどの制度が広く利用され、この制度を通じて、国内的、国際的に保険会社間の結び付きができている。

また、損害保険は、生命保険に比べて保険契約期間が短く、原則として1年となっている。そのため、損害保険会社の資金は短期資金としての色彩が強く、またその絶対額も小さい。損害保険は企業保険的分野が生命保険よりは比較的広い。近年、自動車保険の普及により家計部門の比重が著しく増大してきている。

[2] 損害保険料の構成

損害保険料は、純保険料の総和と保険金の総和は理論的には同じになる。このことを「収支相等の原則」という。純保険料以外の部分を「付加保険料」という。

会計上は、社費は「営業費および一般管理費」、代理店手数料は「諸手数料および集金費」といい、これらを合わせて「事業費」という。

図22 損害保険料の構成

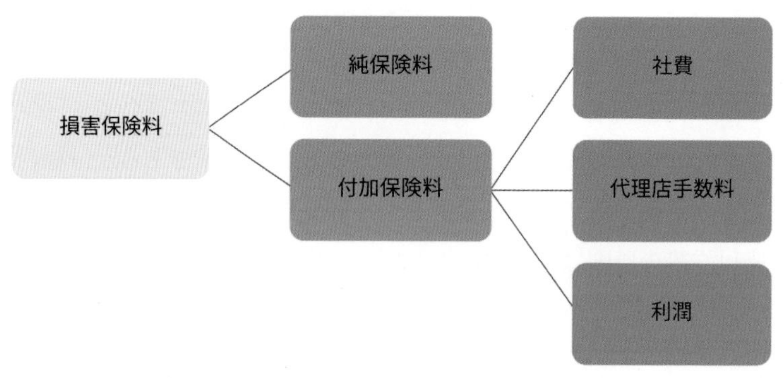

出典 各種資料を参考にして作成

損害保険の保険料は、「純保険料」と「付加保険料」に構成されている。「純保険料」は、過去の保険事故の発生頻度や損害額の統計に基づいて算出され、保険事故の発生の場合、保険会社による保険金支払の原資となる。この「純保険料」の収入総額と「支払保険金」の総額は等しくなければならないという原則は、「収支相等の原則」と称される。

また、純保険料は保険会社が引き受ける危険（リスク）の度合いに比例しなければならないという原則は、「給付・反対給付均等の原則」と称される。例えば、ある保険の対象に対する保険金の支払いの確率が低い場合は、純保険料も少なくならなければならないという原則である。

言い換えれば、純保険料（Net Premium）は、保険金の支払のための部分である。例えば、1万人の加入者が家屋を所有しており、各家屋の価値は2千万円であるとする。また、火災の発生頻度（確率）は8/10,000で、損害の程度は4分の3の場合を仮定しよう。

この場合の純保険料率は、(8/10,000) × (4分の3) = 0.0006となる。この部分が大数の法則になるように保険契約（リスク）の数が多くならなければならない。

各保険契約者の保険料は、2千万円 × 0.0006 = 12,000円となり、この各保険契約者に対する保険料が給付・反対給付均等の原則となる。

その結果、保険会社の保険料の収入の総額は、1万人 × 12,000円 = 1億2千万円となり、支払保険金の総額は、2千万円 ×8棟 ×4分の3 = 1億2千万円となる。この保険会社の保険料の収入総額 = 支払保険金の総額となることが、収支相等の原則である。つまり、給付・反対給付均等の原則は、保険料をミクロ的な観点から見た場合であり、この給付・反対給付均等の原則を貫けば、マクロ的な観点である保険会社全体の収支としては、収支相等の原則が成立する。

付加保険料（Loading/Chargement）は、保険契約の募集・維持・管理のための費用：代理店手数料であり、損害調査費用、資産運用費用などの社費、利潤が含まれる。営業保険料（Office Premium）は、この純保険料と付加保険料の合計である。積立保険の場合は、積立部分である積立保険料が別途加算される。

図23　損害保険料の構成（概念図）

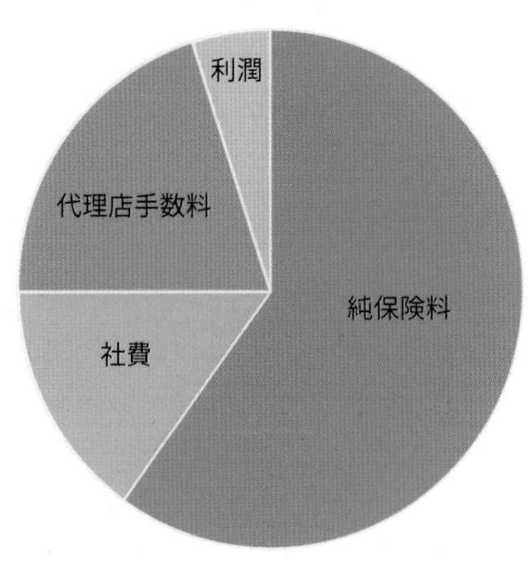

出典 各種資料を参考にして作成

[3] 損害保険料率算出機構

損害保険会社による業界団体であった損害保険料率算定会と自動車保険料率算定会は、「損害保険料率算出団体に関する法律」に基づいて、大量のデータと精度の高い統計手法によって、保険料率を算定し、損害保険各社はその料率の使用を義務付けられていた。その結果、損害保険各社の保険料は、補償内容が同一の場合は、同じであった。

1998（平成10）年の保険料率の自由化後は、この保険料率の使用義務は撤廃され、2002年7月に「自動車保険料率算定会」と「損害保険料率算定会」が統合され、損害保険料率算出機構になった。

損害保険料率算出機構が算出する料率には、参考純率と基準料率がある。損害保険料率算出機構が提供する純保険料率を参考純率と呼び、損害保険各社は、この参考純率に各社が独自に算出した付加保険料率を加算して使用するか、または損害保険各社が独自に算出した純保険料率と付加保険料率を使用する。この参考純率は、火災保険、自動車保険、傷害保険などに適用される。

一方、基準料率は、金融庁長官に届け出ることにより、保険業法に基づく認可を取得したと見なされ、自賠責保険と地震保険に適用される。その結果、全社画一的な料率となる。この基準料率には、ノーロス・ノープロフィット（No Loss No Profit）の原則が適用される。ノーロス・ノープロフィットの原則とは、自賠責保険と地震保険に適用され、保険会社の収益に影響しないようにするという原則である。自賠責保険（共済）は、強制保険であるため引き受け拒絶が認められていないため、保険会社などに危険選択の余地がなく、被害者救済を目的とする社会保険的色彩をも有する保険である。このような自賠責保険に営利性を認めて利潤を追求することと、ある特定の保険会社に危険度の高い保険契約が集中し、その事業者の損失となることは、合理的ではないためである。

自動車損害賠償責任法（第25条）には、「自賠責保険の保険料率及び責任共済の共済掛金率は、能率的な経営の下における適正な原価を償う範囲内でできる限り低いものでなければならない」と規定されている。これによって、適正原価主義をとり、営利目的を排除した。「能率的な経営の下における適正な原価」とは、標準原価をいい、保険会社全体を標準としているため、個別会社では赤字になることもあり得る。損害保険料率算出機構によって算出される全社画一的な料率である自賠責保険の保険料は、その付加保険料に予定利潤を織り込むことは認められない。

また、損害保険料率算出機構は、標準約款を作成する。参考純率や基準料率を算出する際には、標準的な支払条件としての補償内容等を定め、これを標準的な保険約款として作成する。

[4] 損害保険の保険契約準備金

保険契約準備金とは、保険会社が、保険契約に基づく保険金支払いなどの責任を果たすために、決算期末に積み立てる準備金で、責任準備金、支払備金、価格変動準備金などがある。

図24 損害保険の保険契約準備金

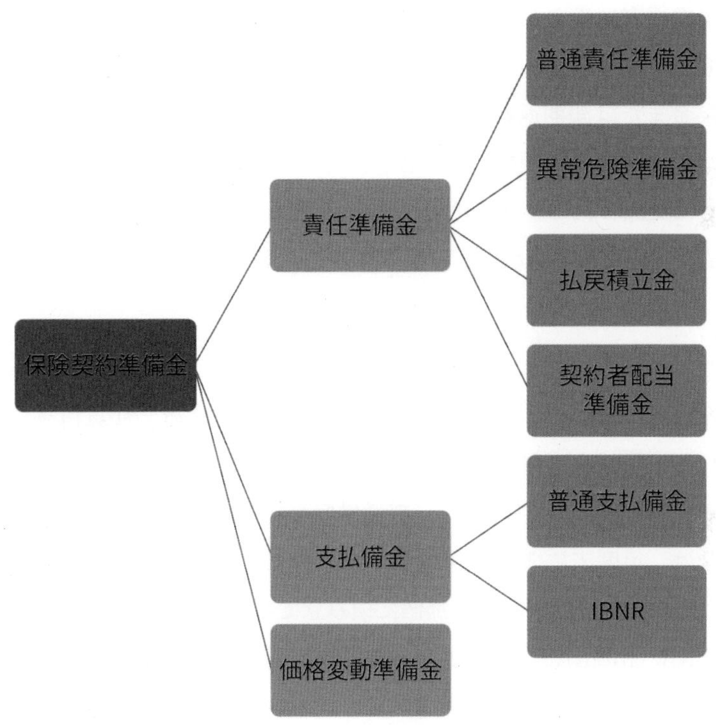

出典 各種資料を参考にして作成

(a) 責任準備金

責任準備金（Underwriting Reserve）とは、保険会社が、将来に発生することのある保険金支払いなどの保険契約上の債務に対応して積み立てる準備金である。責任準備金は、次の4種類がある。①「普通責任準備金」は、次年度以降に属する保険期間に対応する保険料部分を積み立てる準備金である。②「異常危険準備金」は、大規模な自然災害などの異常災害に備えて積み立てる準備金である。③「払戻積立金」は、積立保険の満期時に保険契約者に返すべき保険料およびその運用益を積み立てる準備金である。④「契約者配当準備金」は、長期の保険契約に対する契約者配当のための準備金である。

保険料率算出の際には、台風や地震などの異常災害による損害の発生を予測して保険料率に織り込む必要がある。しかし、この異常災害は、数十年または数百年に１回といった頻度で発生するため、異常災害による巨額の保険金支払に備えるためには、毎年の保険料から累積的に準備金を積み立てていく必要がある。このような異常損害に備えるために積み立てる準備金が異常危険準備金（Catastrophe Loss Reserve）である。

満期払戻金または満期返れい金は、積立保険において、保険契約が満期まで有効に存続し、保険料の全額払い込みが完了している場合、満期時に保険会社から保険契約者に支払われる金額であり、その金額は、保険契約時に定められている。この満期払戻金の支払のための積立金が払戻積立金である。

(b) 支払備金

支払備金（Outstanding Claims/Outstanding Losses）は、決算日までに保険事故は発生したが保険金が未払いのものに対して、その保険金支払いのために積み立てる準備金である。支払備金は、「普通備金」と「IBNR 備金」から構成される。普通備金とは、年度末にすでに保険事故の発生について報告を受けているものについて、支払額の見積に基づいて別個に積み立てるものである。

一方、IBNR（Incurred But Not Reported）備金は、支払備金の中の既発生未報告支払備金のことであり、決算時点では保険事故はすでに発生しているが、保険会社に報告が行われていない保険事故に対する未払い保険金を過去の発生率に基づいて予測して、支払備金の一部として積み立てるものである。

(c) 価格変動準備金

価格変動準備金（Reserve for Price Fluctuations）は、有価証券など価格の変動の著しい資産について、その価格が将来下落したときに生ずる損失に備えて積み立てる準備金である。

3. 損害保険の経営指標

【1】正味収入保険料

正味収入保険料は、損害保険会社が引き受けた危険に対応する保険料で、一般の企業の売上高に相当するものである。保険契約者から直接受け取った保険料（元受保険料）から再保険料を加減し、積立保険料を控除したものである。

正味収入保険料　＝　元受正味保険料（積立保険料を除く）
＋）受再正味保険料（他の保険会社から再保険を受けた際に受け取る保険料）
－）出再正味保険料（他の保険会社に再保険を出した際に支払う保険料）

【2】保険引受利益

保険引受利益とは、損害保険会社の保険引受にかかる利益を表す指標で、一般事業会社の営業利益に相当するものである。

保険引受利益　＝　保険引受収益（正味収入保険料など）
－ 保険引受費用（支払保険金、損害調査費、満期返戻金など）
－ 保険引受にかかる営業費及び一般管理費
± その他の収支

その他の収支は自動車損害賠償責任保険などにおける法人税等相当額などである。

[3] 損害率

正味損害率（Net Loss Ratio）とは、保険会社が受け取った正味保険料に対し、支払った正味保険金と損害調査に要した費用の合計額の割合を示したものであり、保険会社の経営分析や保険料率の算出に用いられる。

$$正味損害率 = \frac{正味支払保険金 + 損害調査費}{正味収入保険料} \times 100$$

ここで、正味収入保険料（Net Premium Income/Net Premium Written）は、一般には元受保険料および受再保険料収入から再保険料・返戻金を控除し、さらに積立保険に係る積立保険料を控除したものをいう。

正味支払保険金（Net Claims Paid）は、支払保険金（契約者または再保険を引き受けた保険会社に支払った保険金）から回収保険金（再保険を出した保険会社から回収した保険金）を控除したものである。

正味支払保険金 ＝ 支払保険金（保険契約者または再保険を引き受けた保険会社に支払った保険金）－ 回収保険金（再保険を出した保険会社から回収した保険金）

損害調査費（Loss Expense）とは、保険引受に係る損害査定に関する人件費・物件費・税金である。

[4] 正味事業費率

正味事業費率（Net Expense Ratio）は、保険会社の事業上の経費で、「営業費および一般管理費」ならびに「諸手数料および集金費」を正味保険料で除した割合である。

$$正味事業費率 = \frac{正味事業費}{正味収入保険料} \times 100$$

正味事業費は、保険引受に係る営業費及び一般管理費（保険引受業務に関する人件費、物件費のうち、損害調査費を控除したもの）と諸手数料・集金費（代理店手数料、募集費、受再保険手数料等の合計から出再保険手数料を控除した額）の合計である。

[5] コンバインド・レシオ

コンバインド・レシオ（Combined Ratio）は、保険会社の本業における収益力を示す指標である。

コンバインド・レシオ ＝ 正味損害率 + 正味事業費率

保険会社の収入・支払いベースの効率性を表す指標で、低いほど収益力が強い。数値が100%を超えると、その会社は保険本業で利益を上げていないことになる。コンバインド・レシオには、投資収益などは考慮されていない。

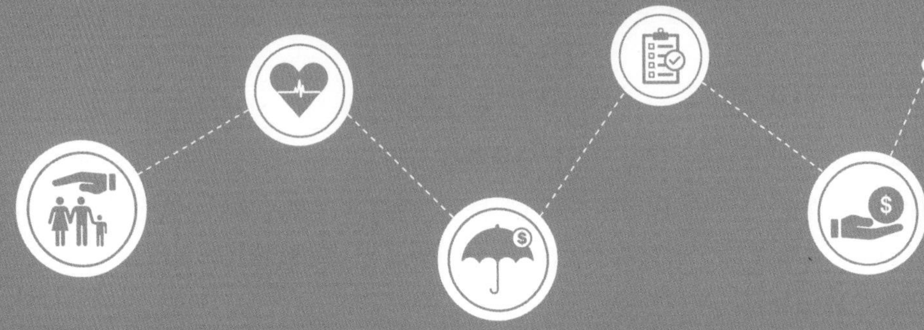

第7章

生命保険の
保険料と経営指標

生命保険の保険料は、生命表を利用して算出される。その生命保険の保険料の仕組みと責任準備金、契約者配当などについて概説する[24]。

1. 生命表と生命保険料

[1] 生命表

生命表（Life Table）は、死亡表（Mortality Table）とも呼ばれ、人口統計学において、年齢別・男女別に分類し、ある時期における死亡状況（年齢別死亡率）が今後一定不変と仮定した場合の、それぞれの年齢別・性別に次の誕生日までの1年間の生存率・死亡率および平均余命などを示した統計表である。つまり、特定年齢（通常は0歳）の生存数（出生数）を一定人（普通は10万人）として、その生存数が年齢の進むにつれて減少していく状況を表す表であり、各年齢の死亡率または生存率が示されている。

生命表には、10万人が生まれたとき、ある年齢に達するまで何人生存し、その年齢で何人が死亡するかが計算され、掲載されている。また、毎年10万人が生まれる集団において、ある年齢の人口が何人になるかも計算されており、これをその年齢の定常人口（Stationary Population）と称する。ある人口集団において出生が常に一定であり、さらに死亡は一定の死亡率によって発生する場合、一定期間後、このような人口集団の総人口およびその年齢構成は、一定となる。このような人口集団を定常人口集団という。

一方、X歳の人の今後生存しうる予想年数は、X歳の平均余命（Expectation of Life）と称され、このX歳の平均余命は、その年齢の人が今後何年生きるのかの平均値（単位は「年」）である。0歳の平均余命である「平均寿命」は、上記の10万人の死亡状況を集約したものである。明治24～31（1890～1898）年の0歳の平均余命すなわち平均寿命は、男子42.8歳、女子44.3歳、昭和22（1947）年のそれは、男子50.6歳、女子53.96歳であったが、この平均寿命は延び続けてきている。

24　拙稿「第6章　保険料」『保険論（第3版）』成文堂、2012年から一部抜粋して加筆・修正した。

[2] 生命表の種類

日本では、厚生労働省が全国規模の生命表として完全生命表と簡易生命表の２種類を作成し公表している。簡易生命表は各年の推計人口、死亡数、出生数（概数）をベースに、簡略化された方法により毎年作成しているのに対し、完全生命表は、国勢調査[25]の確定人口および人口動態統計の確定データをもとに、より精密な方法で５年に１度作成されている。この厚生労働省が全国民を対象にして作成した生命表を「国民生命表」という。

表13　完全生命表と簡易生命表

区　分	完全生命表	簡易生命表
作成年	５年毎	毎年
人口	国勢調査	10月1日現在推計人口
死亡数	人口動態統計(確定数)	人口動態統計(概数)
出生数	人口動態統計(確定数)	人口動態統計(概数)

資料　厚生労働省

(a) 国民生命表

厚生労働省が作成し公表している生命表には、完全生命表と簡易生命表の２種類がある。完全生命表は、５年ごとに、国勢調査による日本人人口（確定数）や人口動態統計（確定数）に基づいて作成されており、簡易生命表は、毎年、推計人口による日本人人口や人口動態統計月報年計（概数）に基づいて作成されている。

国勢調査が行われる年には、例年どおりの簡易生命表が作成され、国勢調査の結果（確定数）の公表後に完全生命表が作成されているため、完全生命表は、生命表の確定版という性格を有している。

25　現在の法的根拠は、統計法（1947年3月26日法律第18号）で定められた義務調査で、調査対象者は調査に答える義務がある。調査は5年ごとに行われ、調査項目の違いから、10年ごとの大規模調査（22項目）と、その5年後にあたる年の簡易調査（17項目）に分けられる。調査対象は全数調査となるため、日本に居住する者すべて（外国人やホームレス、更には皇族も含まれる）が申告の義務を負う（統計法 第4条および第5条）。

国勢調査は、5年に1度、全国的に一斉に行われる人口統計調査であり、1920年（大正9年）の第1回調査に始まり、5年に1度、西暦でちょうど5の倍数となる年に実施されている。その中でも、大規模調査は西暦の末尾が0の年に、簡易調査は5の年に行われることになっている。

この国勢調査は、国籍を問わず、日本に住んでいるすべての人が対象で、その居住を申告する義務がある。この国勢調査は、住居と生計をともにする世帯単位で行なわれる。

(b) 標準生命表

生命保険の保険料は、生命保険会社などが被保険者集団について実際に経験した死亡統計に基づいて、算定されている。この生命保険契約者を対象として作成された死亡表を「経験生命表（Experienced Life Table)」という。生命保険会社の経験生命表と厚生労働省が発表している国民生命表を比較すると、経験生命表の方が低い死亡率を示す。生命保険に加入する際に、被保険者の医的診査や告知書などの方法で健康上の審査を行い、保険会社によって危険選択が行われるため、経験生命表の死亡率は、無選択の国民生命表のそれより低くなる。

また、経験生命表から一般死亡率を表わす場合、保険契約時の危険選択の結果により最初の数年間は一般に比べて特に死亡率が低率となるため、選択効果の著しい保険契約後の一定年数を除いて作成されたものが「截（せつ）断表（Truncated Mortality Table)」である。1996年4月以降に締結された保険契約は、経験生命表として、（社）日本アクチュアリー会が作成し、金融庁長官が検証したもので、生命保険標準生命表1996を適用することになっていた。その後、金融庁は、生命保険料の算出基準となる「標準生命表」を11年ぶりに改定し、2007年4月からの新規保険契約に適用している。

標準生命表は、経験生命表の一つであり、生命保険会社の標準責任準備金計算のための基礎率の算出に使われている。この標準生命表は、日本アクチュアリー会が作成し、金融庁長官が検証する。

標準責任準備金とは、標準生命表の保守的な基礎率（死亡率と予定利率）を使用して計算された責任準備金であり、金融庁の監督の基準となっている。標準生命表は、実際に生命保険会社が適用する保険料と独立して、標準責任準備金の計算に使われ、過当に保険料割引競争を防止する目的を有している。

標準生命表は、責任準備金計算のための生命表であるため、保険料計算においてこの生命表を用いることが強制されてはいない。しかし、生命保険会社各社が実際に保険料を計算するときは、標準生命表をそのまま使用するか若干修正して使用しているとされる。

現在は「標準生命表 2007」が改訂され、「標準生命表 2018」が 2018 年４月から適用されている。「標準生命表 2007」では、損害保険会社でも使用するようになり、第三分野保険用では、「生命保険」と限定する言葉がなくなった。「標準生命表 2018」は、「生命保険標準生命表 2018（死亡保険用）」、「第三分野標準生命表 2018」、「生命保険標準生命表 2007（年金開始後用）」の３つの生命表から成り立っている。

[3] 生命保険料の構成

図 25　生命保険料の構成

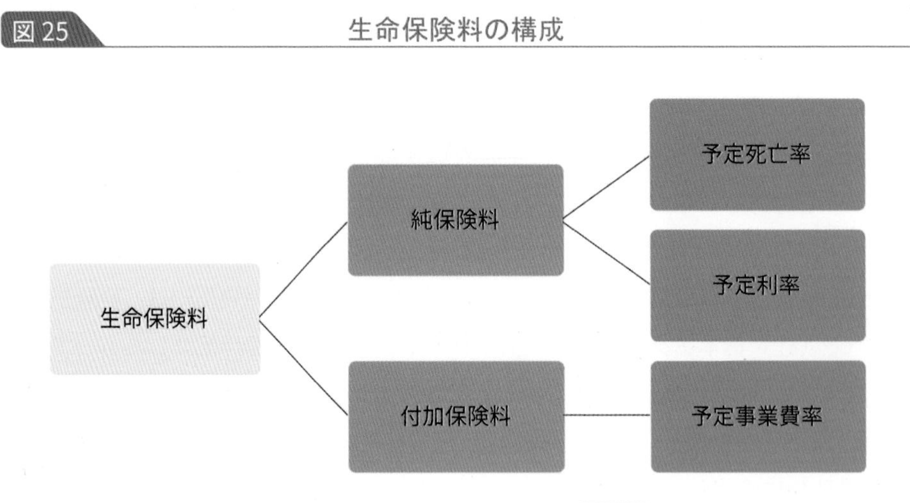

出典　各種資料を参考にして作成

生命保険における純保険料は、死亡保険金・生存保険金などの将来保険金を支払うための財源となるものである。計算基礎として「予定死亡率（Assumed Rate of Mortality）」と「予定利率（Assumed Interest Rate）」を使用する。生命保険における付加保険料は、生命保険の制度を維持・管理するための費用のための財源となるものであり、基礎計算として「予定事業費率」を使用する。

[4] 死亡保険の純保険料

死亡時に1千万円の保険金が支払われる場合、第21回生命表（2010）（男）を基準として、生命保険の純保険料を計算してみよう。この場合、20歳の生存者全員が加入者であるとすれば、1年間の死亡者は、99,401人中51人あるので、1年間の支払保険金の合計は、次のように計算される。

10,000,000 × 51人 ＝ 510,000,000円(支払保険金の合計)

1年間の一人当たりの保険料は、次のように計算される。

510,000,000円 ÷ 99,401人 ≒ 5,130円(一人当たりの保険料)

また、保険会社の1年間の収入保険料の合計は、次のように計算される。

5,130円 × 99,401人 ＝ 510,000,000円(1年間の収入保険料の合計)

ここで、1年間の収入保険料の合計と1年間の支払保険の合計が等しくなるので、収支相等の原則が成立する。

表14　第21回生命表（2010）（男）（抜粋）

年齢	生存数	死亡数	生存率	死亡率	平均余命
0年	100000	246	0.99754	0.00246	79.55
1(y)	99 754	37	0.99963	0.00037	78.75
2	99 716	26	0.99974	0.00026	77.78
3	99 690	18	0.99982	0.00018	76.80
4	99 672	13	0.99987	0.00013	75.81
(略)					
15	99 555	19	0.99981	0.00019	64.89
16	99 536	24	0.99976	0.00024	63.90
17	99 512	30	0.99970	0.00030	62.92
18	99 482	37	0.99962	0.00038	61.94
19	99 445	44	0.99955	0.00045	60.96
20	99 401	51	0.99949	0.00051	59.99
21	99 350	57	0.99943	0.00057	59.02
22	99 293	61	0.99939	0.00061	58.05
23	99 232	63	0.99936	0.00064	57.09
24	99 169	64	0.99936	0.00064	56.12

2. 自然保険料と平準保険料

[1] 自然保険料

自然保険料（Natural Premium/Non-level Premium/Ggraded Premium/Increasing Premium）とは、各年齢別の死亡率に基づいて、１年ごとに収支相等の原則が成立するように計算した保険料のことである。一般に死亡率は年齢と共に上昇するので、自然保険料もまた年齢とともに高くなる。

図 26　男性の死亡率（第 19 回生命表）

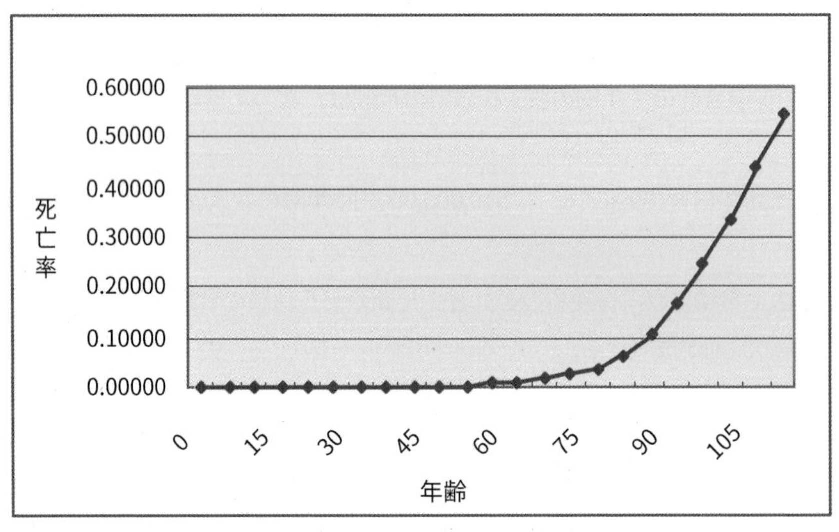

出典 各種資料を参考にして作成

年齢別の死亡率に応じたこの自然保険料は、年齢が増えるに従い年々保険料が上がっていくことになり、一定年齢になると保険料を負担できなくなる可能性がある。

[2] 平準保険料

平準保険料（Level Premium/Constant Premium）とは、高齢になっても保険契約を続けられるように、保険期間の間には毎回同一額の保険料とし、保険契約の始期から終期までの保険期間全体で収支相等の原則が成立するように計算した生命保険料のことである。今日では、ほとんど全ての種類の生命保険がこの平準保険料で保険契約されている。

この平準保険料においては、保険契約期間の前半に実際の死亡による保険料よりも多めの保険料を負担することによって、将来の保険料を前払いし、この前払いした保険料が責任準備金として積み立てられ、保険契約期間の後半にこの責任準備金を不足する保険料として取り崩すことになる。この平準保険料は、現在の生命保険の保険料計算の主流となっている。

 生命保険の責任準備金

[1] 平準保険料と責任準備金

平準保険料の場合、死亡保険金支払の財源となる部分は平準化されているので、保険期間の前半で保険会社に払い込まれる保険料のうちで過剰となる部分を、後半の不足を補うために、積み立てて利殖しておかなければならない。純保険料のうち満期保険金支払の財源となる部分は、満期までは支払う必要がないので、それまで積み立てて利殖しておかなければならない。これらの積立金が生命保険における責任準備金であり、この責任準備金に利殖されると仮定している利回りが予定利率である。

図27　平準保険料と責任準備金

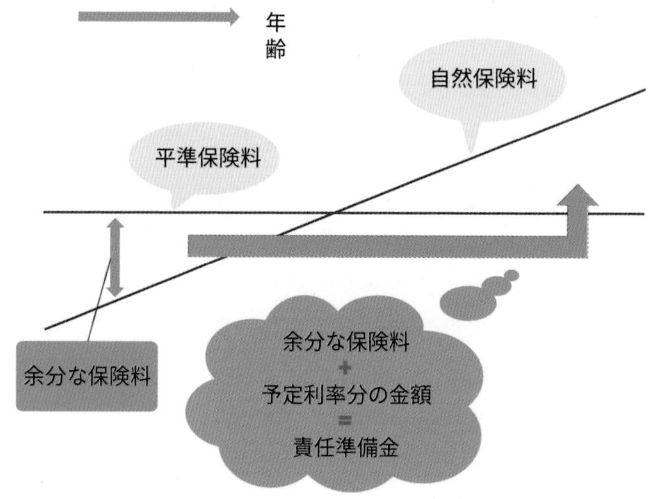

出典　各種資料を参考にして作成

１年毎の更新型の自然保険料の場合は、将来の保険金支払のための積立金である責任準備金が必要ないので、予定利率も必要ない。また、災害特約などの場合も、特約部分は毎年の発生率が一定と仮定しているため、責任準備金は必要ない。医療保険または傷害保険などの第三分野の保険も、生命表を使用していないものは、責任準備金が必要ない（終身医療保険などは必要）。

責任準備金は、次のように計算される。

責任準備金 ＝ 将来の保険金や給付金の支払現価 － 将来の保険料の収入現価
将来の保険金や給付金の支払現価 ＝ 責任準備金 ＋ 将来の保険料の収入現価

現価は、利殖して終価となる。責任準備金は、現価であり、予定利率で利殖する必要がある。つまり、予定利率とは、責任準備金の利殖分である。言い換えれば、予定利率は、将来の保険金や保険料の現在価値の計算に用いられる割引率であり、この予定利率で利殖していくと仮定される。

【2】予定利率と保険料の関係

予定利率は、責任準備金（年金資産）の期待運用収益率であり、将来の保険金（給付額）を現在価値に換算する割引率でもある。この予定利率は、保険料（掛金）の水準に影響している。予定利率が下がれば、保険料が上がり、予定利率が上がれば、保険料が下がる。例えば、保険料の拠出開始から保険金（給付金）として支払われるまでの平均的な期間が30年前後の場合、他の条件は同一であると仮定すれば、予定利率が１％変動すると保険料水準は約20%変動する。

予定利率は期待運用収益率であるため、予定率が下がれば、その分の保険料を上げて、責任準備金を準備する必要がある。

責任準備金 ＝ 将来の保険金や給付金の支払現価 － 将来の保険料の収入現価

責任準備金（保険金）は、保険料と積立金の運用収益（予定利率）によって準備される。

現在価値と将来価値の関係は、次の通りである。

図28　現在価値と将来価値

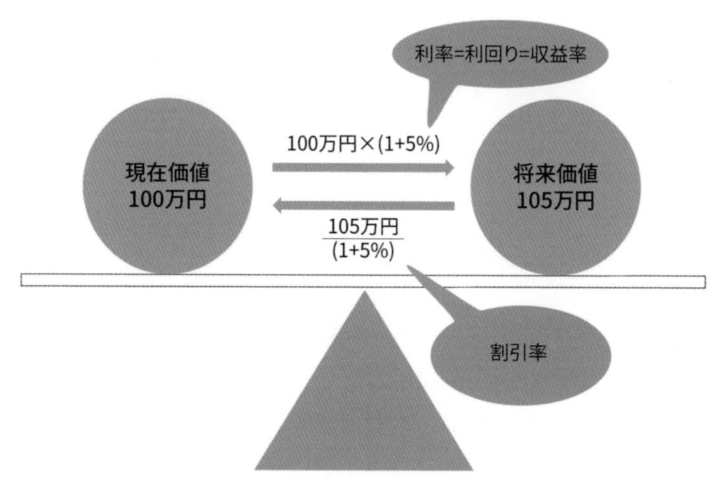

出典 各種資料を参考にして作成

現在の 100 万円（現在価値 : PV）を年率 5%（利回り : r）で運用すれば、1 年後には 105 万円（将来価値 : FV）となる。つまり、現在価値 100 万円は、年率 5%（利回り）の場合を考えれば、1 年後の将来価値 105 万円と等しいということである。

$$PV = \frac{FV}{(1 + r)}$$

一方、毎年 100 円を永久に支払い続けるという債券の現在価値は割引率を 5% とすれば、次のようになる。

$$PV = \frac{100\text{円}}{0.05} = 2{,}000\text{円}$$

キャッシュフローが毎年 3%ずつ成長する債券の現在価値は、割引率を 5%、初年度のキャッシュフローを 100 円とすれば、次のようになる。

$$PV = \frac{100\text{円}}{(0.05 - 0.03)} = 5{,}000\text{円}$$

責任準備金の積立金の変化は、保険の種類によって異なる。死亡保険である定期保険の場合、平準保険料方式を採用していれば、保険契約期間の間に保険料の金額が一定している。したがって、年齢が高くなる保険契約期間の後半に死亡率が高くなるが、その保険料の金額が一定しているために、前半の保険料を積み立てておいて後半の部分で足りなくなる支払保険金の補充に使うことになる。その積立金額の形状は、次の通りになる。

図29 定期保険の責任準備金

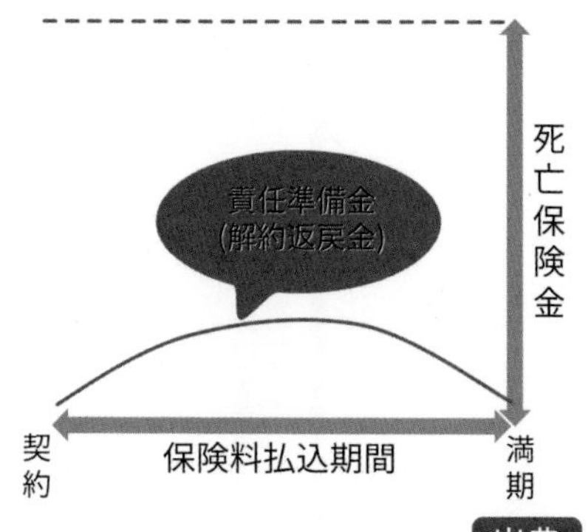

出典 各種資料を参考にして作成

養老保険は、保険契約期間内に死亡すれば死亡保険金が支払われ、死亡せずに満期をむかえられれば、死亡保険金と同額の満期保険金が支払われる保険である。したがって、満期保険の支払のための積立金は、満期に近づくにつれ、満期金に近づくことになる。

図30 養老保険の責任準備金

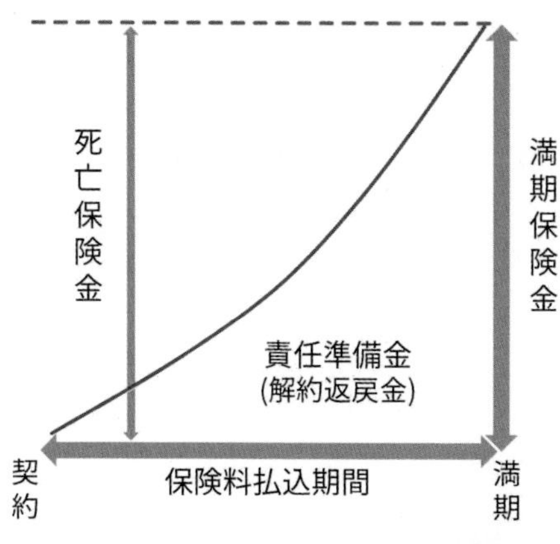

出典 各種資料を参考にして作成

個人年金保険の場合、保険料の払込期間の間に支払年金額の予想額を積み立てるため、保険料払込期間の間は、責任が増加し、年金の受取期間にその責任準備金を配分して支払う形になる。

図31　個人年金保険の責任準備金

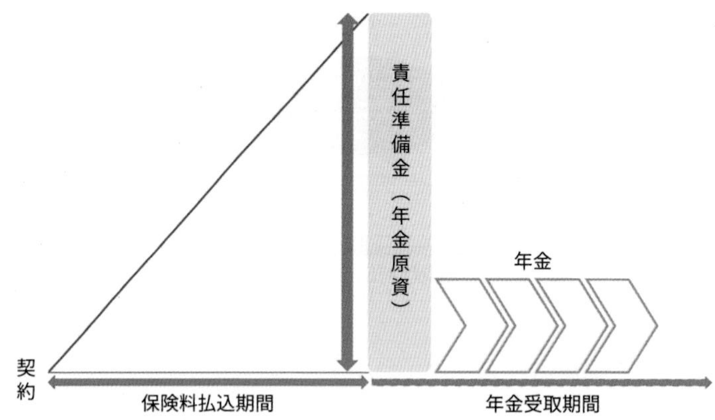

出典　各種資料を参考にして作成

4. 契約者配当

[1] 契約者配当

生命保険の保険料は、3つの予定率（予定死亡率・予定利率・予定事業費率）をもとに算出されているが、実際には予定した通りの死亡者数、運用利回り、事業費になるとは限らない。この予定率で予測した予定と実際との差によって剰余金が生じた場合に、剰余金の還元として契約者に分配される分配金のことを契約者配当金という。

契約者配当は、概算払いの保険料の事後清算としての性格を持っているので、生命保険契約者にとっては利益ではないとされ、個人保険では配当受取時に課税されない。ただし、法人の保険契約では「益金」に算入される。

相互会社は余剰金の80%以上を契約者（社員）配当準備金に繰り入れ、これを財源として保険契約者に「契約者（社員）配当金」を支払うとしていたが、2002年保険業法施行規則改正により20%に変更された。

[2] 配当の有無による保険の種類

配当の有無による保険の種類には、次の3種類がある。

(a) 有配当保険

有配当保険は、生命保険会社の決算において、確定した余剰金の一定比率（相互会社の場合は20%）以上を契約者配当として保険契約者に還元する生命保険である。有配保険の配当金の種類は、次の通りである。

表15 配当金の種類

種 類	内 容
通常の配当 (Regular Dividend)	3利源配当型の「毎年配当型」では、通常、保険契約後3年目の保険契約応当日から毎年、利差配当型の「5年ごと利差配当型」では保険契約後6年目の保険契約応当日から5年ごとに支払われる配当金。
特別配当 (Special Dividend)	長期継続保険契約に対して支払われる配当金。 株式などの資産売却益（capital gain）を財源とする配当金。 長期継続配当：一定の経過年数以降の長期継続保険契約に対する特別配当金。 消滅時特別保険契約：所定年数を経過した保険契約が満期・死亡などで最終的に消滅するときの配当金。

出典 各種資料を参考にして作成

(b) 無配当保険

無配当保険は、余剰金を保険契約者に還元せず、有配当保険契約に比べて3つの予定基礎率に安全率をあまり見込んでいない。そのため、無配当保険の予定利率は有配当保険より高く、他の基礎率は有配当生命保険より低く設定しているため、保険料が有配当生命保険契約に比べて安くなっている。

(c) 準有配当保険

準有配当保険は、3つの予定基礎率のうち、予定死亡率と予定事業費率は無配当と同一で、予定利率は有配当保険と無配当保険の中間水準としている。そのため、この準有配当保険においては、５年間の決算を通じて利差益が発生した場合のみ、利差配当として保険契約者に配当される。

[3] 有配当保険の種類

有配当保険には、次の２種類がある。

(a) 3利源配当型

３利源配当型保険は、毎年の決算時に、３つの予定率と実際の率との差によって生じる損益を算出し、剰余が生じた場合、配当を行う生命保険である。３利源配当型保険では、配当金を毎年分配する「毎年配当型」が主流であるが、「３年ごと配当型」を取り扱う生命保険会社もある。

(b) 利差配当型

利差配当型保険は、予定利率と実際の運用収益の差によって生じる毎年の損益を一定年数ごとに通算して剰余が生じた場合、配当を行う生命保険である。５年ごとに通算して剰余が生じた場合、５年ごとに配当を行う「５年ごと利差配当型」が主流となっている。「３年ごと利差配当型」や「毎年利差配当型」の生命保険を販売している生命保険会社もある。

図 32　有配当保険の分類

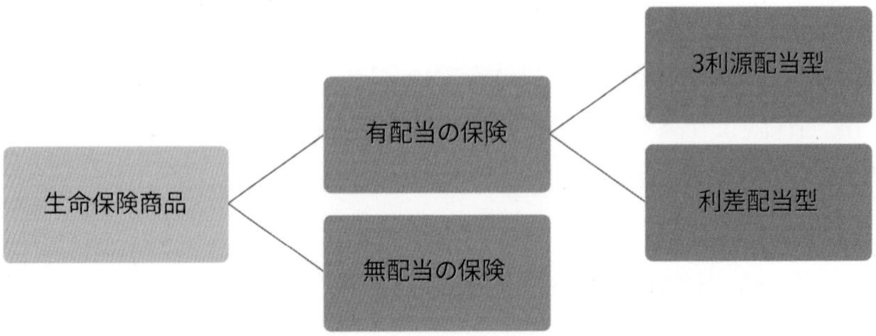

出典　各種資料を参考にして作成

生命保険各社の2006年3月期決算から、長年非公開であった利益の内訳が公表された。これは、金融庁の監督が事前調整型から事後取り締まり型行政へ変化し、保険業界の保険金不払いなどの不祥事に対する信頼回復のための保険業界の努力の一環とみられた。この利益の内訳によって、生命保険業界は、「死差益」すなわち長寿の差益への依存構造が明らかになった。

3利源は、次の通りである。

表16 3利源の種類

保険料の3要素	3利源別方式 (Three-Factor Contribution Plan)	3利源
保険金支払いを予測するための率	死差益	予定死亡率よりも実際の死亡が少なかったため、実際に保険金支払いが減れば、「死（危険）差益」が発生し、その逆の場合は死差損が発生する。
運用の予定利率	利差益	予定利率よりも高い資産運用利回りが達成できていれば「利差益」となり、その逆は利差損となる。
保険会社の経費として徴収する事業費率	費差益	事業費が実際に余れば「費差益」となり、その逆は費差損となる。

出典 各種資料を参考にして作成

5. 逆ざや

生命保険の保険料の計算の際に、資産運用の利回りの予測値をあらかじめ「予定利率」として見込んで、その分、保険料を割り引いて計算する。生命保険会社は、毎年割り引いた分に相当する金額である「予定利息」を、運用収益として確保する必要がある。しかし、超低金利（ゼロ金利）が継続する中で、実際の運用収益がこの予定利息を下回る状態が一部の保険契約で発生しており、これを「逆ざや状態」という。

この「逆ザヤ」は、江戸時代の米取引で使われていた価格の差を示す「差也」から発生した言葉で、仕入れ値より売り値が低く、損失が発生する状態を意味する。通常は、仕入れ値より売り値が高い「順ざや」となる。しかし、何らかの理由で仕入れ値より安い値段でしか売れない場合、これを「逆ざや」と呼んでいる。「逆ざや」は株式の売買などでも使われるが、生命保険会社の業績を示す場合に使われることが多い。

生命保険会社は、保険契約者から預かった保険料を株式や債券、不動産などに投資し、運用益を上げようとする。生命保険会社は保険契約の締結の際に、運用益の予想を予定利率として保険料率に盛り込み、保険料の金額を決める。この予定利率は生命保険会社の「仕入れ値」であり、投資で得られる運用益が「売り値」であり、その差額が利益となる。予定利率を2%に設定し、運用の利回りが5%であった場合、生命保険会社は3%の利益（利ざや）を得ることができる。これが「順ざや」の状況である。

しかし、契約後に株価が急落するなどの理由で、運用益が1%に下落したとしよう。この場合でも生命保険会社は約束通り2%の予定利率を確保しなければならない。運用益が1%しかないにもかかわらず、2%の予定利率を維持すれば、生命保険会社には差し引き1%の損失が発生してしまう。これが「逆ざや」であり、生命保険会社はその損失の穴埋めを迫られることになる。保険契約は長期であるため、保険契約時点では順ざやでも、その後に逆ざやに陥り、その状態が長期間に及ぶおそれがある。生命保険会社の予定利率は、バブル経済がピークであった1980年代には5%を超えていたが、バブル崩壊で運用益が激減、大幅な逆ざやが発生していた経験がある。

6. 契約者配当の支払方式

配当金の支払い方法は、次のようなものがある。

① 積み立て

保険契約は消滅するまで、あるいは保険契約者から請求があるまで、配当金を生命保険会社に積み立てておく方式である。積み立てられた配当は、保険会社の定める利率によって複利で運用される。

② **保険金額の買増**

配当金を保険契約の買い増しにあてて保険金を増額する方法である。

③ **相殺**

保険料から配当金を差し引いて、保険料を安くする方法である。

④ **現金**

配当金を現金で支払う方法である。

7. 収益性を示す指標

【1】基礎利益

基礎利益は、生命保険会社が本業で得た利益を示す指標である。これは、経常利益から売却損益等の臨時的損益を除いた、生命保険会社の基礎的な期間収益を表す指標であり、一般事業会社の営業利益や銀行の業務純益に近いものである。基礎利益は、保険料・利息及び配当金等などの収入から、保険金や事業費などの支払を差し引いて算出する。基礎利益に、有価証券の売却損益や臨時損益を加減すると経常利益になる。株価等の相場変動の影響を除いていることから、異なる決算年度間の比較が可能であり、生命保険会社の本業での収益力を見るためのものとして広く定着している指標である。

【2】Embedded Value

EV（Embedded Value）とは、生命保険会社の企業価値・業績を評価する指標の一つで、主に貸借対照表から計算される「修正純資産」と、保有契約から生じる将来の株主利益の現在価値である「保有契約価値」の合計額である。

生命保険では、新保険契約の獲得から会計上の利益が実現されるまでに時間がかかるが、従来の生命保険株式会社の法定会計（Statutory Accounting）では、その利益の実現後に利益を計上しなければならない。生命保険契約は長期の保険契約であるため、保険契約時から会計上の利益実現までにはタイムラグが生じる。

一般に、生命保険の保険料払込が平準的である一方、費用は保険契約当初に集中し、結果として、保険契約初期には利益よりも損失が過大に認識されがちである。

しかし、EV は、現時点で、将来の実現利益を評価しているため、法定会計生命保険の責任準備金の積立方式には、チルメル式責任準備金と（平準）純保険料式責任準備金がある。チルメル式責任準備金は、ドイツの数学者チルメル（August Zillmer ; 1831 ～ 93）が 1863 年に提案した方法で、生命保険の契約期間の 1 年目では積立金額を少なくして、その分だけ付加保険料の割合を増やす方法である。（平準）純保険料式責任準備金は、初年度から最終年度まで、保険料に占める純保険料と付加保険料の割合を変更しないものである。生命保険契約の成立の最初の年度は、医師の診査費用、営業社員の経費、保険証券の作成費などの経費が一度に必要となる。現在の生命保険会社の会計では、契約の初期の数年で新規契約費を処理（償却）している。その結果、生命保険の契約の初期には処理すべき事業費等が多くなり、損失が過大に評価される。

しかし、EV は、現時点で、将来の実現利益を評価しているため、法定会計による財務情報を補完することができる。つまり、これは、過去の収益実績に加え、保有保険契約が将来もたらす収益も加味した情報であり、従来の会計情報では表すことのできない生命保険会社の実態に関する情報を補うことができる。

この EV は、財務会計情報を補完する目的で、また保険会社の企業価値指標として欧州・カナダを中心に開示されてきた。国内主要生命保険では、株式会社化した大同生命が初めて 2002 年 3 月末、EV の開示を行った。しかし、この EV は、各生命保険会社の内部モデルによって計算され、使用する前提条件や計算方法によって結果が異なり、生命保険会社間の業績を比較する指標としては不十分であるとの指摘を受けている[26]。

26　羽根（2012）

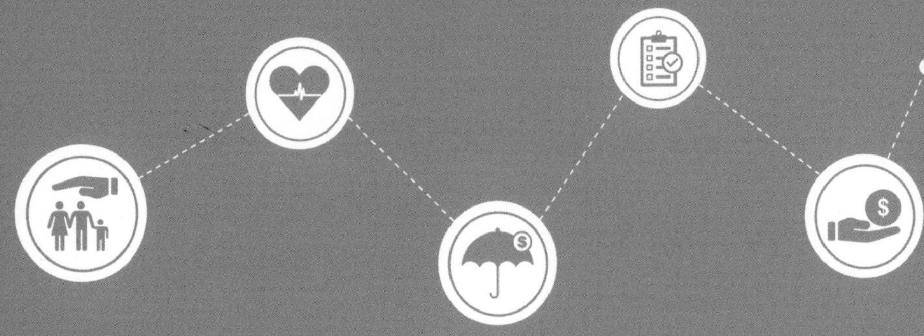

第8章

保険契約当事者の義務と被保険利益

保険契約の当事者とその義務に対する理解は、保険契約において重要な事項である。本章では、保険契約当事者の義務と被保険利益の概念ついて概説する。

1. 保険契約の当事者

[1] 保険契約

「保険契約」とは、「当事者の一方が一定の事由が生じたことを条件として財産上の給付を行うことを約し、相手方がこれに対して当該一定の事由の発生の可能性に応じたものとして保険料（共済掛金を含む）を支払うことを約する契約」（保険法２条１号）である。この保険契約は、財産上の給付では必ずしも保険金の形で金銭を交付する義務を負っていないが、定額保険である生命保険契約及び傷害疾病定額保険契約の場合は、金銭の支払に限る（保険法第２条１号）。

また、損害保険契約は、「保険契約のうち、保険者が一定の偶然の事故によって生ずることのある損害をてん補することを約するもの（保険法２条）」と定義される。一方、生命保険契約は、保険契約のうち、保険者が人の生存又は死亡に関し一定の保険給付を行うことを約するもの（傷害疾病定額保険契約に該当するものを除く）である。

傷害疾病損害保険契約は、損害保険契約のうち、保険者が人の傷害疾病によって生ずることのある損害（当該傷害疾病が生じた者が受けるものに限る）をてん補することを約するものである。傷害疾病定額保険契約は、保険契約のうち、保険者が人の傷害疾病に基づき一定の保険給付を行うことを約するものである。

保険料とは、保険契約者が、保険会社に払い込む金銭のことである。また、給付金とは、ケガや病気などで入院した場合や手術した場合に、保険会社から受け取る金銭のことである。

被保険者が死亡した場合や保険期間が満了した場合などに、保険会社から支払われる金額は、死亡保険金・満期保険金のように、「保険金」と称される。この保険金は、原則として１回のみの支払いとなり、保険金を受け取ると、保険契約は終了する。一方、被保険者が病気やケガで入院・手術をした場合など、被保険者が保険期間中に生存していて、保険会社から支払われる金額は、手術給付金・入院給付金などのように、「給付金」と称され、給付金を受け取った後も、保険契約は継続する。また、公的医療保険や介護保険等においては、受給条件を満たしていれば、申請をすることで基本的に誰でも受給できる金額を給付金と称する。

保険期間（Policy Term）とは、保険事故が発生した場合に保険者が保険金の支払い義務を負う期間であり、保険事故の時間的な限定である。保険期間の指定方法は、特定の日時または特定の航海のような一定の事実である。

[2] 保険契約の当事者

保険契約者（Policy Holder）は、自己の名をもって保険契約を締結し、保険料の支払義務を負う者であり、資格について制限がなく、自然人、法人、行為能力者、無能力者、共同保険契約者等が保険契約者となれる。被保険者（The Insured）は、損害保険契約においては保険金の支払を受ける者を指すが、生命保険契約においては保険事故発生の対象となる人を指す。また、保険金受取人（Beneficiary）は、生命保険契約において、保険金の支払を受ける者を指す。

図 33 保険契約の当事者

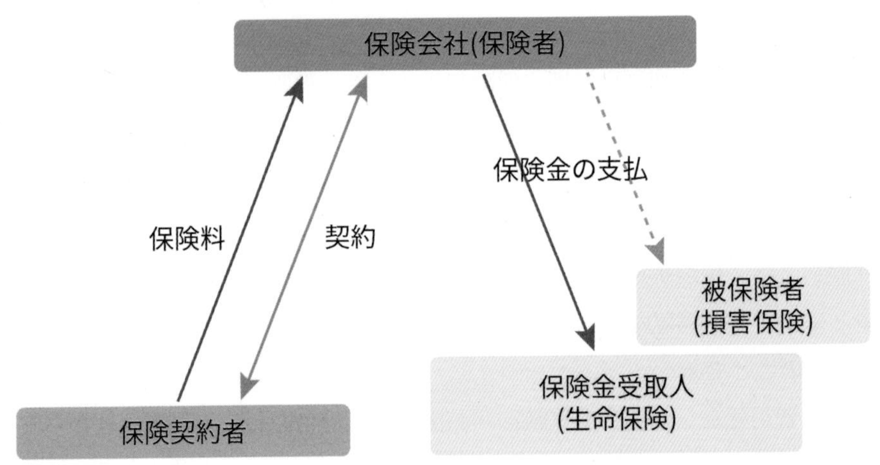

出典 各種資料を参考にして作成

生命保険と損害保険における保険契約の当事者の比較は、次の通りである。

表 17 生損保の保険契約の当事者

区分	損害保険	生命保険
保険契約者	保険料の支払い	同
保険者(保険会社)	保険金の支払い	同
被保険者	被保険利益の主体で保険金を受け取るものになる	保険事故の対象者
保険金受取人	-	保険金を受け取る人

出典 各種資料を参考にして作成

[3] 保険者

保険者（Insurer/Underwriter）は、自己の名をもって保険契約を締結し、一定の偶然事故による損害のてん補または人の生死に関する一定額の金銭支払の義務を負う者である。最低の資本金または基金は、10 億円（保険業法第 6 条）である。保険契約締結は、代表機関または代理人であり、代理権の制限で保険契約者に対抗できない。

この保険者は、会社組織に限定され、株式会社と相互会社のみが認められる。相互会社（Mutual Company）は、保険加入希望者が出資し合って社団法人を構成し、その団体が保険者となって構成員のために行う保険会社である。相互会社は、加入者相互が保険する、相互扶助の精神を基本とする。

(a) 相互会社

日本における最初の相互会社は、1902（明治 35）年に創立された第一生命保険である。戦前、株式会社形態の保険会社が多かったが、戦後、金融機関再建整備法に基づいて、多くの保険会社が第 2 会社として再出発をする際、相互会社に組織変更した。現在、日本には、相互会社は 5 社が存在するが、そのすべてが生命保険会社であり、損害保険相互会社は存在しない。

5 社の相互会社は、日本生命保険相互会社、住友生命保険相互会社（発足時は「国

民生命保険相互会社」)、明治安田生命保険相互会社(明治生命保険と安田生命保険の合併により新発足。唯一の委員会設置相互会社)、富国生命保険相互会社(発足時は「富国徴兵保険相互会社」)、朝日生命保険相互会社(発足時は「帝国生命保険相互会社」)である。

相互会社は、会社法には規定がなく、保険業法によって、保険会社のみに認められる法人の形態である。相互会社の最高の基本的意思決定機関である社員総会は、株式会社の株主総会に相当するが、相互保険の保険契約者(加入者)が相互会社の社員(構成員、出資者)となり、このすべての社員の集合体は、社員総会になる。

社員総会には、取締役・監査役の選出、剰余金の処分案の承認、定款の変更を決定するなど、株主総会に関する会社法の規定の多くが、保険業法によって準用される。また、保険会社に雇用されている者は、社員ではなく、職員と称される。

一方、株式会社の株主総会と相互会社の社員総会は、大きく異なる。株式会社における株主の数は、大会社でも数十万人にとどまるのに対し、相互会社における社員の数は、数百万人から1千万人以上にものぼる。また、株主総会では一株につき一個の議決権が与えられるため、少数の大株主の発言力が大きい。それに対し、社員総会では社員に各々一個の議決権が与えられ、社員間に発言力の差はない。したがって、構成員が1千万人以上にもなる社員総会で合議することは現実的に難しい。

したがって、保険業法では、総社員の中から総代を選出し、総代の合議体である総代会を社員総会に代わる機関として設置することが認められている。総代会では、社員にそれぞれ一票の選挙権が付与され、総代は、総代候補者の中から選出される。総代選出の社員投票では、社員総会の議決権と同じく一人一票であり、保険契約高には連動していない。総代候補者は、総代候補者選考委員会において選出される。取締役、取締役会、代表取締役、および監査役など、その他の機関や特別取締役、委員会設置会社などの制度についても、保険業法により、会社法の株式会社に関する規定が多く準用される。

(b) 株式会社と相互会社

株式会社と相互会社の比較は、次の通りである。

表18 株式会社と相互会社

区分	相互会社	株式会社
性質	保険業法に基づく非営利法人	会社法に基づく営利法人
構成員	社員(保険契約者)	株主
資本	基金(基金拠出者)	資本金(株主)
意思決定機関	社員総会(総代会)	株主総会

出典 各種資料を参考にして作成

この相互会社は、株式の発行ができないため、財政悪化の際に金融市場から株式の発行を通じた資金調達ができなくなる問題点がある。1990年代のバブル崩壊による金融危機の際、多くの保険会社の財政悪化が露呈し、経営安定のために金融市場から資金を調達することや、コーポレートガバナンスの強化などを目的として、相互会社から株式会社への組織変更を行う保険会社が現れた。一方、株式上場の場合は、株主配当が必要となり、経営に関する株主要求によって保険契約者の利益の保護ができなくなる面があるため、相互会社を株式会社に組織変更することに消極的な生命保険会社もある。この相互会社から株式会社への組織変更は、それまでは、保険業法において株式会社から相互会社への組織変更だけが規定されていたが、1995年の保険業法の全面改正によって認められるようになったものである。

株式会社化した相互会社は、次の通りである。大同生命保険株式会社（2002年)、太陽生命保険株式会社（2003年)、共栄火災海上保険株式会社（2003年)、三井生命保険株式会社（2004年)、第一生命保険株式会社（2010年）である。

[4] 生命保険における被保険者

生命保険契約における被保険者は、その生死が保険事故とされている人であり、保険契約時に特定される。一保険契約における一人の被保険者を単生生命保険といい、一保険契約における複数の被保険者を連生生命保険という。この連生生命保険の被保険者は、夫婦、共同事業者など複数の人を被保険者とし、そのうち一人が死亡した場合に他のものが保険金を受け取る保険となる。この被保険者は、固定的であることを必要とせず、団体生命保険では、一企業の社員を被保険者とするなど一定範囲の複数の人を包括的に被保険者とする。

生命保険契約における被保険者は、保険者に対して何の権利も有せず、後述の告知義務と通知義務を負う。被保険者は、生死が問題となる自然人に限られる。法人は被保険者になることができない。

2. 告知義務・通知義務

[1] 告知義務

告知義務とは、保険契約の締結にあたって、保険契約者または被保険者が、保険者に対し、重要な事実を、また重要な事項について真実を告げなければならない義務である（保険法第4条・第37条・第66条）。

保険契約の引受をしようとしている保険者に、事故発生率に影響を及ぼす資料を提供することが目的である。保険者が、当該保険契約における事故発生の確率を測定し、その保険契約締結の可否と保険契約条件の決定に重要な影響を与える事項を告知事項とする。

告知義務に違反した場合には、保険者は一定の要件のもとに保険契約を解除することができ、それによって被保険者は保険給付（保険金）を取得することができないという不利益を被る。保険契約者は、保険についての知識に乏しいため、何が告知事項であるかを判断することは困難である。そこで保険法においては、保険契約者または被保険者は、保険者からの質問に答えることになっている。

[2] 告知義務違反の効果

保険契約者又は被保険者が故意又は重過失によって告知義務に違反し、又は不実の告知をしたときは、保険者は、その保険契約を解除することができる（保険法28条1項）。ただし、保険契約締結の時に、保険者に悪意又は過失があった場合等は、その保険契約を解除することができない。この告知義務違反による保険契約の解除は、保険事故（保険金や給付金の支払事由等）が発生した後であっても、保険者側から一方的にできる。保険金受取人（被保険者）などがすでに保険金を受け取った後での解除では、保険金の返還が求められる。保険者の解除権は、保険者が告知義務違反を知ったときから1カ月以内に行使しないと消滅する。

告知義務違反があった場合、責任開始日（復活の場合は復活日）から2年以内であれば、保険者は保険契約を解除することができる。つまり、責任開始日（復活の場合は復活日）から2年を経過した場合は、告知義務違反があっても、保険契約の解除ができないということになる。ただし、責任開始日から2年を経過していても、支払事由が2年以内に発生していた場合には、保険者は、保険契約の解除ができる。

しかし、告知義務違反にあたる事実と保険事故による損害（または傷害疾病）との間に因果関係が認められない場合は、保険金が支払われる（保険法第31条2項）。生命保険会社指定の医師以外の営業職員や生命保険面接士などは、告知を受ける権限である告知受領権を有しないため、健康状態、傷病歴等について口頭で伝えても告知したことにならない。

一方、告知義務違反と詐欺の比較は、次の通りである。

表19 告知義務違反と詐欺

区分	告知義務違反		詐欺
	責任開始日から2年以内	責任開始日から2年経過後	
保険契約の解除の可能性	保険者が告知義務違反を知ったときから1カ月以内であれば、保険契約の解除が可能	保険金や給付金の支払事由が2年以内に発生し、保険者が告知義務違反を知ったときから1カ月以内であれば、保険契約の解除が可能	責任開始日からの経過年数を問わず、いつでも保険契約の解除が可能

出典 各種資料を参考にして作成

詐欺とは、他人を欺罔し錯誤に陥れさせ、財物を交付させるか、または財産上不法の利益を得ることによって成立する犯罪（刑法第246条）であり、10年以下の懲役に処せられる。

(a) 保険金不払い問題（生命保険）

保険契約の締結の際、契約者には、自らの健康状態や過去の病歴などを保険者に知らせる「告知義務」があることは、前述の通りである。この告知義務を怠った場合、保険者は保険契約の責任開始日から２年以内であれば、その保険契約を取り消すことができる。一方で、保険金の搾取目的などの違法性が極めて強い場合や、告知違反の内容が重要である場合においては、いつでも、「詐欺無効」として、その保険契約を取り消すことができる。このような告知義務と詐欺について、保険金不払い問題が発生した事例がある。その内容は、次の通りである。

保険契約締結の際に、生命保険会社の営業社員が健康状態に関する情報を告知しないよう勧めるなど、不当な方法で募集を行い、後に被保険者が死亡するなど、保険契約者に告知義務の違反があったとして、「告知義務違反による解除」を理由に保険金支払いを拒否した不祥事が発生していた。

さらに、保険契約の責任開始日から２年が経過した場合は、「告知義務違反による解除」を理由に保険金支払いの拒否ができない。その場合は、保険契約の責任開始日から２年以上が経過しても保険金支払いを拒否できる「詐欺無効」を理由に保険金の支払いを拒否していた。

金融庁は、これらの保険金不払いは悪質であると判断して、2005年２月、M生命保険会社に対し、保険業法に基づく業務改善命令及び業務停止命令を発動した。その後の調査で、悪質と判断される事例がさらに発覚したため、このM生命保険会社は、金融庁による２度目の業務改善命令および業務停止などの処分を受けた。

(b) 保険金不払い問題（損害保険）

損害保険業界では、医療保険などの「第三分野」において、「告知義務違反による解除」などを理由とした不適切な不払いが発生した。その主な事例は、次の通りであった。第一に、保険契約前の発病である始期前発病について、約款上では医師の診断によって認定された場合に保険会社が免責されるという趣旨の規定があるにもかかわらず、医師の診断に基づかず、損害保険会社の社員が判定を行うなどして、免責を不適切に適用した事例である。第二に、告知事項とは因果関係のない保険事故にもかかわらず、告知義務違反を適用して保険金の不払いとした事例があった。

これらによって、M 海上火災保険は、2006 年 6 月に「告知義務違反による解除」を理由に行政処分（一部業務停止を含む）を受けた。その後、他の損害保険会社でも数多くの不払いが確認され（損害保険会社 21 社で、5,760 件・約 16 億円）、2007 年 3 月には損害保険会社 10 社に対して行政処分が出されている。これには、「告知義務違反による解除」（1,519 件）のほか、いわゆる「責任開始前発症」を含む「支払事由不該当」（2,478 件）などを理由とする不適切な不払いが含まれていた。

(c)「支払い漏れ」問題

「支払い漏れ」問題とは、支払いのためのコンピューター・システムの不備や、保険契約者に対する案内の不足に基づくものであるとされた。この「支払い漏れ」は、保険商品の複雑化が原因であるともされるが、行政処分では、経営管理（ガバナンス）態勢や内部管理態勢の欠陥にも起因することが指摘されている。

生命保険においては、配当金の「支払い漏れ」が確認された。また、生命保険の三大疾病特約（ガン、心筋梗塞、脳卒中）や通院特約において、多数の「支払い漏れ」が存在することが判明し、「失効返戻金」の支払い漏れも存在することが分かった。2005 年 10 月段階で、38 社で合計 910 億円（約 120 万件）の未払いが確認され、遅延損害金（遅延利息）の「支払い漏れ」も明らかになった。

損害保険業界では、車両保険において、多数の臨時費用保険金などの付随的な保険金（見舞金や代車費用など）の「支払い漏れ」が判明した。2005 年 11 月にこの点を理由に損害保険会社 26 社に業務改善命令が出された（当時、26 社で 18 万 614 件・約 84 億円）。

[3] 通知義務

通知義務には、危険の変更・増加の通知義務と損害発生の通知義務がある。危険の変更・増加の通知義務（保険法第 29 条 1 号）は、保険契約の締結後に保険契約に関しての何らかの変更が生じた場合、保険契約者・被保険者が保険者にそれを知らせる義務である。この危険の変更・増加の通知義務は、保険期間中に保険契約時の危険の程度が著しく変更・増加した場合に、保険会社（保険者）に保険契約内容を修正する機会を与えるために認められるものである。例えば、火災保険では、住居の一部を店舗に改造したり、保険契約の対象であつた建物を他人に売却したりした場合などが危険の変更・増加に該当し、自動車保険では、保険契約した車両を買い換えたりした場合などがこの危険の変更・増加に該当する。保険者は、危険増加の場合、保険法29条各号に定められた要件を満たせば、その保険契約を解除できる。

また、損害発生の通知義務（保険法第14条）は、保険者に損害発生の原因の調査・損害の範囲の確定などの作業を早期に行うことを可能にするために、保険契約者・被保険者に課せられた義務である。通知義務の違反の効果は、保険法には規定がないが、保険者に損害が生じた場合には保険契約者側に損害賠償義務があると考えられている。

3. 被保険利益

[1] 被保険利益と利得禁止

(a) 賭博保険と被保険利益

保険は、リスクの移転の対価として、保険契約者が保険者に保険料を支払い、担保したリスクによる損害が発生した場合は、保険者が保険契約者（被保険者）に保険金を支払う制度であり、伝統的なリスク・ファイナンシング手段として使われてきた。この保険は、17世紀頃、貴族や有名人の死や財産に対して、その人や財産と利害関係を持たない第三者が保険に加入することによって、保険を投機手段として利用していた。このように利害関係のない人や財産に対する保険契約は、賭博保険（Gambling Insurance Policy）と呼ばれた。

この賭博保険を禁止するために、保険契約に、被保険利益という概念が導入された。被保険利益（Insurable Interest）とは、ある物に偶然な事故が発生した際に、ある人が損害を被るおそれがある場合に、そのある物とある人との間の利害関係（Interest）として定義される。この被保険利益のない保険契約は、損害を被る可能性（おそれ）がない人や財産に対する保険契約となるため、被保険者に損害が発生しえない。

損害保険は、損害に対して保険金を支払うことを目的とするため、その保険契約の前提条件としての被保険利益の存在が必要となる。これによって、損害保険契約の目的（Subject of Insurance）は被保険利益となり、被保険目的物又は被保険物（Subject-matter Insured）が船舶、貨物等の物から被保険者の有する利益へと変化し、賭博と保険が区別された。このように、保険契約が有効である前提条件として、被保険利益という概念が導入されたことによって、保険と賭博が区分された。これによって、保険産業の評判が高まり、保険制度が社会に有益なものとして認められた。

イギリスにおけるMarine Insurance Act 1745では、被保険利益のない保険証券の発行を禁じ、1909年イギリス海上保険法（the Marine Insurance（Gambling Policies）Act 1909）では、被保険利益のない保険契約は、賭博保険であると定義され、その保険契約は無効となり、賭博保険契約を締結した者は、6カ月以内の禁固刑または罰金刑に処されると規定された。また、イギリスでは、他人の生命の保険契約の締結に制約はなかったが、18世紀になってその弊害が多くなり、1774年生命保険法（Life Assurance Act 1774）が制定され、被保険利益のない保険契約が禁止された。

(b) 被保険利益の種類と保険契約

被保険利益（Insurable Interest）は、「保険の目的につき保険事故が発生することにより被保険者が経済上の損害を被るべき関係」（保険法第3条、第9条）とされており、この被保険利益のない損害保険契約は無効となる。

図34 被保険利益の種類

財産を大きく分けて、積極財産と消極財産に区分する。積極財産は、プラスの財産で、不動産・現金・有価証券等などであり、消極財産はマイナスの財産で、借金・賠償責任・費用の支払等である。被保険利益には、この積極財産に対するものと消極財産に対するものがある。一つの保険の目的物に対して、所有者、担保権者、債権者などが、それぞれが異なる立場で、異なる被保険利益を有している場合は、それぞれが独立した保険契約を締結することが可能である。

被保険利益は、損害保険契約の本質的要素であり、被保険利益が存在しない損害保険契約は無効である。損害保険契約の締結の際には、保険者が損害てん補を行う対象となる損害の種類を定め、被保険利益の特定が行われる。この被保険利益は、金銭で評価できるものでなければならない。

「損害てん補の原則」とは、保険金の支払額は、実際の損害額を限度とする原則であり、被保険利益の概念の派生的なものとしても理解できる。それに対して、利得禁止の原則は、損害が生じた場合で、実際の損害額を超えて保険金を受取ることができないという原則である。したがって、「損害てん補の原則」が保険会社の保険金支払いの観点からのものであるとすれば、利得禁止の原則は、被保険者の保険金受取りの観点ともいえる。この損害てん補の原則と利得禁止の原則によって、保険契約者などは、損害額を限度として保険金を受け取り、保険によって利得を得ることができなくなり、保険制度を利用して利得を得ようとする保険契約者または被保険者の道徳的危険またはモラル・リスク(Moral Risk)を防止している。

一方、日本における生命保険契約では、被保険利益の有無は、保険契約の成立およびその効力に関して問題とならない。生命保険は、人間の生死に関するリスクをその固有の事業領域にしており、被保険者、保険金受取人、保険金額を契約当事者が自由に決めることができる。損害保険契約では、被保険利益を評価したものを保険価額としているが、生命保険ではその被保険利益を保険契約要件としていないため、その評価額も存在しない。したがって、生命保険契約では、損害てん補の原則と利得禁止の原則という概念はない。

[2] 他人の生命の保険

(a) 自己のためにする保険契約、他人のためにする保険契約

保険契約者（保険料を払う人）と保険金を受け取るべき人が一致する保険契約は、自己のためにする保険契約である。保険契約者と保険金を受け取るべき人が異なる保険契約は、他人のためにする保険契約である。

したがって、保険契約者と被保険者が一致する損害保険契約は、自己のためにする損害保険契約である。保険契約者と被保険者が異なる損害保険契約は、他人のためにする損害保険契約である。また、保険契約者と保険金受取人が一致する生命保険契約は、自己のためにする生命保険契約である。保険契約者と保険金受取人が異なる生命保険契約は、他人のためにする生命保険契約である。一方、生命保険において、保険契約者と被保険者が異なる契約は、他人の生命の保険契約である。

(b) 他人の生命の保険契約

日本における他人の生命の保険契約では、被保険者自身を保険金受取人とする場合のほかは、その保険契約が有効に成立するためにはその他人である被保険者の同意を要する（保険法第45条・第74条）。この規定は、いわゆる強行規定であるので、当事者の合意により変更することはできない。

つまり、日本の生命保険契約においては、被保険利益の存在を必要とする英米のそれとは異なり、被保険利益の存在を要件とせず、他人の生命（死亡）の保険契約についてのみその他人（被保険者）の同意を必要とする同意主義が採用されている。被保険利益は、賭博保険の防止に効果的であり、同意主義は、道徳的危険（モラル・リスク）の防止に効果的である、とされる。

この他人の生命の保険契約において、被保険者の同意がない場合は、被保険者の死亡を保険事故とする生命保険契約は無効である。死亡保険契約の締結の際に被保険者の同意を必要とする主な根拠は、次の通りである。第一に、過去の英国で発生していたように、利害関係のない有名人の生命に保険をかけるような賭博的な保険を排除すること、第二に、保険金殺人のようなモラル・リスクを防止すること、第三に、他人が自分の生命に勝手に保険をかけるような人格権侵害的な利益を保護すること、である。

保険法においては、保険契約者と被保険者が異なる死亡保険契約は、被保険者の同意が必要とされている。また、保険契約者と被保険者が異なる傷害疾病定額保険契約も、一定の場合を除き、被保険者の同意が必要である。保険契約者と被保険者が異なる死亡保険契約は、被保険者の同意がない限り、効力を生じない。

また、保険契約者と被保険者が異なる傷害疾病定額保険契約は、原則として、被保険者の同意がない限り効力を生じないが、被保険者の死亡の場合に保険金が支払われる保険契約において、保険金受取人が被保険者またはその相続人である場合は、被保険者の同意は不要である。ただし、被保険者が傷害または疾病により死亡した場合にのみ保険金が支払われる傷害疾病定額保険契約については、保険金受取人が被保険者またはその相続人であっても、被保険者の同意が必要となる。

他人を被保険者とする生命保険契約・傷害疾病保険契約において、被保険者がいったん同意をしても、その後に保険契約者や保険金受取人との間の信頼関係が破壊された場合や、同意の基礎となった事情が著しく変更した場合には、被保険者からの解除請求を認める被保険者離脱制度が新設された。被保険者離脱制度の新設によって、保険契約者と保険金受取人などが異なる傷害保険契約などにおいて、所定の要件を満たす場合には、被保険者からの解除請求が認められる。

この他人の生命保険契約における被保険者の同意は、和歌山毒入りカレー事件でチェックが非常に厳しくなった。和歌山毒入りカレー事件の概要は、次の通りである。1998 年 7 月、和歌山市の新興住宅地の自治会が主催した夏祭りで、住民が作ったカレーライスに猛毒のヒ素が混入され、これを食べた 4 人が死亡し、63 人が急性ヒ素中毒になった事件である。現場近くに住む林眞須美（当時 37 歳）の周辺で、不審なヒ素中毒が頻発し、多額の保険金が林眞須美やその夫（当時 53 歳）に支払われたことが明らかになった。林眞須美は、1 審、2 審の大阪高裁において、共に死刑判決を受け上告したが、2009 年 4 月 21 日に最高裁判所が上告を棄却し、判決訂正も 5 月 18 日付で棄却したため、死刑が確定した。

(c) 団体定期保険の同意

団体保険（グループ保険）は、企業や官庁などを保険契約者、その団体に属する役員や従業員、その家族を被保険者とする保険である。一定数以上の被保険者が必要で、定期保険の被保険者は10名以上の保険がほとんどであるが、損害保険の場合、100名以上の被保険者が必要となる保険もある。団体保険の長所は、一般の保険と比べ、保険料が割安となることである。団体保険では、企業等が保険料を集金するなど、保険会社が行う事務手続きの一部を企業等が代行しているため、保険料が安くなっている。

団体保険は、従業員全員が加入するＡグループ団体保険と任意加入であるＢグループ団体保険に分けられる。Ａグループ団体保険は、総合福祉団体定期保険が団体保険の代表的なものである。Ｂグループ団体保険は、団体保険のうち、従業員等が任意で加入することができる団体定期保険である。このＢグループの団体定期保険も、企業等が保険契約者、従業員等が被保険者とする１年定期保険であるが、保険料は従業員等が負担する。

Ａグループ団体保険は、企業が保険契約者となり、従業員を一括して被保険者とし、保険料を全額負担し、従業員の死亡など保険契約所定の事由が生じた場合には、企業が保険金を受け取るものである。この団体定期保険（Ａグループ団体保険）においては、従業員の死亡等により使用者が多額の保険金を受領しながら、遺族にはその保険金を支払わず、又はわずかな金額しか支払っていない等の問題が発生していた。

この問題に対応する形で、1996年11月から「総合福祉団体定期保険」が発売された。この総合福祉団体定期保険は、企業が保険料を負担して、業務上・業務外を問わず、従業員の死亡退職金・弔慰金制度、労働災害による上乗せ給付金等の遺族補償を充実させることを目的とするものである。

この総合福祉団体定期保険では、遺族補償を目的とする部分を主契約とし、その主契約に企業の経済的損失に備えるための部分をヒューマンバリュー特約として別建てとした。ヒューマンバリュー特約についても、この保険の趣旨からして主契約と併せて被保険者同意の確認を行うこととしている。保険金額は、主契約の保険金額と同額または主契約の保険金額以下で主契約の保険金額に一定割合を乗じた額で設定する。さらに、特約保険金額は2,000万円を上限とすることにし、絶対額として制限を加えた。

総合福祉団体定期保険では、約款上に加入資格として「被保険者となることに同意したものであること」を明記するとともに、被保険者同意の確認の方法は、次のいずれかとすることになった。第一に、被保険者になることに同意した人全員の記名捺印のある名簿を保険会社へ提出する。第二に、企業が従業員全員に保険契約の内容を通知した旨の企業および従業員の代表者の記名捺印のある確認書ならびに被保険者となることに同意しなかった人の名簿の保険会社への提出を行って、同意した人を被保険者として加入させる。

図35　総合福祉団体定期保険の仕組み

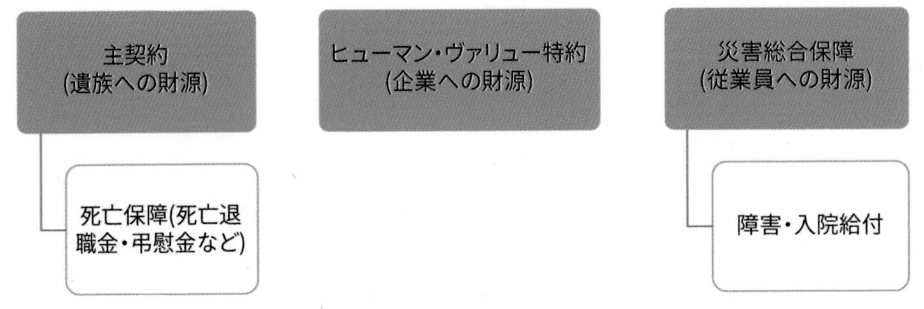

出典　各種資料を参考にして作成

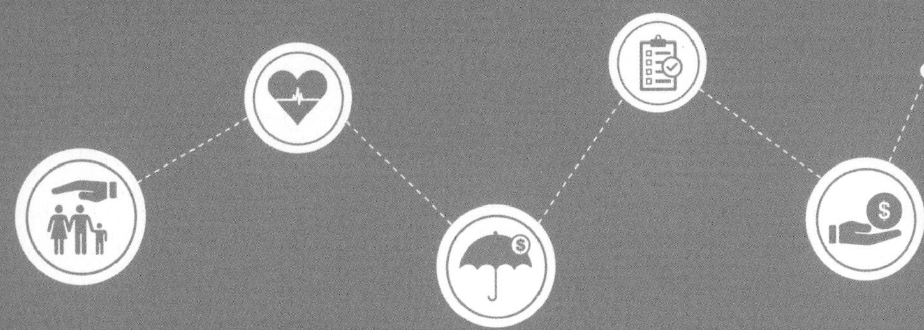

第9章

保険金と代位

保険金は、保険価額・保険金額・損害額の中の一番低い金額を限度として支払われる。さらに、保険会社は、保険金を支払ったのちに、保険契約者の損害賠償請求権があれば、それに代位する。本章では、これらの保険金と、保険契約の申込者が一方的に契約を解除できるクーリング・オフについて概説する。

1. 保険金

[1] 保険価額と保険金額の概念

被保険利益を評価した金額は、保険価額（Insurable Value）と称され、損害を被ることのある最大額となる。また、保険会社がてん補すべき金額の最高限度として当事者が保険契約上約定する金額は、保険金額（Insurance to Value）と称される。保険契約締結時にすべての保険契約の保険価額を評価することは実務上困難であり、保険契約者は、保険料節約のために必ずしも保険価額全部について保険を欲するとは限らないため、保険契約当事者間で保険金額を自由に決めることにしている。

保険金（Insurance Payout/Insurance Money/Insurance Proceeds）は、保険事故が生じたときに保険者から被保険者に現実に給付される金銭である。損害保険における保険金は、保険価額・保険金額・損害額の中で、一番低い金額が限度額となる（ただし、新価保険などの例外もある）。これによって、利得禁止の原則が貫かれている。生命保険は、定額保険であるので、保険金額が保険金となる。

また、保険会社が保険金の代わりに介護や葬儀などの現物を被保険者などに給付する保険商品を販売できるようになり、早いうちに老後の備えを済ませておきたい人が増えてきたことに対応できる保険を発売できるようになった。この現物給付は、損害保険契約で制限がないが、定額保険である生命保険契約と第三分野保険の中の傷害疾病定額保険契約ではできない（保険法第2条1項）。

伝統的には、保険契約者らがいったん保険金をもらい、サービス・物品を提供する会社を探してサービス内容などを相談する必要があった。この現物給付の保険では、保険契約時と実際のサービスが必要になった時に保険契約者に詳細を説明したうえで、保険金を受給するかサービス・物品を受給するかのどちらかを選択してもらうようになる。想定される現物給付の例は、次の通りである。

損害保険と定額保険以外の第三分野保険では、被保険者が死亡した際の葬儀、または父親が死亡した際に子供が保育所に優先的に入れる権利の付与などである。介護保険では、有料介護付き老人ホームに入居する権利の付与、またはデイサービス、訪問介護などの介護サービスの提供などである。医療保険では、人間ドックの受診、または病気で退職した後の復職支援などが考えられる。

一方、保険金額と保険価額が等しい場合は、全部保険（Full Insurance）と称される。保険金額が保険価額より小さい場合は、一部保険（Under-Insurance）と称される。保険金額が保険価額より大きい場合は、超過保険（Over-Insurance）と称される。さらに、重複保険（Double Insurance）は、超過保険の特殊な形態であるが、同一の保険の目的物について、被保険利益・担保危険が同じで、かつ保険期間が重複する損害保険契約が複数存在し、しかも、それらの保険金額の合計が保険価額を超える場合である。つまり、重複保険とは、同一被保険利益に対して複数の保険契約が存在する結果、超過保険になった場合であり、複数の保険契約の一部が重複しても重複した部分は重複保険であり、被保険利益と担保危険、そして保険期間の3つの要素の全てがそれぞれ一部でも重複している場合を指す。

保険金は、保険価額・保険金額・損害額の中の一番低い金額を限度として支払われる。したがって、超過保険または重複保険の場合では、全損であっても、保険価額を限度として、保険金が支払われる。

一方、日本における生命保険は、損害保険と異なり、被保険利益を保険契約の要件としないため、実際の損害を問題とせず、保険契約時に決めた保険金額が保険金として支払われる「定額保険」である。この生命保険では被保険利益を要件としていないため、被保険利益と保険価額の関係である一部保険・全部保険・超過保険・重複保険の概念がない。

[2] 一部保険と比例てん補

(a) 比例てん補

一部保険（Under-Insurance）で、損害が発生した場合は、特約などがない限り、原則的に比例てん補の原則（Principle of Average）が適用される。

比例てん補による保険金は、次のように算出される。

$$保険金 = 損害額 \times \frac{保険金額}{保険価額}$$

例えば、車両価格（保険価額）500万円の自動車に対して、保険金額300万円の保険契約を締結した（300万円/500万円 = 60%）と仮定する。この自動車に300万円の損害が発生した場合、保険金は300万円が支払われるのではなく、価格協定保険特約などが添付されていない限り、比例てん補の原則が適用され、その損害額の60%である180万円（300万円 × 60%）が保険金として支払われる。

比例てん補の原則の根拠に対する主な説は、次の通りである。

第一に、保険金額の保険価額に対する不足額は自家保険とみなされるとする共同保険（Coinsurance）理論である。第二に、保険料不足を根拠とする説である。小損害が多く発生するため、多額の費用が発生する。しかし、保険料は全部保険を前提に算出されており、小損害の料率は算出されていない。したがって、損害発生確率が高い小損害部分のみを担保することになる一部保険の料率は高くなるべきであり、そうすることが加入者間の負担の衡平となるというものである。

図36　発生確率と損害額

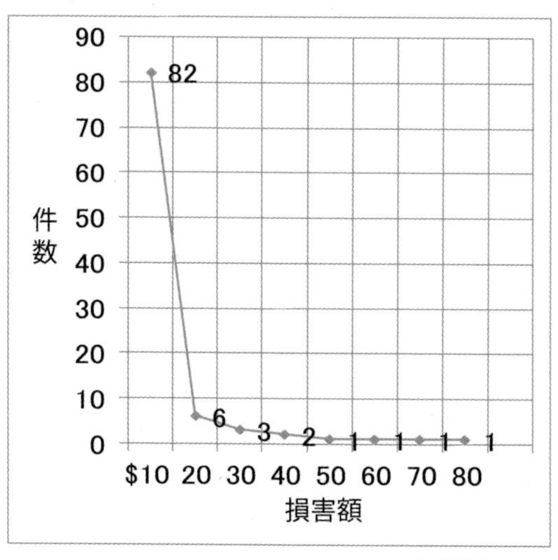

出典　各種資料を参考にして作成

比例てん補が認められる理由は、保険料不足を根拠とする説が有力である。保険料は全部保険を前提に算出されており、発生確率の高い小損害に対する料率は算出されていない。それを補正するためには、一部保険の保険料率を高くするべきであるが、それが実務上難しいため、支払いの際に調整しているというものである。

(b) 付保割合条件付き実損てん補条項

「付保割合条件付き実損てん補条項」は、80% Co-insurance Clause といわれ、住宅火災保険、住宅総合保険、団地保険 に導入された。この条項では、損害時に保険金額が保険価額の 80% に達していれば、一部保険でも比例てん補主義の適用はなく、保険金額を限度として損害額全額が支払われる。言い換えれば、「保険金額」が「保険価額」の 80% 以上の場合は、保険金＝損害額として扱われる。

$$保険金 = 損害額 \times \frac{保険金額}{保険価額 \times 80\%}$$

建物の価格が 1 千万円のとき、500 万円の保険金額で火災保険を契約した場合、火災で 500 万円の損害が発生したとすれば、払われる保険金は、約 312.5 万円となる。

$$約 312.5 万円 = 500 万円 \times \frac{500 万円}{1,000 万円 \times 80\%}$$

時価額で加入した場合、保険金だけでは再建できず、自己資金の用意が必要となることもある。

火災保険における 80% Co-insurance を前提にして、一部保険・超過保険・全部保険の場合、支払保険金の例は、次の通りである。

表20 「保険金額」別の「保険金」

保険価額	保険金額	保険金	
		全焼の場合（損害額1,000万円）	半焼の場合（損害額500万円）
1,000万円	500万円（一部保険）	500万円 1,000万円 × 500万円/(1,000万円 × 0.8)	312.5万円 500万円 × 500万円/(1,000万円 × 0.8)
	800万円（一部保険）	800万円 1,000万円 × 800万円/(1,000万円 × 0.8)	500万円 500万円 × 800万円/(1,000万円 × 0.8)
	1,500万円（超過保険）	1,000万円	500万円
	1,000万円（全部保険）	1,000万円	500万円

出典 各種資料を参考にして作成

保険金は、前述した通り、保険価額・保険金額・損害額の中の一番低い金額を限度として支払われ、超過保険または重複保険の場合では、全損であっても、保険価額を限度として支払われる。さらに、比例てん補または80% Co-insuranceの場合の保険金は、損害額に対する一定比率（保険の加入比率など）を限度として算出される。

(c) 火災保険と価額協定保険特約

保険価額算定の基準時は損害発生時なので、契約時以降の物価変動によって全部保険であったものが一部保険になることがある。保険金額の範囲内で損害額全部のてん補を受けることができる保険を第一次危険保険と称する。また、当事者間で保険価額を協定する評価済保険（Valued Contract Policy）がある。この評価済保険では、保険契約締結時に評価した「財物」の再調達価格に基づいた価額協定保険特約によって、保険価格と保険金額を保険期間中に常に一致させ、「協定保険価額×損害率」の算式によって損害額を算定する。

価額協定保険特約（Valued Policy）は、普通火災保険、住宅火災保険、住宅総合保険、店舗総合保険等に付帯することができる。家計分野の火災保険では、保険契約者が保険の専門家ではないため、一部保険の場合の比例てん補がわかりにくく、トラブルも生じやすいことから、価額協定保険特約が1975（昭和50）年に開発された。価額協定保険特約を付帯した火災保険は、所定の評価基準によって算出された評価額（再調達価額）に特定付保割合を乗じて保険金額を設定する。家財については、評価額を時価額を基準として算出することもできる。

約定付保割合は100%、80%、60%のいずれかとする。ただし、家財を再調達価額（新価）基準で引き受ける場合の約定付保割合は100%に限る。保険金の支払いは、保険金額を限度として損害の額が全額支払われる。保険の目的が全損である場合には、損害保険金の10%相当額（200万円が限度）が特別費用保険金として上乗せして支払われる。

価額協定保険特約は、特約の金額を限度に、実際の損害額を支払う特約である。この特約における保険金額は、時価額ではなく再調達価額とし、建物の場合は新築費、家財の場合は再取得価額となる。

一方、「新価保険特約」における保険金額も再調達価額（新価）であるが、新価保険特約の場合には、罹災後2年以内に同一構内に同一目的・用途の建物を再築する必要がある。新保険特約においては、罹災時点で時価をベースとした金額が支払われ、再築時点で新価である再調達価額とすでに支払った金額の差額が支払われる。

(d) 車両保険価額協定保険特約

自動車保険において、火災保険と同じ一部保険問題を解消するための車両保険価額協定保険特約が、採用されている。自動車（車両）保険では、車両の時価額（市場販売価額相当額）を保険金額とするが、個々の自動車の変動要素も多く、設定金額によって一部保険となるなどの問題があった。これを解消するため、車両標準価格表による金額を協定保険価額とし、これを保険金額と定める内容である。保険期間中、現実には自動車の減価償却がすすむが協定保険金額は減価させず（全損時にも協定保険金額が支払われる）、常に実損払いされ、比例てん補は生じない。対象車種を自家用の乗用車、小型貨物車など8車種とするが、保険会社により規定が異なる。

【3】超過保険と重複保険

(a) 超過保険

超過保険（Over-Insurance）とは、保険金額が保険価額を超える保険契約であり、この保険価額を超える部分は、利得禁止の原則の観点から、保険金は支払われない。この超過保険における保険金は、前述した通り、保険価額・保険金額・損害額の中の一番低い金額を限度として支払われるが、理論上、損害額が保険価額を超えることはあり得ないからである。

一方、超過保険の超過部分の保険契約も、原則として有効とされる。保険契約の締結の際に、保険契約者及び被保険者の善意でかつ重大な過失なしに超過保険となった場合は（保険法第9条）、保険契約者はその超過部分の保険契約を取り消すことができ、保険契約締結時に遡って超過部分に相当する保険料の返還を請求できる。しかし、保険契約者・被保険者が不法に利得を得る目的で、超過保険の保険契約が締結される場合もあり、このような場合は、公序良俗違反により保険契約全体が無効とされることがある。

2010年4月1日から施行された保険法の制定前では、例えば1,000万円の建物に保険金額2,000万円の火災保険契約が締結された場合、建物が全焼（損害額が1,000万円）した時、実損額1,000万円は支払われるが、その超えた部分1,000万円については保険金が支払われなかった。これが、新しい保険法制定後には、一定の条件の下、超過部分の取消により無駄に掛けていた保険料を取り戻すことができるようになった。

火災保険は、保険契約者が決めた保険金額で損害保険会社が引き受けていたが、マンションなどの場合、この保険金額を対象外の土地代を含んだ購入金額とする事例もあり、新しい保険法では、保険契約者などに超過保険部分に対する保険料の返還請求ができるようにした。

(b) 重複保険

重複保険（Double Insurance）とは、同一の目的物につき、保険期間・保険事故が重なる複数の損害保険契約が存在し、それらの損害保険契約の保険金額の合計が保険価額を超える場合である。この保険価額を超える部分は、保険金が支払われないことは、超過保険の場合と同じである。

この重複保険は、超過保険の特殊な場合であり、同一被保険利益に対して複数の損害保険契約が存在する結果、超過保険になった場合に、複数の損害保険契約の一部が重複しても重複した部分は重複保険であり、保険期間も重複する場合である。

2010年施行の前商法の下では、超過保険の場合に超過部分の損害保険契約は、無効であり（同法第631条）、重複保険の場合にも各損害保険契約の保険金額の合計が保険価額を超える部分は無効とされていた（同法第632条から第634条まで）。これに対して、新保険法の下では、超過保険の場合でも、その損害保険契約は有効とされ（保険法第９条）、重複保険の場合にも、保険契約も有効であることを前提に、保険給付の調整が行われている（保険法第20条）。重複保険における保険金の支払いは、各保険会社が自社の損害保険契約に基づいた自社の支払責任額の全額を支払う独立責任額全額方式が採用された。

例えば、1,000万円の家屋につき、A社と保険金額500万円の火災保険契約が締結され、B社と保険金額800万円の火災保険契約が締結された重複保険契約があると仮定する。この家屋が全焼した場合、保険契約者は、利得禁止の原則から1,300万円の保険金を取得することはできない。重複保険の場合、各保険者は、それぞれ独立責任額を支払う義務を負う（保険法第20条1項）。独立責任額とは、他の保険契約がないものとして算定した、各保険者が支払うべき保険金の額である。上記の例で、家屋が全損となった場合、A社の独立責任額は500万円であり、B社の独立責任額は800万円である。

各保険者は、独立責任額まで保険金支払義務を負っているが、ある保険者が保険金を支払った場合、他の保険者は、それぞれの独立責任額が残存する損害額を超える金額については共同の免責とされる。例えば、A社が500万円を支払った場合、B社は500万円を支払えば、保険契約者の損害額1,000万円は全額補償されているため、B社の独立責任額は800万円との差額300万円は支払責任を免れる。

このとき、A社が先に支払うか、B社が先に支払うかで、両者が負担する金額が変わるのは適切ではない。そこで、各保険者には負担部分があり、負担部分を超えて支払った保険者は、免責を得た他の保険者に対し、負担部分を超えた額について求償することができる（保険法第20条2項）。これは、保険者間の公平をはかるための調整規定である。特定の保険会社の負担部分は、負担部分を独立責任額の割合によっててん補損害額を案分した額としている。

$$保険会社の負担部分 = てん補損害額 \times \frac{当該保険者の独立責任額}{各保険者の独立責任額の合計額}$$

上記の例では、損害額が1,000万円、A社の独立責任額が500万円、B社の独立責任額が800万円であるから、上記の算式から、A社の負担部分は約384.6万円、B社の負担部分は約615.4万円（＝1,000万円 × 800 / 1,300万円）である。したがって、被保険者が先にA社に請求して500万円を受け取った場合、被保険者はB社に対して500万円請求できるが、A社の負担部分は約384.6万円（＝1,000万円 × 500 / 1,300万円）であるから、A社は500万円を支払った後は、B社に対して500万円との差額である115.4万円の求償をすることができる。他方、被保険者が先にB社に請求して800万円を受け取った場合、被保険者はA社200万円を請求できる。また、B社は、自社の負担部分を超えた184.6万円（800万円 － 615.4万円）をA社に求償することができる。

(c) 共同保険

共同保険（Co-insurance）は、ひとつの損害保険契約について、複数の保険会社が共同で引き受ける保険契約形態である。共同保険契約を締結した場合、幹事保険会社がほかの引受保険会社の代理や代行をすることになる。引受保険会社は、保険証券や保険料明細書に記載された引受割合に基づいて、連帯することなく、単独で保険契約上の責任を負うことになる。

この共同保険は、1保険会社では引き受けきれない巨大なリスクを分散したり、各保険会社が自ら抱えるリスクを多様化・平準化するために行われるが、自動車ディーラーや企業系列においては、特定顧客やマーケットにおける営業権として用いられることもある。各引受保険会社の引受割合は、分担割合あるいはシェア（Share）と称され、形式上、保険契約者が幹事保険会社を指名することになっているが、保険会社主導で幹事保険会社が決まることも多い。

通常は、責任分担割合が最も大きな保険会社が幹事保険会社となり、保険契約者との保険契約交渉窓口となるが、保険契約者との関係が深い保険会社が、責任分担割合が小さくても、保険契約の交渉窓口となるべく幹事保険会社となることもある。共同保険契約である保険証券は、幹事保険会社が代表して発行し（代表保険証券）、そこには各引受保険会社の分担割合が記載されるので、保険契約者は各引受保険会社の責任分担割合を確認できる。保険契約者は、幹事保険会社を通じて、複数の保険会社と同一内容の保険契約（Bundle of Contracts）を同時に締結していることになる。

[4] 免責金額

免責金額は、一定金額以下の小さな損害について、保険契約者または被保険者の自己負担額として設定される金額である。免責金額には、次の二種類がある。第一に、免責金額以下の損害は、保険金が支払われず、免責金額を超える損害は、損害額から免責金額を控除した金額を支払う方式「エクセス（Excess）＝ディダクティブル・フランチャイズ（Deductible Franchise）」である。第二に、免責金額以下の損害は、保険金が支払われず、免責金額を超える損害は、損害額の全額を支払う方式「フランチャイズ（Franchise）」である。

生命保険では、初期の入院特約は、20日以上入院すると入院期間分すべて支払うなどの「フランチャイズ方式」であったが、最近の入院特約では、ほとんどが、5日以上入院すると免責4日分を差し引いて支払うなどの「エクセス方式」が採用されている。車両保険では、原則、全損ではない限り、損害額から免責金額を控除した金額が支払われる。

「フランチャイズ方式」は、損害が一定割合、または一定額に達しない場合は、その損害額が全くてん補されないが、これらを超えた場合の損害は、全額てん補される方式である。これは、保険契約者の保険料負担の軽減や保険会社の損害調査の手間を省くことを目的として、多発する小損害を免責にするために設定する免責金額である。

「エクセス＝ディダクティブル・フランチャイズ方式」は、損害が一定割合または一定額を超えない場合は、その損害額が全くてん補されず、これらを超えた場合は、損害額から免責金額を控除して超過額だけがてん補される方式である。このエクセス方式は、被保険者にも常に一定の損害を負担させているため、モラル・リスクを防ぐ目的に適している。

2. 代位

代位（Subrogation）は、損害保険においてのみ認められるものであるが、残存物代位（Subrogation Regarding Lost or Destroyed Property）と請求権代位（Subrogation Regarding Claim）がある。

[1] 残存物代位

残存物代位とは、全損として保険金額の全額を支払った場合、保険会社が被保険者の保険の目的物に対する権利を取得することである。被保険者が保険金と残存物に対する権利との両方を取得すると、損害が発生した場合、かえって被保険者に利得が生ずることがあるからである（利得防止説）。一部保険の場合には、保険会社は、保険金額の保険価額に対する割合に従って権利を取得し、残存物は被保険者と共有する。

ここでの全損とは、保険の目的物を従来の用法で用いることが不可能となったこと（他の用途では使える場合もある）であり、物理的には修繕可能だが修繕費の見積額が保険価額を超えるため全損とされることもある（経済的修繕不能）。

保険の目的物が全損となり、被保険者に対して保険者から保険金が全額支払われた場合において、さらに経済的価値のある残存物が被保険者の所有になれば、被保険者は、保険事故発生によって利得をすることになる。したがって、保険法では、保険の目的物が全損となり、保険者から全損に対する保険金が支払われた場合、保険者は、保険の目的物について被保険者が有する所有権その他の物権について当然に取得すると規定されている（保険法第24条）。

代位は、法律上当然に（権利取得の時期は負担額全部の支払の時）なされ、権利移転の意思表示、第三者に対する対抗要件はいらない。実際上は、残存物の所有権取得によりかえって保険者に負担が生ずる場合があるため、残存物代位は、多くの約款で制限を設けている。

この残存物代位によって、保険会社が全損としての保険金を支払えば、保険の目的の残存物に関する権利を法律上当然に取得する。しかも、残存物代位による権利の取得は、被保険者の権利移転に関する意思表示を必要とせず、保険会社が所定の要件を満たすと同時に、当然に生ずる。この残存物代位により、保険会社は、支払保険金の一部を回収することができるが、残存物の権利の取得により、所有者としての残存物の撤去義務を負うことになり、かえって巨額な費用の負担を余儀なくされる場合も考えられる。

これに対応するため、保険会社は、約款において、保険会社が残存物の権利を取得しない意思表示をして保険金を支払ったときは、被保険者が有している権利は保険会社に移転しない旨を定め（自家用自動車総合保険など）、残存物の所有権を取得する意思表示をしないかぎりその所有権を保険会社に移転しない旨を定め（住宅総合保険など）、または残存物代位による権利の取得を放棄し、残存物に関する権利の移転による保険会社の負担を回避している。

[2] 請求権代位

請求権代位とは、第三者の行為によって、保険事故による損害が生じ、保険会社が被保険者に保険金を支払った場合は、保険会社は、その支払った金額の限度において被保険者が第三者に対して有する権利（損害賠償請求権）を取得するものである。

請求権代位の図示は、次の通りである。

図37 請求権代位

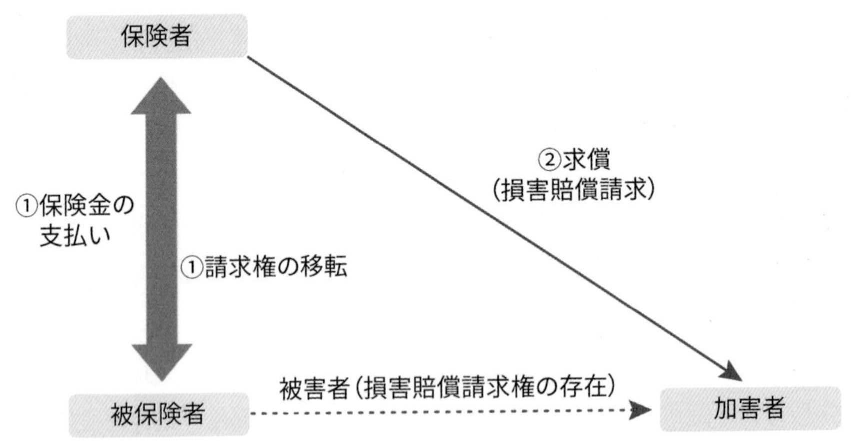

出典 各種資料を参考にして作成

請求権代位の要件は、保険事故の発生により被保険者が第三者に対して権利を取得したこと（分損の場合にも認められる）と、保険者が被保険者に対して保険金を支払ったことである。その効果として、保険者が被保険者に支払った金額の限度において被保険者の第三者に対する権利が保険者に移転する。この代位によっても、保険制度における利得禁止の原則が貫かれている。

第三者の行為による保険事故によって損害が発生した場合、被保険者は、保険者に対する保険金請求権と、第三者に対する損害賠償請求権を同時に有することになる。しかし、被保険者が保険金で損害を回復した場合、さらに第三者からの損害賠償金の取得を認めると、被保険者は、保険事故よって利得を得ることになる。一方、被保険者が保険金で損害を回復したことを理由に、第三者に対する損害賠償請求権を免除すれば、その第三者は損害賠償義務を免れることになる。被保険者が保険金を受け取って損害を回復すれば、損害がなくなるため、被保険者の第三者に対する損害賠償請求の根拠がなくなるためである。

保険法では、保険者は、被保険者に保険金を支払ったときは、支払保険金の額と被保険者債権の額のうちいずれか少ない額を限度に、第三者に対する損害賠償請求権などの被保険者が取得する権利について被保険者に代位すると規定されている（保険法第25条第1項)。この場合、保険金がてん補損害額に不足するときは、被保険者債権の額から不足額を控除した残額とする。なお、請求権代位では、一部保険で保険金が損害額に不足するときは、保険者が取得する被保険者債権の額は「被保険者債権の額から当該不足額を控除した残額」である。この場合、被保険者は、当該不足額について相手方から保険者に優先して弁済を受ける権利をもっている（保険法第25条第2項)。

保険事故による損害が第三者の行為によって生じた場合、保険者が被保険者に対し保険金を支払ったときは、その支払った限度において被保険者が第三者に対して有する権利を取得する。この権利は、不法行為に基づくものに限られず、債務不履行に基づくものであっても良い。したがって、請求権代位は、被保険者の利得の防止と有責の第三者を免責しないためであるとされている。被保険者が保険金を受け取って損害を回復すれば、損害がなくなるため、被保険者の第三者に対する損害賠償請求の根拠がなくなるためである。

その要件は、保険事故の発生により被保険者が第三者に対して権利を取得したこと（分損の場合にも認められる）と、保険者が被保険者に対して保険金を支払ったことである。

その効果は、保険者が被保険者に支払った金額の限度において被保険者の第三者に対する権利が移転する。代位は、法の規定により当然に生じるものであり、当事者の意思表示・対抗要件の具備は必要ない。保険契約者・被保険者は、第三者に対する権利の保全義務を負う（約款）。

一部保険の場合は、損害額のうち、保険者が保険金を支払った部分については請求権代位が起こるが、残りの部分については、被保険者の権利が残る。このとき、請求される第三者の資力が不足する場合、保険者は支払保険金額と同額の権利を代位取得するものの、その権利を被保険者の権利を害さない範囲内においてのみ行使できると解される。

被保険者が第三者に対して有する請求権が過失相殺等により、損害額に満たない場合、保険者は支払保険金の請求金額に対する割合に応じて請求権代位できるのみである。例えば、損害額1,000万円、支払保険金500万円の場合、被保険者の請求権が過失相殺により800万円になった場合を仮定してみる。この場合、保険者は500万円分の請求権代位はできず、（500万円/1,000万円）× 800万円 ＝ 400万円分代位できるのみである。

定額保険である生命保険金には代位を認めない。傷害保険では、死亡時に一定額、身体障害の程度に応じて一定額、一日の金額に入院日数を乗じた金額などの定額給付型は代位を認めない。

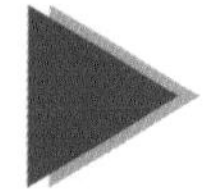

（補論）クーリング・オフ

【1】概要

クーリング・オフ（Cooling Off）とは、頭を冷やして（Cooling Off）良く考え直す期間を消費者に与え、この一定の期間（熟慮期間）内であれば消費者が業者との間で締結した契約を一方的に解除できる制度である。一定の期間内であれば違約金などの請求・説明要求を受けることなく、一方的な意思表示のみで申し込みの撤回や契約の解除ができる。このクーリング・オフが設けられている取引は、次の通りである。

表21 各種クーリング・オフ制度

取引内容	期間	適用対象
訪問販売 電話勧誘販売	8日間	店舗外での指定商品・権利・役務の取引（3,000未満の現金取引を除く。）
連鎖販売取引	20日間	すべての商品・権利・役務
特定継続的役務取引	8日間	エステ・外国語会話教室・学習塾・家庭教師・パソコン教室・結婚相手紹介サービス
業務提供誘引販売取引	20日間	内職商法（仕事の紹介や、仕事の情報を提供するために必要だと言って商品やサービス、登録料などの名目で金銭を支払わせる）による取引。すべての商品・権利・役務
クレジット契約	8日間	店舗外での指定商品のクレジット契約
その他のクーリング・オフ制度のある契約	**生命・損害保険契約8日間** 商品ファンド契約10日間 宅地建物取引8日間 投資顧問契約10日間 小口債権販売契約8日間	海外商品先物取引14日間 冠婚葬祭互助会契約8日間 預託等取引契約14日間 不動産共同事業契約8日間、 ゴルフ会員権契約8日間

出典 各種資料を参考にして作成

クーリング・オフは、書面で行うことが、法律で定められている。最も確実なクーリング・オフの方法は、内容証明郵便による方法である。内容証明郵便は、郵便局が、手紙の差出日付と手紙文の内容を公的に証明してくれるものである。クーリング・オフ期間は、初日を参入して計算し、クーリング・オフ通知書がクーリング・オフ期間内に発信されれば足り、通知書の到着は期限後でも良い。

クーリング・オフの効果は、次の通りである。①消費者は、損害賠償や違約金を支払う必要がない。②商品の引き渡しや権利の移転があった場合は、その返還費用は事業者負担となる。③消費者は、すでに役務の提供や権利の行使があり、施設の利用や役務の提供を受けていたとしても、その分の対価等を支払う必要がない。④役務提供事業者は、その契約に関連して受け取っている金銭があれば、これを返還しなければならない。⑤土地や工作物の現状が変更されている場合には、無償で原状回復することを請求できる。

[2] ネズミ講とマルチ商法（連鎖販売取引）

ネズミ講とは、正式には、「無限連鎖講」と称されるが、金品を支払って組織の会員となり、自分の下に2人以上を会員とすることによって、自分が会員となるために支払った金品以上の利益が得られる金銭配当組織のことである。このネズミ講は、加入者が無限に増加することが前提となっており、1人が2人ずつ勧誘した場合は、28代目で日本の人口を超えることになる。したがって、このネズミ講では、一部の会員を除き、大多数の会員が自ら支払った金額の回収ができず、講の組織は破たんすることになる。

このネズミ講は「無限連鎖講の防止に関する法律」によって禁止されており、無限連鎖講を開設・運営する行為のみならず、無限連鎖講に加入することや、加入することを勧誘すること、また、これらの行為を助長する行為も禁じられている。

一方、マルチ商法は、正式には「特定商取引に関する法律」において「連鎖販売取引」と定義されている商取引であり、「ネットワークビジネスやマルチレベルマーケティング（MLM）」などとも称される。このマルチ商法は、販売組織がピラミッド状に多重階層に発展していく組織販売であるため、ピラミッド・セリングとも言われており、「不実の告知の禁止」「事実の不告知の禁止」「クーリング・オフ妨害の禁止」「公衆の出入りしない場所での勧誘の禁止」など、細かい部分まで規制されている。

ネズミ講は、商品の販売を目的としておらず、違法である。ネズミ講が金品配当を目的としているのに対して、マルチ商法は商品を介在させている。また、マルチ商法自体は、法律で禁止されたり、開業規制されたりするものではないが、ネズミ講は、犯罪行為として法律で禁じられている。

したがって、ネズミ講の中には、商品取引を介在させることによって、商品販売組織であるかのようにカモフラージュする事例もあるが、商品販売の実態が認められない場合には、ネズミ講とみなされる可能性がある。

[3] クーリング・オフが可能な要件

クーリング・オフが可能な要件は、次の通りである。

第一に、クーリング・オフは、契約をした場所が営業所等以外の場所であることが要件である。しかし、例外的に営業所等で契約してもクーリング・オフできる場合がある。

①路上などで呼び止められて営業所へ連れて行かれた場合。

②目的を告げられずに電話などで営業所に呼び出された場合。

③エステティックサロン、外国語会話教室、家庭教師、学習塾、パソコン教室、結婚情報提供サービスの契約。

第二に、契約書の交付された日から数えて8日以内であることが要件であるが、例外的に①連鎖販売法（マルチ商法）、業務提供誘引販売取引（内職・モニター商法）の場合は20日以内、②交付された書面にクーリング･オフの告知がない場合は、上記日数が経過していてもクーリング・オフできる。

第三に、代金総額が3,000円以上で、かつ全額支払済みでないことが要件であるが、商品すべてを受け取り、かつ代金全額支払済みで、総額が3,000円未満のときは、クーリング・オフできない。

第四に、法令で指定された消耗品の場合、開封したり、使ったりしていないことが要件である。法令で指定された消耗品（化粧品や健康食品など）は開封したり使ってしまった場合、原則としてクーリング・オフできない（例外有り）。

[4] クーリング・オフできない場合（一般）

次の場合は、クーリング・オフ適用除外となっている。

① 店舗・営業所での契約

店舗･営業所で契約した場合でも次の場合は、クーリング･オフできる。キャッチセールス・アポイントメントセールスの場合、エステ・語学教室・学習塾・家庭教師・パソコン教室・結婚サービスの場合、マルチ商法・投資顧問契約の場合など。

② 通信販売

雑誌・カタログ等の広告、ネットオークション、インターネット通販など、自分から電話・郵便・インターネットなどで申し込んだ場合はクーリング・オフできない。

③ 健康食品や化粧品、洗剤などの指定消耗品を使用したり、全部または一部を消費した場合

④ 自動車の購入など

⑤ 法人・事業者の営業上の契約

クーリング・オフは消費者保護の制度であり、一部の例外の場合を除き、法人・事業者の営業上の契約は適用外となる。

⑥ 法律でクーリング・オフを適用除外にしている場合

一部クーリング・オフ制度の対象外の商品・サービス等がある。店舗外であっても自分から契約するために業者を自宅に呼んだ場合や同じ業者と過去に複数回の取引がある場合、短期間または少額のエステの場合など、法律でクーリング・オフの適用が除外されている場合がある。

⑦ 3,000円未満の現金取引の場合

⑧ クーリング・オフ期間を過ぎてしまった場合

[5] クーリング・オフできない場合（保険）

次の場合は、クーリング・オフできない。

① 保険契約の申込みの撤回などに関する事項を記載した書面を交付された場合において、その交付された日と申込みをした日のいずれか遅い日から起算して8日を経過したとき。保険会社によって8日以上の場合もある。

② 申込者等が、営業もしくは事業のために、または営業もしくは事業として締結する保険契約として申込みをした場合。

③ 法人、団体または財団で代表者もしくは管理人の定めのあるものまたは国もしくは地方公共団体が保険契約の申込みをしたとき。団体定期保険、企業年金保険、厚生年金基金保険等の企業保険などがその例である。

④ 保険期間が1年以下であるとき。

⑤ 法令により申込者等が加入を義務付けられているとき。

⑥ 申込者等が保険会社、生命保険募集人、損害保険代理店または保険仲立人の営業所、事務所その他の場所において保険契約の申込みをした場合。

⑦ 申込者が自ら指定した場所において保険契約の申込みをした場合、保険会

社の指定する医師による被保険者の審査を要件とする保険契約の申込みにおいて、当該審査が終了したとき。

⑧ 債務の履行を担保するための保険契約、更改または更新に係るものまたは既契約の保険金額、保険期間その他内容を変更したとき。

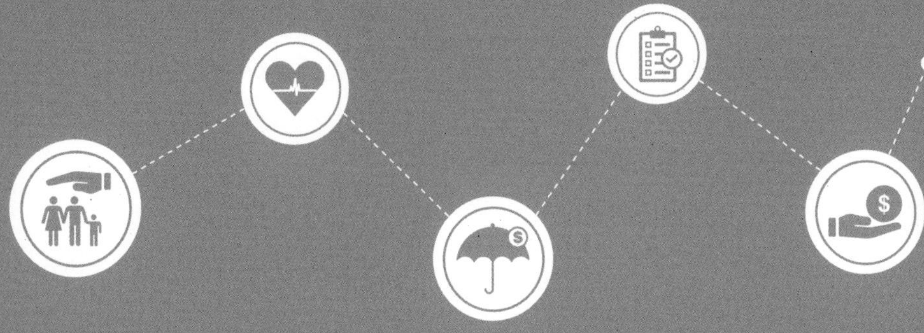

第10章

早期是正措置と保険会社の経営破たん

保険会社の破たんに備えるために、早期是正措置が行われた。しかし、2000 年を前後して損害保険会社 2 社と生命保険会社 7 社が破たんした。本章では、これらの保険会社の破たんとその原因について概説する。

1. 早期是正措置

保険市場に競争の原理が導入された結果、保険会社の破たん可能性が高くなった。この保険会社の破たんは、保険料を支払い、リスクを保険会社に移転する保険契約者に損害を与えることになる。これに対応するため、ソルベンシー・マージン比率による早期是正措置が行われている。

[1] ソルベンシー・マージン比率

"Solvency" とは、「支払い能力のあること」を意味する。保険会社は、将来の保険金支払のために、収入保険料の一部を責任準備金などとして積み立てている。この責任準備金は、保険事故が予測した確率の通りに発生した場合の保険金支払のために、収入保険料から決算利益の有無に関係なく優先的に積み立てる準備金である。通常予想できる範囲のリスクについては、この責任準備金で十分対応できる。しかし、この責任準備金は、予測した確率を超えて保険事故が発生した場合を想定していない。

保険会社は、大規模自然災害による損害のように、通常の予測を超える損害には、自己資本などで対応している。このような、通常の予測を超えるリスクに対する支払余力のことを、ソルベンシー（支払余力）と称する。このソルベンシーによっても保険金支払ができなくなることが、保険会社の破たんである。

保険会社は、この破たんを避けるため、大災害などのように予測した確率を超えて保険事故が発生する場合に備えた一定の余裕資金、つまり支払余力を保有する必要がある。十分な支払余力を保有する保険会社は、不測の事態が発生しても保険金支払に対応できるようになり、破たん可能性が低くなる。この支払余力は、保険会社の実質的な自己資本である支払余力をリスク金額で割った比率の百分率（%）であるソルベンシー・マージン比率（Solvency Margin Ratio）で示される。

ソルベンシー・マージン比率は、通常の予測を超えて発生するリスクに対応できる「支払余力」を有しているか否かを判断する行政監督上の指標の一つである。

ソルベンシー・マージン比率は、次の算式によって算出される。

$$\text{ソルベンシー・マージン比率}(\%) = \frac{\text{支払余力}}{\text{通常の予測を超える危険} \times \frac{1}{2}} \times 100$$

分子の支払余力とは、保険会社が将来の保険金支払のために積み立てる責任準備金を超えて保有する余裕資金である[27]。一方、分母の通常の予測を超える危険は、保険リスク、予定利率リスク、資産運用リスク、経営管理リスクの合計である[28]。ソルベンシー・マージン比率は、予測を超える危険を評価した金額の半額（2分の1）に対する支払余力の百分率であるので、通常の予測を超える危険に相当する支払余力は、ソルベンシー・マージン比率が200%のときである。ここで予測を超える危険を評価した金額の半額（2分の1）にした理由は、すべてのリスクが一度に全部発生するものではないことと、アメリカのRBC（Risk Based Capital）基準にならったものであるとされる。

27　支払余力は、次の金額の合計である（保険業法施行規則第86条）。①資本の部の合計額から利益又は剰余金の処分として支出する金額、その他有価証券評価差額金並びに試験研究費及び開発費、新株発行費用、社債発行費用並びに社債差額の繰延べ額を控除した額、②価格変動準備金、③責任準備金のうち危険準備金（生命保険会社）又は異常危険準備金（損害保険会社）、④一般貸倒引当金の額、⑤有価証券含み益の90%、⑥土地含み益の85%、⑦剰余金の税相当額、⑧生命保険会社の場合は、保険金支払に備えて積み立てている準備金のうち、保険契約が保険事故未発生のまま消滅したとして計算した支払相当額を超える金額と、保険契約者や社員に対する契約者配当・剰余金の分配として割り当てた額を超える額、将来利益として契約者配当金準備金繰入額の直近の5事業年度の平均値に相当する金額または直近事業年度の額のいずれか小さい額、⑨相互会社の損害保険会社の場合は、翌期配当所有額を除く社員配当準備金の額、その他の資本・基金・準備金に準ずる性質を有するものの金額。

28　通常の予測を超える危険（保険業法施行規則第86条）とは、次の危険に対して金融庁長官が定めるところ（保険業法施行規則第86～87条、通達（蔵銀第500号・蔵銀第525号）、大蔵省告示50号）により計算した額の合計である。

1998年6月から各保険会社のソルベンシー・マージン比率が開示されている。1997年の日産生命を発端とした生命保険会社の破たん（はたん）がきっかけとなった。2000年度決算では時価会計の導入などを踏まえて計算基準が見直された。

図38 リスク相当額

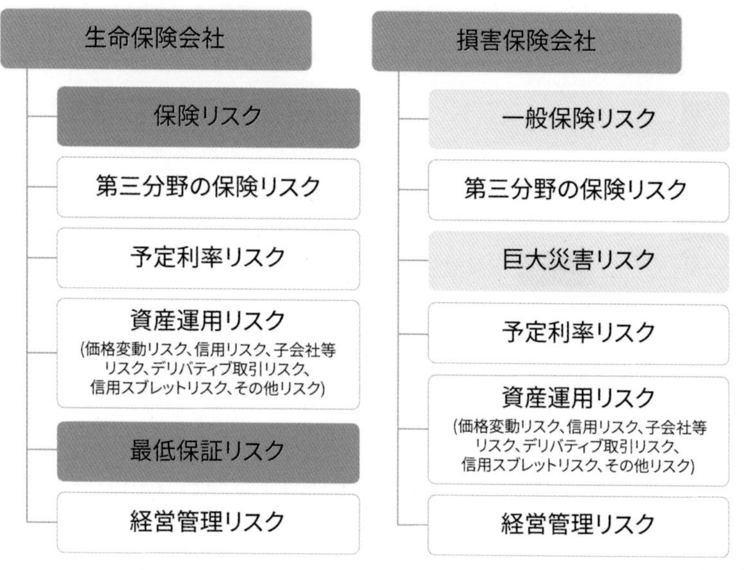

出典 各種資料を参考にして作成

[2] 早期是正措置

ソルベンシー・マージン比率は、保険業法施行規則（第88条）によって、1999年3月決算以降から開示が義務付けられ、2001年3月からは、開示義務も半年に1回に改められた。さらに、このソルベンシー・マージン比率に基づいた早期是正措置が1999年4月から実施された。

ソルベンシー・マージン比率200%は、保険会社が、経営健全性維持のために、各種リスクに対して保持すべき正味資産の最低基準である。早期是正措置とは、保険会社の破たん防止などのために、ソルベンシー・マージン比率が200%未満の保険会社に対して、段階的にその状況に応じて、金融庁が業務の改善命令などを発動する制度である。この早期是正措置は、3区分に従って段階的に行われる。

第三区分のソルベンシー・マージン比率が 0% 未満の保険会社は、債務超過の場合も想定されている。

表 22 早期是正措置

区　分	比　率	内　　容
第一区分	100%以上200%未満	経営の健全性を確保するために合理的と認められる改善計画の提出およびその実行の命令
第二区分	0%以上100%未満	契約者配当の禁止又は抑制、新契約の計算基礎（予定利率など）の変更等の命令
第三区分	0%未満	期限を付した業務の全部または一部の停止の命令

出典 保険業法施行規則第 88 条 1 項、総理部・大蔵省令第 1 号

[3] ソルベンシー・マージン比率と破たん

ソルベンシー・マージン比率が 200% 未満になると、金融庁から行政指導が入るので、200% が保険会社の経営の健全性を判断するひとつの目安だといわれていた。しかし、過去には 500% を超えていた大和生命の破たん事例もあり、一般的に 600% 以上あることが、求められるようになっている。

過去に破たんした生命保険会社の破たん前期末のソルベンシー・マージン比率は、次の通りである。

表 23 破たんした生命保険会社の破たん前期末のソルベンシー・マージン比率

区　分	ソルベンシー・マージン比率	破たん年月
協栄生命	211%	2000年10月
千代田生命	263%	2000年10月
東京生命	447%	2001年3月
大和生命	555.4%（破たん直前は26.9%）	2001年3月

出典 各種資料を参考にして作成

保険会社の経営破たん

[1] 2000年前後の保険会社の破たん

2000 年を前後して破たんした生命保険会社 7 社は、次の通りである。

表 24 破たんした生命保険会社 7 社

社名	経営破たん年月日	破たん時の総資産	破たん時の保有契約	その他
日産生命	1997.4.25	2兆1,674億円	17兆1,493億円	仏アルテミスの傘下
東邦生命	1999.6.4	2兆6,982億円	21兆 328億円	米ＧＥエジソン生命に契約移転
第百生命	2000.5.31	1兆7,217億円	15兆8,775億円	マニュライフ・センチュリーに契約移転
大正生命	2000.8.28	2,044億円	1兆1,740億円	あざみ生命保険株式会社
千代田生命	2000.10.9	3兆5,019億円	47兆6,156億円	米AIGの傘下
協栄生命	2000.10.20	4兆6,099億円	57兆7,300億円	米プルデンシャルの傘下
東京生命	2001.3.23	1兆 150億円	13兆 460億円	Ｔ＆Ｄフィナンシャル生命

出典 各種資料を参考にして作成

2000 年を前後して破たんした損害保険会社 2 社は、次の通りである。

表 25 破たんした損害保険会社 2 社

社 名	経営破たん年月日	債務超過額	その他
第一火災	2000.5.1	1,300億円	契約者保護機構
大成火災	2001.11.22	945億円	損害保険ジャパン

出典 各種資料を参考にして作成

[2] 大和生命の破たん

(a) 大和生命の破たんと大正生命

2008 年 3 月末の総資産額基準で生命保険業界の 10 番目の大和生命（ヤマト生命）が、2008 年 10 月 10 日、生命保険会社としての戦後 8 社目に経営破たんした。2000 年 8 月 28 日に旧大正生命が経営破たんし、2001 年 3 月 31 日にその保険契約の包括移転を受けたあざみ生命と、2002 年 4 月に合併した経緯がある。旧大正生命の破たん処理の際に、概ね解約返戻金相当額となる責任準備金を 10% 削減し、予定利率を一率 1.0% に引き下げて、保険金などを再計算した結果、保険金等が大幅に削減されていた。

さらに、生命保険契約者保護機構が旧大正生命の債務超過分のうち約 267 億円の資金を負担して穴埋めしていた。大和生命のスポンサー企業としてアメリカの保険大手プルデンシャル（Prudential）傘下の「ジブラルタ生命」が決定された。大和生命の債務超過額は、114 億 9,000 万円であると報じられていた。しかし、最終的な債務超過額が約 643 億円と巨額なため、3% 前後あった生命保険契約の予定利率が 1% にまで引き下げられた。

(b) 大和生命の破たんの原因

大和生命は、破たん処理によって、既存の他の生命保険会社と比較すれば、各段と有利な条件の保険契約を有していた。しかし、証券会社出身の社長によって、同社の有価証券保有残高のうち外国証券・その他の比率が 42.2%にも達しており、ハイリスク・ハイリターンの資産運用が行われていたことが破たんの原因となった。破たんの原因は、株式やオルタナティブ資産などの運用商品の価格が大幅に下落し、2008 年 9 月中間決算の当期純損失は 110 億 4,300 万円となった。2008 年 3 月末時点の運用資産残高は約 2,800 億円で、このうちオルタナティブ投資が占める割合は、約 30%であった。オルタナティブ投資の具体的中身は、仕組み債やヘッジファンド投資、CLO（Collateralized Loan Obligation：ローン担保証券）、リートなどの不動産関連投資であった。

大和生命の破たんは、サブプライムローン（信用度の低い借り手向け住宅ローン）問題に端を発した国際金融市場の混乱によって日本の生命保険会社が破たんに至った事例となった。保険会社の財務の健全性の判断基準として公開されている「ソルベンシー・マージン比率」は、リスク対応資産の比率を意味し、経営健全性の目安は200%とされている。同社の2008年3月期の同比率は555%であったが、2008年9月末時点の同比率は、26.9%となり、ソルベンシー・マージン比率の有効性に疑問を生じさせた事例となった。

3. 社外的な破たん要因

[1] 予定利率

社外的な破たん要因として、次の要因が考えられる。予定利率とは、簡単に言えば、保険料率に反映された責任準備金の運用利回りのことである。これは、主に長期保険契約である生命保険の料率算出の際に用いられるものであるが、損害保険の中でも保険期間が長期であるものと積立型損害保険・介護保険などに用いられている。それまでの予定利率は、保険期間中は固定される一種の固定金利であった。したがって、予定利率が変更されても、それは新保険契約に対して適用されるもので、既存の保険契約は保険契約当時の予定利率が保険契約終了時まで適用される。その結果、特に保有資産の多い生命保険会社を中心として、後述の総資産利回りが平均予定利率を下回るいわゆる逆ざや問題が発生した[29]。生命保険の予定利率の推移は、次の通りであった。

表26 生命保険の予定利率の推移

単位：%

<table>
<tr><th>保険期間</th><th>1976年</th><th>1985年</th><th>1990年</th><th>1993年</th><th>1994年</th><th>1996年</th><th>1999年</th><th>2001年</th></tr>
<tr><td>20年超</td><td rowspan="3">5.0</td><td>5.5</td><td>5.5</td><td rowspan="3">4.75</td><td rowspan="3">3.75</td><td rowspan="3">2.75</td><td rowspan="3">2.0</td><td rowspan="3">1.5</td></tr>
<tr><td>10年超</td><td>6.0</td><td>5.5</td></tr>
<tr><td>10年以下</td><td>6.25</td><td>5.75</td></tr>
</table>

出典 各種資料から抽出して作成

29 大手生命保険7社の個人保険・個人年金契約の約7割以上が、逆ざや状態であった。（NIKKEI NET:http://www.nikkei.co.jp/sp1/nt36/20020930e002y54730.html（2002.9.30））。

1996年の保険業法改正の際、保険会社が破たんする前に、行政命令によって保険契約条件を変更することができる条項[30]と、相互会社の場合に保険金を削減できる規定[31]が、保険契約者の財産権保護という理由で削除された。その結果、保険会社は、破たん前に予定利率を含めた既存の保険契約の契約条件を変更することができなくなった。これに対して、2003年8月から改正保険業法が施行され、保険会社が破たんする前に既存の保険契約に対しても予定利率を引き下げることができるようになった。

しかし、その間の予定利率は、通達などによって規制されてきたもので、保険会社各社が自由に決定することができるものではなかった。現在は、告示によって規制されるが[32]、国債の利回りなどが変動した場合は保険会社各社が自由に変更することができる。つまり、過去3年間発行された10年満期国債の応募者利回りの平均値と、過去10年間発行された10年満期国債の応募者利回りの平均値のうち、低い利回りに所定の安全率を掛けた数値を予定利率とすることができる。これは、金利は常に変動するものであり、長期の固定金利である予定利率は長期的な観点から予めこれを決定する必要があるという論理を前提とするものである。しかし、予定利率を国債利回りの10年間の平均値を基準にして決める方法には、金利が上昇し続ける局面では、予定利率が金利より控えめに上昇するため保険会社の収益の安全性が確保されるが、金利が下落し続ける局面では、予定利率が金利より高く維持されるため保険会社の収益を悪化させる構造的な問題点がある。

一方、改正保険業法が2003年8月24日から施行され、生命保険会社は予定利率を破たん前でも引き下げられるようになった。そのためには、保険会社が申請を行い、行政当局の承認が必要となる。生命保険会社は具体的な契約条件の変更案を作成し、行政当局の承認を得、変更対象保険契約者による異議申し立てを行う。引き下げられる予定利率は下限を3％と政令で定め、現時点で3％より低い予定利率の保険契約については対象外となる。

予定利率引き下げを行わなければ将来的に事業を継続できなくなると予測され

30　1996年改定以前の保険業法第10条3項に規定されていたもので、基礎書類認可（同条1項）に付随する条項と共に株式会社と相互会社に適用することが可能であった。

31　1996年改定以前の保険業法第46条によって、定款による保険金削減などが可能であった。実際に相互会社組織の各保険会社の定款には保険金削減が規定されていた。

32　平成10年総理府・大蔵省告示第1号。

る生命保険会社に申請対象を限定する。予定利率が引き下げられると、保険契約者が受け取る保険金が減額される。第一に金融庁の事務指針では、申請できる保険会社を次の条件に合致するものにしている。現時点では保険業の継続が困難ではない。第二に、保険契約条件を変更しなければ、将来的に保険業の継続が困難になり得ることが合理的に予測できる。

将来の収支状況を、どれくらいの期間分析するかについては、生命保険会社が同庁に提出している十年間の将来収支分析が「一つの参考になる」とし、それ以上の期間の分析も排除しないとしている。生命保険業界では、「会社としての残存期間が5〜10年の生命保険会社」が申請することになるとみている。

金融庁は、合併・再編やリストラの効果も考慮し、申請を承認するかどうか判断する。申請に際しては銀行などが生命保険会社に出資している基金、劣後ローンの削減や金利減免、あるいは予定利率引き下げ後の経営責任などを保険契約者に十分説明しているかどうかもチェックする。予定利率の引き下げの申請・承認後も、生命保険会社の総代会で４分の３以上の賛成が必要である。さらに保険契約者の１割超が異議を申し立てれば、予定利率の引き下げは実施できない。予定利率の引き下げが実施されれば保険金が削減されるので、予定利率を下げざるをえない会社を選択したときは保険契約者もその責任をとるということになる。

[2] 資産運用環境の悪化

資産運用環境の悪化によって、総資産利回りが低下したことが破たん原因の一つとして考えられる。総資産利回りの推移は、次の通りである。

表 27　生命保険会社の総資産利回りの推移（一般勘定）

単位：%

年度	1991	1992	1993	1994	1995	1996	1997	1998	1999	2000	2001
利回り	5.02	4.35	3.88	2.91	3.36	2.93	2.48	2.01	2.31	2.15	1.5

出典　生命保険文化センター『生命保険フックトブック』2002 年 9 月、p.29

このように資産利回りが低下した原因は、次の通りである。

(a) 低金利

バブル崩壊後、企業の倒産が多くなるにつれ、銀行の不良債権が急増した。この銀行の不良債権の問題を解決するために、銀行の預金調達費用を低く押さえる目的もあって、1999年2月からはゼロ金利政策または実質ゼロ金利政策が実施されている。ゼロ金利政策とは、短期金融市場に資金を豊富に供給し、短期市場金利が手数料を除いて0%になるようにすることである。このような金利の推移は、次の通りである。

図39　プライムレートと予定利率（年末基準）

単位：%

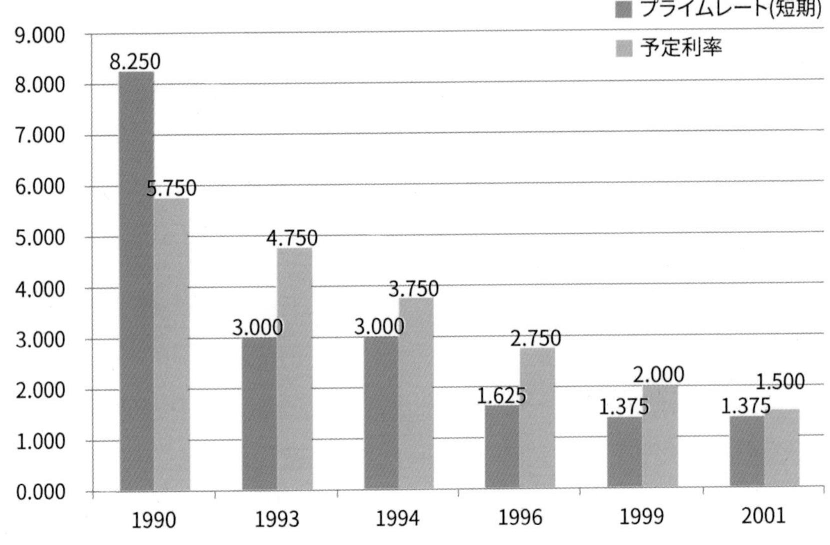

出典　日本銀行（www.boj.or.jp）など

このような低金利によって保険会社の貸付金利も低下し、その結果、資産運用利回りが低下する原因となった。

(b) 株価

当時の東京証券取引所1部上場企業中の代表的な種目225銘柄の株価を加重平均して算出される日経株価指数の推移は、次の通りである。

図40 日経平均株価指数（年末終値基準）

単位：円

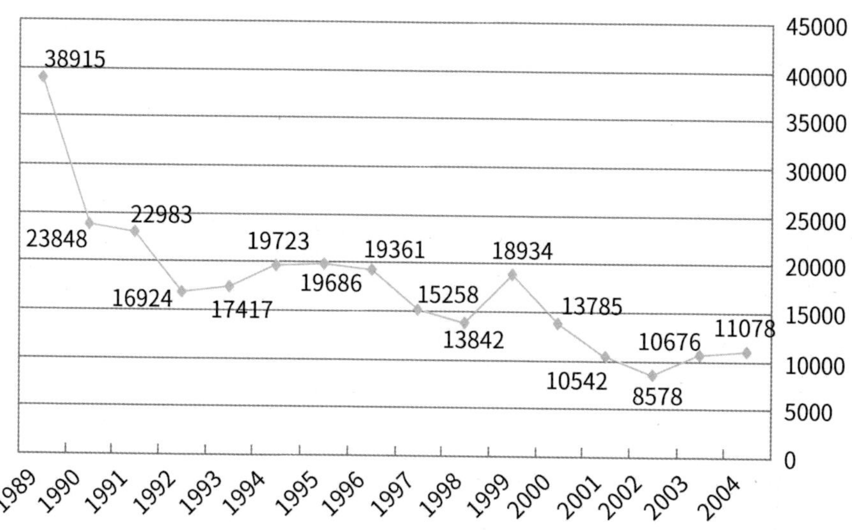

出典 各種資料を参考にして作成

当時の保険会社は、戦後、新保険契約の増加によって保険料収入が増加してきたため、株を購入することはあっても売却することはあまりなかった。このようにして保険会社が保有する株は取得価格で帳簿に記載され、保険会社の経営が苦しくなったとき、保有株の売却によって含み益を実現させ損失の補てんなどに使用してきた。しかし、株式市場の低迷が長引く中でこの含み益も減少し続けていた。

(c) 不動産

1989年以降、不動産の価格も下落していた。土地の公示時価の年別変動率は、次の通りである。

図41　土地の公示時価の年別変動率

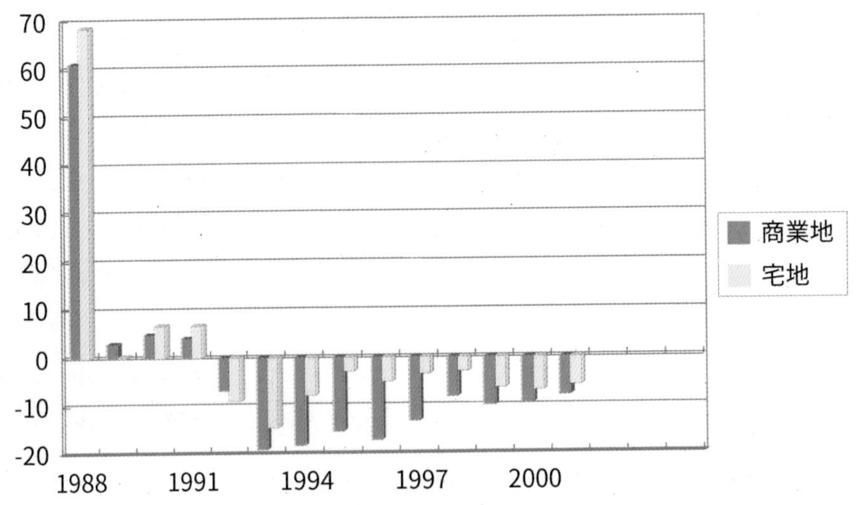

出典　土地総合 library(www.tochi.nla.go.jp)

このような不動産価格の下落は、銀行のみならず保険会社の不良債権をも増加させる要因となった。

[3] 平均寿命の延びなど

平均寿命などの延びによって、終身年金などの収支が悪化したことが考えられる。

(a) 平均寿命

日本人の平均寿命は、次のように変化してきた。

図42 平均寿命の伸び

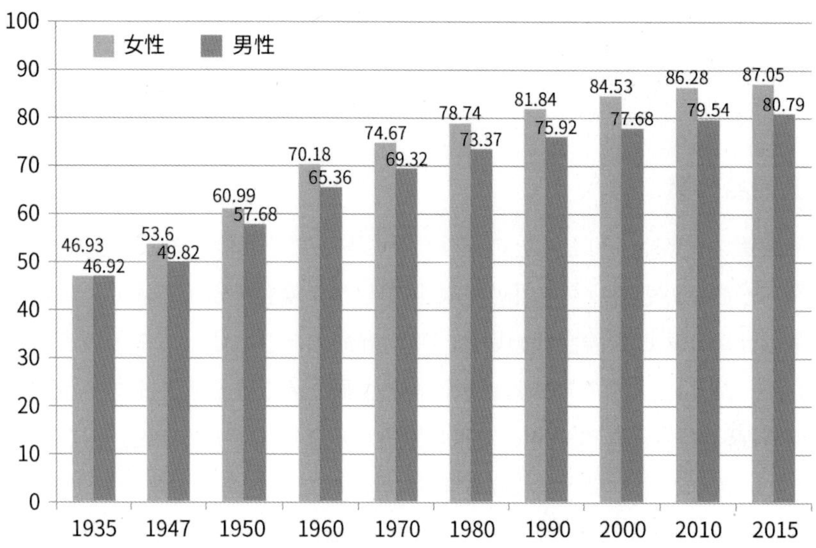

出典 各種資料を参考にして作成

平均寿命の延びによる高齢化の進展は、死亡率の減少によって、死亡保険では収益の増大になり、生存保険では損失の拡大の要因となる。終身保険は、逆ザヤの環境下で、保険期間の長期化による逆ザヤ拡大の原因となり、個人年金は平均寿命の延びによる損失の拡大の原因となった。

(b) 保険契約者の不信

保険会社の破たんが多発し保険金などが減額されると、保険契約者たちは次に破たんの可能性が高い保険会社を予測し、その保険会社に加入していた保険契約を解約し始めた。その結果、財務状態が比較的脆弱な保険会社は、破たんに追い込まれた。特に、2000年の生命保険会社4社の破たんには、生命保険会社に対する保険契約者の不信感が大きく影響していた。

社内的な破たん要因

保険会社が破たんした原因には、前述した社外的な要因以外に、次のような社内的な要因（経営判断の失敗）が考えられる。

[1] 商品政策

商品政策の失敗は、ほとんどの保険会社においてその例をみることができるが、予定利率が高い貯蓄性保険を重点的に販売した保険会社が破たんした。特に、年金保険の比率が高い保険会社の場合、平均寿命の伸びによってその収支はさらに悪化した。例えば、1997 年 4 月に戦後初めて破たんした日産生命の場合、個人年金の保有保険契約高が 1987 年の 2,400 億円から 3 年後である 1990 年には 10 倍の 2 兆 4,700 億円に達していた。2000 年 10 月に破たんした協栄生命も 1985 年に予定利率 6.5% であった養老保険を公立学校の教職員または自衛隊員に積極的に販売したことが破たんの原因となった。また、2000 年 5 月に破たんした第一火災も長期積立保険を積極的に販売した結果、火災保険と傷害保険を中心とする積立型損害保険の収入保険料が収入保険料全体の 60%に達していた。

[2] 資産運用

株価、不動産価格、金利が下落する環境の下、株式と貸付金の割合を減らし、長期国債の割合を高めた保険会社は、比較的に高い資産収益率を維持することができた。一方、その時期に景気低迷の影響を強く受けていた金融・不動産・建設・流通業界に対する貸付が多い保険会社は、多額の不良債権を抱えることとなった。例えば、2000 年 10 月に破たんした千代田生命は、1982 年に火災が発生したホテル・ニュージャパンの最大の債権者でもあったが、同ホテルに対する 700 億円の貸付金を回収できなくなったことが破たんの原因となった。1999 年 6 月に破たんした東邦生命もノンバンクに対する貸付金が回収できなくなるなど不良債権が破たんの原因となった。

[3] 巨大危険

2001年11月に破たんした大成火災は、アメリカの再保険引受総代理店を通じて航空機再保険を引き受けていたが、2001年9月に発生したアメリカのテロ事件による保険金支払額が約744億円となったことが破たんの原因であった。同社は、アメリカの総代理店を通じて引き受けた航空機保険の再保険のリスク分散を行わなかったことが破たんの原因となった。

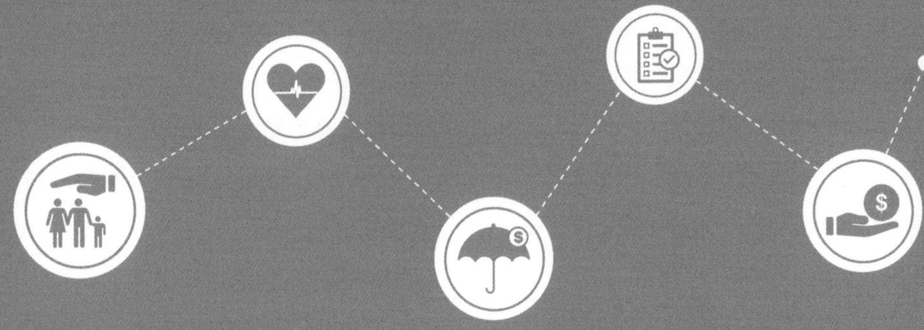

第11章

保険会社の破たん処理

2000年を前後して損害保険会社2社と生命保険会社7社が破たんした。これらの保険会社の破たん処理において、保険契約者にも保険会社破たんの責任が問われた。本章では、これらの保険会社の破たん処理について概説する。

1. 保険契約者保護基金

[1] 保険契約者保護基金の仕組み

1996年の保険業法改定前までは、保険契約の包括移転が規定されていた（旧保険業法124条）。収益性が乏しい保険契約を特定の保険会社に移転することには問題があり、さらに保険契約の包括移転を受けた保険会社の保険契約者利益を害するおそれがあった。1996年改正保険業法に基づいて、生命保険と損害保険はリスクが異なるとの理由から、生命保険と損害保険は各協会別に「保険契約者保護基金」を設立し、1996年4月1日から業務が開始された。

同基金は、破たん保険会社が保有する保険契約の移転を受ける救済保険会社に資金を援助することによって、保険契約の包括移転をスムーズにすることに目的があった。同基金への加入は、各保険会社の任意であったが、事実上すべての保険会社が加入した。同基金からの資金援助を受けることができるのは、破たん保険会社と救済保険会社双方が同基金に加入している場合に限られた。生命保険は生命保険協会が、損害保険は日本損害保険協会が、それぞれの保険契約者保護基金の運営主体となった。

支援金は、まず銀行などの金融機関から借り入れて支払い、各社の負担金は事後一定期間内に拠出されることになった（損害保険の場合は10年分割払い）。各保険会社の負担金は、生命保険の場合は直前3事業年度の収入保険料と責任準備金の比率を単純平均したものに比例した金額とし、損害保険の場合は直前年度の収入保険料と保険契約準備金額、総資産、保有保険契約高を考慮して計算されたものであった。支援金には、生命保険2,000億円、損害保険300億円の限度額が設けられていた。これは、それぞれの保険会社1社が破たんした場合を想定したものであった。

生命保険契約者基金の概要は、次の通りである。

表 28　生命保険契約者保護基金の概要

区　分	内　　容
目　的	生命保険契約の継続を支援
運営主体	保険契約者保護基金
支援内容	救済保険会社への資金援助、参加生命保険会社への貸付
限度額	１件に2,000億円
拠出方法	事後拠出
分担基準	直前3事業年度の責任準備金と保険料の割合を単純平均

出典 各種資料を参考にして作成

[2] 生命保険契約者保護基金の適用事例（日産生命）

生命保険契約者保護基金が設立されてから１年後の 1997 年 4 月に、日産生命が戦後初めて破たんした。戦後、日産生命の破たんの前に、1968 年にフィリピンの損害保険会社キャピタル社が破たんしたのが唯一の例であった。日産生命の保険管理人である生命保険協会が、同社の 1996 年度の決算終了後資産の査定を始め経営内容を把握した結果、債務超過額は、当初発表された 1,853 億円をはるかに上回る 3,000 億円に達することが判明した。生命保険協会は、生命保険契約者保護基金が支援金限度額である 2,000 億円を出資する新会社の設立を計画し、日産生命と歴史的関係が深く非常勤役員を派遣している日産日立グループに 500 億円の出資を要請した。しかし、日産生命に投資採算性がないことを誰よりもよく知っていた同グループは、新会社への出資を拒みつづけた。また、日産生命を引き継ごうとする保険会社も現れなかった。

生命保険契約者保護基金が機能しないことが判明したため、生命保険契約者保護基金は、日産生命の既存保険契約を維持管理する会社を設立し、それに日産生命の既存保険契約を移転することとし、日産生命の営業権を先に売却することにした。3,000 億円の債務超過額が、生命保険契約者保護基金の支援限度額である 2,000 億円を超えていることが大きな問題であった。1997 年 6 月に大蔵省（当時）

の認可を得て発表された日産生命の破たん処理策は、次の通りであった。

①生命保険契約者保護基金は、3,000 億円の債務超過額中 2,000 億円のみを支援し、残りの 1,000 億円は、今後 5 年間の収益（営業権）で償却する。これには、営業権が重要な役割を果たすことになった。②既存保険契約に対する今後の予定利率を一率 2.75% に引き下げる。③早期解約控除制度を設け、破たん後 7 年間は一定の控除率（1997 年の 15%から毎年 2%ずつ引き下げた率）を解約返戻金に掛けた金額を控除する。

この破たん処理策によって、保険金と年金額を再計算した結果は、次の通りであった。

表 29　日産生命の保険金・年金額削減率（%）

区　　分	保険契約年度				
	1996	1994	1992	1990	1988
定期保険(10年満期)	0	0	4.75	3.75	2.75
医療保険(10年満期)	0	1	0	0	0
定期付終身保険(10倍型・60歳払込完了)	0	3	12	13	9
養老保険(20年満期)	0	9	21	20	9
終身年金(60歳払込完了・65歳年金開始)	0	21	45	44	43

出典　各種資料を参考にして作成

保険金と年金額を再計算した結果、終身年金の場合は、多くは 40% 以上も削減されるものもあった。これによって、予定利率の影響力の大きさが証明された結果となった。責任準備金は保険契約者保護基金からの支援と救済保険会社の営業権買取金額によって 100%（全額）補償されたが、既存保険契約に対する予定利率を一律的に 2.75% に引下げて年金額を再計算した結果であった。

予定利率は、1992 年当時の終身年金の予定利率 5.5% の約半分である 2.75% に引き下げられた。生命保険相互会社の場合、定款には利益金の 80%（損害保険は

60%）以上を契約者配当として還元すると規定されていた。これが 2002 年に生損保ともに 20% に引き下げられた（保険業法施行規則第 29 条等）。

[3] 72の法則

72 の法則は、複利計算で、その元本が 2 倍になるまで何年掛かるのかを簡単に算出するために用いられる。例えば、利回り年 6 %の場合を仮定すれば、72 を 6 で割ると 12 になるが、これは元本が倍になるために 12 年かかることを意味する。金利が 1 %の場合は、72 を 1 で割ると 72 となるので、元金が倍になるまで、72 年かかる。金利 0.001% の利回りで運用する場合は、元金が 2 倍に増えるのに、7.2 万年が掛かることになる。

表 30　72 の法則

利回り	2倍になるのにかかる年数
2％	36年
4％	18年
6％	12年
8％	9年
12%	6年
18%	4年

出典 各種資料を参考にして作成

2. 保険契約者保護機構

[1] 保険契約者保護機構の役割

破たん保険会社の保険契約者保護のため、救済保険会社に資金援助を目的とする「保険契約者保護基金」制度が、生命保険と損害保険それぞれに 1996 年より創設されていたが、この制度は救済保険会社が現れない場合には機能しないという問題点が指摘されていた。そこで、救済保険会社が現れない場合でも対応できる制度として、1998年6月の改正保険業法に基づいて、生命保険契約者保護機構と損害保険契約者保護機構が、1998（平成10）年12月1日にそれぞれ設立された。

この保険契約者保護機構の役割は、次の通りである。

(a)「救済保険会社」が現れる場合

破たん保険会社の保険契約等を引き継ぐ「救済保険会社」が現れる場合は、保険契約者保護機構が救済保険会社に資金援助を行い、破たん保険会社の保険契約は、「救済保険会社」による保険契約の移転・合併・株式取得により破たん後も継続することができる。

図43　「救済保険会社」による保険契約の引受（保険契約者保護機構）

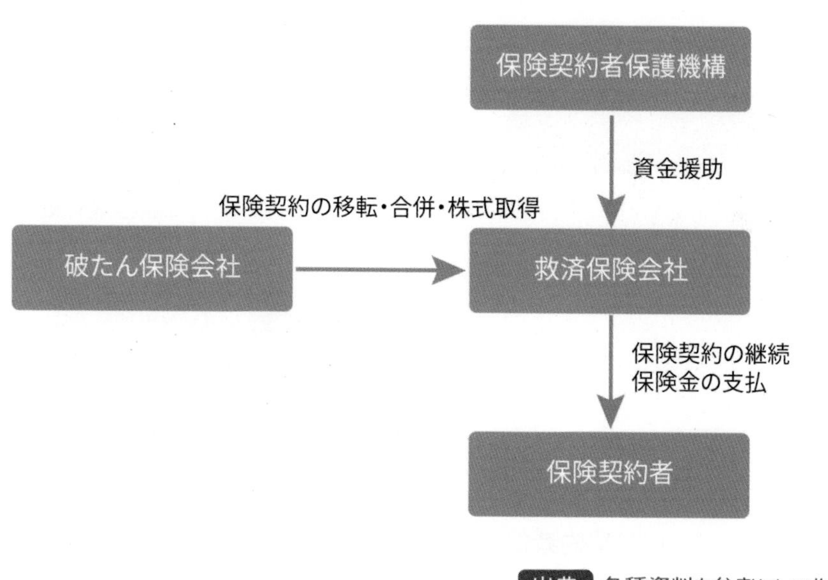

出典　各種資料を参考にして作成

(b)「救済保険会社」が現れなかった場合

ア・「承継保険会社」へ保険契約の承継

「救済保険会社」が現れなかった場合には、保険契約者保護機構の子会社として設立される「承継保険会社」が、破たん保険会社の保険契約の承継を行うことができる。「承継保険会社」は、保険料の受入れ、資産運用、保険金・給付金等の支払等の通常業務に加え、引き続き救済保険会社を探すなど、引き継いだ保険契約の管理および処分を行う。

図44 「承継保険会社」による保険契約の承継（保険契約者保護機構）

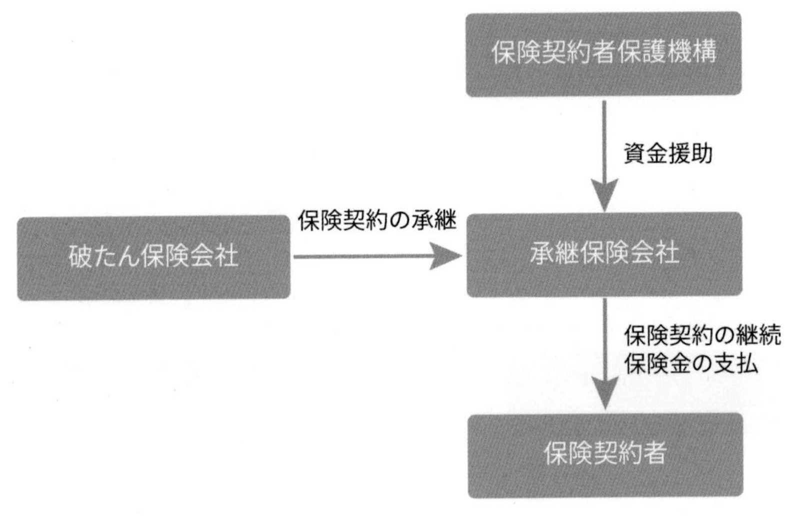

出典 各種資料を参考にして作成

イ・「保険契約者保護機構」自らによる保険契約の引受

「救済保険会社」が現れなかった場合には、保険契約者保護機構自らが保険契約を引き継ぐことも可能である。この際、保険契約者保護機構は、引き継いだ保険契約の管理および処分を行う。

図45 「保険契約者保護機構」による保険契約の引受

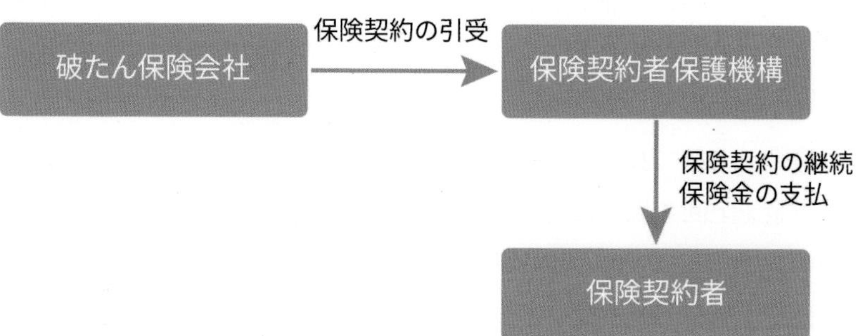

出典 各種資料を参考にして作成

保険契約者保護機構による補償は、次の通りである。

表31 保険契約者保護機構による補償

区　分	対象保険契約	責任準備金（解約返戻金・満期返戻金など）
第一分野	生命保険（個人保険、個人年金、団体保険、団体年金）	90%
第二分野	自賠責保険・家計地震保険	100%
第二分野	その他の保険契約（個人・小規模法人・マンション管理組合など）	80% (3カ月以内の保険事故は100%)
第三分野	短期（1年以内）傷害保険、特定海外旅行傷害保険	80% (3カ月以内の保険事故は100%)
第三分野	年金払型積立傷害保険・財形貯蓄傷害保険・確定拠出年金傷害保険	90%
第三分野	その他の疾病・障害保険	90% (積立型の場合、積立部分は80%)

出典 各種資料を参考にして作成

[2] 生命保険契約者保護機構

生命保険契約者保護機構は、国内でのすべての生命保険会社が強制加入しており、負担金は事前に拠出される。保険契約者保護機構の財源は、会員保険会社からの負担金で賄われる。その負担金は、事前拠出制によってあらかじめ「保険契約者保護資金」として積み立てられるが、資金援助等に要する費用がその保険契約者保護資金を上回る場合には、保険契約者保護機構の借入れによって対応する。また、その生命保険契約者保護機構の借入れについては、政府保証を付すこと、すなわち公的支援が可能となっている。

救済保険会社が現れない場合は、生命保険契約を生命保険契約者保護機構に移転する。救済保険会社が現れる場合は、生命保険契約を破たん会社の保険契約を救済保険会社に移転し、同機構が救済保険会社に資金援助を行う。その場合、国内における元受け生命保険契約は、責任準備金の 90% が補償され、10% までは削減できる。また、生命保険契約の移転の際には、予定利率などの契約条件を変更と早期解約控除制度が設けられる。生命保険契約者保護機構の財源限度額は 4,600 億円であり、日産生命程度の保険会社 2 社の破たん処理が想定され、負担額の 10 倍まで借り入れが可能である。

生命保険契約保護機構による補償の対象となる生命保険契約は、運用実績連動型保険契約の特定特別勘定に係る部分を除いた国内における元受生命保険契約で、高予定利率契約を除き、破たん時点の責任準備金等の 90% まで補償される。更生計画に定められた変更後の保険金額が、すでに支払われた補償対象保険金額を上回る場合には、更生計画認可後に、その差額が追加して支払われる。

生命保険契約保護機構による補償対象保険契約から除外されるのは、運用実績連動型保険契約のうち特定特別勘定に係る部分のみであり、運用実績連動型保険契約のうち一般勘定に係る部分は、補償対象となる。運用実績連動型保険契約とは、特別勘定を設置しなければならない保険契約のうち、運用結果に基づき支払われる保険金等のすべてについて最低保証（最低死亡保険金保証、最低年金原資保証等）の付されていない保険契約を指す。

運用実績連動型保険契約には、特別勘定を設置した次の商品が該当する。つまり、確定拠出年金保険、団体生存保険、変額年金資金運用基金保険、企業年金連合会保険、国民年金基金連合会保険、新企業年金保険、確定給付企業年金保険、厚生年金基金保険、国民年金基金保険、である。この運用実績連動型保険契約のうちの特別勘定（これを特定特別勘定という）に係る部分は補償対象保険契約から除外されており、生命保険契約者保護機構による補償の対象外となる。

高予定利率保険契約の場合は、破たん時点の責任準備金等の90%からさらに削減された金額が補償される。高予定利率保険契約とは、破たん時に過去5年間で常に予定利率が基準利率を超えていた保険契約を高予定利率保険契約という。当該保険契約については、責任準備金等の補償限度が以下の通りとなるが、破たん会社に対して資金援助がなかった場合の弁済率が下限となる。

高予定利率保険契約の補償率

$$= 90\% - \left\{ \frac{(\text{過去5年間における各年の予定利率} - \text{基準利率})\text{の総和}}{2} \right\}$$

基準利率は、全生命保険会社の年平均運用利回りの状況によって見直されるが、全生命保険会社の過去5年間の年平均運用利回りを基準に、金融庁長官および財務大臣が定める。一つの保険契約において、主契約・特約の予定利率が異なる場合、主契約と特約を独立した別個の保険契約とみなして、高予定利率保険契約に該当するか否かを判断する。また、企業保険等において被保険者が保険料を拠出している場合で被保険者毎に予定利率が異なる場合には、被保険者毎に独立の保険契約が締結されているものとみなして、高予定利率保険契約に該当するか否かの判断をする。ただし、確定拠出年金保険契約については、被保険者が保険料を拠出しているか否かにかかわらず、被保険者毎に高予定利率保険契約に該当するか否かを判断する。

したがって、保険契約の移転などの際には、高予定利率保険契約を除いて、責任準備金が10%まで削減されるが、それに加えて、保険料などの算定基礎となる基礎率である予定利率・予定死亡率・予定事業費率の変更が行われる可能性がある。これらの基礎率の変更に伴い、死亡保険金や満期保険金などの保険金額、年金額等は保険契約時の金額よりも少なくなる場合がある。

さらに、保険契約の継続のための集団維持の観点から、一定期間内の解約請求に対し、「早期解約控除制度」が設けられる可能性がある。「早期解約控除制度」というのは、更生計画の認可決定後（または、保険契約の移転後）、解約の急激な増加によって資産が急速に流出してしまうと、更生計画（または保険契約移転計画）の通りに保険会社の運営を行っていくことが困難となるため、一定期間内の解約の請求に対し、保険契約条件変更後の解約返戻金等から更に一定の割合で削減される制度である。生命保険は、年齢や健康状態によっては加入できない場合もある。したがって、破たんした生命保険会社の保険契約者が保険契約を解約する場合は、上記の早期解約制度の適用による解約返戻金などの減額と、新たな保険契約の締結可能性を考慮する必要がある。

生命保険会社が破たんし、責任準備金等の削減や予定利率の引き下げ等が行われた場合、一般的に保険金額が削減されることになる。保険金額の削減幅は、破たん保険会社の財務状況や保険種類等により異なるが、一般的に次の傾向が見られる。保険種類別でみると、保障性の高い定期保険などは、保険金額などに比べて責任準備金の金額が少ないため保険金額の削減幅も小さいが、貯蓄性の高い養老保険・個人年金保険・終身保険などは責任準備金の金額が比較的に大きいため、保険金額の削減幅が大きくなる。加入時期別でみると、予定利率が高い時期に加入した保険契約ほど保険金額の削減幅が大きくなる。また、加入時期が同じ保険契約でも満期までの期間が長いほど削減幅が大きくなる。

保険契約者保護機構の設立約6ヶ月後である1999年6月4日東邦生命が破たんした。東邦生命の債務超過額は、当初発表された2,000億円から膨らみ最終的には6,500億円に達した。1999年12月に発表された処理策は、生命保険契約者保護機構が3,800億円を負担し、残りは救済保険会社の破たん保険会社に対する営業権買取金額（のれん代）と保険契約者負担で処理するというものであった。保険契約者負担は、責任準備金の10%削減と、予定利率の一律1.5%への引下げ、早期解約控除制度（15～2%）を8年間設けた。

表32 東邦生命の保険金・年金額の削減率（%）（加入年齢20歳）

区分	保険契約年度							
	1997	1996	1995	1994	1993	1992	1991	1990
一時払い養老保険	16	15	14	20	21	21	18	14
一時払込終身保険	50	49	65	65	75	80	79	79
終身保険	31	32	46	47	57	62	62	63
定期付終身保険	18	18	20	21	25	23	24	24

出典 各種資料を参考にして作成

[3] 損害保険契約者保護機構

損害保険契約者保護機構は、再保険専門会社等、保険業法により加入義務のない一部の会社を除き、損害保険業を営む会社全社が強制加入しており、負担金は事前に拠出される。したがって、共済は、この損害保険契約者保護機構の保護対象ではない。また、保険会社以外の者（少額短期保険業者など）は、保険契約者保護機構制度の対象ではなく、再保険業務のみを行う保険会社その他の政令所定の保険会社には、保険契約者保護機構への加入義務がない。

また、2006年4月1日から、保険業法が改正され、損害保険における契約者保護制度が改正された。万が一、引受保険会社が破たんした場合、自動車保険・火災保険などについては、90%を補償する従来の制度から、破たん後3か月に限り保険金が全額支払われる仕組みへと変更された。2006年3月末までに締結された保険契約についても、2006年4月1日以降に保険会社が破たんした場合には、改正後の新制度による補償が適用された。

表33　損害保険契約者保護機構の補償対象保険契約と補償割合（2006年4月以降）

<table>
<tr><th>区分</th><th>保険種類</th><th>保険金支払い</th><th>解約返戻金・
満期返戻金など</th></tr>
<tr><td rowspan="4">損害保険（下記以外）</td><td>自賠責保険、家計地震保険</td><td colspan="2">補償割合100%</td></tr>
<tr><td>自動車保険</td><td rowspan="4">破たん後3ヶ月間は保険金を全額支払（補償割合100%、3ヶ月経過後は補償割合80%）</td><td rowspan="4">補償割合80%</td></tr>
<tr><td>火災保険</td></tr>
<tr><td>その他の損害保険（賠償責任保険、動産総合保険、海上保険、運送保険、信用保険、労働者災害補償責任保険など</td></tr>
<tr><td rowspan="3">疾病・傷害に関する保険</td><td>短期傷害（保険期間1年以内のもの）、海外旅行保険</td></tr>
<tr><td>年金払型積立傷害保険、財産形成貯蓄傷害保険、確定拠出年金傷害保険</td><td rowspan="2">補償割合90%</td><td>補償割合90%</td></tr>
<tr><td>その他の疾病・傷害保険（上記以外の傷害保険、所得補償保険、医療、介護（費用）保険など）</td><td>補償割合90%（積立型損害保険の場合、積立部分は80%）</td></tr>
</table>

出典　各種資料を参考にして作成

救済保険会社が現れる場合は、保険契約を救済保険会社に移転し、損害保険契約者保護機構が救済保険会社に資金援助を行う。救済保険会社が現れない場合は、損害保険契約者保護機構が保険契約の管理及び処分を行う。損害保険契約者保護機構の財源限度額は500億円である。

自賠責保険と家計地震保険は、100%補償される。自動車保険、火災保険（個人と小規模企業者向け）、傷害保険、医療費用保険、介護費用保険は、保険金または責任準備金の100～80%が保証される。保険契約の移転などが行われる際には、予定利率などの保険契約条件の変更、早期解約控除制度を設けることができる。

上記保険契約の区分は、主契約(基本的に普通保険約款)の保険金支払事由に従うものである。「火災保険」と「その他の損害保険」以外の保険は、保険契約者が個人、小規模法人またはマンション管理組合である保険契約に限って、補償対象となり、上記補償割合の適用を受ける。ただし、保険契約者が個人等以外の者であっても、その被保険者である個人等がその保険料を実質的に負担すべきこととされている保険契約のうち、当該被保険者に係る部分は、補償対象となる。しかし、共済や2006年4月施行の改正保険業法に基づく少額短期保険業者の引き受けた保険契約は、損害保険契約者保護機構の補償の対象とはならない。

ここで、「小規模法人」とは、破たん時において、常時使用する従業員または常時勤務する職員の数が20人以下の次の法人（法人でない社団または財団で代表者または管理人の定めがあるものを含む）で、日本法人また、その日本における営業所もしくは事務所を通じて保険契約が締結されている場合の外国法人をいう。「マンション管理組合」とは、建物の区分所有等に関する法律第3条・第65条に規定する団体であって、主として住居としての用途に供する建物等の管理を行うためのものをいう。また、「短期傷害」とは、いわゆる傷害保険で保険期間1年以内の保険契約が該当する。破たん保険会社の財産状況により上記補償割合を上回る補償が可能である場合には、当該財産状況に応じた補償割合による給付を受けることができる。

また、「高予定利率保険契約」に該当する場合は、補償割合が90%から追加で引下げられる。「高予定利率保険契約」とは、その保険料・責任準備金の算出の基礎となる予定利率が、破たん時から遡って過去5年間、基準利率（2006年4月時点では3%）を常に超えていた保険契約を指し、保険期間が5年を超えるもの、あるいは保険契約内容が同条件のまま5年を超えて自動継続されているものが対象となる。破たん時においてその予定利率が過去5年間常に告示所定の「基準利率」を超えていた保険契約は、「高予定利率保険契約」として、その補償率は以下の式によって算出される率となる。

高予定利率保険契約の補償率

$$= 90\% - \left\{ \frac{(\text{過去5年間における各年の予定利率} - \text{基準利率})\text{の総和}}{2} \right\}$$

告示所定の「基準利率」とは、保険契約者保護機構の会員全社の過去5事業年度における年平均運用利回りを基準とし、かつ当該利回りを超えるものとして告示で定める率をいい、具体的には以下の通りとなっている。

〔2008年2月現在の「基準利率」〕生命保険会社：年3％／損害保険会社：年3％

追加引下げ後の補償割合の例は、次の通りである。

〔計算式〕 90％ －（予定利率 － 基準利率）×5年分 × 1/2で求められた値となる。

〔計算例 予定利率5%、基準利率3%の場合…90％ －(5％ －3％)×5年分 ×1/2 ＝ 補償割合85%(弁済率が下限)

さらに、年金払積立傷害保険や介護（費用）保険等の再加入が難しい可能性のある保険契約は、継続されることが前提となっているため、早期解約控除が適用されることがある。つまり、早期に解約される保険契約の解約返戻金等は、破たん時から一定期間、一定の控除が行われる。この場合、実際の解約返戻金等は、保険契約時に約定した解約返戻金等に補償割合を乗じた額を下回ることになる。

3. 破たん処理の手続き

【1】破たん処理の手続き（行政手続）

当初保険会社の破たん処理は保険業法に基づいた行政手続によるもので、行政手続の基準としてソルベンシー・マージン比率による早期是正措置であった。行政手続は、監督官庁から保険管理人が選任され、保険契約の移転等を含む業務と財産管理に関する計画を作成した。作成された計画は、監督官庁の承認を得たうえで、総代会（株主総会）の決議、保険契約者からの異議申立てなどの手続きの後、保険契約の移転等が行われた。

行政手続きでは、債務超過などで破たん状態であることを当局が認定してから、保険会社の清算を前提に資産と負債を精査するため、事後的に債務超過額など損失が膨らみ、その結果、保険金の減額につながることが通例であった。

【2】破たん処理の手続き（更生手続き）

保険会社が破たんした場合、保険業法に基づく行政手続きでは、ソルベンシー・マージン、責任準備金の不足などで破たん状態であることを当局が認定してから、保険会社の清算を前提に資産と負債を精査するため、事後的に債務超過額など損失が膨らみ、保険金などの大幅な減額につながることが通例であった。この行政手続における問題に対応するため、2000年6月から保険会社の破たん処理にも更生手続きを適用できるようになった。

更生手続きとは、金融機関に対する再建型の倒産手続きで、更生特例法「金融機関等の更生手続の特例等に関する法律」（以下、更生特例法）」による破たん処理であり、更生特例法とは、会社更生法を金融機関に適用するための法律である。保険会社を含む金融機関は、保険契約者（預金者）などの債権者が多く、債務削減などを内容とする更生計画への債権者の同意を取り付けることが難しくなる。更生特例法は、膨大な預金者を抱える銀行など金融機関の更生手続きを容易にするために設けられた法律で、これによると預金保険機構が預金者の代理を務めることができる。2000年6月の改正で同法を改正して保険会社もその対象に加えることによって、保険契約者保護機構が保険契約者の代理を務めることができるようにした。したがって、それまでは債務超過などで破たん状態にあることを金融当局が認定しなければ、破たん処理を開始することはできなかったが、更生手続きによって債務超過前でも処理が可能になった。

このように更生特例法では、債務超過に陥る前に破たん処理を開始することが可能である。これにより、保険会社の保険業の継続が困難になった場合には、内閣総理大臣に書面で申し出ることが義務づけられた[33]。ここでいう保険業の継続が困難になった場合とは、次の通りである。①保険会社の財産では債務返済ができないとき、またはそのような事態が発生する可能性がある場合、②保険金の支払を停止した場合または停止する可能性がある場合、③理事会に提出された保険計理人の意見書に保険業の継続が困難であるとの趣旨の意見が記載されていて、その要因を解消するための措置が不可能な場合、である[34]。更生手続きによる破たん処理の概略は、次の通りである。

---

33 保険業法第241条3項。

34 保険契約者等の保護のための特別の措置等に関する命令第1条の2。

図46　更生手続による破たん処理

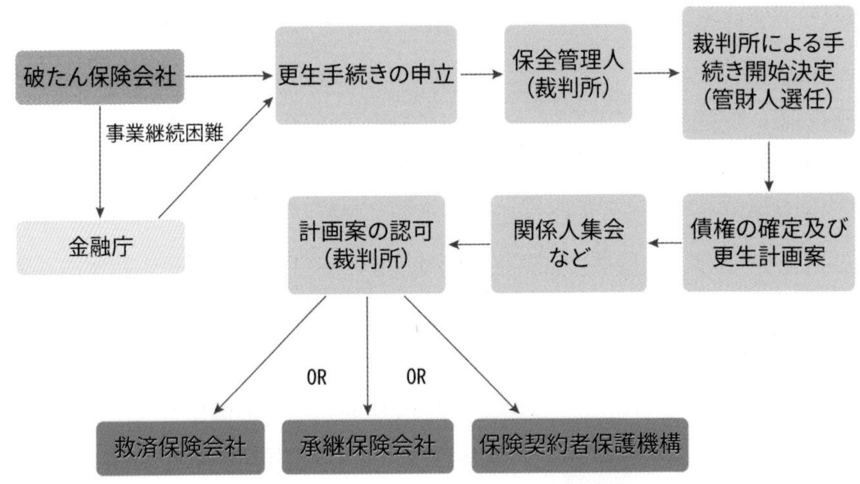

出典　各種資料を参考にして作成

更生手続きは、裁判所にその開始を申し立てることから始まる。当該保険会社が裁判所に申し出るが、この申し出がない場合でも金融庁が債権者たる契約者に代わって裁判所へ更生手続きを申請することができる。裁判所は保全管理人を選任して保険契約の解約受け付けや新規保険契約の停止を命じ、更生手続きの開始を決定する。更生手続きでは裁判所が更生管財人を選任して、更生管財人の指揮下で、債権を確定し、保険契約者が受け取る保険金や年金の削減率などを盛り込んだ更生計画案を策定する。

策定された更生計画案は、関係人集会に諮られた後、裁判所の認可を受けることによって確定される。保険商品の保護範囲は従来の破たん処理の場合と同じで、解約は更生計画が実施されるまでできないが、保険金の支払いは継続される。なお、更生手続きでは、一般事業会社における更生手続きとは異なり、保険契約者保護機構が保険契約者を代理することが規定されている。したがって、個々の保険契約者が裁判所などへの各種手続きを行う必要はなく、保険契約者保護機構が関係人集会などにおける議決権の行使など、一切の手続きを代理することになる。

この更生手続きは、早期処理という利点がある一方で、保険契約者にとっては契約先の保険会社が突然法的処理手続きに入るおそれはある。

表34 行政手続きと更生特例法

区　分	行政手続	更生特例法
処理の手続き	破たん認定後、処理策策定	破たん前に裁判所に手続き申請
処理損失	精算価値で資産・負債を精査	早期処理
契約者保護	責任準備金の90%	同左
業務	新規保険契約、解約などの停止	同左
処理期間	長期化する場合も	早期処理も

出典 各種資料を参考にして作成

4. 債務超過額の処理

[1] 債務超過額の処理（処理順序）

保険会社の破たん処理は、債務超過額（欠損部分）の処理に焦点が当てられる。論理的に考えられる債務超過額（欠損部分）の処理は、次の順番で行われる。①救済保険会社が現れる場合は、救済保険会社が支払う営業権（のれん）の買取額によって穴埋めされる。営業権とは、移転などを受ける保険契約や営業網などの保険事業が有する将来の超過収益力を評価した金額である。この営業権と予定利率の引き下げなどが密接に関係していると見られる。②営業権の買取額で足りない金額は、責任準備金を削減することによって、穴埋めされる。保険契約者保護機構の補償の対象である保険契約の責任準備金の削減率は、最大10%までである。③それでも足りない場合は、保険契約移転費用を含む不足額全額が保険契約者保護機構の負担となる。

この保険契約者保護機構の資金援助額は、次のように算出される。

保護機構の資金援助額
＝ 負債（補償対象保険契約の責任準備金等 × 補償率）
　－資産評価額（有形資産 ＋ 営業権（のれん））＋ 移転等の際に要する費用

このような債務超過額の処理と保険契約者保護機構の資金援助額の算出は、次のように示される。

図 47　債務超過額の処理と資金援助額

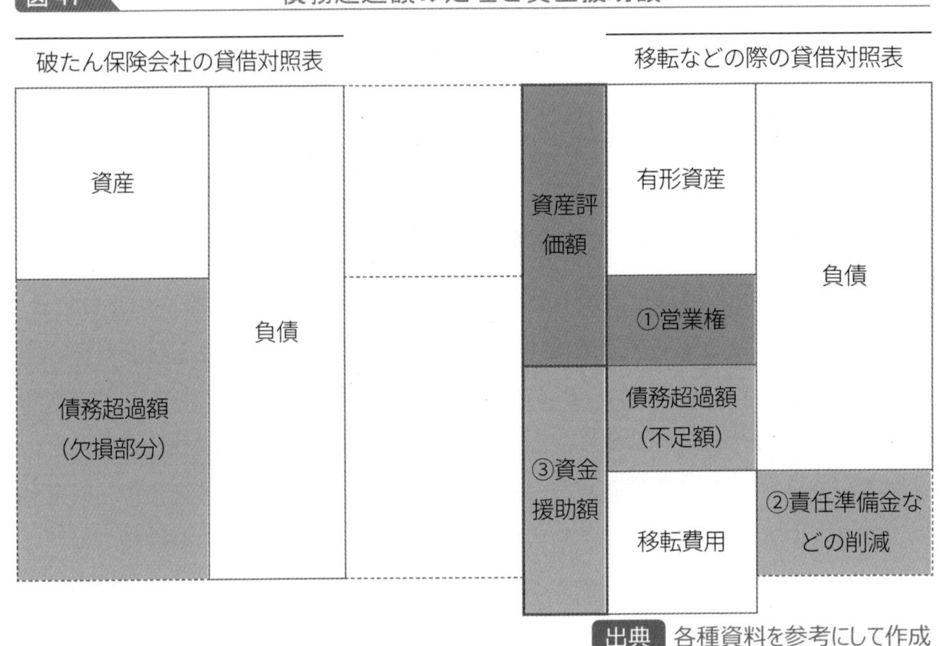

出典 各種資料を参考にして作成

[2] 予定利率と営業権

保険契約者の負担は、責任準備金の削減以外にも、将来に向けての予定利率の引下げがある。理論的には、予定利率の引下げの幅を大きくすると、既存保険契約の将来の収益性が向上するので、その分救済保険会社の営業権の買取金額を大きくすることができる。予定利率を低くし営業権買取金額を大きくすることによって、保険契約者保護機構の負担額を少なくすることも可能である。保険契約者には、責任準備金の90%が補償されるだけで、予定利率は制限なく変更することができるからである。更生特例法による場合、保険契約者保護機構が保険契約者を代行しているため、破たん処理に関する意思決定に保険契約者は関与することができない。

図48 責任準備金と予定利率の引き下げ

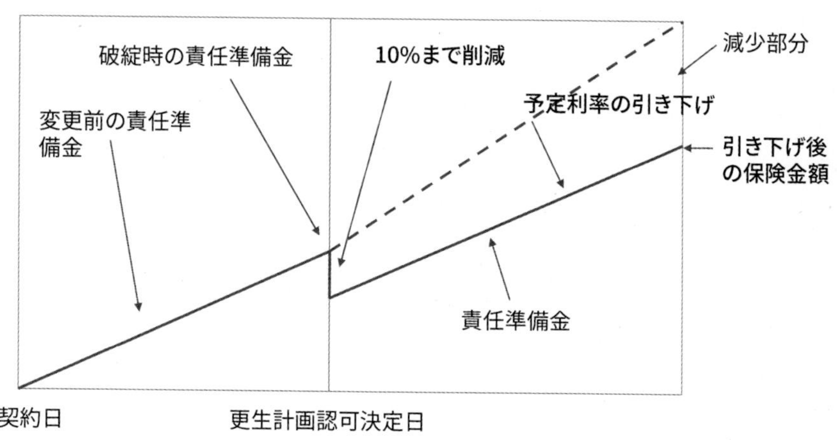

出典 各種資料を参考にして作成

[3] 債務超過額の処理の事例

実際に行われた破たん保険会社の債務超過額の処理は、次の通りである。

表35 破たん保険会社の債務超過額の処理（2002年9月30日現在）

単位：億円

会社名	破たん年月日	債務超過額	責任準備金の削減率(%)	営業権	保護機構負担	救済保険会社
日産生命	1997.4.25	3,000	なし	1,000	2,000	あおば生命（仏）
東邦生命	1999.6.4	6,500	10	2,400	3,663	GEエジソン（米）
第一火災	2000.5.1	1,300	10	なし	400	契約者保護機構
第百生命	2000.5.31	3,200	10	1,470	1,450	マニュライフ・センチュリー（カナダ）
大正生命	2000.8.28	365	10	70	267	大和生命（あざみ生命）
千代田生命	2000.10.8	5,975	10	3,200	0	AIGスター生命（米）
協栄生命	2000.10.20	6,895	8	3,640	0	ジブラルタ生命（米）
東京生命	2001.3.23	731	0	325	0	T＆Dフィナンシャル生命
大成火災	2001.11.22	945	10	300	53	損害保険ジャパン

出典 格付け投資情報センター『R&I Ratings』2001年、p.4などの各種資料から抜粋して作成

さらに、上記の責任準備金の削減以外にも、将来に向けた保険契約条件の変更である予定利率の引下げなどがある。特に予定利率の引下げによって、既存保険契約のいわゆる逆ざやを解消し、救済保険会社が破たん保険会社の保険契約を引き継ぐことができるようにするためである。この予定利率の引下げの幅と営業権の評価額には、密接な関連があると見られる。すなわち、予定利率の引下げの幅を大きくすると、既存保険契約の将来の収益性が向上し将来の超過収益が大きくなるので、営業権の評価額も大きくすることができるからである。したがって、責任準備金の削減率と予定利率を大きくすることによって、保険契約者保護機構の資金援助額を減らすことが可能である。

表36 予定利率引下げ等（2002年9月30日現在）

単位：億円

会社名	破たん年月日	債務超過額	予定利率(%)	営業権	保護機構負担	早期解約控除(%)	手続き
日産生命	1997.4.25	3,000	一律2.75	1,000	2,000	15～3(7年)	行政手続き
東邦生命	1999.6.4	6,500	一律1.50	2,400	3,663	15～2(8年)	行政手続き
第一火災	2000.5.1	1,300	積立0.3～1.63 介護2.0	0	400	15～3(7年)	行政手続き
第百生命	2000.5.31	3,200	一律1.00	1,470	1,450	20～2(10年)	行政手続き
大正生命	2000.8.28	365	一律1.00	70	267	15～2(8年)	行政手続き
千代田生命	2000.10.8	5,975	一律1.5	3,200	0	20～2(10年)	更生手続き
協栄生命	2000.10.20	6,895	一律1.75	3,640	0	15～2(8年)	更生手続き
東京生命	2001.3.23	731	一律2.60	325	0	20～2(10年)	更生手続き
大成火災	2001.11.22	945	0.25～1.05	300	53	15～3(10年)	更生手続き

出典 格付け投資情報センター『R&I Ratings』2001年、p.4などの各種資料から抜粋して作成

このように破たん保険会社の債務超過額は、その多くが保険契約者の負担によって処理される。例えば、第百生命の処理では、責任準備金が10%削減され、平均予定利率が4.46%から一律1.00%に引き下げられた結果、個人年金保険では年金額が最大83%減額された。

[4] 残された課題

破たん保険会社の処理は、その多くが保険契約者の負担によって行われる。したがって、保険契約者が保険加入の際に、保険会社の経営健全性を判断することは、何よりも重要なことである。この判断資料として、保険業法によって、ソル

ベンシー・マージン比率が公開されている。このソルベンシー・マージン比率が200% 以上であれば、保険会社の経営健全性に問題はないということであるが、実際にはその基準を超えている保険会社が破たんしたため、その信頼性が疑問視され、実際には 200% 以上の状態で保険契約を解約する傾向も見られた。

保険会社の破たんの際に、保険契約者に重い負担を負わせる根拠は、保険契約者には、経営的に健全な保険会社を選択する自由が与えられているということである。しかし、この保険会社の破たん処理における保険契約者の負担が適切なものであったかを判断するための十分な情報が公開されているとはいえない。また、保険会社の破たん処理は、最初は行政手続きによるものであったが、後に更生手続きに変更されたためその一貫性もなく、各破たん会社間の公平な処理になったとはいえない。さらに、このような保険会社の破たん処理は、アメリカ・韓国などの諸外国のように、破たん処理専門機関が担当し経営者などに対する損害賠償責任を徹底的に追及するものではなく、更正手続きにおいても、裁判所が任命する管財人（弁護士など）によるもので、その個人の知識と手腕に頼っているものである。その結果、日本の保険市場は、破たんした保険会社の契約を引き継いだ収益性のある保険会社と逆ざやを抱えたままの破たんしていない保険会社が並存することとなった。

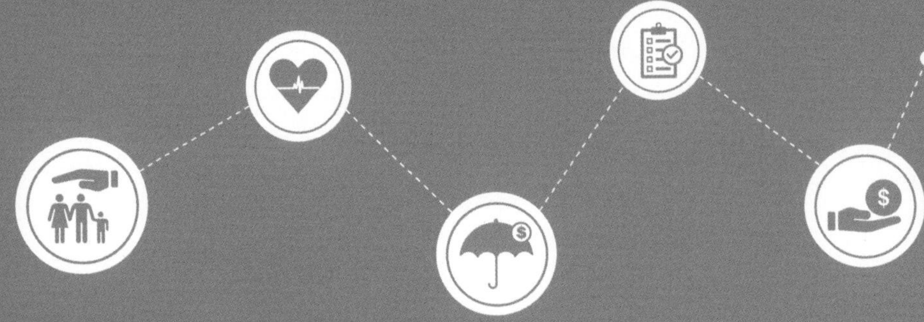

第12章

保険契約者保護に関わる各種制度

保険契約者は、多くの法律と制度によって保護されている。保険契約者保護に関わる法律と制度について概説する。

1. 監督機関

【1】金融サービスの利用者保護（消費者保護）

金融取引は、取引の当事者間に情報の非対称性が存在し、資金を貸す時期と返済の時期が異なるような異時点間の取引によるリスクが存在する特徴を持っている[35]。金融サービス利用者は、銀行・保険会社・証券会社等の金融サービス提供業者に比べると、金融に関する情報と専門知識が不足している。

金融サービスの「利用者保護」とは、このような金融サービスの利用者と提供者の間の情報格差を考慮し、金融行政当局によって講じられる業者の検査・監督などの取組を意味する。金融庁設置法第３条では、「預金者、保険契約者、有価証券の投資者その他これらに準ずる者の保護を図る」ことを金融庁の任務の一つに掲げており、銀行法を始め各金融業態の業法の目的にも利用者保護が規定されている[36]。この「利用者保護」は、「消費者保護」と称されることも多い[37]。本書では、この「利用者」を含み、「消費者」と称する。

一方、金融サービス利用者の保護は、製品の欠陥を問題視する製造物に対する消費者保護の考え方とは基本的に異なる面がある[38]、との指摘があり、消費者行政における「消費者保護」とは異なる面もあるという意見もある。

この金融サービス利用者の保護は、銀行法第１条では「預金者等の保護を確保する」、保険業法第１条では「保険契約者等の保護を図り」と規定されている。また、金融商品取引法第１条では「投資者の保護に資する」と規定されている。この金

35 谷内満『入門 金融の現実と理論 第２版』同友館、平成25年、p.27。

36 藤井 一裁「金融サービスにおける利用者保護施策の経緯と課題」『立法と調査』No. 367、参議院事務局企画調整室編集・発行、2015年8月。

37 伊藤宏一監修「金融商品購入に関する消費者保護」『金融商品なんでも百科』金融広報中央委員会、平成27年、p.57。

38 大蔵省『新しい金融の流れに関する懇談会「論点整理」』平成10年６月17日。

融商品取引法における「投資者の保護」は、「投資者の自己責任原則が貫かれている点において、同種の金融規制法のうち銀行法や保険業法のように消費者保護の充実を図っている法制とは大きく区別される」との見解がある[39]。

[2] 消費者庁

消費者庁（Consumer Affairs Agency : CAA）は、「消費者が安心して安全で豊かな消費生活を営むことができる社会の実現」を目ざし、各省庁でばらばらであった消費者行政を一元的に担う役所として、2009年（平成21）9月に内閣府外局として発足した。中央省庁の行政を明治以来の生産者優先から、消費者重視へ転換する目的もあった。

当時の内閣総理大臣福田康夫が2008年の施政方針演説で構想を表明し、2009年に消費者庁設置法など関連法案が成立した。消費者庁創設は、多くの事故や被害に関する情報が、製品や業界によって、あるいは地域によって情報が分散され、統合的に全国レベルで把握・対応できなかった問題点への対応でもあった。

2009年9月に消費者庁発足に伴い、食品などの製品の「安全」、金融などの商品の「取引」、「表示」といった消費者に身近な問題を取り扱う法律が消費者庁の所管となった。消費者庁は、特定商取引法、日本農林規格（JAS）法、景品表示法など暮らしに密着した29の法律を所管し、行政処分・指導や他省庁への勧告を実施する。全国共通の電話番号で、事故情報や悪質商法の相談を受け付ける「消費者ホットライン」を設置、事故情報を集約するデータバンクを設けた。専門家が要注意情報を抽出する「事故情報分析ネットワーク」も整備し、年間最大3兆円を超えるといわれる消費者被害の減少を目ざしている。

[3] 金融庁

金融庁（Financial Services Agency : FSA）は、金融の機能の安定を確保し、預金者、保険契約者、金融商品の投資者その他これらに準ずる者の保護を図るとともに、金融の円滑を図ることを任務とし（金融庁設置法3条）、内閣府の外局とし

39　岸田雅雄監修『注釈金融商品取引法第1巻 定義・情報開示』社団法人金融財政事情研究会、平成23年。

て設置された。

金融庁のトップには金融庁長官と呼ばれる役職が設けられており、この金融長官の下には「総務企画局」「検査局」「監督局」という3つの主となる組織がある。まず、総務企画局は銀行、信託銀行、信用金庫、農業・漁業協同組合、証券会社、生命保険会社、損害保険会社、消費者金融、日本政策金融公庫、日本政策投資銀行、住宅金融支援機構などの金融機関が守るべき法律や規制を企画・立案して、金融市場がより効率的に・より公正に回っていくよう調整している。

「検査局」は、銀行や証券会社、保険会社の法律などの順守、リスク管理体制などの検査を行い、経営実態を厳しくチェックする。銀行法や金融商品取引法などの法律の他に、検査を行う際には「検査マニュアル」があり、それに基づいて検査が行われる。

「監督局」は、検査局のように金融機関が法律や規則に従って正しく営業されているかチェックする他、銀行や証券会社・保険会社などの財務データの分析を行い、不正な取引の有無・資金の流用など、金融機関の健全性を確認する。検査は、検査官が各金融機関に直接出かけて調査を行っているのに対して、監督は、金融機関からの定期的な報告に基づいてチェックする方法で行われている。

図49　金融庁の組織

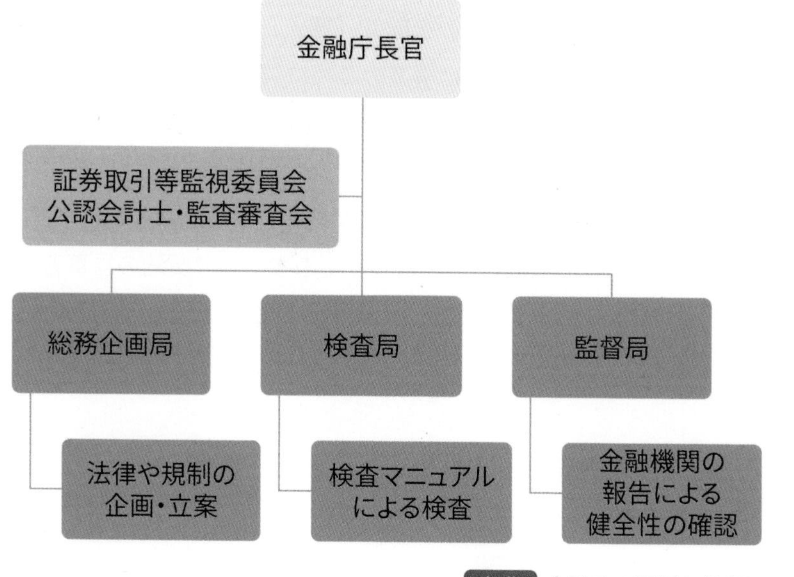

出典　金融庁の資料を参考にして作成

金融庁ではこの３局の他に「証券取引等監視委員会」と「公認会計士・監査審査会」がある。証券取引等監視委員会は、証券市場のルールが守られているかを監視する。例えば、投資判断に影響が出るような会社の未公開情報を知っている人が、その情報を世間に公表する前に取引をするインサイダー取引などの不正行為や悪質な犯罪などに対する監視と調査を行う。

2. 保険契約者保護に関わる法律

【1】消費者契約法

(a) 消費者契約法の概要

2001年４月１日に施行された消費者契約法では、消費者と事業者という情報の質・量及び交渉力に格差のある者の間の契約であるため、消費者に自己責任を求めることが適切でない場合のうち、民法の特則として、事業者の不当な勧誘により締結された契約についての消費者の取消権や、消費者の利益を不当に害する条項を無効とすることなどが定められている。この消費者契約法は、労働契約を除き、消費者と事業者とが締結した契約、すなわち消費者契約であれば、広く適用される。

消費者契約法第２条における「消費者」とは、事業として又は事業のために契約の当事者となる場合におけるものを除く「個人」とされ、「事業者」とは、「法人その他の団体及び事業として又は事業のために契約の当事者となる場合における個人」とされる。この消費者契約法における「消費者」と「事業者」は、第一に、「個人」であるか「法人その他の団体」であるかという基準で区別され、第二に、「個人」については、「事業として又は事業のために契約の当事者となる場合」であるか否かという基準により区別されることとなる。そして、当該契約の当事者としては、「消費者」でなければ「事業者」となり、「事業者」でなければ「消費者」となるという関係にある。

図 50 消費者契約法における消費者と事業者

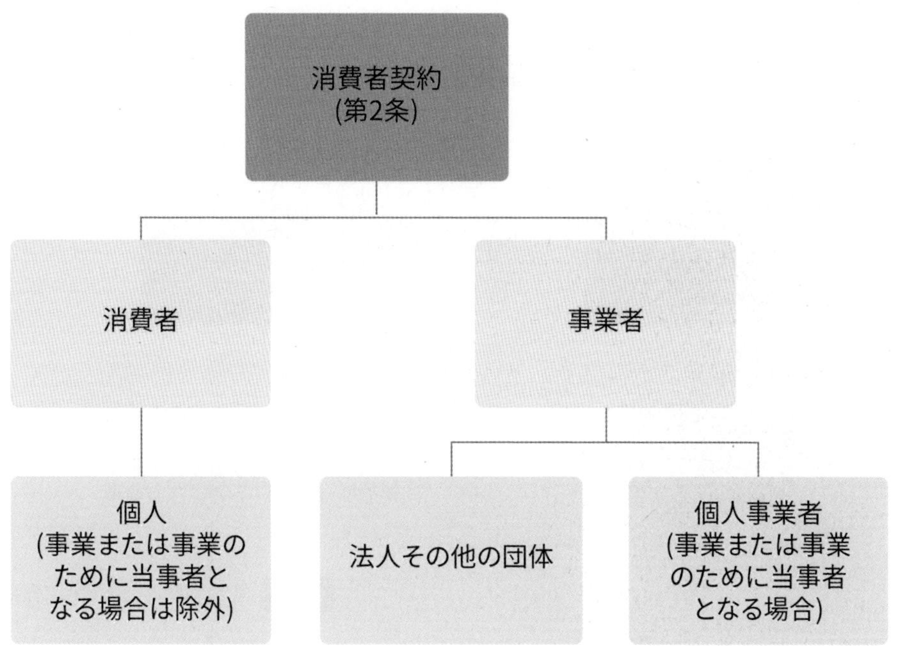

出典 各種資料を参考にして作成

(b) 取消と無効

消費者契約法には、消費者契約の取消と無効ができる場合が規定されている。

図51　消費者契約法における取消と無効

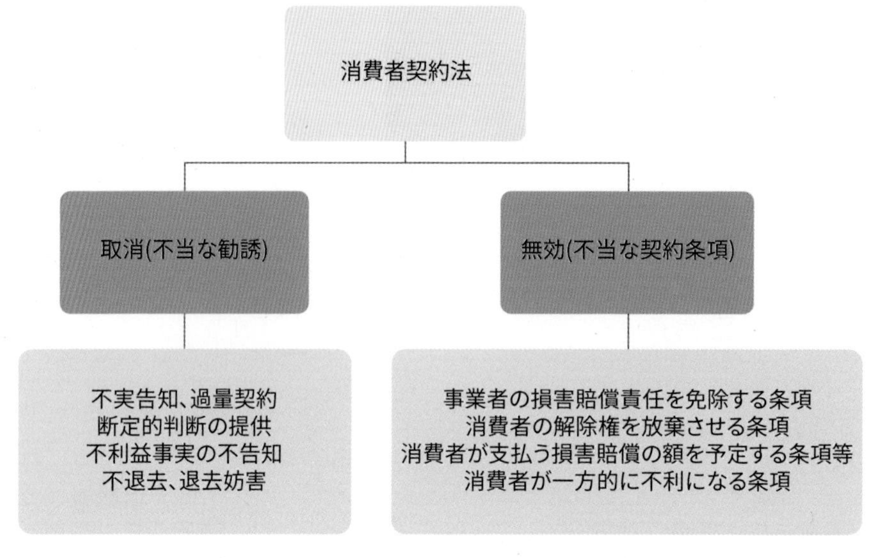

出典　各種資料を参考にして作成

不当な勧誘の場合は、消費者契約を取消しすることができ、消費者の利益を不当に害する条項は、契約書に書かれていても無効となる。

ア・不当な勧誘

不当な勧誘の場合は、消費者契約を取り消すことができる。取消しできる期間は、追認ができるときから１年間、消費者契約の締結のときから５年間である。「追認ができるとき」とは、消費者が誤認をしたことに気付いたときや困惑を脱したとき等、取消しの原因となっていた状況が消滅したときである。なお、契約を締結した日から５年が過ぎると、時効により取消権が消滅するため、取消しができなくなる。

取消しができる「不当な勧誘」は、次の通りである。

① 重要事項について事実と異なる説明があった場合（不実告知）

契約の対象となる物やサービスの内容・品質・効果などの説明、価格や支払方法、その他重要な事項（契約内容）について、事実と違う説明をした場合、また、契約の対象となる物やサービスに関連しない事項について、生命、身体、財産その他重要な利益についての損害または危険を回避するための必要性について、事実ではないことを言った場合である。例えば、この機械を付ければ電気代が安くなると勧誘し、販売したが、実際は、そのような効果はなかった場合である。

② 分量や回数などが多過ぎる場合（過量契約）

消費者にとって通常必要とされる商品の分量やサービスの回数等を著しく超えることを事業者が知っていながら契約させた場合である。例えば、一人暮らしであまり外出せず、着物をふだん着る習慣もない高齢の消費者に対して、事業者がそのことを知りながら、その消費者が店舗に訪れた際に勧誘して着物を何十着も販売した。

③ 不確かなことを「確実だ」と説明された場合（断定的判断の提供）

将来における変動が不確実な事項について、確実であると告げた場合である。例えば、将来、確実に値上がりするとは限らない金融商品について、「確実に値上がりする」「必ずもうかる」などと説明して販売した場合である。

④ 消費者に不利な情報を故意に告げなかった場合（不利益事実の不告知）

消費者の利益となる旨を告げながら、重要事項について不利益となる事実を故意に告げなかった場合である。例えば、すぐ隣の土地に、眺めや陽当たりを阻害するマンションの建設計画があることを知りながら、それを説明せずに、「眺望・日照良好」と説明して住宅を販売した場合である。故意に告げなかった場合だけでなく、重大な過失によって告げなかった場合が対象に追加された。

⑤ 営業マンなどが強引に居座った場合（不退去）

事業者が消費者の自宅や勤務先などで勧誘しているとき、消費者が事業者に対し、帰ってほしいなど退去すべき旨の意思を示したにもかかわらず、事業者が退去しなかった場合である。例えば、消費者の自宅を訪れた事業者に、消費者が「もうお引き取りください」と言っても、「契約してくれるまで帰らない」などと居座り、契約させた場合である。

⑥ 販売店などで強引に引き留められた場合（退去妨害）

事業者が勧誘している場所から、消費者が帰りたいなど退去する意思を示したにもかかわらず、消費者を退去させなかった場合である。例えば、事業者の販売店や事務所などで勧誘された消費者が、「契約はしませんのでもう帰ります」と言っても、「まだ説明が終わっていないから」などと強く引き留め、契約させた場合である。

⑦ 不安をあおる告知

社会生活上の経験が乏しいことにより、願望の実現に大きな不安を抱いていることを知りながら、その不安をあおり、契約が必要という場合である。例えば、就職活動中の学生に対して「このままではどこにも就職できない。」と言って不安をあおり、高額な就職セミナーの契約をさせた場合である。

⑧ 好意の感情の不当な利用

社会生活上の経験が乏しいことにより、勧誘者も同様に好意を抱いていると信じ込んでいることを知りながら、契約しなければ関係が破たんするという場合である。例えば、好意を寄せているふりをして、特定のお店などで「この商品を買ってくれないと関係を続けられない」と言って高額な商品を購入させる場合である。

⑨ 判断力の低下の不当な利用

加齢または心身の故障により 判断力が著しく低下していることから、現在の生活の維持に大きな不安を抱いていることを知りながら、その不安をあおり、契約が必要という場合などである。例えば、加齢により判断力が著しく低下した消費者に対して「このままだと定期収入がないのでお金がなくなり、生活ができなくなる」と言って不安をあおり、投資用マンションを購入させる場合などである。

⑩ 霊感等による知見を用いた告知

特別な能力により、そのままでは重大な不利益が生じることを示して不安をあおり、契約すればこれを回避できるという場合などである。例えば、「私は霊が見える。あなたには悪霊がついていて、このままでは病状が悪化する。この数珠を買えば悪霊が去る」と言って勧誘する場合などである。

⑪ 契約締結前に債務の内容を実施等

契約締結前に、契約内容の一部または全部を実施し、実施前の状態に戻すことを著しく困難にし、契約させる等の場合である。例えば、注文を受ける前に、消費者宅の物干し台の寸法に合わせてさお竹を切断し、代金を請求する場合などである。

イ・不当な契約条項

消費者の利益を不当に害する条項は、契約書に書かれていても無効である。例えば、以下のような契約条項は無効となる。

① 事業者の損害賠償責任を免除する条項

事業者に責任がある場合でも、損害賠償責任の全部を免除する条項や、事業者の故意または重過失による場合に損害賠償責任の一部を免除する条項は無効である。例えば、「当ジムは、会員の施設利用に際し生じた傷害、盗難等の人的・物的ないかなる事故についても一切責任を負いません」とする条項の場合である。

② 消費者の解除権を放棄させる条項

「一切のキャンセルや返品・交換などを認めない」とする条項など、事業者の債務不履行等の場合でも、消費者の解除権を放棄させる条項は無効である。例えば、「販売した商品については、いかなる理由があっても、ご契約後のキャンセル・返品、返金、交換は一切できません」とする条項である。

③ 消費者が支払う損害賠償の額を予定する条項等

消費者が負う損害金やキャンセル料が高過ぎる場合、契約の解除に伴う平均的な損害額を超える部分や、遅延損害金につき年利 14.6%を超える部分についての条項は無効である。例えば、結婚式場等の契約において「契約後にキャンセルする場合には、以下の金額を解約料として申し受けます。実際に使用される日から1年以上前の場合：契約金額の 80%」とする条項の場合などである。キャンセル料が高すぎたり、解約時に支払い済みの金銭を返してもらえなかったりした場合、不当な契約条項に該当する。

④ 消費者が一方的に不利になる条項

任意規定の適用による場合に比べ、消費者の権利を制限しまたは義務を加重する条項であって、信義則に反して消費者の利益を一方的に害するものは無効である。例えば、注文した掃除機が配達されたところ、掃除機のほかに注文していない健康食品が同封されていた。後日、疑問に思って掃除機を注文した際の契約をよく見ると、消費者から事業者に「健康食品は不要である」と電話をしない限り、健康食品を継続的に購入する旨の条項が含まれていた場合などである。

(c) 消費者団体訴訟制度

2006年の消費者契約法の改正により消費者団体訴訟制度が導入され、2007年6月より運用されている。2008年の法改正では、消費者団体訴訟制度の対象が景品表示法と特定商取引法に拡大された。

消費者団体訴訟制度は、契約トラブル等により被害額は少額だが被害者が多数にのぼるサービスを提供している業者に対して、一定の要件を満たす消費者団体（適格消費者団体）が、被害者に代わって訴訟を起こすことができる制度である。消費者団体が業者に対し訴訟を起こし、契約や勧誘の差し止めを請求することができる。しかし、この消費者団体は、損害賠償の請求はできない。また、他の団体による消費者団体訴訟によって確定判決が出ている場合、原則として差し止め請求を行うことができない。また、いきなり訴訟を起こすことはできず、消費者団体が事業者に対して書面で契約や勧誘の差し止めを請求し、その書面の到達から1週間経過する必要がある。事業者が差し止めを受け入れれば、当然、訴訟にはならない。

「消費者団体訴訟制度」とは、内閣総理大臣が認定した消費者団体が、消費者に代わって事業者に対して訴訟などを行うことができる制度を指す。民事訴訟の原則的な考え方では、被害者である消費者が、加害者である事業者を訴えることになるが、消費者と事業者との間には情報の質・量・交渉力の格差があること、訴訟には時間・費用・労力がかかり、少額被害の回復に見合わないこと、個別のトラブルが回復されても、同種のトラブルがなくなるわけではないこと、などから、内閣総理大臣が認定した消費者団体に特別な権限を付与したものである。具体的には、2007年6月7日から施行されている「差止請求」と、2017年10月1日から施行されている「被害回復」との2つの制度からなっている。

図 52　消費者団体訴訟制度

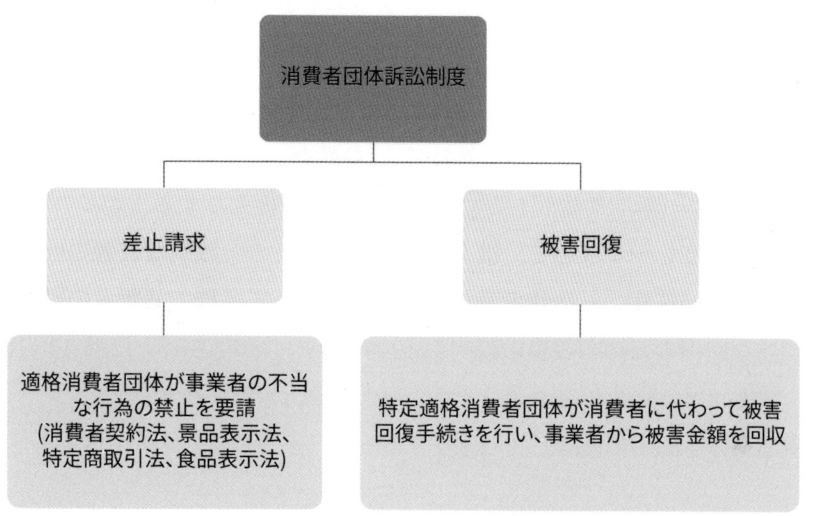

出典 各種資料を参考にして作成

「差止請求」とは、事業者の不当な行為に対して、適格消費者団体が差止めを求めることができる制度である。事業者の不当な行為に対して、内閣総理大臣が認定した適格消費者団体が、不特定多数の消費者の利益を擁護するために、差止めを求めることができる制度である。

差止請求の対象は、「消費者契約法」「景品表示法」「特定商取引法」「食品表示法」に違反する不当な行為である。具体的には、「不当な勧誘」「不当な契約条項」「不当な表示」などがある。

「適格消費者団体」とは、内閣総理大臣によって認定された消費者団体で、全国に 21 団体（令和元年 6 月現在）がある。不特定多数の消費者の利益を擁護するために、差止請求権を適切に行使できる専門性などの要件を満たしたうえで、内閣総理大臣によって認定された消費者団体を「適格消費者団体」と称する。適格消費者団体に認定されるための主な要件は、特定非営利活動法人（NPO）または一般社団法人もしくは一般財団法人であること、不特定多数の消費者の利益擁護のための活動を主たる目的として、相当期間にわたり継続して適正に行っていること、組織体制や業務規程を適切に整備していること、消費生活及び法律の専門家を確保していること、経理的な基礎を有することなどである。

また、「被害回復」とは、不当な事業者に対して、特定適格消費者団体が被害の回復を求めることができる制度である。不当な事業者に対して、適格消費者団体の中から内閣総理大臣が新たに認定した特定適格消費者団体が、消費者に代わって被害の集団的な回復を求めることができる制度である。「相談はしたが特に行動はとらなかった」が最も多いのに対して、「弁護士・司法書士や相談機関などに交渉を依頼した」、「訴訟を提起した」は少なく、泣き寝入りする人が多い。そこで、差止請求の制度を一歩進めて、被害者である消費者の金銭的な被害の回復を図るために、新しい法律の「消費者裁判手続特例法（正式名称：消費者の財産的被害の集団的な回復のための民事の裁判手続の特例法）」が2013年12月11日に公布され、被害回復の制度が2016年10月1日から施行されている。

消費者団体訴訟手続きは、次の通りである。

図53　消費者団体訴訟制度の手続き

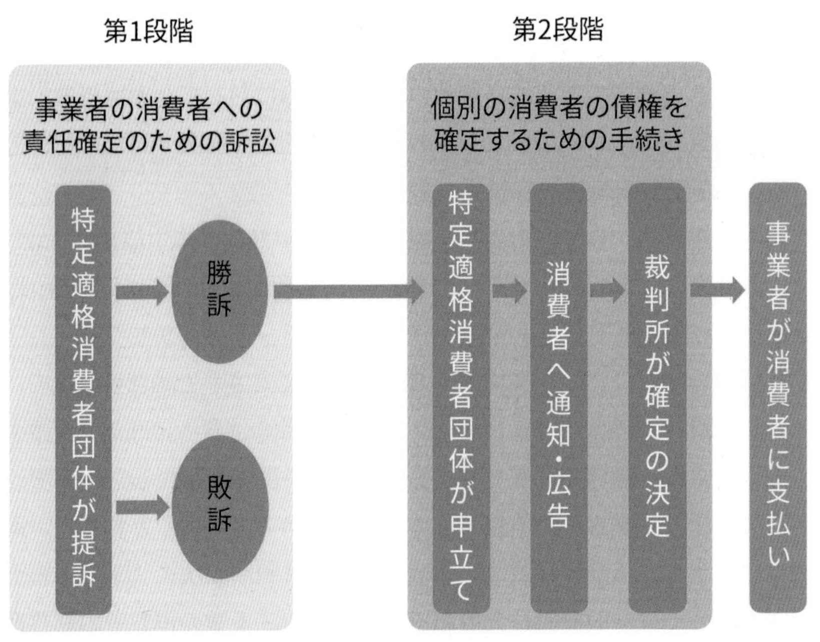

出典 消費者庁

消費者は、第1段階の手続の結果を踏まえて、最終的に裁判に勝てるか否かの見通しをある程度立てたうえで、第2段階の手続への加入の有無を決めることができるため、泣き寝入りの減少が見込まれる。また、消費者が個々に訴訟を起こす場合に比べて時間・費用・労力が大幅に軽減することも期待される。

【2】金融商品販売法

(a) 金融商品販売法の概要

『金融商品の販売等に関する法律』は、2001年4月1日から施行された。投資信託、外貨預金やデリバティブなど、多種多様な金融商品が増加している。しかし、金融商品販売業者は、金融商品についての知識・情報が比較的に乏しい顧客に対して業者の説明が不十分であったために、元本割れ等を起こした場合など、金融商品の販売・勧誘をめぐるトラブルが増えていた。また、そのトラブルを解決するために裁判を起こした場合、裁判の長期化が問題になっていた。

そのようなトラブルへの対応は、業者に対する業法上の規制と不法行為による損害賠償責任（民法第709条）に基づく裁判による救済であった。しかし、業法には顧客を救済する規定はなく、業法のない商品は対象外であるとう問題点があった。また、裁判による救済には、業者の説明の有無、損害の因果関係について原告に立証責任が科せられる問題点があり、裁判が長期化していた。

『金融商品の販売等に関する法律』では、業者が金融商品を販売する際には、金融商品がもっているリスク等の重要事項について、顧客に説明する義務が生じ、業者が説明義務を怠り、そのために顧客が損害を被った場合には、業者が損害賠償責任を負わなければならなくなった。また、業者が金融商品を販売するための勧誘をする際には、あらかじめ勧誘方針を策定し、公表しなければならなくなった。

図 54　金融商品販売法の内容

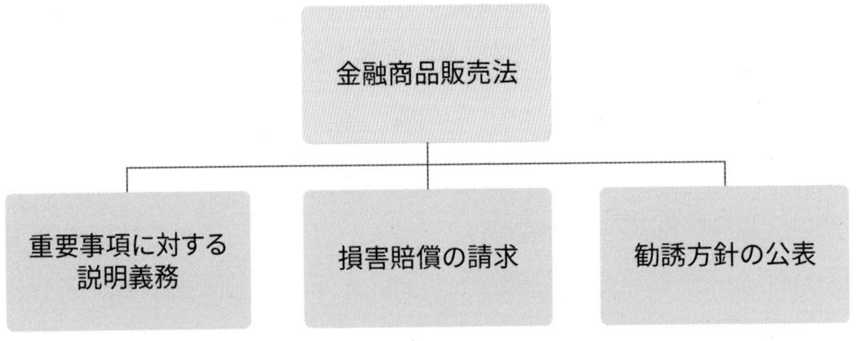

出典　各種資料を参考にして作成

金融商品販売業者とは、対象金融商品を取扱っている金融機関などであり、媒介業者、代理業者も含まれる。対象となる金融商品は、預貯金、定期積金、金銭信託、公社債、株式、投資信託、保険・共済、抵当証券、商品ファンド、デリバティブ（金融派生商品）、外国為替証拠金取引などである。

(b) 内容

ア・重要事項に関する説明義務

金融商品販売業者が金融商品の販売を行う場合は、その商品が持っているリスクなどの重要事項について、消費者に説明を行わなければならない。

① 市場リスク

市場リスクとは、金利・為替・株式相場などの変動により、元本割れが生じることである。元本欠損（元本割れ）が生ずるおそれがあるときは、その旨及びそれがどのような要因で起こるおそれがあるか（元本欠損が生ずる要因）についての説明がなされる。元本欠損が生ずる要因は、次のようなものがある。

- 金利、通貨の価格や有価証券市場における相場の変動その他の指標に係る変動
- 金融商品販売業者などの業務または財産の状況の変化
- その他、新しい種類の元本欠損要因が出てきた場合には適宜政令で追加され

る。ワラントやデリバティブなどについては、権利を行使できる期間の制限や、解約期間の制限についての説明がなされる。

- 説明義務を負う業者には、取次ぎ・媒介・代理も含まれる。
- 顧客が業者である場合や、顧客が説明を必要としない旨を表明した場合は、説明の必要はない。

② 信用リスク

例えば、社債の場合、社債を発行している会社が倒産すると、支払を受けられないおそれがある。

③ 権利行使期間・解約期間の制限

例えば、ワラントには権利行使期間が設定されており、この期間を過ぎると全く価値がなくなってしまう。

イ・損害賠償の請求

重要事項の説明がなかったことによって、消費者が損害を被った場合、金融商品の販売業者に対して損害賠償の請求が可能となった。従来のトラブルを原因とする損害賠償は、民法第709条の不法行為に基づいて請求しなければならなかった。ここでは、業者が適切な説明をしたかどうかや、損害の因果関係について原告（顧客）に立証責任があり、原告側に重い負担となっている。

金融商品販売法の施行により、金融商品販売業者の説明義務等が明確になったほか、損害は元本割れとなっている額相当であること、損害と説明義務違反には因果関係があることがそれぞれ推定されることになった。したがって、消費者側の立証責任は、金融商品販売業者が説明義務に違反したことのみとなり、これまでに比べて負担が軽くなった。

ウ・勧誘方針の公表

金融商品販売業者はそれぞれが販売における勧誘方針を定めて、これを公表しなければならない。

① 勧誘の対象となる者の知識、経験及び財産の状況に照らして配慮すべき事項

② 勧誘の方法及び時間帯に関し、勧誘の対象となる者に配慮すべき事項

③ その他勧誘の適正の確保に関する事項

金融商品販売業者がこれに違反した場合は、過料に処される。勧誘方針の公表は、勧誘の適正さを確保するだけでなく、その内容を消費者や消費者団体などに評価されることになるので、業者間の競争促進、ひいては消費者へのサービス向上につながる。

『金融商品の販売等に関する法律』よって、次のことが期待された。①幅広い金融商品に関して説明義務が明確化され、顧客への適切な説明が確保された。これは、円滑な取引を促し、業者にもメリットがある。②説明義務違反の場合の損害賠償責任は、因果関係の立証責任を顧客から業者に転換することによって、裁判の迅速化を図り、顧客の立証負担を軽減した。③業者に勧誘の適正の確保に関する方針の策定・公表の義務づけ、勧誘の適正を確保するための業者の自主的努力が促進された。

(c) 金融商品販売法と消費者契約法

「金融商品販売法」とあわせて「消費者契約法」が同時に施行されている。消費者契約法は、消費者と事業者との間で締結される契約のすべてを対象としており、事業者が、契約を結ぶ際に重要な情報を伝えなかったり、「再三訪問したうえ、契約するまで居座る」などの消費者を困惑させる行為を行った場合、消費者はその契約を取消すことができ、事業者の損害賠償責任を免除する条項などの不当な条項が存在する場合は、その契約は無効とされている。

金融商品販売法と消費者契約法は、下記のように要件が異なり、金融商品の販売にはその両方が適用される。

図55 金融商品販売法と消費者契約法

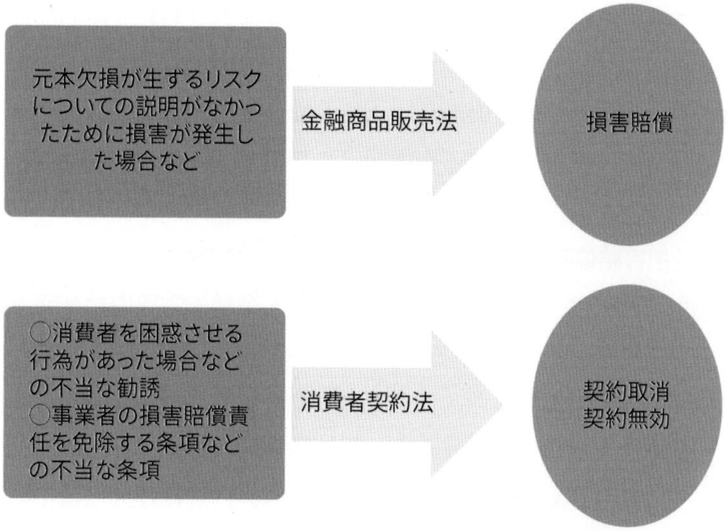

出典 各種資料を参考にして作成

金融商品販売法と消費者契約法の比較は、次の通りである。

表37 金融商品販売法と消費者契約法の比較

区分	金融商品販売法	消費者契約法
適用範囲	金融商品の販売（代理・媒介を含む）にかかる契約	労働契約を除き、消費者と事業者とが締結した契約
保護の対象	個人及び事業者（プロを除く）	消費者
法律が適用される場合	重要事項の説明義務に違反した場合 ①市場リスクの説明 ②信用リスクの説明 ③権利行使期間の制限 上記①、②に対し影響を及ぼす事項が重要事項。	①重要事項について事実と異なる説明があった場合（不実告知）などの不当な勧誘 ②事業者の損害賠償責任を免除する条項などの不当な条項
効果	金融商品販売業者が損害賠償責任	消費者は契約の取り消し、または契約無効
民法との関係	不法行為の特則	意思表示の瑕疵の特則

出典 各種資料を参考にして作成

[3] 金融商品取引法

従来の証券取引法が抜本的に見直され、2006年6月7日に金融商品取引法が成立し、2007年9月30日に施行された。金融商品取引法は、金融・資本市場をとりまく環境変化に対応して、金融商品によって異なる法体系を横断的にひとつにまとめたものであり、投資性のある金融商品を取引する際の利用者保護と、透明で公正な市場づくりをめざしている。一方、金融商品販売法は、幅広い金融商品の販売に関して損害賠償請求ができるようにとした法律である。

金融商品取引法では、株式・債券・投資信託・金融先物取引など元本が保証されていないリスク商品について、横断的に共通の販売・勧誘ルールが設定された。これまで規制の対象外であった「任意組合」や「匿名組合」による投資ファンドや多様なデリバティブ取引も含まれた。この法律によって、金融商品を取り扱う業者はすべて「金融商品取引業」と位置づけられ、内閣総理大臣に申請、登録することが求められる。

金融技術の進展等を背景として、証券取引法その他の既存の利用者保護法制の対象となっていない金融商品が出現しており、利用者被害が生じている事例もみられた。金融商品取引法では、こうした既存の利用者保護法制の「すき間」を埋める観点から、規制対象商品の拡大を図っている。

例えば、信託受益権の全般を有価証券とみなし（金融商品取引法第2条2項1号・2号)、また、いわゆる集団投資スキーム（ファンド）の持分を包括的に有価証券と位置づけている（同法第2条5号・6号)。金融商品取引法では、金融先物取引法の対象である取引（例えば、外国為替証拠金取引）をはじめ、幅広い資産・指標に関する取引や様々な類型の取引を規制対象とした。いわゆる通貨・金利スワップ取引や天候デリバティブ取引についても、規制対象となった。(同法第2条20～25項)

投資性の強い預金・保険等に関する規制強化は、次の通りである。

表38　投資性の強い預金・保険等に関する規制強化

金融商品		内　容
投資性の強い預金など（銀行法など）	外貨預金	為替相場の変動により、円建て元本の欠損が生じるおそれがある預金
	デリバティブ預金	中途解約の場合に、金利動向に基づき計算される違約金により、元本欠損が生じるおそれがある預金
投資性の強い保険など（保険業法など）	外貨建て保険・年金	為替相場の変動により、円建ての保険金などにつき損失が生じるおそれがある保険・年金
	変額保険・年金	運用状況により、保険金などにつき損失が生じるおそれがある保険・年金
投資性の強い信託など（信託業法など）	指定金銭信託（実績配当型）	運用状況により、元本欠損が生じるおそれがある信託
商品先物取引（商品取引所法）	-	商品の価格などの変動により、損失が生じるおそれがある取引
不動産特定共同事業（不動産特定共同事業法）	-	不動産取引の状況により、損失が生じるおそれがある取引

一方、金融商品取引法における販売・勧誘・契約の場面での規制は、次の通りである。

表39　販売・勧誘・契約の場面での規制

原則・義務など	内　容
適合性の原則	ーその人に合った商品を販売・勧誘すること ー顧客の知識・経験・財産の状況と契約目的に照らして不適当な勧誘をし、投資者保護に欠けることのないようにしなければならない。
広告の規制	ー利益の見込みについて、著しく事実に相違する表示や、著しく人を誤認させるような表示をしてはならない。
書面交付義務	ー商品の仕組み、リスク、契約の概要や手数料の概要がわかるように記載した書面を交付すること ー「損失が生ずることとなるおそれ」や「損失の額が、顧客が預託すべき保証金などの額を上回ることとなるおそれ」があるときは、その旨を記載しなければならない。
禁止行為	ー「虚偽のことを告げる行為」や「不確実な事項について断定的判断を提供し勧誘する行為」の禁止。 ー勧誘の要請がない顧客に対する訪問・電話による勧誘の禁止。（当面は店頭の金融先物取引、つまり外国為替証拠金取引ＦＸなどを対象とする） ー顧客が契約しない意思を表明した場合の勧誘の継続の禁止。（当面は店頭の金融先物取引、つまり外国為替証拠金取引ＦＸなどを対象とする）
損失補てんの禁止	ー取引によって生じた損失の補てんを禁止

対象者が特定投資家（プロ）か一般投資家（アマ）かによって、保護ルールに差が設けられており（柔軟化）、プロには利用者保護ルールのほとんどが適用されない。プロへ移行可能な個人の範囲は、「その取引について１年以上の取引経験があり、純資産額３億円以上、投資性のある金融資産３億円以上」の人である（申し出制）。

また、有価証券の決算報告書の四半期ごと公表や、記載内容が適正であることの「確認書」の提出が義務づけられた。個人、法人ともに刑罰（刑事罰・罰金）、課徴金を課すなどの罰則が強化された。

[4] 個人情報保護法

個人情報保護法は、個人情報を5,000件以上管理している金融機関などの個人情報取扱い事業者に対し、「生存する個人に関する情報で特定の個人を識別可能なもの」について、本人の了解なしに流用や売買・譲渡することを規制する法律である。2005年4月から個人情報保護法が完全施行された。

金融機関に提供する個人情報も、当然この法律の保護の下にあり、この法律を守らない金融機関は届出や訴えにより法律によって罰せられる。個人情報を第三者が利用する場合には、本人の同意が必要であり、第三者は利用目的を本人に明示しなければならない。また、個人情報を利用する第三者は、常に正確な個人情報を保つようにしなければならない。さらに、流出や盗難・紛失を防止して個人情報の安全性を確保しなければならない。この第三者は、本人が閲覧可能であること、本人の申し出により訂正を加えること等の透明性を確保することが求められる。

[5] 保険業法

保険業法（Insurance Business Act）は、保険業を行う者の業務の健全かつ適切な運営および保険募集の公正を確保し、保険契約者などの保護を図ることなどを目的とする法律である。保険事業が健全に運営されることにより、保険契約者などを保護するために定められている。その目的が保険契約者、被保険者の保護で、その目的を達成する手段として保険会社と保険募集を規制するものである。

同法は、保険監督法の基本法として、保険会社および保険募集に対する監督に係るあらゆる事項について規定しており、組織に関し保険会社の特性に照らして会社法に修正を行う部分、業務を規制し監督の実効性を担保する部分、保険募集を規制し消費者保護を目的とする部分からなる。金融庁が同法に則り保険事業の監督および規制を行っている。

1996年に改正保険業法が施行され、いわゆる金融ビッグバンとして様々な点で自由化された。保険業法には、保険監督の基本法として、保険会社・保険募集人および保険募集に対する監督・規制について規定されている。

この保険業法における保険募集に関する禁止行為（保険業法第300条、保険業法施行規則234条）は、次の通りである。

① 虚偽のことを告げたり重要なことを告げない行為（保険業法第300条第1項第1号）

保険契約に際して、募集人が「解約しても払い込んだ保険料は全額返ってきます」と案内する等の虚偽のことを告げる行為がこれに該当する。

② 重要な事項につき、虚偽のことを告げるように勧める行為（保険業法第300条第1項第2号）

保険契約に際して、保険募集人が、「胃潰瘍と告知書に書いてしまうと特別条件が付くので、胃炎と書いてください」等の保険会社に対して虚偽のことを告げることを勧める行為がこれに該当する。

③ 重要なことを告げることを妨げ、または告げないことを勧める行為（保険業法第300条第1項第3号）

保険契約に際して、保険契約者が、「7年前に癌になったことがあるのできちんと告知書に記入したい」旨を伝えてきたにも関わらず、保険募集人が「それは書かないで下さい」等と言い、重要な事実を告げるのを妨げる行為がこれに該当する。

④ 不利益となるべき事実を告げずに、乗換募集をする行為（保険業法第300条第1項第4号）

保険の乗り換え（既保険契約をやめて新保険契約で入りなおすこと）をする際に、健康状態によって加入できない場合があること等の不利益事項を告げずに既保険契約を消滅させる行為がこれに該当する。

⑤ 特別な利益の提供を約束したり、提供する行為（保険業法第300条第1項第5号）

保険契約の際に、募集人が「今保険に入ってくれたら特別に一回目の保険料は私が払いますから」等の保険契約者に対して特別利益を提供する行為がこれに該当する。

⑥ 他の保険契約（商品）との比較につき、誤解を招く説明をしたり、表示する行為（保険業法第300条第1項第6号）

保険契約の際に、保険募集人が故意でなくても誤った商品の説明をしたり、既保険の短所を不当に強調して誤解させる行為等がこれに該当する。

⑦ 将来の配当や将来の金額が不確実な事項として内閣府令で定めるものにつき、断定的判断を示し、または確実であると誤解を招く説明をしたり表示する行為（保険業法第 300 条第 1 項第 7 号）

保険契約の際に、保険募集人が、「銀行よりも有利な運用になっています。絶対に損することはありません」と将来不確実な事項について確実であると誤解されるような行為等がこれに該当する。

⑧ 保険会社の特定関係者が特別の利益の提供などを行っていると知りながら、保険契約の申込をさせる行為（保険業法第 300 条第 1 項第 8 号）

保険契約の際に、保険募集人が、「保険に入ってくれたら、自社の別事業部門における商品を購入する際に優遇します」などの特定関係者を通じて特別利益の提供をするような行為がこれに該当する。

⑨ その他保険契約者などの保護に欠けるおそれがあるものとして内閣府令で定める行為（保険業法第 300 条第 1 項第 9 号）

各号には定められてはいないが、募集人が「保険に入ってくれるまで、帰りません」等の威圧的な態度や言葉で圧力募集をかける行為等の保険契約者の保護のために不可欠なものがこれにあたる。

さらに、保険業法施行規則第 234 条（保険契約の締結又は保険募集に関する禁止行為）には、次のようなことが規定されている。

⑩ 保険契約者若しくは被保険者又は不特定の者に対して、保険契約等に関する事項であってその判断に影響を及ぼすこととなる重要なものにつき、誤解させるおそれのあることを告げ、又は表示する行為（保険業法施行規則第 234 条第 1 項第 4 号）

募集人が、保険契約者または被保険者に対して、例えば、保険の勧誘にあたり、客観的事実に基づかない、「業界 No.1」などの説明を行うことなどである。

⑪ 保険契約者に対して、保険契約に係る保険の種類又は保険会社等又は外国保険会社等の商号若しくは名称を他のものと誤解させるおそれのあることを告げる行為（保険業法施行規則第 234 条第 1 項第 5 号）

募集人が、保険契約者または被保険者に対して、例えば、生損保のセット商品の販売にあたり、生命保険商品の引受保険会社を説明しない行為などである。

さらに、2016年5月29日施行の改正保険業法によって、代理店に対し、次の義務が新たに導入された。

① 情報提供義務（保険業法第294条）

保険契約の締結または加入の適否を判断するのに必要な情報を説明しなければならない。従来行ってきた重要事項説明（保険契約概要・注意喚起情報の交付・説明等）が、義務として法令で明文化されたものである。

② 意向把握義務（保険業法第294条の2）

次の事項について、消費者の意向を把握しなければならない。

（ア）どのような分野の補償を望んでいるか（保険種類）

（イ）消費者が求める主な補償内容

（ウ）保険期間、保険料、保険金額に関する範囲の希望、優先する事項の有無等

併せて、保険契約締結に際しては、消費者が締結しようとしている保険商品が把握した意向に合致しているか等を確認する（従来の意向確認義務）。

③ 代理店の体制整備義務（保険業法第294条の3）

代理店は、保険募集の業務に関し、重要事項説明、顧客情報の適正な取扱い、委託先管理、乗合代理店における推奨販売・比較説明、フランチャイズ代理店における保険募集人指導事業など、健全かつ適切な代理店の運営を確保する観点から、自店の規模・業務特性に応じて体制を整備しなければならない。

[6] 保険法

保険法では、保険契約に関する一般的なルールが定められており、保険契約の締結から終了までの間における、保険契約における関係者の権利義務等が定められている。このような保険契約に関するルールは、従来は商法の中に定められていたが、商法の保険契約に関する規定は、1889（明治32）年の商法制定後、100年近くにわたり、実質的な改正がなされていなかった。そのため、表記は片仮名・文語体のままであり、また、現在広く普及している傷害疾病保険に関する規定が

存在せず、現在の保険制度に適合しない内容となっている等の問題があったことから、現代社会に合った適切なものとする必要があった。そこで、この商法の保険契約に関する規定を全面的に見直し、独立した法律にしたものが新しい保険法である。保険法は、2008年法律56号として制定され、2010年4月1日から施行されている。

主要な改正点は、以下の通りである。

(a) 共済への適用など

従来の商法では、基本的に共済への適用はなかったが、新しい保険法は保険契約と同等の内容を有する共済にも適用されることとなった。これにより、法律上の基本的な契約ルールが同じになった。

また、これまでの商法では規定がなかった傷害疾病保険契約について、新しい保険法では規定が新設され、契約の要件・効果等が明確化された。

(b) 保険契約者（消費者）保護

片面的強行規定の規律が設けられ、保険法の規定よりも保険契約者、被保険者または保険金受取人に不利な内容の約款を定めても、その約款の定めは無効となる（ただし、企業分野の保険は、適用が除外される）。

保険法では、保険契約者や被保険者の告知義務の内容を、保険会社が告知を求めた事項に応答する義務として定めている。この告知義務については、自発的申告義務から質問応答義務へ変更され、保険契約者は、重要事項のうち保険会社から告知を求められた事項のみ告知すればよいこととなった。保険募集人による告知の妨害や不告知の教唆があった場合は、保険会社は解除できないとする規定が新設された。

また、保険金の支払時期の規定が新設された。これにより、適正な保険金支払のために不可欠な調査に要する時間的猶予は保険会社に認められているが、その調査に必要な合理的な期間が経過した後は保険会社が遅滞責任を負うこととなった。ただし、保険契約者が保険会社の調査を妨げたりした場合については、この限りではない。

保険法では、保険契約者と被保険者が異なる死亡保険契約は、被保険者の同意が必要とされている。また、保険契約者と被保険者が異なる傷害疾病定額保険契約も、一定の場合を除き、被保険者の同意が必要である。保険契約者と被保険者が異なる死亡保険契約は、被保険者の同意がない限り効力を生じない。

また、保険契約者と被保険者が異なる傷害疾病定額保険契約は、原則として、被保険者の同意がない限り効力を生じないが、被保険者の死亡に関して保険金が支払われる場合には、被保険者またはその相続人である場合は、被保険者の同意は不要である。ただし、被保険者が傷害または疾病により死亡した場合にのみ保険金が支払われる傷害疾病定額保険契約については、保険金受取人が被保険者またはその相続人であっても、原則どおり被保険者の同意が必要となる。

他人を被保険者とする生命保険契約・傷害疾病保険契約において、被保険者がいったん同意をしても、その後に保険契約者や保険金受取人との間の信頼関係が破壊された場合や、同意の基礎となった事情が著しく変更した場合には、被保険者からの解除請求を認める規定（被保険者離脱制度）が新設された。原則として被保険者から保険契約者に申し出ることになる。

(c) 保険機能の拡充

超過保険は、超過部分「無効」から「取り消し可能」へ変更された。同一の目的物に複数の損害保険が締結された重複保険契約については、独立責任額全額支払方式が導入された。これにより、他の損害保険契約が締結されている場合には、各保険会社は按分支払いをせず、自らが締結した保険契約に基づく保険金の全額を支払う義務を負うこととなった。ただし、損害額を超えて複数の損害保険会社から保険金を受け取ることはできない。

被保険者が倒産した場合であっても、被害者が保険金から優先的に損害の回復ができるように特別の先取特権の制度が導入された。

また、保険金詐欺等のモラル・リスクを防止するための重大事由解除の規定が新設された。これにより、故意、詐欺、保険会社の保険契約者または被保険者に対する信頼を損ない、契約の存続を困難とする重大な事由がある場合には、保険会社は契約を解除できることとなった。

保険契約者の債権者等による契約解除に対して、保険金受取人が契約を存続させることができる制度（介入権）が創設された。保険金受取人が介入権を行使するためには、介入権行使について保険契約者の同意を得ること、保険会社が解除の通知を受けたときから１カ月以内に解約返戻金相当額を債権者等に支払うこと等一定の要件が定められている。

3. 金融 ADR

金融 ADR（Alternative Dispute Resolution）制度は、金融機関との取引に関して、利用者と金融機関との間でトラブルが発生したときに、当事者以外の第三者（金融 ADR 機関）にかかわってもらいながら、裁判以外の方法で解決を図る制度である。この制度は、2009 年の「金融商品取引法等の一部を改正する法律」により、金融機関に ADR 機関の利用を義務付けられ、2010 年 10 月 1 日から開始された。

指定紛争解決機関一覧は、次の通りである。

表 40　指定紛争解決機関一覧

団体名
(社)生命保険協会
一般社団法人全国銀行協会
一般社団法人信託協会
一般社団法人日本損害保険協会
一般社団法人保険オンブズマン
一般社団法人日本少額短期保険協会
日本貸金業協会
特定非営利活動法人証券・金融商品あっせん相談センター

金融 ADR 制度では、「指定紛争解決機関制度」という制度があり、金融機関の業態ごとに指定紛争解決機関を設置し、指定紛争解決機関が設置された業態の金融機関は、当該指定紛争解決機関との手続実施基本契約を締結することが義務付けられている。指定紛争解決機関が設置されていない業態については、指定紛争

解決機関に代わる措置として、苦情処理措置及び紛争解決措置を講じることとされている。

総合紛争解決センターは、指定紛争解決機関ではないが、指定紛争解決機関に代わる紛争解決措置として、金融機関と協定書を締結し、当該協定書において、指定紛争解決機関の場合と同様の手続が実施できる。

総合紛争解決センターで扱う金融ADR（協定先金融機関）は、次の通りである。大阪証券金融株式会社、グローバルリンクアドバイザーズ株式会社、京都中央信用金庫、近畿労働金庫、大阪市信用金庫、摂津水都信用金庫、光世証券株式会社、永和信用金庫、大阪東信用金庫、枚方信用金庫、大福信用金庫、大阪信用金庫、株式会社パーフェクト投資顧問、協同組合企業福祉共済会、大阪商工信用金庫、大阪厚生信用金庫、全国農業協同組合中央会、十三信用金庫などである。

指定紛争解決機関の特徴は、次の通りである。「指定紛争解決機関又は紛争解決委員が当該手続に応じるよう求めたときは、金融機関等の側において正当な理由なくこれを拒むことができない（手続応諾義務）」。通常、ADRにおいては、当事者双方の合意により手続が開始する。すなわち、当事者の一方が申立てをしても他の一方が手続の実施を拒否した場合（不応諾）には、その時点で手続は終了する。しかし、指定紛争解決機関において手続が開始された場合には、原則、金融機関側は手続に応じなければならない。

紛争解決委員は、金融機関等に対して報告又は帳簿書類その他の物件の提出を求めることができ、金融機関等は正当な理由なくこれを拒むことができない（資料提出義務）。通常、ADRにおいては、資料の提出等は、当事者の任意で提出する。しかし、指定紛争解決機関の手続においては、原則、紛争解決委員が求めた場合、金融機関側は資料提出に応じなければならない。

紛争解決委員は、和解案を作成してその受諾を勧告することができる。また、様々な事情を考慮して相当な場合は、特別調停案の提示をすることができる（特別調停案の受諾義務）。特別調停案とは、和解案であって、一定の例外的場合を除いて金融機関等が受諾しなければならないものをいう（金融商品取引法第156条の44第6項等）。

通常、ADRにおいては、紛争解決委員が和解案を提示し、当事者双方が了承した場合に「和解」となる。当事者のいずれかが納得しない場合には、和解とはならない。しかし、指定紛争解決機関の手続においては、紛争解決委員は金融機関に対して、和解案の受諾を勧告することができ、和解案の受諾の勧告では成立しないときには、さらには、特別調停案を提示することができる。特別調停案が提示された場合、原則、金融機関側は受諾しなければならない。

指定紛争解決機関による紛争解決手続は、当事者の一方（顧客又は金融機関等）からの申立てによって開始される（金融商品取引法第156条の50第1項等）。指定紛争解決機関は、紛争解決手続の申立てを受けた場合、紛争解決委員を選任する（同条2項等）。紛争解決委員は、弁護士・法律学に関する教授等として5年以上従事した者、消費生活専門相談員等として5年以上従事した者、苦情処理業務を行う法人等において顧客保護の業務に10年以上従事した者等の要件を満たす者でなければならない（同条3項、金融商品取引法第五章の五の規定による指定紛争解決機関に関する内閣府令11条等）。

紛争解決委員は、適当と認めるときは他の法律上の指定を受けた金融ADR機関（受託紛争解決機関）に、紛争解決手続業務を委託することができることとされており（金融商品取引法第156条の50第4項等）、他の業態との連携手段が用意されている。

顧客からの申立てに基づいて紛争解決手続が開始した場合において、指定紛争解決機関又は紛争解決委員が当該手続に応じるよう求めたときは、金融機関等の側において正当な理由なくこれを拒むことができない（金融商品取引法第156条の44第2項2号等）。

紛争解決手続において、紛争解決委員は、金融機関等に対して報告又は帳簿書類その他の物件の提出を求めることができ、金融機関等は正当な理由なくこれを拒むことができない（金融商品取引法第156条の44第2項3号等）とされており、豊富な情報を有する金融機関等側と証拠資料に乏しい顧客側との間の実質的公平が図られている。さらに、紛争解決委員は、和解案を作成してその受諾を勧告し、又は特別調停案の提示を行うことができる（金融商品取引法第155条の50第6項等）。これらの権限を紛争解決委員に与えることにより、実効的な紛争解決が図られている。紛争解決手続は、原則として非公開とされており（金融商品取引法第155条の50第7項等）、当事者のプライバシーにも配慮されている。

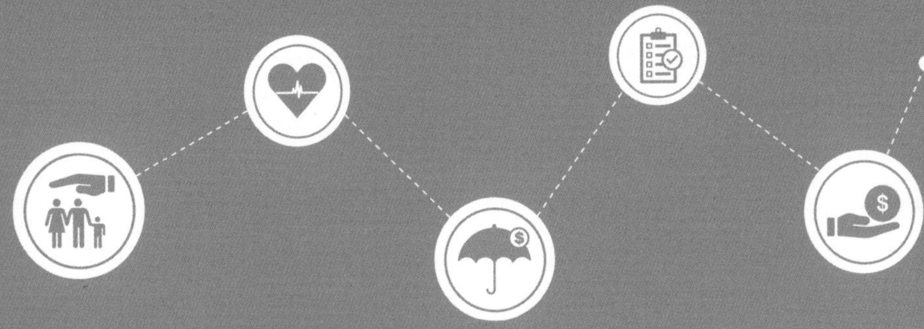

第13章

社会保険

社会保障の多くは、社会保険によって実施されている。本章では、この社会保険と社会保障について概説する。

1. 社会保障の歴史

[1] ドイツ

世界の最初の社会保険制度は、1880年代にドイツで創設されたとされる。当時のドイツは、イギリスに比べて経済的な後進国であったが、重税と賃金搾取によって、階級闘争が起こるという社会主義思想が蔓延していた。当時の宰相オットー・フォン・ビスマルク（Otto Eduard Leopold Bismarck）政府は、社会主義運動を抑圧して急速な経済発展を図るため、いわばムチの政策として、1878年に「社会民主主義の公安を害するおそれのある動きに対する法律」、一般に「社会主義者鎮圧法」と称される法律を制定した。この法律によって、社会主義、共産主義の集会、結社、出版、デモなどの一切が取り締まられ、警察にそのような活動をした人物を追放する権限が与えられた。

また、ビスマルクは、上記のムチの政策と共に、アメの政策である福祉向上のため、1883年に疾病保険法、1884年に災害保険法、1889年に老齢疾病保険法を制定した。

1911年ドイツ国営保険法では、疾病、労災、年金保険法が統合され、1912年職員保険法では、給与生活者に対する健康保険や年金保険が統一的に実施された。

[2] イギリス

イギリスでは、15世紀末から16世紀の初頭にかけて救貧法による救済事業が行われていた。16世紀には友愛組合（Friendly Society）が、労働者の疾病、災害、失業、老後の保障を目的としており、政府も奨励していた。1908年には、無拠出老齢年金法が実施され、70歳以上で資力調査（Means Test）の結果、貧困と認められる者に、毎週1シリングから5シリングまでの年金が支払われた。1911年国民保険法が制定され、第一部では健康保険、第二部では失業保険（強制加入）が規定され、これが失業保険の始まりとされる。

1942年のベヴァリッジ（Sir William Beveridge）報告には、「ゆりかごから墓場まで」の全生涯の保障制度が書かれ、1945年家族手当法、1946年国民保険法等の6つ法律が制定され、1948年から実施された。

[3] 日本

日本の社会保険制度は、第二次世界大戦の前に、ドイツのビスマルクの社会政策を模倣して作られた。1927年に施行された健康保険法は、日本における最初の社会保険であった。さらに、1938年には、農民の救済策として国民健康保険法が制定され、1941年には、労働者のための労働者年金保険法が創設された。その後、1944年に制定された厚生年金保険法では、労働者年金保険法の対象が労働者から職員や女子にも拡大された。

また、1946年に制定された生活保護法では、国家責任の原則、無差別平等の原則、最低生活保障の原則という3原則に基づく公的扶助制度が確立された。さらに、1946年に日本国憲法が制定され、その理念に基づいて、1947年に児童福祉法、1949年に身体障害者福祉法、1950年に生活保護法の改正、1951年に社会福祉事業法が制定された。

1961年4月、国民健康保険事業が全国の市町村で開始され、国民年金法が全面的に施行されたことによって、国民皆保険・皆年金が確立された。また、当時の田中角栄内閣は、1973年を福祉元年と位置づけ、社会保障の大幅な制度拡充を行った。それによって、老人医療費の無料化が行われ、70歳以上の高齢者に対する自己負担がなくなった。それと同時に、健康保険の被扶養者の給付率の引き上げ、高額療養費制度の導入、年金の給付水準の大幅な引き上げ、物価スライド・賃金スライドなどが導入された。2000年には、介護保険制度が導入され、老人福祉と老人医療に分かれていた高齢者の介護制度は、公的介護保険として確立された。

2. 日本の社会保障制度

[1] 社会保障の概念

Social Security（社会保障）は、イギリスでは経済的保障のみを意味する。一方、国際労働機関や欧州連合などでは、Social Security に代えて、Social Protection（社会保護、社会的保護）という言葉も使われ、経済協力開発機構の統計では、Social Expenditure（社会支出）の概念が用いられるなど、社会保障に対する分類と用語は多様である。

日本においては、1950 年に社会保障制度審議会（総理大臣の諮問機関）が発表した「社会保障制度に関する勧告」の中で、次のように述べられている。

『いわゆる社会保障制度とは、疾病、負傷、分娩、廃疾、死亡、老齢、失業、多子その他困窮の原因に対し、保険的方法または直接の公の負担において経済的保障の途を講じ、生活困窮に陥った者に対しては国家扶助によって最低限度の生活を保障するとともに、公衆衛生および社会福祉の向上を図り、もって、すべての国民が文化的社会の成員たるに値する生活を営むことができるようにすることをいう。』

この社会保障には、社会福祉、公的扶助、公衆衛生、社会保険が含まれ、これらを社会保障の 4 つの柱とも称する。「社会福祉」では、児童・母子・老人・障害者に対する施設やサービスが提供され、「公的扶助」では、生活保護法に基づいて、生活困窮者に最低限度の生活が保障される。「公衆衛生」は、予防接種やガンの早期発見事業などを実施するものである。

一方、「社会保険」には、一般的に、公的保険として国が運営する医療保険・介護保険・年金保険・雇用保険・労働者災害補償保険がある。医療保険による医療費の給付が行われ、介護保険によって、老人福祉と老人医療に分かれていた高齢者の介護に関する制度が再編成された。また、年金保険では、高齢者や障害者の生活費が保障され、雇用保険では、失業した場合に離職時の賃金の一定割合の給付が行われる。さらに、労働者災害補償保険では、業務上の負傷・疾病に対する保障が行われる。

[2] 国民負担率

国民負担率（National Burden Ratio）とは、国民全体の所得に占める税金と社会保障費の負担の割合のことである。国税や地方税の合計である租税収入額を国民所得に対する割合で示した「租税負担率」と、医療保険や年金保険などの社会保障負担額を国民所得に対する割合で示した「社会保障負担率」を合計した値になる。この国民負担率は、国民がその所得に対して公的な負担をしている比率を示し、社会福祉の充実度合いを測る指標とされる。

$$\text{国民負担率}(\%) = \frac{(\text{租税負担額} + \text{社会保障負担額})}{\text{国民所得}} \times 100$$

また、「潜在的国民負担率」とは、国民負担率に財政赤字率ともいうべきものを加算した比率である。

$$\text{潜在的国民負担率}(\%) = \frac{(\text{租税負担額} + \text{社会保障負担額} + \text{財政赤字})}{\text{国民所得}} \times 100$$

日本では、政府の指針として潜在的国民負担率を50%以内としており、これらの比率は、OECD諸国のなかでも相対的に低水準（国民負担率：43.8%、潜在的国民負担率：49.1%、いずれも2020年度）となっている。

国民負担率の大きさでは、北欧諸国は「高福祉・高負担」、アメリカは「低福祉・低負担」の代表例であると言われる。日本の国民負担率は、欧州諸国と比較して、それほど高くない。

[3] 社会保障と社会保険

社会保障制度における医療費保障や老後の所得保障は、一般的に、医療保険や年金保険のような社会保険方式が採用される。イギリスのベヴァリッジ報告（1942年）では、社会保障の主要手段として、職域や地域を問わない全国民による均一の保険料拠出・均一の給付という社会保険とし、その補助的な手段として、国民扶助（生活保護）と任意保険とすることが提唱されている。国民扶助（生活保護）には、資力調査があるため、スティグマ（Stigma：汚名）が付きまとうことになるが、それよりは、一定の拠出を要件とする社会保険の方が自立した自由な個人にふさわしいと考えていたためである。

日本の社会保障制度に大きな影響を与えた1950年の社会保障制度審議会勧告も、「国家が（略）国民の自主的責任の観念を害することがあってはならない。その意味においては、社会保障の中心を成すものは自らをしてそれに必要な経費を拠出せしめるところの社会保険制度でなければならない」と、社会保障における社会保険の重要性が強調されている。同審議会の1995年勧告の中でも、社会保険制度の利点が指摘されている。実際に、日本の社会保障制度は、その社会保障給付費の約9割を社会保険で対応しており、社会保険制度が社会保障制度の中核となっている。

日本における広義の社会保険には、公的保険として国が運営する医療保険・年金保険・介護保険・雇用保険・労災保険の5種類がある。これらは、いずれも生存権（憲法25条）の実現のための社会保障としての制度であるが、狭義の社会保険は、医療保険、介護保険、年金保険の3つである。労災保険（労働者災害補償保険）と雇用保険は、社会保険のうちでも「労働保険」として区分される。

労働保険は、生存権と併せて勤労権（憲法27条）を実現させるための具体的施策である。雇用保険の保険料は従業員が一部負担しているが、労災保険は、加入者の保険料負担がない。広義の社会保険のうち、厚生労働省が定義する「社会保険」の中には、労働保険が含まれていない。

一方、医療保険では、地域保険である「国保（国民健康保険）」に対し、被用者保険が「社保（社会保険）」と称されることがある。企業では、健康保険と厚生年金の2つを合わせて「社会保険」と称され、雇用保険と労働者災害補償保険（労災保険）の2つを合わせて「労働保険」と称されることがある。

表41 日本の公的保険制度

<table>
<tr><th colspan="2">分類</th><th>保険名</th><th>対象者</th><th>給付内容</th><th>窓口</th><th>手続き</th></tr>
<tr><td rowspan="4">職域保険(被用者保険)</td><td rowspan="2">社会保険</td><td>健康保険[医療](介護保険)</td><td rowspan="2">被保険者</td><td>業務外の病気、ケガ、出産、死亡等(介護状態)</td><td rowspan="2">年金事務所</td><td rowspan="4">会社</td></tr>
<tr><td>厚生年金保険[年金]</td><td>老齢、障害、遺族</td></tr>
<tr><td rowspan="2">労働保険</td><td>労災保険</td><td rowspan="2">労働者</td><td>業務上または通勤途上の病気、ケガ、死亡</td><td>労働基準監督署</td></tr>
<tr><td>雇用保険</td><td>失業等、会社への助成金</td><td>公共職業安定所</td></tr>
<tr><td colspan="2" rowspan="2">地域保険</td><td>国民健康保険[医療]</td><td rowspan="2">職域保険が適用されない者</td><td>病気、ケガ、出産、死亡等</td><td rowspan="2">市区町村</td><td rowspan="2">本人</td></tr>
<tr><td>国民年金[年金]</td><td>老齢、障害、遺族</td></tr>
</table>

出典 各種資料を参考にして作成

3. 社会保険と公的扶助

[1] 社会保険と公的扶助

社会保険では、保険技術が用いられ、保険料を財源として給付が行われている。この社会保険は、国などの公的機関を保険者とし、強制加入が原則である。一方、社会扶助では、租税を財源にして保険技術が使われずに給付が行われており、国や地方公共団体の施策として、国民や住民に対して現金またはサービスの提供が行われる。

公的扶助制度である生活保護制度は、社会扶助の代表的な制度であるが、その公的扶助には、児童福祉、障害福祉、老人福祉といった社会福祉制度や、児童手当や福祉年金などがある。福祉年金は、国民年金制度の創設当時に、すでに高齢のために適用対象外となった層に対して時限的に実施された措置として、保険料負担なしの無拠出の年金制度である。

【2】ミーンズ・テスト

ミーンズ・テスト（Means Test）は、資力調査とも呼ばれ、生活保護の申請者に対して行われる資力調査を指す。このミーンズ・テストは、生活保護において、申請者がその受給要件を満たしているかを判断するため、行政側が申請者の収入や資産、扶養義務者の状況などを調査するものである。

この資力調査は、申請者の収入、資産、またはその両方に対して行われ、収入・資産が一定水準を下回ることが受給要件となる。しかし、これが申請者に対するスティグマ（Stigma：貧困の烙印）となる問題点が指摘されている。また、日本のミーンズ・テストの要件は、西欧諸国に比べて厳しく、扶養義務者の範囲が広いため、生活保護率が低い原因となっているとも指摘される。

アメリカにおけるミーンズ・テストは、世界恐慌の際、住宅扶助の申請者に対して実施され、1960年代以降は、フード・スタンプ（Food Stamp）制度においても、実施されている。フード・スタンプは、アメリカにおける公的補助の一つであるスーパーマーケットでも使える金券の一つで、食料品が買えるものである。また、低所得者向け健康保険制度として州政府と共同で行っている医療扶助事業であるメディ・ケイド（Mdicaid）でも資力調査が実施されている。

【3】公的扶助の資力調査

公的扶助制度は、国が定める最低生活基準以下の人々に対して、その生活を最低生活基準まで保障する制度である。資力調査（Means Test）は、生活保護法4条「保護の補足性の原理」に規定されている。生活保護法29条によって、福祉事務所長に調査権が認められる。

公的扶助制度は、持っている財産、または他の制度や手段によっても最低生活基準満たない場合の最後の手段（Last Resort）として位置付けられる。

① 資産

公的扶助の前に、世帯の財産で活用できるものは、生活のために、すべて活用することが求められる。預貯金・不動産・自動車・宝石・貴金属等・有価証券等・生命保険などは、売却または解約して、生活費として使うことが前提となる。

② 能力（稼働能力等）

働くことが可能な人は、その能力に応じて働くことが求められる。

③ 他の制度（法律）

年金、手当等の社会保障給付等、他の制度（法律）で利用できるものがあれば、それらをすべて活用することが求められる。傷病手当金・失業給付金・労働災害賠償金・障害年金・老齢年金・児童手当・児童扶養手当などを優先して受給することが前提となる。

④ 扶養義務者

扶養の義務のある三親等内の親族（親・子・兄弟姉妹）に扶養を求める。申請の時または家庭訪問調査の時に、扶養義務者の名前・住所等を書いた一覧表の記入を求められる。音信不通などの理由で記入していない場合でも、福祉事務所では、職権ですべての扶養義務者の名前、住所等を調査し、文書照会（扶養照会）を行う。

民法の規定では、直系血族及び兄弟姉妹は、互いに扶養をする義務がある（民法第 877 条)。家庭裁判所は、特別の事情がある場合は、３親等内の親族間においても、扶養の義務を負わせることができる。扶養義務は、直系血族の場合は、上下関係は無限であり、兄弟姉妹の場合は、余裕があれば助ける（家庭裁判所から義務付けられることあり）というものである。

生活保護（公的扶助）と社会保険の相違点は、次の通りである。

表42 生活保護（公的扶助）と社会保険の相違点

区　分	生活保護（公的扶助）	社会保険
目的	実際に困窮に陥った場合に最低生活を保障する制度（救貧制度）	生活上のリスクによる困窮を予め防ごうとする制度（防貧制度）
財源	公費（税）による給付	保険のしくみを利用
対象	一定の要件にあてはまる人は、すべて扶助の対象にし、また困窮の原因を問わない「無差別平等の原理」に基づいて行われる。	被保険者、また保険料を負担した人に限って給付の対象とし、あらかじめ決められた保険事故に限って給付が行われる。
給付額など	一定の保護基準が決まっており、多くの場合、均等の扶助が行われる「最低生活保障の原理」に基づいて行われる。	現実の生活水準の保障を目標とし、生活費給付の場合、その給付額は、基本的に賃金所得に比例する。
給付の要件	保護を受ける人は、自分の能力、その人が利用できる資産や他の社会保障の制度等を優先的に活用して、なお最低生活の水準に達しない場合に、その足りない部分が扶助される。また、民法上の扶養義務が扶助に優先し、扶助を受けるには、いつも資産調査が行われる。これらの「保護の補足性の原理」に基づいて生活保護が行われる。	一定の要件を備えれば、資産や能力に関係なく給付が行われる。

出典 各種資料を参考にして作成

4. 社会保険方式と社会扶助方式

社会保障には、社会保険方式と社会扶助方式がある。

[1] 社会保険方式

社会保険方式は、民営保険技術を導入して、保険料を徴収することによって、運営される社会保障である。この社会保険方式は、被保険者が保険料負担の対価として給付を受けることは権利であるため、恩恵的な給付である社会扶助方式の場合よりも、その受給に恥ずかしさや汚名を伴わない。例えば、医療保険で医療サービスを受けるように、保険からの給付は、被保険者の当然の権利として受け止められている。

また、その財源面でも、給付水準は保険料負担と関連しているため、それぞれの支払いと税金の収入の相関関係が希薄な社会扶助よりも、その負担と給付について被保険者の合意を得られやすく、「給付増は望むが、負担はしたくない」という安易な要求を避けることができる。しかし、一律定型的な給付になりがちなことや、過剰利用等の問題が起こりやすいことが、その問題点として指摘される。

[2] 社会扶助方式

社会扶助方式は、一定の要件に該当すれば、負担と関係なく、給付が受けられることと、ある特定の需要に対するきめ細かな対応が可能なことが、その長所として挙げられる。その反面、一部の受給者には制度に安住する傾向が見られたり、財政負担の増大につながりやすいという問題点も指摘される。

また、社会扶助方式では、必要性に応じて給付を行うため、対象者に対する資力調査が行われ、所得や家族状況によって利用が制限されたり、利用料の応能負担となったりすることがある。例えば、年金保険による老齢年金や医療保険制度の医療給付には、基本的には、所得制限がないが、児童手当や福祉年金の給付には、所得制限が設けられている。

5. 民営保険と社会保険の相違点

民営保険と社会保険には、次のような相違点がある。

[1] 保険給付の面の相違

民営保険では、一部現物給付が認められているが（第９章参照）、保険給付（保険金支払）は原則的に金銭で行われている。これに対し、社会保険では、金銭給付に加えて、「現物給付」が行われる。保険は、加入者が保険者に保険料を支払い、保険事故が発生した場合に、保険者が加入者に保険金を支払うものである。日本の社会保険も、従前ではこの原則に従っていたが、国家財政の負担が大きくなるにつれ、保険給付が行われる際に、保険契約者に対して、保険料とは別に「一部負担金」を求められることになった。この一部負担金は、民営保険における免責金額のようなものであるが、公的医療保険の一部負担金の最高額は給付額の３割となっている。また、社会保険においては、民営保険とは異なり、公的年金における物価スライド制のように、給付の実質価値の維持が保証されている。さらに、社会保険は、低所得者の保険料軽減や給付面で所得再分配機能を有しているが、民営保険には、その機能はない。

[2] 保険料の面の相違

保険技術の原則として、給付・反対給付均等の原則と収支相等の原則があり、民営保険ではこれらの原則に従って保険料が算出されている。しかし、社会保険では、給付・反対給付均等の原則の例外として応能主義が採用されており、収支相等の原則の例外として、公費負担が行われている。

社会保険では、一般的に、給付・反対給付均等の原則は適用されていない。社会保険の保険料は、危険（リスク）に応じて設定されるのではなく、一律の平均保険料方式、または所得等の負担能力に応じた応能保険料方式が採用されている。また、その保険料の負担においても、被保険者以外に、事業主が一部負担しており、給付水準は拠出に結びつけられたものではなく、拠出以上に給付を受けられることが多い。このように、社会保険では、その保険料と給付の水準において、民営保険では想定されていない所得再分配の機能が盛り込まれている。

また、収支相等の原則についても、社会保険では、その財源は、保険料だけではなく、税金による公費負担が行われることによって、収支の均衡が図られることが多い。これは、社会保険では、低所得者も含めて強制加入としているため、公費負担による保険料負担の軽減を行い、所得格差のある被保険者間の同一性を高めるための措置である。

公費負担は、社会保険に対する国や地方公共団体の公的責任の見地から、制度の安定的運営のためでもある。この社会保険制度における保険料の負担は、相互扶助と社会連帯の責任を果たすための国民としての義務的負担の性格を持っている。一方で、民営保険と同様に、社会保険料の負担によって、疾病状態や老齢などの場合に、その制度に基づく給付を受けられる権利（受給権）を取得できる。

社会保険と民営保険の相違点は、次の通りである。

表43　社会保険と民営保険の相違点

区　分	社会保険	私的保険（民営保険）
目的	個人の努力では救済しきれない経済的損失を、国家または社会が集団の力で救済するという社会的目的。	個人の努力によるリスク対応。
原則	大数の原則、給付・反対給付均等の原則、収支相等の原則が貫かれていない。目的の一つが、所得の再分配にあるからである。	大数の原則、給付・反対給付均等の原則、収支相等の原則の保険のしくみを基礎としている。
加入	強制加入。	任意加入。
給付額	平均的な社会的必要に基づいて保険給付額が決定される。	保険契約者の個別的な必要性と保険料の金額により、保険給付額が決定される「給付・反対給付均等の原則」。
保険料	被保険者全体の平均危険率と被保険者の負担能力（所得）を基にした「平均保険料」が採用されている。	事故発生の確率によって保険料が決まる給付・反対給付均等の原則が適用される。
収支	国・地方公共団体が保険料の一部を負担または補助することもあり、事業主も保険料を分担する場合がある。	保険事業の支出はすべて、保険料収入とその運用益で賄われる収支相等の原則が適用される。

出典　各種資料を参考にして作成

6. 社会保険の適用

[1] 社会保険の適用要件

社会保険の適用には、「強制適用事業所」と「任意包括適用事業所」がある。次の３つの要件をすべて満たす場合は、「強制適用事業所」となり、社会保険に加入しなければならない。①社会保険の適用事業所に使用される労働者であること（第１要件）、②雇用期間に関する要件を満たす労働者であること（第２要件）、③常用的使用関係にある（労働時間・労働日数に関する要件を満たす）労働者であること（第３要件）、である。

健康保険、厚生年金では、強制適用事業所でない事業所であっても、強制適用事業所以外の事業所において使用されている人の２分の１以上の同意がある場合は、事業主の申請に基づいて厚生労働大臣の認可を受け、70歳未満の人を包括して被保険者とすることができる。このように認可を受けて適用事業所とされる事業所は、「任意包括適用事業所」と称される。この任意包括適用事業所において、個人事業主は雇用する人であり従業員ではないので、この個人事業主は社会保険に加入できない。

任意包括適用事業所において、被保険者の４分の３以上の同意がある場合は、事業主の申請に基づき厚生労働大臣の認可を受け、任意包括適用事業所でなくなることができる。この場合、使用される人は、包括して被保険者資格を喪失する。事業所の適用、被保険者の資格取得・資格喪失手続、保険料の算定・納付など、健康保険（介護保険）と厚生年金保険を同時に一枚の用紙で行う。

表44 社会保険適用事業所一覧表

区分	適用業種		非適用業種	
業種	製造業・建設業・物品販売業（卸・小売）・運送業・出版業・金融、保険・医療・福祉・ソフト開発・通信、報道の業務等		農林水産業・理美容業・飲食店等のサービス業・弁護士、社会保険労務士などの専門サービス業等	
規模	法人	個人	法人	個人
５人以上	強制適用事業所	強制適用事業所	強制適用事業所	任意
５人未満	強制適用事業所	任意	強制適用事業所	任意

出典 各種資料を参考にして作成

社会保険への加入を必要としない事業所は、適用業種の５人未満の個人事業所と非適用業種の個人事業所（従業員数に無関係）のみである。法人の場合は、一人でも常勤者がいれば強制適用事業所となる。有限会社で１人だけの取締役の場合でも加入しなければならない。個人事業主は、強制適用事業所でも任意適用事業所でも社会保険に加入することができない。法人で１人だけの取締役が強制適用される理由は、法人に雇用されていると見なされるためである。任意包括適用事業所とは、個人事業所で、①非適用業種（人数に関係なし）と②適用業種（５人未満）である。

(a) 社会保険の適用事業所に使用される労働者（第１要件）

法人の事業所は、全てが強制適用事業所であるため、社会保険に加入しなければならない。

個人事業所は、非適用業種の個人事業所と適用業種の個人事業所に分けられる。次の非適用業種は、自ら申請して、任意包括適用を受けない限り、社会保険に加入する必要はない。

①第１次産業（農林水産業）、②サービス業（飲食店・美容業・旅館業など）、③法務専門サービス業（いわゆる士業）、④宗務業（神社・教会など）など

適用業種における個人事業所のうち、常時従業員数が５人以上の個人事業所（非適用業種を除く）は、強制適用事業所であるため、社会保険に加入しなければならない。適用業種における個人事業所のうち、常時５人未満の事業所は、自ら申請して、任意包括適用を受けない限り、社会保険に加入する必要はない。パート労働者の加入を検討しなければならないのは、強制適用事業所と任意包括適用事業所である。

図 56　適用業種の適用

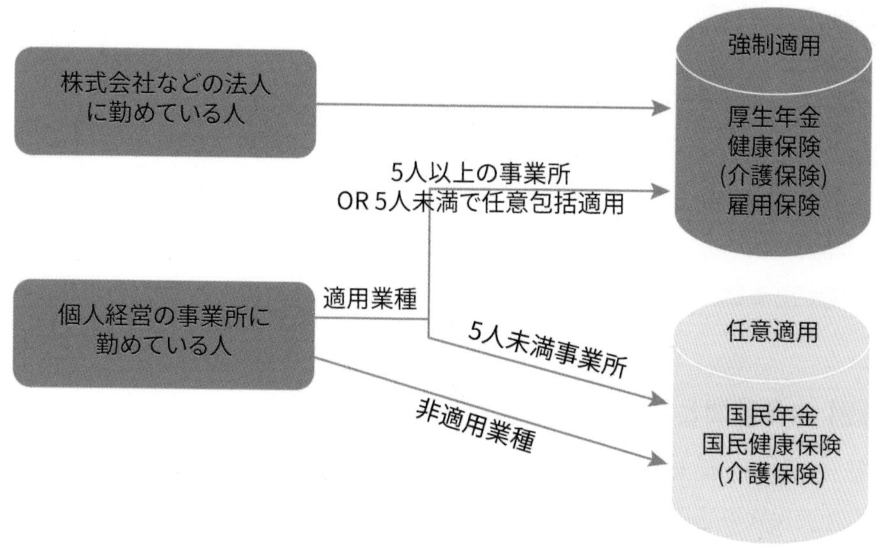

出典 各種資料を参考にして作成

(b) 雇用契約期間に関する要件（第２要件）

次の要件のいずれかに該当する場合は、社会保険の適用除外となる。言い換えれば、適用事業所に勤務し、次の要件に該当しない者には、社会保険が適用される。

① 日々雇い入れられる者（1ヶ月を超えて引き続き使用されたときを除く）

② ２ヶ月以内の期間を定めて使用される者（所定の期間を超えて使用されたときを除く）

③ 季節的業務に４ヶ月以内の期間で使用される者（４ヶ月を超えて使用されたときを除く）

④ 臨時的事業に６ヶ月以内の期間で使用される者（引き続き使用されたときを除く）

(c) 常用的使用関係（労働時間・労働日数）に関する要件（第３要件）

次の要件を２つとも満たす場合は、社会保険は適用になる。

①１日または１週間の労働時間が通常の労働者の概ね４分の３以上

②１ヶ月の労働日数が通常の労働者の概ね４分の３以上

パートタイム労働者が健康保険・厚生年金の被保険者となるか否かは、「常用的使用関係にあるかどうか」により判断される。「常用的使用関係にあるか否か」の判断に当たっては、労働日数・労働時間・就労形態・職務内容等といった要因が総合的に検討されるが、その一つの目安は、労働日数・労働時間である。社会保険の加入については、嘱託・パート等の名称や賃金の額には関係なく、勤務日数や時間で決まる。

[2] 労働時間と社会保険の適用関係

社会保険は、従業員５人以上の適用業種の個人事務所や、法人の事業所は１人でも社会保険の適用事業所であるが、適用事業所に使用される常勤社員（原則として正社員の４分の３以上の勤務時間がある者をいう）は、国籍・意思・性別・年齢・収入を問わず、原則として社会保険の加入義務がある。ただし、次に該当する場合、社会保険の被保険者とならない。

① 日々雇入れられる者

② 12 ヶ月以内の期間雇用者

③ 季節的業務（4 ヶ月以内）に就く者

④ 臨時事業所（6 ヶ月以内）に就く者

表45 所定労働時間が週40時間（1日8時間 ×5日）の場合

週労働時間	労災保険	雇用保険	社会保険
30〜40時間	○	○	○
20〜30時間	○	○	×
19時間以下	○	×	×

出典 各種資料を参考にして作成

【3】社会保険の適用除外

強制適用事業所、任意包括適用事業所に使用されていても被保険者にならない人は、次の通りである。

①船員保険の被保険者、②日々雇い入れられ1月を超えない人、③12月以内の期間を定めて使用され、その期間を超えない人、④季節的業務に使用され4月を超えない人、⑤臨時的事業（博覧会等）に使用され、6月を超えない人、⑥事業所の所在地の一定しない事業に使用される者、⑦恩給法の適用のある者

①から⑥は、健康保険適用除外者であり、②から⑦は、厚生年金保険適用除外者である。

7. 超高齢社会と社会保険

【1】高齢化の現状

65歳以上の人は「高齢者」と呼ばれる。さらに、65〜74歳を「前期高齢者」、75歳以上を「後期高齢者」と称する。高齢化率とは、65歳以上の高齢人口が総人口に占める割合であり、高齢化社会とは高齢化率7〜14%未満の場合であり、高齢社会とは、高齢化率が14〜21%未満の場合である。さらに、超高齢社会とは、高齢化率が21%以上の場合である。

日本の高齢化率は、1985年に10%を超え、20年後の2005年には20%を超え、その8年後の2013年に25.0%となり、初めて4人に1人が高齢者となった。国立

社会保障・人口問題研究所の推計によると、この割合は今後も上昇を続け、2035年には33.4%となり、3人に1人が高齢者になると見込まれている。

日本における高齢化率の推移は、次の通りである。

図57 日本における高齢化率の推移

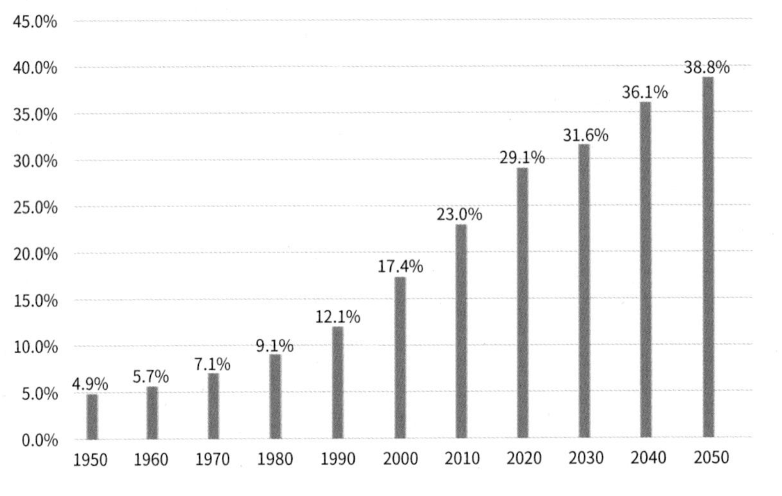

出典 各種資料を参考にして作成

一方、65歳が特定の年齢まで生存する確率は、次の通りである。

表46 65歳が特定の年齢まで生存する確率（%）

区　分	男性			女性		
	80歳	90歳	100歳	80歳	90歳	100歳
2015年に65歳(1950年生まれ)	73	35	4	87	60	14
2025年に65歳(1960年生まれ)	75	38	5	89	64	17
2035年に65歳(1970年生まれ)	77	41	6	90	67	19
2045年に65歳(1980年生まれ)	78	43	6	91	69	20
2055年に65歳(1990年生まれ)	79	44	6	91	69	20

出典 厚生労働省（社会保障審議会）

[2] 超高齢社会と社会保障

年金は、現役世代の負担で年金を払う世代間扶養の仕組みになっており、少子高齢化で年金受給者は増えるが保険料を納める人が減る。現役世代が増え続ける時代には払った金額以上支払われる仕組みであったが、少子高齢化では払った金額以下しか受け取れない世代が出てくる。

医療保険は、病院に支払われる診療報酬が原則的に出来高払いとなっているため、検査漬け薬漬けの問題が指摘されている。この問題を解決すべく、一部包括診療報酬が導入されている。高齢者の医療費は若い人の５倍とも指摘され、後期高齢者医療保険の財政は、高齢者保険料１割、医療保険者からの支援金約４割、公費約５割で賄われる。各保険への割当が高額になり、拠出金のために赤字になるところも出てきた。

介護保険は、1～3割の自己負担が利用を抑制していると指摘されており、介護保険料が年金生活者にとり負担となっている。保険料減免には収入だけでなく資産調査もある。現状では７割の世帯が非課税世帯なので非課税世帯を保険料免除にしたのでは保険が成り立たなくなる。保険料や利用料を払えない人は生活保護の介護扶助を受けることになる。

社会保障、企業保障、自助努力の関係は、次の通りである。

図58 保障の段階と年金制度

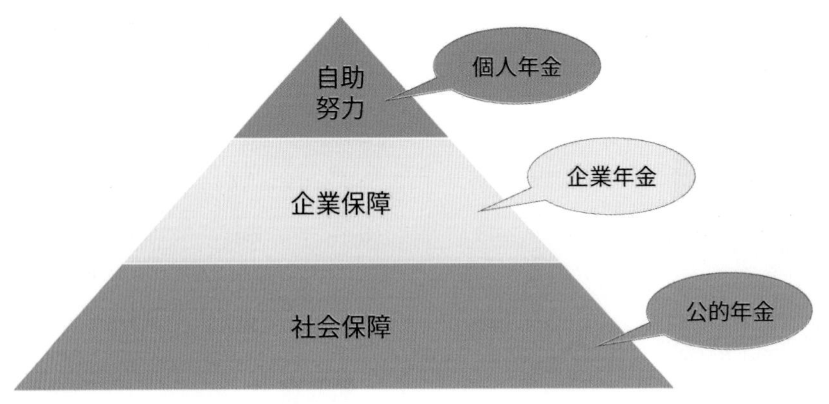

出典 各種資料を参考にして作成

一方、保障の段階別の保障制度は、次の通りである。

表 47 段階別の保障制度

区　分		死亡保障	医療保障	所得保障（休業時・失業時）	老後保障・財産形成
社会保障制度		公的年金（遺族年金） 労災保険	健康保険 介護保険 労災保険	健康保険（傷病手当金） 雇用保険 労災保険	公的年金（老齢年金）
福利厚生制度	企業保障制度【企業独自制度】〈企業負担〉	弔慰金、死亡退職金、法定外労災補償、遺族・遺児育英年金（総合福祉団体定期保険）	療養見舞金（団体医療保険）[全員加入型]	休業時の所得保障（新団体就業不能保障保険）、（団体長期障害所得補償保険）[全員加入型]	退職金、厚生年金基金、確定給付企業年金、（企業型）確定拠出年金
	自助努力支援制度〈従業員負担〉	団体定期保険（グループ保険）	団体医療保険[任意加入型] 団体傷害保険	団体長期障害所得補償保険[任意加入型]	拠出型企業年金保険、財形貯蓄、社内預金
個人による保障〈個人負担〉		個人保険	個人医療保険	所得補償保険	個人年金保険 iDECO

出典　各種資料を参考にして作成

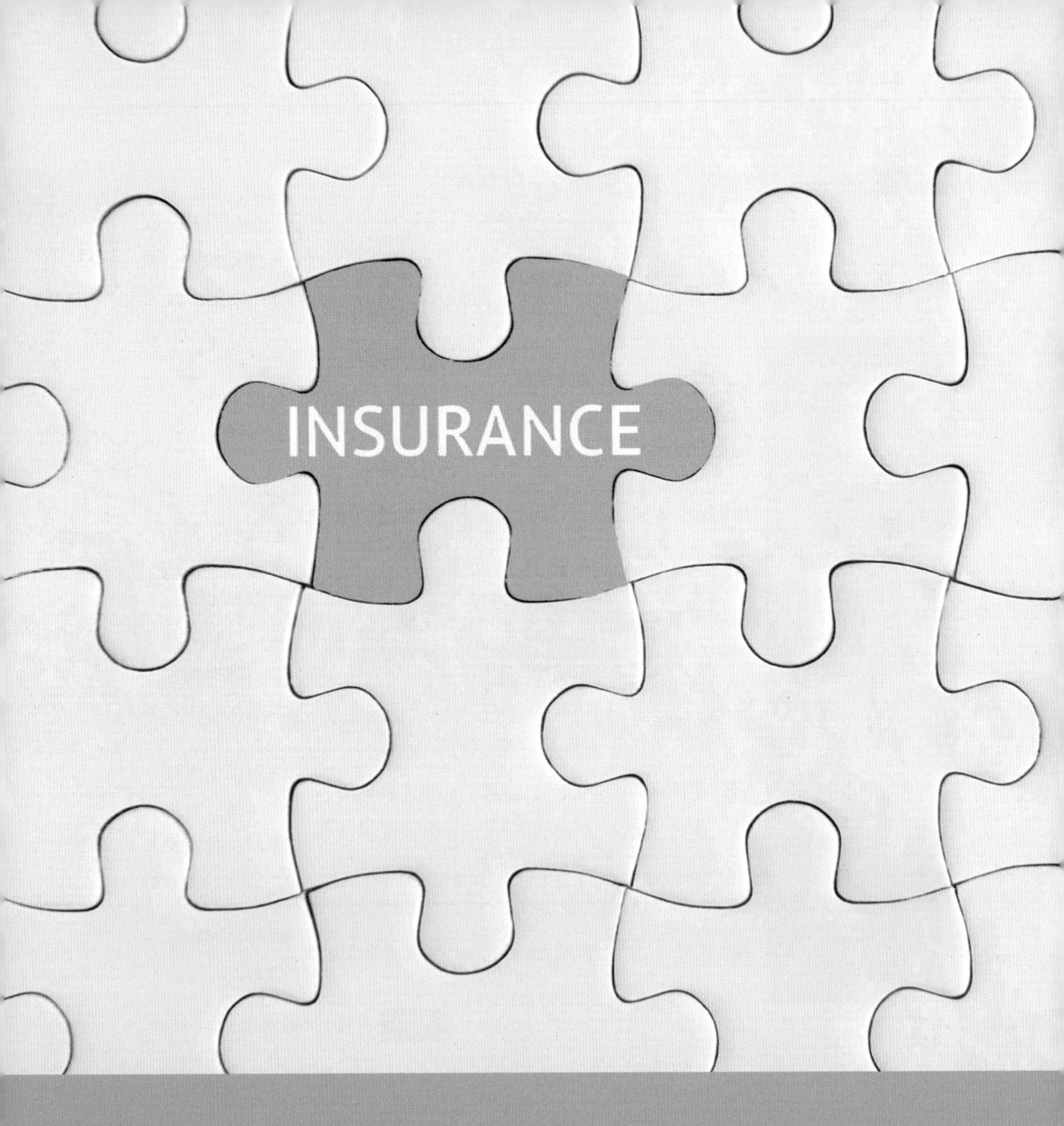

02 災害と損害保険

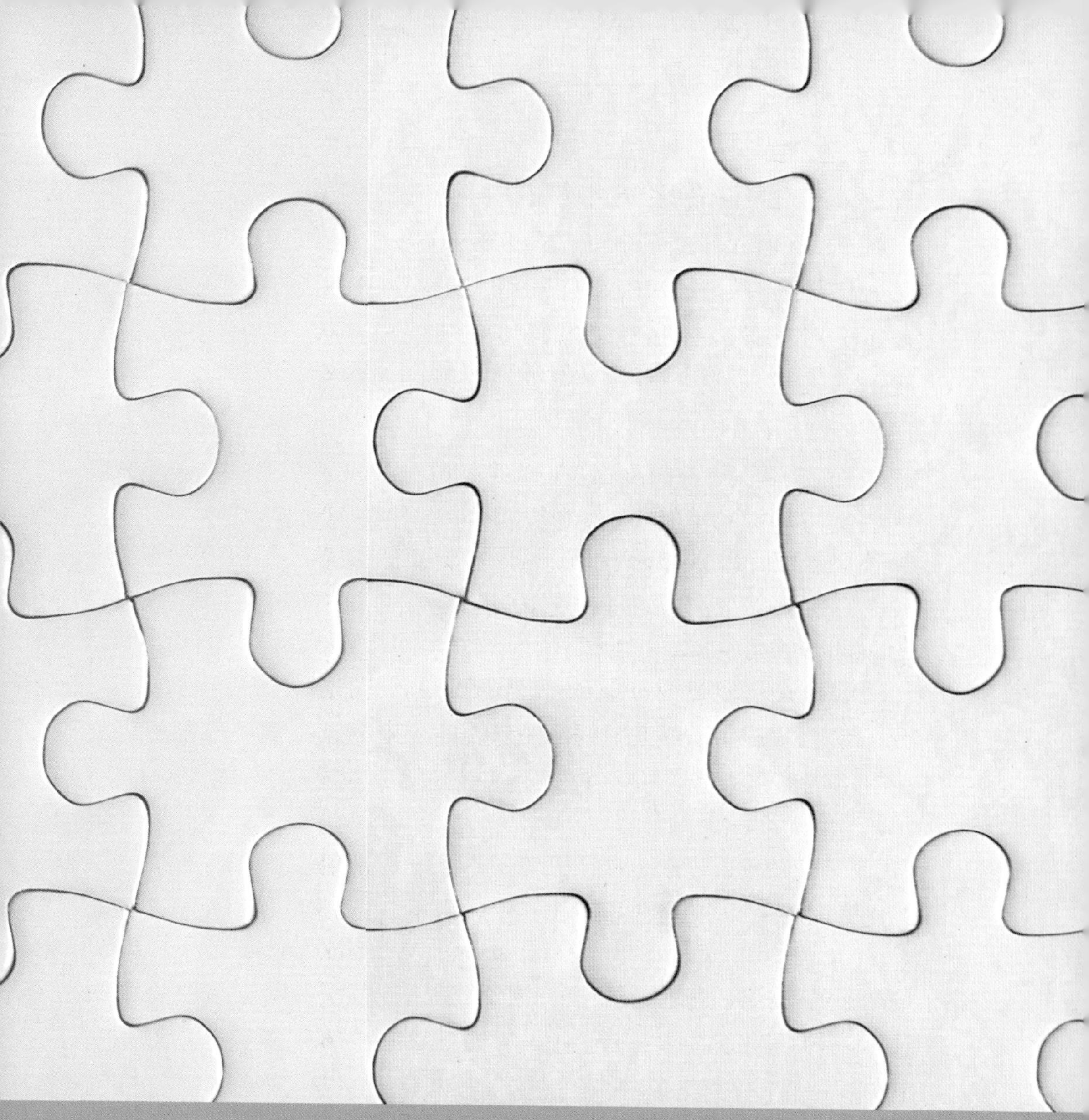

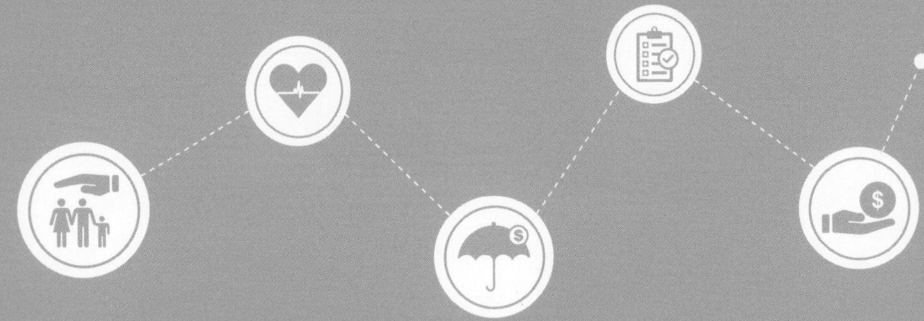

第14章

損害保険の展開

損害保険は、海上保険から始まったが、陸上保険、さらに積立保険へと展開するようになった。本章では、その内容について概説する。

1. 損害保険の種類と変遷

[1] 損害保険の種類

損害保険（General Insurance, Non-Life Insurance）は、特定の保険商品を指すのではなく、損害保険会社が販売している保険商品の総称である。この損害保険は、内陸のリスクを担保する自動車保険や火災保険などのノンマリン（Non-Marine）分野と、海上のリスクを担保する貨物保険や船舶保険などのマリン（Marine）分野がある。損害保険会社は、保険業法を根拠法とし、金融庁による監督を受けているが、損害保険と同様のリスクを担保しながら保険業法以外に根拠法に基づいて金融庁以外の省庁の監督を受ける共済もある。

産業の発展とグローバル化などに伴ってリスクは拡大し続けており、それらのリスクを担保する損害保険も急速に多様化・複雑化している。この損害保険の多様化・複雑化は、金融産業に対する規制緩和によって、損害保険商品の種類が急速に増加するなど、その進展が早まっている。また、権利意識の高まりに伴い、個人・企業・団体が過失などによって他人に対する損害賠償責任を負うことになるリスクに対応した各種の「責任保険」が重要視されている。その責任保険には、自動車保険や自賠責保険をはじめ、航空保険、原子力損害賠償責任保険、労働災害保険、環境汚染賠償責任保険、製造物損害賠償責任保険などの100種類以上ある。さらに、サイバー・リスクやパンデミックなどの新しいリスクに対する保険も注目されている。

損害保険の種類は、次の通りである。

図59　損害保険の対象

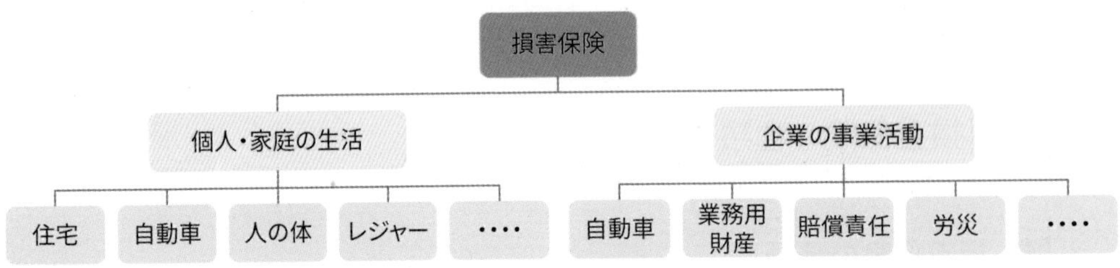

出典　損害保険協会の資料を参考にして作成

[2] 損害保険商品の変遷

損害保険会社の社名には「火災」や「海上」などの文言が入っている場合が多いが、それは、多くの損害保険会社が火災保険会社または海上保険会社として発足していたことの名残である。1960年代頃までは、火災保険と海上保険が損害保険会社の主力の保険商品でもあった。

その後のモータリゼーションの進展によって自動車の保有台数が増加するにつれて交通事故が急増すると、自動車保険や自賠責保険など自動車関連の保険が主力商品となってきた。

一方、前述のように、損害保険は、リスクの変動性などを考慮して、生命保険に比べて、保険期間が原則として１年と短い。しかし、この損害保険においても、長期総合保険のような長期契約の損害保険も普及してきており、企業保険的分野が生命保険よりは比較的広い。しかし、保険契約高の面においては、近年、自動車保険の普及によって、自動車保険の属する家計部門の比重が著しく増大してきている。

また、損害保険商品は、保険期間が１年以下の「補償型」と、保険期間が１年超の「積立型」に分類することもできる。保険料率の算出の際、保険期間が１年以下の補償型の損害保険には予定利率が使われていないが、保険期間が長期の積立型などの損害保険には、予定利率が使われる。損害保険会社は、伝統的に補償型損害保険のみを販売していたが、1960年代から火災保険や傷害保険を中心に、数多くの積立型損害保険を開発して販売してきた。損害保険会社の積極的な販売活動の結果、バブルが絶頂期を迎える1986年度には損害保険全体の収入保険料に占める積立型損害保険の収入保険料の割合は、42.6%にも達していた。

しかし、1990年代のバブル崩壊後には、資産運用環境が悪化する中で予定利率が低下して、貯蓄商品としての魅力が薄れたため、積立型損害保険の販売も減少し、2003年度には、損害保険全体の収入保険料に占める積立型損害保険の収入保険料の割合は、14.3%まで低下し、さらに減少し続けていた。

保険事業に対する規制緩和の流れの中で、新しい種類の損害保険も発売された。例えば、自動車保険において、対象年齢や走行距離などを細分化し、それぞれのリスクに応じてきめ細かく保険料率を算定するリスク細分型自動車保険や、自分の過失分を含めて、示談交渉なしに保険金が支払われる「人身傷害補償特約」などがその例である（詳細は第17章を参照）。

2. 海上保険

海上保険の歴史は古く、その萌芽（ほうが）は古代ローマ時代にさかのぼることができるが、14世紀に北部イタリアの地中海沿岸諸都市において、それまでの海事慣行であった冒険貸借より転化して、現在のような海上保険契約の形になったとされている[40]。海上保険は、17世紀以降は、その名もロンバルディアに由来するロンドンのロンバード街を中心として盛んに行われ、さらにイギリスが貿易、海運の中心的市場になるに及んで、イギリスの海上保険は世界各国の模範となり、指導的地位を確保するようになった。

【1】海上危険

海上保険契約は、海上危険（Perils on the Seas; Maritime Perils）に起因して生じる保険目的物の海損（Marine Loss）をてん補する契約である。ここでの海上危険とは、輸送中における船舶の沈没・座礁、火災・衝突等の輸送用具の事故のリスク、暴風雨・落雷等の自然災害のリスクのみならず、人為的行為による火災（Fire or

40　1350年にパレルモ、1379年にピサ、1385年にフィレンツェ、1395年にベネチアで契約されたものは、いずれも今日の保険契約の形をとっている。

Burning)、投荷（Jettison)、船員による非行（Barratry of Master or Mariners)、海賊や盗難（Pirates, Rovers & Thieves）等の人為的な危険も含まれる。また、海固有の危険（Perils of the Seas）とは、海で起こる偶発的な事故または災害のことを指し、通常の風波の作用は含まない。海固有の危険の具体的な例には船舶の沈没、衝突、座礁、低気圧などによる暴風雨、高波などがある。

一方、海上保険における戦争危険（War Perils）は、国際法上の戦争危険よりも広範囲であり、国として承認されていない主体に属する軍艦などによる捕獲（Capture)・拿捕（だほ）(Seizure）や、遺棄された機雷・魚雷による損害も含まれる。

危険の担保の有無による海上危険の分類は、次の通りである。

①担保危険

担保危険（Perils Covered Risks）は、保険者がその危険によって発生した損害をてん補することを約束した危険である。実際には特定の危険を免責事由として定め、その危険によって発生した損害はてん補しないことを約款に定めることが一般的である。

②免責危険

免責危険（Excepted or Excluded Perils）とは、その危険によって発生した損害について、保険者のてん補責任が免除される危険である。

③非担保危険

非担保危険（Perils Not Covered）とは、担保危険と免責危険以外のすべての危険を指し、保険者のてん補の対象から除外される中性危険（Neutral Perils）に属する。

[2] 海損

海損（Maritime Loss）は、海上危険によって被保険利益の一部または全部が損傷または滅失して発生する被保険者の経済的損失を指す。この海損は、次のように分類される。

図 60　海損の分類

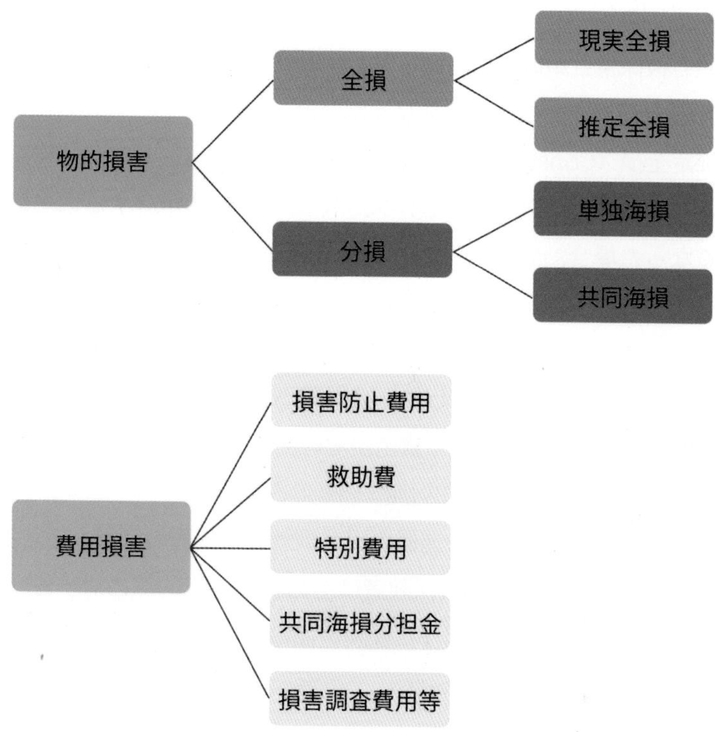

出典 各種資料を参考にして作成

海損は、物的損害と費用損害に分類され、さらに物的損害は全損と分損に分類される。

(a) 物的損害

① 全損

全損（Total Loss）とは、被保険利益が全部滅失された場合であり、現実全損と推定全損に区分される。

現実全損（Actual Total Loss：ATL）とは、保険目的物が現実的に全部滅失した場合であるが、英国海上保険法では、次のように定義している。

a. 保険保険目的物が完全に破壊され商品価値が完全になくなった場合。

b. 保険保険目的物が存在しているが、付保された物件の本来の性質が深刻な程度に喪失された場合。

c. 被保険者被保険者が保険目的物を奪われ取り戻すことができない場合。

d. 船舶船舶が相当期間行方不明になった場合。

また、推定全損（Constructive Total Loss : CTL）とは、保険目的物が現実全損を避けることができないほどに損害が大きくてその目的が有する本来の用途で使用できなくなった場合、またはその修繕と修理のための費用がその目的物の時価よりも多くなった場合である。

英国海上保険法では、推定全損を次のように定義している。

a. 船舶または貨物の占有を奪われ、被保険者がそれを回復する見込みがなくなった場合、またはそれを回復する費用がその回復後の価格を超える場合。

b. 船舶の修理費が修理後の船舶の価格を超える場合。

c. 貨物の修繕費と目的地までの運搬費用が到着後の貨物の価格を超える場合。

推定全損が認められる場合、被保険者はその被保険目的部に対する一切の権利を保険者に移転し、現実全損と同様に保険金額の全額を請求することができるが、これを委付（Abandonment）という。

② 分損

分損（Partial Loss）とは、被保険利益の一部が滅失または損傷することによって発生した損害であり、分損は単独海損と共同海損に分類される。

単独海損（Particular Average : P.A.）とは、被保険利益の一部に発生する損害として共同海損に属さない分損であり､被保険者が単独で被った損害を指す。また、共同海損行為によって被保険者の貨物の全部が処分された場合でも、損害を免れた利害関係者によってその損害の一部が分担・返還されるため、当該被保険者の立場では分損となる。

一方、共同海損（General Average : G.A.）とは、船舶・貨物と運賃が共同の危険に晒された場合、その危険を避けるために、船長の意思決定によって船舶または貨物の一部が犠牲的に処分されることによって発生した損害および費用である。この共同損害は、損害を免れた利害関係者の全部が共同で分担する。

例えば、本船が暴風によって沈没の危険におかれた場合、その危険を避けるために貨物の一部を海に投げ捨てる投荷（Jettison）のような物質的な損害である共同犠牲（General Average Sacrifice）と、船舶が危険な場所に座礁した場合に船舶を救助するために曳船を使用することによって発生する共同海損費用（General Average Expenditure）がある。このような措置によって発生した損害は、それによって危険を免れた者たちがその受けた利益の程度によって分担することになるが、これを共同海損分担金（General Average Contribution）と称する。この共同海損の清算は、2016年ヨーク・アントワープ規則（York·Antwerp Rules 2016）によって行われる。

（b）費用損害

保険の目的物の損害防止または損害軽減のために被保険者が支払う費用を費用損害と称する。費用損害は、分損の一種として保険者がてん補するが、費用損害と物的損害の合計が保険金額を超える場合は、その超過額はてん補しない。ただし、損害防止費用については、その超過分もてん補される。

費用損害には、損害防止費用（Sue and Labor Charges）、救助費（Salvage Charges）、特別費用（Special Charges）、共同海損分担金（General Average Contribution）、衝突損害賠償金（船舶の場合）、損害調査費用（Loss Survey Charges）などがある。

海上保険は、船舶保険と貨物保険に分けられる。

[3] 船舶保険

船舶保険は、船舶に対する保険であり、いくつかの種類がある。船舶の火災や衝突による損害を担保する普通船舶保険、建造中の損害を担保する船舶建造保険、海難事故などによって船舶が使えない場合の損害を担保する船舶不稼動損失保険、戦争や暴動による損害を担保する船舶戦争保険などがある。

船舶保険では、原則として船舶を現実に運航管理する者が保険契約者となる。通常、船舶所有者が被保険者となるが、船舶が裸用船（はだかようせん：Bareboat Charter）に出される場合は、裸用船者が保険契約者となる。裸用船とは、船員の乗り組まない船のみを一定期間貸借する用船の形態である。この船舶保険は、自動車などと同じ様に、損害保険会社が保険を引き受け、損害が発生した場合には、保険金が支払われる。

一方、いくつかの巨大リスクは、船舶の運航に伴って発生するリスクではあるが、損害保険会社が船舶保険で引き受けていない。その主なリスクは、油などによる海洋汚染、船舶が沈没、座礁（ざしょう）した時の撤去費用などである。これらのリスクは、船主責任保険（P&I 保険）によって引き受けられている。船主責任保険（P&I 保険）は、船主による非営利組織である船主相互保険組合によって、引き受けられる保険である。

船主責任保険（P&I 保険）は、船舶の運航・使用・管理に伴い、損害保険会社による船舶保険で担保の対象とならない船主に生じる法律上の賠償責任や費用を補償する保険である。P&I 保険の名称は、Protection と Indemnity の頭文字によるものであり、Protection は、主に船舶所有者または運航者として第三者に対して負う責任と船舶乗組員に対して使用者として負う責任を、Indemnity は、主に積荷の運送人として荷主に対して負う責任を意味している。

P&I 保険で支払われる損害には、次のものがある。①人の死傷または疾病に対する賠償責任、②港湾設備、海産物などの財物に与えた損害に対する賠償責任、③沈没し全損となった場合、港則法、港湾法または海上交通安全法等の法律によって船舶や積荷等の残骸の撤去を命じられた船骸および残骸撤去費用、④人命救助費、遺骸捜索費、弔祭費、⑤油などの汚濁物質を流出させたことによる海洋汚染に対する賠償責任・費用については、別途割増保険料を条件に引き受ける。

[4] 貨物保険

(a) 概要

貨物保険は、海上輸送中の貨物に発生した損害を担保する海上保険である。貨物の運送に関する保険は、貨物が輸送される場所によって、国際間を輸送される貨物を対象とする「外航貨物海上保険」、日本国内を船舶輸送される貨物を対象とする「内航貨物海上保険」、日本国内を陸上・航空輸送される貨物を対象とする「運送保険」の 3 つに分類される。

内航貨物海上保険と運送保険では、保険契約はすべて円貨建てで行われ、和文による保険証券などが発行される。その約款の文言は、損害保険業界の統一のものが存在していたが、現在は、損害保険会社によって異なるが、その構造は、概ね類似している。そして、保険約款に規定されていない事項については日本の法令に従う。

これに対して、外航貨物海上保険の保険契約では、イギリスの貨物保険証券と約款が利用されている。イギリスの保険証券と保険約款は何度か改定されているが、保険の条件を示す貨物海上保険証券には、伝統的なS.G.フォーム（Ship & Goods Form Policyの略称）と呼ばれる保険証券に基づく1963年協会約款、1982年から新しく制定されたMARフォーム（Marine Form Policyの略称）に基づく1982年協会約款、およびそれを見直して改訂された2009年協会約款が併用されている。2009年協会約款は、1982年協会約款と比較して、保険の開始・終了時期・船社の免責・航海の変更などが、被保険者に有利になるように改訂されている。

この外航貨物海上保険では、海上危険（Marine Risks）、戦争危険（War Risks）、ストライキ危険（Strikes, Riots & Civil Commotions）が、それぞれの約款によって選択的に担保される。また、海上危険（Marine Risks）は、貨物の種類、運送方法、梱包状態等を加味してリスクを判断し料率が算定される。さらに、戦争危険（War Risks）とストライキ危険（Strikes, Riots & Civil Commotions）については、ロンドンの戦争保険料率委員会（ロンドン保険業者協会とロイズ保険業者との協会合同機関）の料率を参考に適用されている。最新の協会保険約款である2009年協会約款における海上危険（Marine Risks）担保は、1963年協会約款のオール・リスク担保（A/R）、分損担保（W.A）、分損不担保（F.P.A.）にほぼ対応する形で、ICC（協会貨物約款）（A）、ICC（B）、ICC（C）の3種類があり、それとは別に特約として協会戦争約款と協会ストライキ約款がある。これらの約款は、MARフォーム保険証券の裏面に印刷されている。

戦争危険およびストライキ等危険は、いずれも世界情勢の刻々の変化に左右されるため予測が極めて困難であり、その発生の場合は損害が巨大になるため、普通保険約款では免責とされ、別途の特別約款によって担保するという形式をとっている。

貨物保険証券の変遷を整理すれば、次の通りである。

(b) S.G.保険証券

S.G. 保険証券は、英国のロイズが使用している Lloyd's S.G. Policy に準じたフォームである。この S.G. 保険証券は、英国の古い様式を踏襲しているため難解な文言が多く、その文言自体が英国の判例に基づいた解釈により使用されている。証券自体に保険条項に係わる担保危険の伝統的な内容があり、証券本文の内容を補足・修正している。

S.G. 保険証券の構成は、次の通りである。

① 証券本文

S.G. 保険証券の本文は、約 300 年前の古い英語で表記されており、約款は、19 条項から成り立っている。担保する危険は、海固有の危険、軍艦、火災、外敵、海賊、漂盗、強盗、投荷、捕獲免許状、報復捕獲免許状、襲撃、海上における占有奪取、あらゆる国王・君主および人民の強留・抑止および抑留、船長および海員の悪行、およびその他一切の危険となっている。

② イタリック書体約款・欄外約款

イタリック書体約款・欄外約款は、保険証券本文の約款の規定を制限または、補足する目的の約款である。イタリック書体約款には、捕獲・拿捕不担保約款、ストライキ・暴動・騒乱不担保約款が記載されている。

欄外約款（Marginal Clauses）には座州約款、他保険約款が規定されている。座州約款は、運河、潮汐の干満のある河川内の港等での乗揚げや座礁は、座礁とみなさず、その直接的な結果として被保険貨物に損害があった場合のみ補償されることが記載されている。他保険約款は、損害発生時に火災保険またはその他の保険で、その損害を補償できる保険が存在する場合に第一順位を持って他保険で損害を補償し、てん補限度額が足りなかった場合にその不足額を補償する旨を規定している。

S.G. 保険証券の本文の担保に対して欄外約款で担保を打消して不担保とされた条項を除くと、「海固有の危険」、「火災」、「強盗」、「投荷」、「船長および船員の悪行」、「その他一切の危険」を担保している。

③ 証券の裏面

協会貨物約款（All Risks, W.A（With Average), F.P.A.（Free from Particular

Average)、協会戦争約款、協会同盟罷業暴動騒乱約款（現在のストライキ約款）があり、こちらで基本条件が規定される。

(c) MAR保険証券

MAR 保険証券は、1982 年 1 月にロンドンで制定された MAR フォームに準じた証券で、現在主流の保険証券である。MAR 保険証券の表面には、準拠法に関する条項が主に記載されていて、保険条件に関する担保危険等の規定が含まれていない。保険条項に関しては、証券の裏面に記載される協会約款（ICC(A)、(B)、(C)・IWC(Institute War Clauses)・ISC(Institute Strikes Clauses) 等）に規定されている。

ICC（1963）協会約款は、S.G. フォーム証券を使用して、証券本文、欄外約款、協会約款（特別約款的な補完）により成り立っており、証券表面のイタリックで捕獲拿捕、ストライキを免責として、証券裏面で担保する複雑な形式をとっていた。一方、ICC(1982) 協会約款は、担保危険等の保険条件の規定が無い MAR 保険証券を使用して、証券表面には共通する条項のみを残して、協会約款に MIA1906 の規定を取り込み、それ自体で標準約款として自己完結できる内容となっている。

図 61　S. G. 保険証券と MAR 保険証券

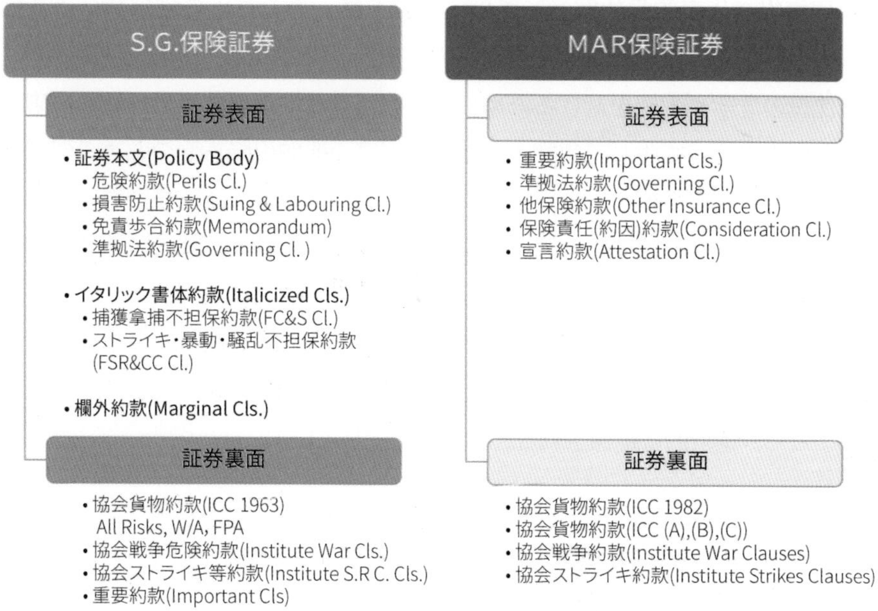

出典　各種資料を参考にして作成

日本では、使用されてきたロイズ海上保険証券（Lloyd's S.G. Policy）に旧約款を添付する方法と、ロイズ海上保険証券様式を抜本的に変更した新海上保険証券様式（MAR フォーム）にロンドン保険業者協会制定の新保険約款（1982 年制定、最新のものは 2009 年約款）を添付した方法が併用されている。現状では、MAR フォームの使用が増加し、そのほとんどが新海上保険証券様式を使用している[41]。

1963 年に制定された旧協会貨物約款（ICC（1963））において、選択できる海上危険（Marine Risks）担保は、次の通りである。

この海上保険で担保される海損とは、披保険貨物の一部が滅失・損傷することであり、単独海損と共同海損がある。単独海損（Particular Average）は、座礁・火災・衝突など航海上の事故によって船舶や積み荷などが被った損害や費用について、船主や荷主が単独で負担する海損である。これに対して、「共同海損（General Average)」は、座礁・火災・衝突など航海上の事故によって船舶や積み荷などが被った損害や費用について、船主や荷主が共同で負担する海損である。

この共同海損は、船舶および貨物の共同の危険下で、故意かつ合理的に共同の利益のためになされた自発的犠牲行為および航海の共同安全のために支出した費用を、その被害者だけでなく、このような犠牲行為によって救助された財産によって損害を公平に共同分担する制度である。したがって全損の場合は、共同海損は存在しない。

共同海損の代表的具体例としては、船舶を軽くするための投げ荷による損害や船火事の消火のために生じる貨物のぬれ損、船舶の毀損、消火艇使用など、それに沈没の危険や衝突を避けるために比較的安全な地点に故意に船舶を座礁させる任意座礁によって生じる貨物や船舶への損害や船舶引降ろしのための費用などは共同海損として処理される。この共同海損は、国際的な統一規則で万国海法会（Comité Maritime International : CMI）によって管理されており、最新のものは 2016 年に採択された York-Antwerp Rules（YAR）がある。

外航貨物海上保険では、前述した通り、海上危険（Marine Risks)、戦争危険（War Risks)、ストライキ危険（Strikes, Riots & Civil Commotions）が、それぞれの約款によって、選択的に担保される。

41　1963年に作成されたICC（1963）、1982年に作成されたICC（1982）および2009年に作成されたICC（2009）が使用されている。

① オールリスク（All Risks, A/R）

オールリスクは、事故に対して最も広い範囲をカバーする内容の保険で、一般貨物がほとんどこの条件で引き受けられている。ただし、戦争危険・ストライキ危険等は補償されない。また、被保険者の故意による事故、貨物固有の瑕疵・性質による損害、梱包の不完全による損害、通常の目減りによる損害、遅延による損害は免責となる。

② 分損担保（With Average, WA）

WA 条件とは、特定分損に加えて不特定分損がてん補される条件である。特定分損とは、座礁、沈没、大火災、火災、爆発、他船との衝突・接触が原因で生じた分損（SSBC : Sinking, Stranding, Burning, Collision）を指す。不特定分損とは、海水による濡れ危険（潮濡）のことを指す。したがって、WA 条件はバラ荷の中でも海水濡れに弱い穀物類や豆類の貨物に使用される。

この分損担保では、全損、沈没・座礁・大火災・衝突以外の事故による分損、貨物墜落による一個ごとの全損、共同海損による損害等が担保される。

③ 分損不担保（Free from Particular Average, FPA）

分損不担保は、全損、貨物墜落による一個ごとの全損、共同海損による損害等が担保されるが、沈没・座礁・大火災・衝突以外の事故による分損が担保されないため、分損不担保と呼ばれる。荒天よる潮濡損は WA で担保されるが、FPA では担保されない。

このFPA（分損不担保）条件は、本来は文字通り分損を担保せず、全損、共同海損、費用損害（海水濡れ危険を除く）をてん補する条件であった。しかし現在では保険会社の競争などにより、実際には分損であっても上記の特定分損（SSBC）についてはてん補されるようになっている。

また、2009 年制定協会貨物約款（ICC（2009）において、選択できる海上危険（Marine Risks）担保には、ICC(A)、ICC(B)、ICC(C) の 3 種類の基本条件がある。

① ICC（A）

上記のオールリスク（A/R）に対応する約款で全損と分損を問わずに担保される。担保範囲が一番広いもので、輸送中の火災・爆発から、雨や雪による被害など、海上にあるほとんど全ての危険が担保される。水濡れに弱く、価格が高額な電化製品や機械類に対して使用されることが多い。

② ICC（B）

上記の分損担保（W/A）に対応する約款で、ICC（A）とほぼ同様の範囲が担保されるが、人為的な原因による損害は担保されない。海水などの浸水による水漏れが補償される。海外から多く輸入される穀物や飼料などで使用される。

③ ICC（C）

上記の分損不担保（FPA）に対応する約款で、全損と共同海損が担保される。これは、担保の範囲が一番狭く、航海そのものができなくなるような船の転覆・座礁・沈没・大火災などの単独海損（分損）の場合は、事故との因果関係がなくとも担保される。水漏れも対象外なので、木材や鉱物など、濡れても劣化しにくい品物に対して適している。

これらの英文証券と約款は、日本で保険契約が締結されることを考慮し、保険金請求に関する責任とその決済に関してのみイギリスの法律および慣習に準拠し、保険契約の成立や保険料支払いなどは日本法に準拠する条項を加えて引き受けられている[42]。

保険で担保される期間は、原則として貨物が積出港の倉庫等において輸送のためにはじめに動かされた時から仕向港の荷受人の指定する倉庫等に搬入され荷卸が完了するまでの期間である（Warehouse to Warehouse Clause）。ただし、通常の輸送過程とは認められない保管、または仕分け分配のため倉庫を使用する場合は、その倉庫に搬入され荷卸が完了した時、または本船から貨物が荷卸された時から60日（航空貨物については、迅速性が要求されるため、貨物が機体から荷降しされてから30日）を経過した時のいずれか早い時点で終了する。

(d) インコタームズ

貿易における貨物の売手と買手は、どちらが輸送中の危険を負担するのか、また両者のうちどちらが保険を手配するのかについては、両者間で締結される売買契約の中で取り決められる。その貿易契約の取引条件として最も一般的に使用されている国際規則は、国際商業会議所の定めるINCOTERMS（International

42 中出哲『海事交通研究』第61集「わが国の海上保険の現状の課題と進むべき方向性」一般財団法人山縣記念財団、2012年11月。

Commercial Terms）である。

インコタームズ2020には、11の規則があるが、代表的な3つの取引条件における貨物保険契約者は、次の通りである。

① FOB（Free On Board）

FOBは、本船渡であり、約定品が指定船積港で本船の船上で物品を引き渡すかまたはすでにそのように引き渡した時点で売主の引渡義務が完了し、買主はその時から物品の一切の費用及び減失・損傷の危険を負担しなければならず、輸出通関手続きは売主が行う。FOBにおいては、リスクの分岐点が「物品が本船の手すりを通過した時」から「物品が本船の船上に置かれた時」と変更になり、このリスク分岐点からは、輸入者がリスクを負い、保険も加入する。

② CFR（Cost and Freight）

CFRは、運賃込の取引条件であるが、売主の引渡義務はFOBと同じだが、売主は約定品を指定仕向港まで運送するための費用を負担し、輸出通関手続きを行う。実務においては、伝統的な表現であるC&Fとして使用されているが、正しくはCFRである。 CFRにおいては、物品が本船の船上に置かれた時または引き渡された時に、危険負担は売主から買主へ移転する。これが、CFRにおけるリスク分岐点である。

したがって、CFRにおいては、物品が本船の船上に置かれた時または引き渡された時から輸入者がリスクを負い、保険も加入する。

③ CIF（Cost, Insurance and Freight）

CIFは、運賃保険料込であるが、売主の引渡義務はFOBと同じだが、売主は約定品の指定仕向港までの運賃を負担する。物品の減失又は損傷は、物品が本船の船上に置かれた時または引き渡された時に、危険負担は売主から買主へ移転する。CIFにおいて売主は運送中の物品の減失・損傷についての買主の危険に対して、海上保険も負担する。しかしCIF条件においては最小担保の保険だけを取得することを要求されているので、注意が必要である。輸出通関手続きは売主が行う。

このCIFの場合、リスクを負うのは輸入者であるが、貨物保険契約自体は輸出者が行うことになっている。

誰が輸送中の事故のリスクを負うのかであるが、これら3つの取引条件では、いずれも、貨物が輸出船に積み込まれた時から、輸送中のリスクは輸入者が負う。

つまり、貨物を倉庫から船に積み込むまでは輸出者サイドにリスクがあり、航海中と貨物の積み下ろしから倉庫に運び入れるまでは輸入者サイドにリスクがあることを意味する。これらのFOBとCFRでは、保険加入するのは輸入者であり、CIFでは輸出者である。

3. 積立型損害保険

[1] 積立型損害保険の発売

積立型（貯蓄型）損害保険は、保険期間が1年を超える長期で、保険事故が発生した場合に保険金を支払う「補償機能」と、満期時に満期返れい金を支払う「貯蓄機能」をあわせ持った損害保険である。この積立型損害保険は、日本独特の保険で他の国では例がないという趣旨の説明をしている文献も散見されるが、実際には、日本の影響を受けているとみられるが、韓国や中国でも、この積立型損害保険が多く発売されてきた。

積立型損害保険の発売の動きは、1963（昭和38）年に行われた保険審議会答申から始まっている。1963（昭和38）年に最初に発売された積立型損害保険は火災相互保険と建物更新保険であったが、いずれも相互会社に対して認可されたものであった。その後、1968年に発売された長期相互保険は、ほとんどの損害保険会社に対して認可された。

[2] 積立型損害保険の仕組み

積立型損害保険は、保険期間が3～20年までの長期の補償機能と、満期時に満期返戻金が支払われる貯蓄機能を併せ持った損害保険である。積立型（貯蓄型）損害保険の保険料は、「積立保険料」と「その他保険料（補償保険料部分）」で構成される。積立保険料は、他の運用資産と区分して運用され、毎年運用益を生み出す。積立（貯蓄型）損害保険の保険料は、「積立保険料」部分が補償保険料に加わるため、保険料が同一の補償内容の補償型損害保険より高くなる。

図 62　積立保険の仕組み

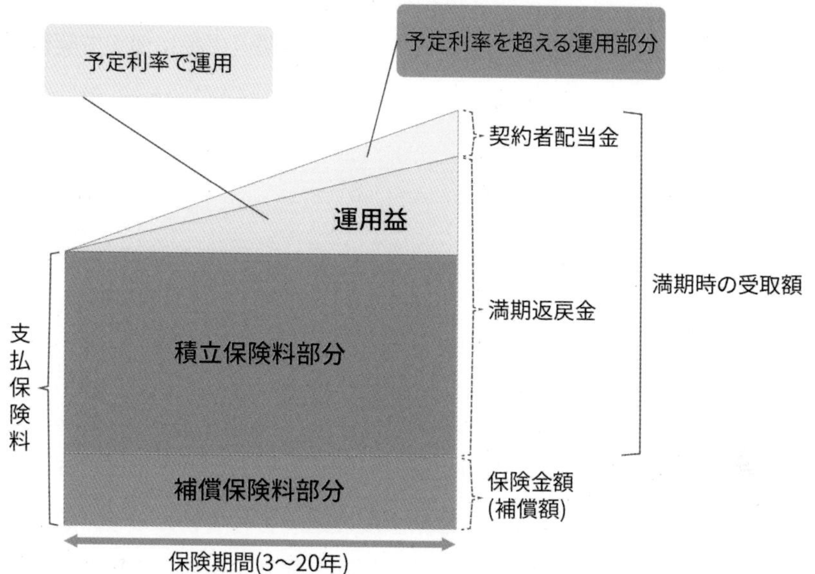

出典　各種資料を参考にして作成

積立保険の保険料は、補償保険料と積立保険料で構成され、払込方法は、一時払い、年払い、半年払い、月払いの中から選択できる。満期返戻金は、積立保険料と運用益の合計となる。その運用益が予定利率を上回った場合は、契約者配当金が支払われる。

この積立型損害保険において、保険金額の一定割（80〜100%）以上の保険金が支払われた場合、その保険金額の支払いを持って保険契約が終了することを、全損終了という。全損失効とも称されるこの全損終了の場合は、積立保険料を含み、払い込まれた保険料は返還されない。そのために、積立型損害保険では、保険料に全損終了の発生する確率である予定保険契約消滅率が含まれている。

また、積立保険には、保険料自動振替貸付制度があり、保険料の払込方法が分割払い方式の場合、振替が行われない時は自動的に貸付が行われ、保険契約を有効に存続させるためである。また、保険契約者貸付制度は、解約返戻金の一定範囲内で所定の利息を支払って保険契約者が資金を借り受ける制度である。

保険契約者が満期返戻金を受け取る条件は、「保険契約が満期まで有効に続いていること」と、「保険料が全額払い込まれていること」の二つの要件を満たしていることである。なお、保険契約が保険期間の途中で解約された場合や保険事故の発生によって保険金額の全額が支払われ場合には、満期返戻金は支払われない。予定利率を超えて運用の収益が発生した場合は、満期返戻金に加えて契約者配当金が支払われる。

[3] 積立型損害保険の種類

主な積立型損害保険の種類は、次の通りである。

(a) 年金払積立傷害保険

「年金払積立傷害保険」は、1992年（平成4年）に発売された。年金払積立傷害保険は、傷害保険の保険金を年金払いとするものであるが、生命保険の個人年金保険と異なる点は、ケガによる死亡や重度後遺障害の場合にのみ、傷害保険の保険金が支払われる点である。傷害保険の保険金額は、保険料の払込額累計に応じて年々増加するが、払い込み満了後は一定額のままとなる。

銀行の積立は、いかなる場合においても、積立金に利息を加えた金額が払い戻されるが、年金払積立傷害保険は、保険金が100%支払われた場合は、その時点で保険契約が終了することが大きく異なる。例えば、後遺障害による保険金が100%支払われた場合は、その時点で保険契約が終了するが、支払われた保険金が100%に満たなければ、その後も年金額が減額されずに継続して支払われる。なお、病気などによる死亡の場合は、年金受給開始前であれば、払込保険料相当額程度の失効返戻金が支払われる。

年金払積立傷害保険は、入院や通院などの補償がなく、ケガによる死亡や後遺傷害の場合しか保険金が支払われない。保険期間は、一般的に10年から50年程まで設定されるが、保険料の払込み開始から年金受給終了の1年前までである。保険料払い込み終了の時から、年金受給開始までに1年単位で据置期間を設定することができる。

「確定型」の場合は、年金受給期間を定めて、その期間中は被保険者の生死にかかわらず、年金を受け取ることができ、被保険者の死亡の場合は、遺族が年金を受け取る。病気などによる死亡の場合は、年金受給開始前であれば、払込保険料相当額程度の失効返戻金が支払われる。年金受給開始後であれば、生命保険の個人年金保険と同様に、残りの期間の年金原資が、一括して相続人に支払われる。

保証期間付有期年金は、10 年、15 年など一定期間年金が支払われるが、被保険者が死亡すると、一定期間中でも年金の支払は打ち切りとなるが、被保険者が保証期間内で死亡した場合は、残りの保証期間の年金原資が遺族に一括して支払われる。病気による死亡の場合は、年金受け取り開始前では失効返戻金が受け取れ、年金受け取り後で保証期間内では、残りの保証期間の年金原資が遺族に一括して支払われる。

(b) 積立こども総合保険

積立こども総合保険では、扶養者が事故によって死亡または高度障害を被ったときには、育英費用が支払われる。育英費用の補償では、その後の保険料が免除になる。

積立こども総合保険の保険金の種類と内容は、次の通りである。

表 48　積立こども総合保険

保険金の種類	内　　容
死亡補償	事故日から180日以内にそのケガが原因で亡くなった場合
入院補償	事故日から180日以内にそのケガが原因で、からだに障害が残っていた場合、その障害の程度を基準に保険金額の3～100%の範囲内
入院補償	事故日から180日以内にそのケガが原因で入院した場合
通院補償	事故日から180日以内にそのケガが原因で通院した場合
賠償責任	日常生活上で、他人にケガをさせたり他人の財物を壊してしまったりしたときの、法律上の賠償請求の場合
育英費用	子供の扶養者が偶然の事故により、事故日から180日以内にそのケガが原因で死亡した場合
満期返れい金	保険期間満了時に満期返れい金として契約者配当金と合わせて受け取ることができる（配当金は、運用益によって変動）

出典　各種資料を参考にして作成

(c) 積立介護費用保険

積立介護費用保険は、介護費用保険に積立て機能を持たせたもので、保険の対象の人の加入年齢によって保険料が決まる。寝たきり・認知症の人の加入もできる。満期返戻金は「一括受取り」のほか、「分割受取り」も可能である。

積立介護費用保険の保険金の種類と内容は、次の通りである。

表49 積立介護費用保険

保険金の種類	内　　容
医療費用・介護施設費用	病院などにかかった費用（在宅往診含む）や介護施設に入所（８日以上）した場合の負担費用
介護諸費用保険金	介護ヘルパーの雇用費や入浴サービス費、介護用品費
臨時費用保険金	介護用ベッド購入費などや介護のための自宅改造費
満期返れい金	保険期間満了時に満期返れい金として契約者配当金と合わせて受け取ることができる（配当金は、運用益によって変動）

出典 各種資料を参考にして作成

(d) その他の積立型保険

火災保険系列の積立型損害保険には、積立生活総合保険または長期総合保険などがあり、住宅や家財の火災保険に満期返れい金がついた保険である。また、積立型の傷害保険は、次の特徴がある。①満期時に満期金が支払われる。②解約時に解約返戻金が支払われる。③配当金が支払われる（運用で利益が生じた場合）。④保険期間が長期である。⑤保険契約者貸付が受けられる。保険契約者が死亡した場合、相続人が保険を継続させるか、解約の選択もできる。病気での死亡には、保険金は支払われない。

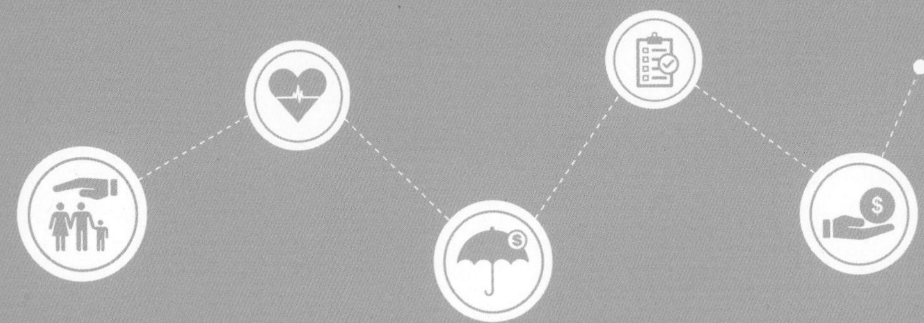

第15章

巨大災害と損害保険

損害保険は、火災、地震、原子力事故にまで対応している。本章では、その内容について概説する。

 失火責任法と火災保険

火災保険では、火災の他に、洪水や台風などの巨大災害も担保される。さらに、この火災保険には地震保険を添付できる。

【1】失火責任法

故意または過失によって火災を発生させ、他人の身体または財産に損害を与えた場合には、一般的に、民法第709条による不法行為責任に基づいて損害賠償責任を負う。民法第709条には、次のように規定されている。

「故意又は過失によって他人の権利又は法律上保護される利益を侵害した者は、これによって生じた損害を賠償する責任を負う。」

一方、失火責任法（失火の責任に関する法律）には、次のように規定されている。

「民法第709条の規定は失火の場合には之を適用せず。
但し、失火者に重大な過失ありたるときは此の限りに在らず。
（公布：明治32年３月８日法律第４０号）」

この「失火ノ責任ニ関スル法律」（明治32年法律40号）は、略して「失火責任法」と称されるが、失火者に重大な過失がある場合を除き、民法第709条が適用されないことを規定している。この法律は、日本には木造家屋が多く、延焼した場合の損害賠償責任が過大になることを考慮して制定されたものである。

この失火責任法によって免除される損害賠償責任は、民法第709条で規定され

る「不法行為に基づく損害賠償責任」であり、契約上の「債務不履行に基づく損害賠償責任」（民法第 415 条[43]）は免除されない。「債務不履行に基づく損害賠償」とは、売買契約や賃貸借契約などが存在し、この契約に基づく約束（債務）を履行しなかった場合に生じる損害賠償責任で、契約責任や契約不履行とも称される。これに対して、契約などが存在しない状態における違法性のある行為によって生じる損害賠償責任が「不法行為に基づく損害賠償」である。

一方、賃借人は、原状回復義務があるため、賃貸借契約の終了時に賃借物を原状に回復して、賃貸人に返還しなければならない。賃貸借契約では、契約終了時、賃貸人がその目的物をまた新たな賃借人に貸すなど、継続的な使用が予定されており、賃借人は、賃貸に適した状態として返還することが合意されていると前提されるためである。

この賃貸借契約に基づいてマンションやアパートなどを借りた場合、その部屋で失火をしたときは、民法の不法行為責任ではなく、債務不履行責任が適用される。そのために、失火責任法が適用されず、借主は貸主に対して、賃貸借契約に基づいた原状回復義務を負う。したがって、賃貸借契約に基づく債務不履行による損害賠償責任は、たとえ軽過失であったとしても、免れることはできない。この損害賠償責任に対応するためにも、借主は、火災保険の付保が必要となる[44]。

さらに、民法の不法行為責任が適用される失火の場合においても、重大な過失がある場合は失火責任法による損害賠償責任の免責にはならず、損害賠償責任を問われるため、この損害賠償責任に対応するためには、火災保険などの付保が必要となる。

43　（債務不履行による損害賠償）第415条１　債務者がその債務の本旨に従った履行をしないとき又は債務の履行が不能であるときは、債権者は、これによって生じた損害の賠償を請求することができる。ただし、その債務の不履行が契約その他の債務の発生原因及び取引上の社会通念に照らして債務者の責めに帰することができない事由によるものであるときは、この限りでない。

44　糸魚川市（いといがわし）大規模火災は、新潟県糸魚川市において2016年（平成28年）12月22日昼前に発生し、翌日の夕方の鎮火まで約30時間続いた火災である。この火災による被害は、最終的には全焼120棟、半焼5棟、部分焼22棟の合計147棟、床面積にして30,412平方メートルが焼損し、ケガ人は住民２人、消防団員９人の合計 11 人であった。2017年11月15日、新潟地裁は、火元となったラーメン店の元店主に対して、禁錮３年、執行猶予５年（求刑禁錮３年）を言い渡した。しかし、民事の問題である被害者の損害賠償請求は、ラーメン店の元店主に経済力が十分でない問題もあり、失火責任法との関係で、非常に難しいとされた。

失火者の重大な過失の事例は、次の通りである。

寝タバコをして火災となった（東京地方裁判所平成2年10月29日判決）。わらが散乱している倉庫でタバコの吸殻を捨てたために、火災となった。強風と乾燥の警報がでているときに、建築中の木造家屋の杉皮の屋根にタバコの吸殻を捨てたために、火災となった（名古屋地裁昭和42年8月9日判決）。セルロイド製品が存在する火気厳禁の場所で、吸いかけのタバコを灰皿に放置したが、そこへセルロイド製品が落下し、火災が発生した（名古屋高裁金沢支部昭和31年10月26日判決）。石油ストーブに給油する際、石油ストーブの火を消さずに給油したために、石油ストーブの火がこぼれた石油に着火した（東京高裁平成15年8月27日判決）。石油ストーブのそばに蓋の無い容器に入ったガソリンを置いたために、容器が倒れて火災が発生した（東京地方裁判所平成4年2月17日判決）、などがある。

また、被用者が業務の遂行によって他人に損害を与えた場合、使用者も損害賠償責任を負う（民法第715条）が、被用者の重大な過失によって火災が発生した場合、使用者は、被用者の選任または監督について重大な過失がなくても、損害賠償責任（使用者責任）を負う（最判昭和42年06月30日民集21巻6号1526頁）。この場合にも、失火責任法は適用されない。失火責任法は、失火者の責任免除を規定したもので、使用者の帰責条件を規定したものではないからである。

また、責任無能力者が他人に損害を与えた場合、その監督義務者が損害賠償責任を負う（民法第714条）が、責任無能力者の行為によって火災が発生した場合、監督義務者に責任無能力者の監督について重大な過失がなかったときは、この損害賠償責任を免れる（最判平成7年1月24日民集49巻1号25頁）。

[2] 火災保険

(a) 火災保険の種類

火災保険は、用途別に分類され、「住宅用」「店舗用」の2つに分けられる。住宅用の火災保険には、「住宅火災保険」「住宅総合保険」「団地保険」などがある。「住宅火災保険」は、火災・落雷・台風・破裂や爆発のような災害によって、住宅専用の建物または家財に生じた損害を補償する保険である。「住宅総合保険」は、住宅火災保険の補償内容に加えて、落下物、衝突、倒壊、水漏れ、盗難などによる損害を被った場合に保険金が支払われる。また、「団地保険」は、マンションや共同住宅専用の保険である。団地保険は、自らの出火による火災、階下への水漏れ、ガス爆発による損害などのような損害賠償責任も担保される。

店舗用の火災保険は、「店舗」「事務所」「倉庫」「店舗兼住宅」が対象となる火災保険であり、普通火災保険と、店舗総合保険がある。普通火災保険は、店舗などの火災や落雷、雹（ひょう）といった自然災害を含み、カセットコンロの爆発や水道管の凍結が原因による破裂なども担保され、建物内に収容される「タンス」「テレビ」などの家財も保険の対象である。

店舗総合保険は、事業所、作業場の建物の損害を含み、什器や備品などの家財が担保の対象であり、落下、飛来、衝突や水害、盗難といった損害も担保される。

表 50　火災保険の種類

<table>
<tr><th colspan="2">火災保険の種類</th><th>内　容</th></tr>
<tr><td rowspan="4">住宅用</td><td>住宅火災保険</td><td>住宅専用に使われている、建物と家財を担保する保険である。担保範囲は、火災、落雷、ひょう、風による損害の他、残存物片付け費用や修理費などに対して、保険金が支払われる。</td></tr>
<tr><td>住宅総合保険</td><td>住宅専用に使われている建物と家財を担保する保険である。住宅火災保険の担保に加えて、物体の落下、飛来、衝突、漏水、盗難、床上浸水なども担保の範囲となっている。住宅火災保険と比較して、幅広い担保が特徴である。</td></tr>
<tr><td>団地保険</td><td>鉄筋コンクリート造りの団地やマンションとその家財を担保している。担保範囲は、住宅総合保険とほぼ同様であるが、それと比較して、共同住宅特有の修理費、マンション内でのケガなどの担保が追加されている。</td></tr>
<tr><td>長期総合保険</td><td>積立型の火災保険で、満期返戻金がある。一般的な保険期間は３～10年程度で、担保範囲は住宅総合保険とほぼ同様になっている。</td></tr>
<tr><td rowspan="2">店舗用</td><td>普通火災保険</td><td>専用住宅以外の店舗、店舗兼用住宅、工場などの一般建物と家財を担保する保険である。担保範囲は、住宅火災保険とほぼ同様になっている。</td></tr>
<tr><td>店舗総合保険</td><td>店舗兼用住宅、店舗、事務所などの建物と家財を担保している。担保範囲は、住宅総合保険とほぼ同様になっている。普通火災保険と比較して、手厚い担保になっている。</td></tr>
</table>

出典　各種資料を参考にして作成

(b) 火災保険の担保

ア・概要

火災保険の担保は、「建物のみ」、「家財のみ」、「建物と家財」の３つの中から選択できる。担保の対象を建物のみとした場合、建物本体だけでなく、建物がある敷地内に設置されたもので、かつ保有しているものは担保される。床暖房やトイレ、システムバス、システムキッチンなどのように、建物に固定されたもので動かせないものは、建物とみなされる。担保の対象を家財のみとした場合、建物がある敷地内に収容される家財が担保される。家具やテレビ、冷蔵庫などの家電製品、自転車など生活用動産が該当する。担保の対象を建物と家財とした場合は、建物のみと家財のみの両方が担保される。

近年、損害保険会社は、様々な独自の火災保険を発売しており、1990 年代の自由化以前から発売されている火災保険の中には台風や大雨などによる水害などが担保されないものもある。団地保険の担保内容は住宅総合保険と「ほぼ」同じ内容であるが、水害は担保されない。浸水の可能性のある１階または半地下の住居や店舗などは、水害の担保について検討する必要がある。

火災保険における水害の担保は、建物または家財それぞれの時価の 30%以上の損害、床上浸水または地盤面から 45 ｃｍ超える浸水による損害などである。落雷による損害については、通常の火災保険であれば補償内容の範囲に含まれる。

火災保険の種類別の担保内容は、次の通りである。

表 51　火災保険の種類別担保内容

リスクの種類	住宅火災保険	住宅総合保険	普通火災保険	店舗総合保険	団地保険	長期総合保険
火災・落雷・破裂・爆発	○	○	○	○	○	○
風、雨、ひょう、雪の災害	○	○	○	○	○	○
建物の外からの物体の落下、飛来、衝突、倒壊	×	○	×	○	○	○
水漏れ	×	○	×	○	○	○
水害	×	○	×	○	×	○
盗難	×	○	×	○	○	○
集団、労働争議による暴力行為	×	○	×	○	○	○

リスクの種類	住宅火災保険	住宅総合保険	普通火災保険	店舗総合保険	団地保険	長期総合保険
持ち出し家財の損害	×	○	×	○	○	○
災害で発生した臨時費用	○	○	○	○	○	○
失火見舞金	○	○	○	○	○	○
残存物片付け費用	○	○	○	○	○	○
マンション内でのケガ	×	×	×	×	○	×
家主に対する賠償	×	×	×	×	○	×
第三者に対する賠償	×	×	×	×	○	×

出典 各種資料を参考にして作成

イ・火災・落雷・破裂・爆発

通常の火災保険では、「火災・落雷・破裂・爆発」による損害は基本補償に含まれている。「火災、落雷、爆発、破裂」は、損害が発生した場合、その損害額が大きいので、火災保険でももっとも基本的な担保内容である。火災では、放火、失火、もらい火が担保され、火災の際の消防による放水などで破損した場合でも、火災保険で担保される。

落雷による損害は、落雷が原因で火災が発生したり、パソコンやテレビ、エアコンなどの電化製品が破損する場合であるが、落雷によって建物や家財に損害が発生した場合は、火災保険で担保される。

破裂・爆発による損害は、ガス爆発などで外壁やベランダが吹き飛んだ場合等による損害が発生した場合である。「気体または蒸気の急激な膨張を伴う破裂またはその現象による衝撃、破損の損害」となっているので、水道管の凍結による破裂は担保されない。

ウ・風災・ひょう災・雪災

「風災」は、台風・旋風・暴風・暴風雨等による建物や家財に損害が生じた場合である。建物の場合、台風・竜巻等による強風で屋根瓦が破損したとき、または台風・竜巻等による強風で飛んできたものが家を直撃して、壁が破損したときなどが風災で担保される。家財の場合、台風・竜巻により、窓ガラスが割れて、風雨が入り、家電製品が壊れたときに、風災で担保される。しかし、窓を閉め忘れたことにより家財に損害が生じた場合は、担保されない。台風の損害であっても風による損害ではなく、水害に及んだ場合、あるいは高潮が発生した場合には、「水災」として担保されるため、風災では担保されない。

一方、風災の場合であっても、隣家に与えた損害は、火災保険では担保されない。台風などの自然災害のような不可抗力の事故では、一般的に損害賠償責任は発生しない。しかし、台風などの自然災害の際に他人に損害を与えた場合、建物の管理上、重大な過失があった場合は損害賠償責任が発生するが、火災保険や自動車保険の個人賠償責任保険特約を添付している場合は、そこから担保される。

「ひょう災」とは、ひょう（雹）が降り、それによって屋根が壊れたり、ガラスが割れたりする損害が発生した場合である。雹（ひょう）災とは雹（ひょう）による損害のことであるが、雹（ひょう）とは直径が5mm以上の氷の粒を指し、5mmより小さいものは霰（あられ）と称される。

「雪災」とは、豪雪や雪崩による被害のことで、雪の重みで軒が歪んだ場合、または雪崩に巻き込まれて自宅が倒壊した場合などである。しかし、雪による損害であっても、雪が解けたことにより発生した洪水は、雪災に含まれず、水災として扱われるため、水災として担保される。

エ・水災（水害）

火災保険で担保される「水災（水害）」は、「水」による損害である。「洪水」は、台風や暴風雨、豪雨等、あるいは融雪による水災（水害）である。近年相次いで発生しているゲリラ豪雨などによって、マンホールから水があふれ出したために発生する都市型水害も、水災（水害）として担保される。しかし、風呂水を貯めているときに、うっかりして水を止め忘れ、家を水浸しにした場合などの過失による損害は、水害に該当せず、担保されない。

なお、地盤が圧縮され、沈んでしまう地盤沈下による損害は、火災保険では担保されない。火災保険で担保される「水災（水害）」は、「水」による損害である。

高潮による損害も、水災（水害）として担保される。「高潮」は、二つのメカニズムによって発生する。第一に、大気圧の低下に伴い、海面が吸い上げられるように上昇する「吸い上げ」と呼ばれる現象である。第二に、湾口から湾奥（わんおう）に向けて強風が吹き続けることにより、湾の奥に海水が吹き寄せられて海水面が上昇する「吹き寄せ」で、この「吹き寄せ」による海水面の上昇は、風速が速いほど、湾の長さが長いほど、湾の水深が浅いほど大きくなる。

「土砂崩れ」は、集中豪雨などによる水災（水害）であり、地滑り、がけ崩れ、土石流などがあげられる。

一方、同じ自然災害でも、「雪」「ひょう」「風」による損害で建物や家財が破損したりした場合には、水災（水害）には該当しないが、「風災・ひょう災・雪災」として、火災保険で担保することは可能である。

2. 地震保険

[1] 地震保険の概要

火災保険では、地震を原因とした火災・延焼による損害は、免責としているため、補償されない。一方、地震保険[45]では、火災保険で免責としている地震・噴火またはこれらによる津波を原因とする火災・損壊・埋没または流失による損害が担保される。

地震保険は、火災保険に添付する特約形式の保険契約となるので、火災保険への加入が前提となる。すでに火災保険契約が締結されている場合でも、保険期間の中途に地震保険に加入することが可能である。この地震保険の対象は、居住用の建物と家財である。

日本の地震保険は、1964年の新潟地震が契機となった「地震保険に関する法律(1966年)」に基づいて、地震等による被災者の生活の安定に寄与することを目的としている。この地震保険は、損害保険会社が販売しているが、政府が再保険を引き受けその支払責任を負うことによって、引受を断れることなく、国民が安定的に地震保険に加入できるようにしている。この法律による地震保険は、一定の金額を限度とし、家計向けの居住用建物と生活用動産（貴金属や宝石・美術品などは除く）を対象とし、企業向けの工場や事務所専用の建物・什器備品・機械などは対象外となっている。この家計向けの地震保険の保険料は、損害保険会社全

45　拙稿「第12章　証券化と保険リンク証券」『リスク・マネジメント論』成文堂、2019年から抜粋して加筆・修正した。

社画一的なもので、保険料率に損害保険会社の利潤は織り込まれていない（ノーロス・ノープロフィット原則）。本章で説明する地震保険は、政府の再保険によって対処している一定限度額内の家計向けの地震保険である。

この家計向けの地震保険は、家屋の再築を目的とするものではなく、生活の立て直し資金を確保し、被災者の生活安定に資することを目的としている。したがって、地震保険は、家の再建のための資金としては十分なものとは言えない。このような趣旨で、日本の地震保険は、一定の金額内の政府再保険がある家計向けの地震保険と、その限度額を超える地震リスクと企業向けの政府再保険のない地震保険の２種類が存在することになった。

地震リスクの中で、家計分野の一定の限度額内の地震リスクは、政府の再保険によって対処しているが、その他の地震リスクは、民営の地震保険と再保険等によって、対応しなければならない状況である。国が関与しない共済による地震リスクの担保では、JA共済の「建物更生共済」などが有名であるが、一般的に火災共済への加入が前提で、地震リスクの担保額は火災共済給付額の5～50%であり、共済の種類によって内容が大きく異なる。

日本地震再保険株式会社は、「地震保険に関する法律」に基づき、地震保険の再保険業務を営む損害保険会社として設立された。この日本地震再保険株式会社は、元受損害保険会社が引き受けた地震保険を再保険によって全額引き受けて、その引受責任のうち一定部分を超過損害額再保険方式によって政府へ再保険している。さらに、この政府への再保険を除いた保険責任のうち、一定部分を同じく超過損害額再保険方式によって、元受損害保険会社等へ再保険している。

日本の地震保険の再保険の仕組みは、次の通りである。

図63　日本の地震保険の再保険の仕組み

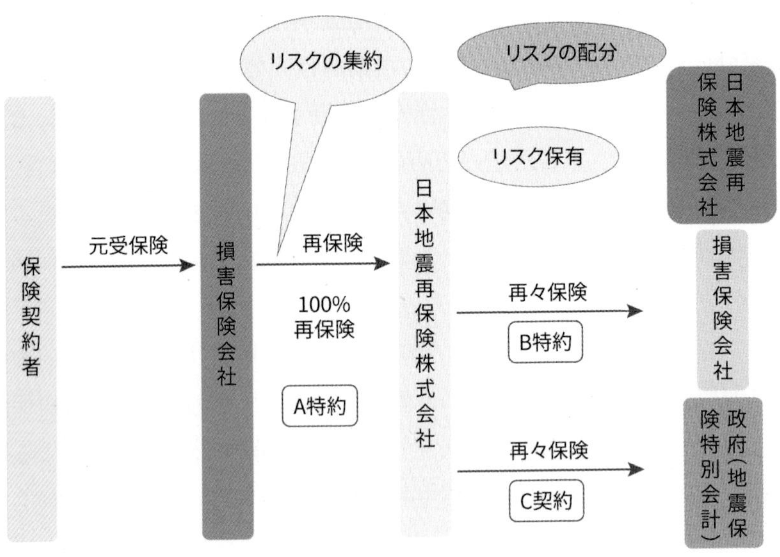

出典　日本地震再保険株式会社の資料を参照して作成

この地震保険は、単独で加入することはできず、火災保険（住宅火災保険、住宅総合保険、普通火災保険、店舗総合保険等）に特約として添付するようにし、損害保険会社の保険契約費用を抑え、その分の保険料を安くしている。地震保険の添付を希望しない場合には、地震保険に加入しないという意思確認のための「火災保険契約申込書」の『地震保険ご確認欄』に捺印することにしている（加入を希望する場合は捺印しない）。

[2] 地震保険の保険金

地震保険の保険金額は、地震保険が添付される火災保険の保険金額の30%から50%の範囲内で設定されるが、建物については5,000万円、家財については1,000万円を限度としている。この地震保険は、大地震の場合にも確実に保険金を支払えるようにするために、政府による再保険が行われていることは、前述通りである。また、大地震が発生した場合には、その損害額が巨額となり、地震保険の積立金が足りなくなる可能性があるため、1回の地震等による政府と損害保険会社の保険金総支払限度額が設けられている。この保険金総支払限度額は、過去に発生した最大級の地震である関東大震災規模の地震災害の保険金支払を想定した試算結果に基づいてその金額が設定されている。関東大地震は、1923年9月1日に発生したM7.9の地震で、地震後に発生した火災によって損害が拡大していった。

この保険金総支払限度額を超えて保険金が請求された場合は、算出された保険金総額に対する保険金総支払限度額の割合で、1件当たりの保険契約で支払われる地震保険金が減額される。

$$支払保険金 = 契約別に算出された保険金 \times \frac{保険金総支払限度額}{算出された保険金総額}$$

ここで1回の地震等とは、72時間以内に発生した2つ以上の地震等を一括して指すが、被災地域が重複しないときは別個の地震とみなされ、減額の規定は各々に適用される。

地震などにより保険の目的が損害を受けても、地震などが発生した日から10日を経過した後に生じた損害や、保険の目的の紛失・盗難の場合には保険金が支払われない。大規模地震対策特別措置法に基づく警戒宣言が発令されたときは、その時から「地震保険に関する法律」に定める一定期間は、当該警戒宣言に係る地域内に所在する保険の目的について、地震保険契約の新規契約および増額契約は引き受けない。

保険契約者が支払った保険料は、大規模地震に備えて必要経費部分を除いた全額を責任準備金として積み立てることが民営保険会社、政府とも義務付けられている。政府は、収入した再保険料および責任準備金の運用益のすべてを責任準備金として積み立て、特別会計として一般会計と区分して積み立てる。

現行の再保険スキームでは、一地震（72時間以内に発生した地震）を基準として、官民保険責任が定められている。72時間以降連続して地震が起きた場合には債務超過に陥りかねず、積立金が回復する以前に新たな大規模地震が起こることもありうる。その支払の責任割合は、法令で明文化されているわけではない。

また、「地震保険に関する法律施行令」の改正により、保険始期が2017年1月1日以降の地震保険契約では、損害区分が、それまでの3区分（全損・半損・一部損）における「半損」が2分割され、4区分（全損・大半損・小半損・一部損）となった。このように損害の区分をその程度によって4つに区分し、後述の認定基準を単純化している理由は、地震による損害は大量に発生すると考えられるため、その支払い業務の効率化を図り、迅速に処理するためである。

地震保険における損害程度別の保険金は、次の通りである。

図64 損害区分と保険金の支払

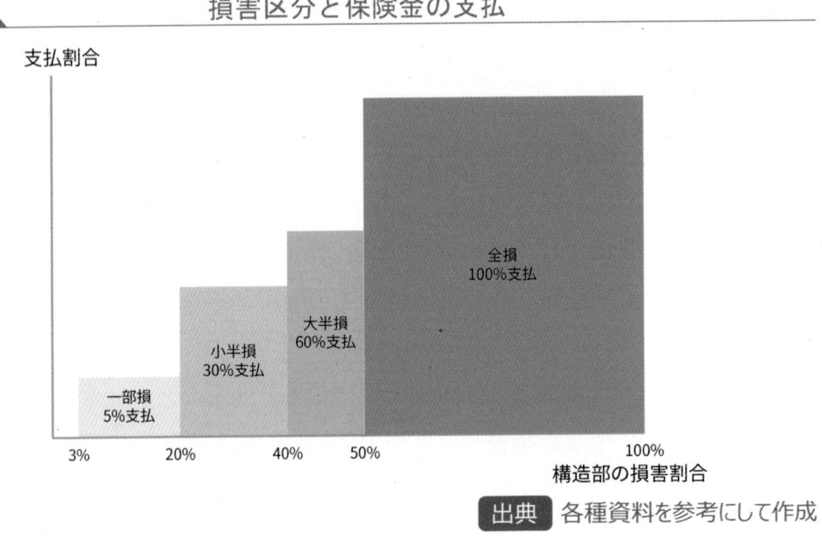

出典 各種資料を参考にして作成

また、地震保険の損害認定基準は、次の通りである。

表52 地震保険における損害の認定基準

損害程度	建物		家財
	主要構造部の損害額	焼失、流失した床面積(一部損は床上浸水等)	家財の損害額
全損	建物の時価の50%以上	建物の延床面積の70%以上	家財の時価の80%以上
大半損	建物の時価の40%以上50%未満	建物の延床面積の50%以上70%未満	家財の時価の60%以上80%未満
小半損	建物の時価の20%以上40%未満	建物の延床面積の20%以上50%未満	家財の時価の30%以上60%未満
一部損	建物の時価の3%以上20%未満	建物が床上浸水または地盤面から45cmを超える浸水を受け損害が生じた場合で、全損、大半損または小半損に至らない場合	家財の時価の10%以上30%未満

出典 地震保険損害認定基準

ここでの時価とは、新築価額から、使用年数に相当する減価額を控除した価額である。津波による損害、地盤液状化による損害の場合の「全損」「大半損」「小半損」「一部損」は、次の通りである。

表 53 地震保険における津波による損害、地盤液状化による損害の認定基準

損害程度	津波による損害		「地震等」を原因とする地盤液状化による損害	
			傾斜	最大沈下量
全損	下記以外	180cm以上の床上浸水を被った場合または地盤面から225cm以上の浸水を被った場合	1.7/100（約1°）を超える場合	30cmを超える場合
	平屋建て	100cm以上の床上浸水を被った場合または地盤面から145cm以上の浸水を被った場合		
大半損	下記以外	115cm以上180cm未満の床上浸水を被った場合または地盤面より160cm以上225cm未満の浸水を被った場合	1.4/100（約0.8°）を超え、1.7/100（約1°）以下の場合	20cmを超え、30cm以下の場合
	平屋建て	75cm以上100cm未満の床上浸水を被った場合または地盤面より80cm以上145cm未満の浸水を被った場合		
小半損	下記以外	115cm未満の床上浸水を被った場合または地盤面より45cmを超えて160cm未満の浸水を被った場合	0.9/100（約0.5°）を超え、1.4/100（約0.8°）以下の場合	15cmを超え、20cm以下の場合
	平屋建て	75cm未満の床上浸水を被った場合または地盤面より45cmを超えて80cm未満の浸水を被った場合		
一部損	基礎の高さ以上の浸水を被った場合で全損、大半損または小半損に至らないとき		0.4/100（約0.2°）を超え、0.9/100（約0.5°）以下の場合	10cmを超え、15cm以下の場合

出典 地震保険損害認定基準

建物の傾きが1°を超える場合、または最大沈下量が30cmを超える場合は、全損として認定される。

[3] マグニチュードと震度

「マグニチュード」は、地震そのものの規模を表し、Magnitudeの頭文字をとってMで表す。「震度」は、ある場所での地震による揺れの強さを表し、マグニチュードは地震そのものの大きさを表す。この二つの関係は、電球の明るさと周りの明るさとの関係で説明される場合があり、電球の明るさを表す値がマグニチュードであるとすれば、電球から離れたある場所の明るさが震度に相当する。つまり、電球が明るくても遠いところでは暗くなるように、マグニチュードが大きくても震源から遠いところでは震度は小さくなる。逆に、マグニチュードの小さい地震でも震源からの距離が近いと地面の揺れが大きくなるため、震度が大きくなる。また、マグニチュードの大きい地震でも震源からの距離が遠いと地面の揺れは小さくなるため、震度は小さくなる。マグニチュードの震度との関係を図示すれば、次の通りである。

図65 マグニチュードと震度の関係

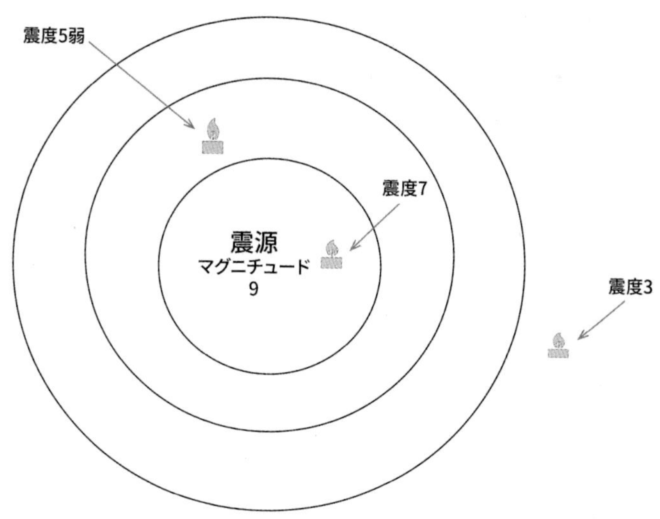

出典 各種資料を参考にして作成

1900 年以降に発生した主な地震のマグニチュードは、表 54 の通りである。

表 54　1900 年以降に発生した主な地震のマグニチュード

順位	発生年月日	震源	マグニチュード
1	1960年5月23日	チリ	9.5
2	1964年3月28日	アラスカ湾	9.2
3	2004年12月26日	インドネシア、スマトラ島北部西方沖	9.1
4	2011年3月11日	日本、三陸沖「2011年　東北地方太平洋沖地震」	9.0
	1952年11月5日	カムチャッカ半島	9.0
6	2010年2月27日	チリ、マウリ沖	8.8
	1906年2月1日	エクアドル沖	8.8
8	1965年2月4日	アラスカ、アリューシャン列島	8.7
9	2005年3月29日	インドネシア、スマトラ島北部	8.6
	1950年8月15日	チベット、アッサム	8.6
	1957年3月9日	アラスカ、アリューシャン列島	8.6

出典 気象庁

2011 年に東日本大震災を引き起こした「東北地方太平洋沖地震」が第 4 位となっている。

震度は、次のように 10 段階で表される。

表55 震度と揺れの強さ

震度	人の体感・行動	屋内の状況	屋外の状況
0	人は揺れを感じないが、地震計には記録される。	—	—
1	屋内で静かにしている人の中には、揺れをわずかに感じる人がいる。	—	—
2	屋内で静かにしている人の大半が、揺れを感じる。眠っている人の中には、目を覚ます人もいる。	電灯などのつり下げ物が、わずかに揺れる。	—
3	屋内にいる人のほとんどが、揺れを感じる。歩いている人の中には、揺れを感じる人もいる。眠っている人の大半が、目を覚ます。	棚にある食器類が音を立てることがある。	電線が少し揺れる。
4	ほとんどの人が驚く。歩いている人のほとんどが、揺れを感じる。眠っている人のほとんどが、目を覚ます。	電灯などのつり下げ物は大きく揺れ、棚にある食器類は音を立てる。座りの悪い置物が、倒れることがある。	電線が大きく揺れる。自動車を運転していて、揺れに気付く人がいる。
5弱	大半の人が、恐怖を覚え、物につかまりたいと感じる。	電灯などのつり下げ物は激しく揺れ、棚にある食器類、書棚の本が落ちることがある。座りの悪い置物の大半が倒れる。固定していない家具が移動することがあり、不安定なものは倒れることがある。	まれに窓ガラスが割れて落ちることがある。電柱が揺れるのがわかる。道路に被害が生じることがある。
5強	大半の人が、物につかまらないと歩くことが難しいなど、行動に支障を感じる。	棚にある食器類や書棚の本で、落ちるものが多くなる。テレビが台から落ちることがある。固定していない家具が倒れることがある。	窓ガラスが割れて落ちることがある。補強されていないブロック塀が崩れることがある。据付けが不十分な自動販売機が倒れることがある。自動車の運転が困難となり、停止する車もある。
6弱	立っていることが困難になる。	固定していない家具の大半が移動し、倒れるものもある。ドアが開かなくなることがある。	壁のタイルや窓ガラスが破損、落下することがある。
6強	立っていることができず、はわないと動くことができない。揺れにほんろうされ、動くこともできず、飛ばされることもある。	固定していない家具のほとんどが移動し、倒れるものが多くなる。	壁のタイルや窓ガラスが破損、落下する建物が多くなる。補強されていないブロック塀のほとんどが崩れる。
7		固定していない家具のほとんどが移動したり倒れたりし、飛ぶこともある。	壁のタイルや窓ガラスが破損、落下する建物がさらに多くなる。補強されているブロック塀も破損するものがある。

出典 気象庁

このように震度５と６には、それぞれに強と弱の２段階がある。

[4] 震災と保険

「1995 年兵庫県南部地震」は、1995 年１月 17 日５時 46 分に発生した地震で、兵庫県南部を中心に大きな被害が発生した。この地震は、大都市直下を震源とした日本で初めての大地震であり、気象庁震度階級に震度７が導入されて以来、初めて震度７（マグニチュード 7.2）が記録された地震である。

兵庫県南部地震による損害は、次の通りである。

図 66　兵庫県南部地震による損害（1995 年）

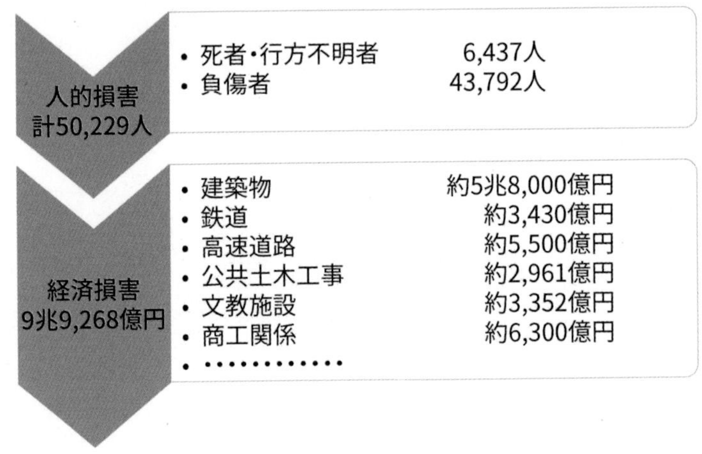

出典　日本損害保険協会

兵庫県南部地震による保険金と共済金の支払は、次の通りである。

表 56　1995 年兵庫県南部地震に関連した保険金・共済金の支払

種　類	金　額
家計地震保険	783億円
JA共済	1,188億円
全労済	185億円

出典　日本損害保険協会、JA 共済、全労済

さらに、東日本大震災は、2011年3月11日（金）に発生した日本の観測史上最大のマグニチュード9.0の東北地方太平洋沖地震と、それを原因として発生した津波、その後に発生した余震による災害である。この東日本大震災は、前述した通り、世界の記録史上4番目の大きい震災で、甚大な人的損害と物的損害をもたらした。この地震によって、東京電力福島第一原子力発電所では、停電によって全電源が喪失した結果、原子炉を冷却できなくなり、大量の放射性物質が放出される深刻な原子力事故が発生した。

東日本大震災による損害は、次の図の通りである。

図67 東日本大震災の損害

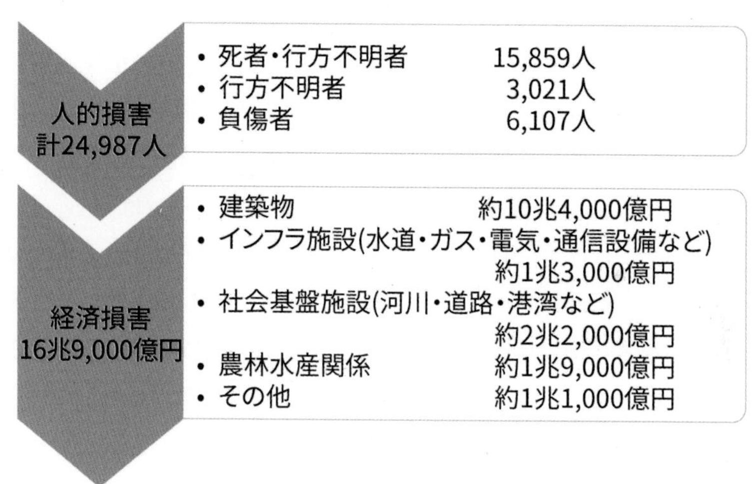

出典 内閣府など(原発事故による損害は除く)

東日本大震災による保険金と共済金の支払は、次の通りである。

表57 東日本大震災に関連した保険金・共済金の支払

種類		金額	備考
損害保険	家計地震保険	1兆2,346億円	2012年5月31日現在
	家計地震保険以外の損害保険(再保険回収後)	6,000億円 (2,000億円)	2011年5月19日決算発表
共済	建物系	1兆537億円	2012年9月末時点
	生命系	645億円	
生命保険	死亡保険金	1,599億円	2012年3月末時点

出典 生命保険協会、損害保険協会、日本共済協会、金融庁

一方、地震による被災者には、二重ローンの問題が発生する場合が多い。銀行などから住宅ローンを借りる場合、抵当権が設定される住宅の担保価値を維持するため、債務者は火災保険への加入を求められるが、地震保険への加入までは求められない。したがって、地震によって住宅が損壊した場合、地震リスクを免責としている火災保険から補償されることはなく、住宅ローンは残る。被災者は、住宅ローンを抱えた状態で、住宅を建て替えるため、銀行などから再度ローンを組むことになり、二つの住宅ローンを抱える二重ローンの状態になり、その返済に苦しむことになる。地震保険に加入した場合でも、その補償限度である保険金額は建物の時価額の30～50%としているため、保険金で住宅ローンを完済できない場合もあるが、地震保険は、二重ローンの発生防止に一定の役割を果たしている。

3. 原子力リスクと保険

[1] 原子力損害賠償制度

原子力損害賠償制度は、被害者の保護及び原子力事業の健全な発達のため、「原子力損害の賠償に関する法律（昭和37年施行）」と「原子力損害賠償補償契約に関する法律」の二つの法律によって構成されている。

原子力損害に係る賠償責任は、故意・過失を問わず賠償責任を負う無過失責任であり、原子力事業者以外の者は賠償責任を負わない責任集中と、賠償責任の限度額の規定のない無限責任という特徴がある。

上の二つの法律では、原子力事業者に対し、原子力損害を賠償するための措置を講じる義務が課されている。賠償措置の額は、1万kw超の原子力発電所の場合、1工場・事業所当たり1,200億円である。賠償責任が賠償措置を超える場合、必要と認められるときは、政府による原子力事業者に対する援助が行われる。社会的動乱・異常に巨大な天災地変の場合、政府が必要な措置を行う。

図68　原子力損害賠償の仕組み

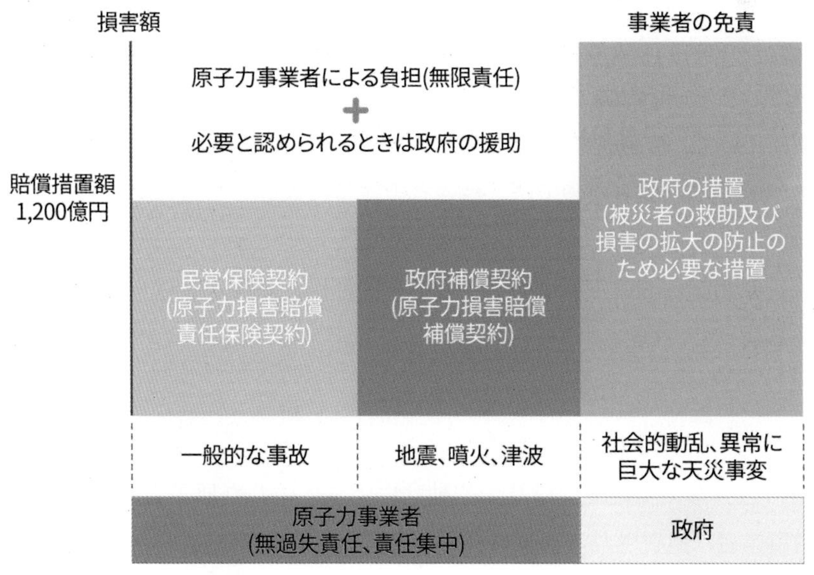

出典「原子力損害賠償制度　制度の概要」文部科学省ウェブサイト
〈http://www.mext.go.jp/a_menu/anzenkakuho/baisho/1261001.htm〉

[2] 原子力事業者の責任

(a) 無過失責任・無限責任

原子力の開発利用は、安全確保が大前提となっているが、万一の原子力事故による被害者の救済等を目的として、「原子力損害の賠償に関する法律」（原賠法）に基づく原子力損害賠償制度が創設されている。原子力損害賠償制度では、原子力事業者に無過失・無限の損害賠償責任を課しており、その損害賠償責任を原子力事業者に集中している。また、その損害賠償責任を迅速かつ確実に履行できるようにするため、原子力事業者に対して原子力損害賠償責任保険への加入等の損害賠償措置を講じることを義務付けている。

原子力損害は、故意・過失の有無にかかわらず、当該原子炉の運転等に係る原子力事業者が損害賠償責任を負うこととされ、不法行為に係る民法の一般原則たる過失責任主義（民法第709条）の特例として、原子力事業者の無過失責任が定められている（原賠法第３条第１項)。これは、最先端の科学技術が集積する原子力事業について、被害者に原子力事業者の故意・過失を立証させるのは困難であり、民法の一般原則に従ったのでは、被害者の保護に欠けることになると考えられたためである。

また、原賠法における原子力事業者の責任には、限度が設けられておらず、無限責任となっている。

(b) 免責事由

異常に巨大な天災地変又は社会的動乱によって生じた原子力損害については、原子力事業者は免責される（原賠法第３条第１項但し書き)。異常に巨大な天災地変又は社会的動乱とは、特に不可抗力性の強いものを指すと考えられている。

(c) 責任の集中

原子力損害については、原子力事業者のみが賠償責任を負い、原子炉等の施設・設備の製造業者ら、核燃料の提供者等は責任を負わない（原賠法第４条第１項)。仮に全ての製造業者等に対し、責任保険への加入等の損害賠償措置が必要となれば、技術的に複雑を極める上、万一の場合のリスクを懸念して製品等を供給する業者がいなくなり、資材等の円滑な供給にも支障を来すことになる。また、その場合、被害者は、損害賠償請求の相手が分かり難くなり、被害者の保護にも欠ける。このような事態を避けるため、原賠法では、原子力事業者へ責任を集中させている。

[3] 原子力損害賠償措置

(a) 賠償すべき損害の範囲

原子力損害賠償の対象となる損害の範囲については、原賠法に特に規定がないため、不法行為に関する民法の一般原則が適用される。したがって、実際に発生した損害のうち、原子力事故と相当因果関係のある損害が賠償の対象になる。事故と損害との間の相当因果関係の存在については、被害者が立証しなければならない。

(b) 原子力損害賠償措置の強制と内容

原子力事業者に厳格な責任を課しても、実際の賠償資力が担保されていなければ、被害者の保護にはつながらない。このため、原賠法は、原子力損害を賠償するための措置（「損害賠償措置」）を講じなければ、原子炉の運転等をしてはならないと規定し（原賠法第６条)、原子力事業者に対して、損害賠償措置を講ずべき義務を課している。損害賠償措置の方法は、原子力損害賠償責任保険契約及び原子力損害賠償補償契約の締結が主たるものであるが、供託やこれらに相当する措置として文部科学大臣の承認を受けたものでもよい（原賠法第７条第１項)。原子力事業者は、通常、民営保険会社と原子力損害賠償責任保険契約を締結するとともに、国と原子力損害賠償補償契約を締結することになる。

(c) 原子力損害賠償措置の額

原子力損害賠償措置額は、原子炉の運転等の種類によって異なるが、通常の商業規模の原子炉の損害賠償措置額は、現在1,200億円である。原子力損害賠償措置額を超える原子力損害が発生した場合、国が原子力事業者に必要な援助を行うことが可能とすることにより被害者救済に遺漏がないよう措置する等について定められている。

通常の原子力損害の損害賠償は、民営の損害保険会社が引き受けている損害賠償責任保険により、原子力損害賠償措置額である1,200億円まで保険金が支払われる。民営の損害保険会社による保険では対応できない、地震・噴火・津波の自然災害による原子力損害は、原子力事業者と政府との間の補償契約に基づいた政府補償により、原子力損害賠償措置額まで補償金が支払われる。

[4] 原子力損害賠償責任保険

原子力損害賠償責任保険契約は、原子力事業者が民営の損害保険会社との間で締結するものである（原賠法第８条）。日本では、原子力損害賠償制度の確立に対処するため、1960年に国内損害保険会社により日本原子力保険プールが結成され、原子力事業者との間で原子力損害賠償責任保険契約を締結している。

原子力損害賠償責任保険は、ロンドン等の海外保険市場で再保険を手配しなければならない関係等もあり、次の損害は免責にしている。①地震、噴火又は津波によって生じた原子力損害、②正常運転によって生じた原子力損害、③損害の発生の原因となった事故等があった日から10年を経過する日までの間に被害者から賠償請求が行われなかった原子力損害等については、補償されない。

地震、噴火又は津波による原子力損害は、国と原子力事業者が締結する原子力損害賠償補償契約により補償される（補償契約法第３条）。民営の責任保険契約その他の原子力損害賠償措置ではうめることができない原子力損害に対応するため、政府と原子力事業者との間で、一種の国営保険契約である原子力損害賠償補償契約が締結される（原賠法第10条第１項）。

原子力損害賠償補償契約の主な内容は、補償契約法において定められる（原賠法第10条第２項）。当該契約に基づき、当該の原子力損害を原子力事業者が賠償することにより生じる損害については、政府が当該事業者に対して補償することになり、原子力事業者からは政府に対して補償料が納付される（補償契約法第２条）。原子力損害賠償補償契約の補償契約金額は、当該契約が含まれる原子力損害賠償措置額に相当する金額とされているので（補償契約法第４条第１項）、通常の商業炉の場合には、一工場又は一事業所当たり1,200億円ということになる。当該契約に基づく政府の補償は、補償契約金額を上限とする（補償契約法第７条第１項）。

【5】国の援助等

原子力損害が生じた場合において、原子力事業者は、損害賠償の責めに任ずべき額が賠償措置額を超えたとしても、責任に限度額がないことから依然として賠償責任を負う。ただし、その際、政府は、原賠法の目的達成のために必要があると認めるときは、原子力事業者に対し、当該事業者が損害を賠償するために必要な援助を行うものとされている（原賠法第16条第1項）。

この援助は、国会の議決により政府に属させられた権限の範囲内において行う（原賠法第16条第2項）。「援助」とは、原子力事業者に対する補助金の交付が最も典型的だが、そのほか、資金の貸付、融資の斡旋、利子補給等の形態も考えられる。

原子力損害が異常に巨大な天災地変又は社会的動乱によって生じたものであるときは、原子力事業者は免責される（原賠法第3条第1項但し書き）。この場合、政府は、被災者の救助及び被害の拡大の防止のため必要な措置を講ずるようにするものとされている（原賠法第17条）。

【6】原子力損害賠償紛争審査会

文部科学省に、①原子力損害の賠償に関して紛争が生じた場合における和解の仲介、②紛争の当事者による自主的な解決に資する一般的な指針の策定を行うため、原子力損害賠償紛争審査会（以下「紛争審査会」という）を置くことができる（原賠法第18条）。

紛争審査会は、①、②の事務を行うために必要な原子力損害の調査及び評価も行う。当事者は、必ずしも紛争審査会に申立てを行う必要はなく、和解仲介の申立てを経ずに直接裁判所へ出訴してもよい。②の一般的な指針の策定については、1999年のJCO臨界事故の際、当事者間の交渉の限界等が明らかになったことを踏まえ、賠償交渉と紛争解決を支援する体制を構築するため、2009年の原賠法改正により加えられた任務である。

紛争審査会の指針には法的拘束力はないものの、中立的な専門家により提示された損害賠償の基準であり、同種の損害が公平に処理される結果をもたらすことなどから、裁判所において、当事者が指針を援用した場合には、ある程度尊重されるものと考えられている。

【7】東日本大震災と原子力損害賠償

日本の原子力損害賠償制度は、1961年に、アメリカのプライス・アンダーソン法（Price − Anderson Act of 1957）を参考にして制度化された。その後、数回の制度改正が行われ、現在の民営の「原子力損害賠償責任保険契約」と政府の「原子力損害賠償補償契約」、または「供託金」の義務が課されるようになった。民営の損害賠償保険は、地震などの免責リスクを除いた一般的リスクを担保し、政府補償は、地震・噴火・津波や事故後10年以上経過した損害賠償など、民営の損害賠償保険において免責とされたリスクを担保している。

したがって、東日本大震災による福島第一原子力発電所の事故による損害賠償責任は、民営の損害賠償責任保険では「免責」となっており、政府との補償契約が対応することになった。これらの保険や補償の支払限度額を超える損害額に対する損害賠償責任は、事業者（東京電力）に「無限責任」が課せられているため、事業者の自力で対応しなければならない。

政府は、東日本大震災における福島第一原子力発電所の事故で、補償金1,200億円を支払ったが、その影響で、政府の原子力損害賠償補償契約の補償料が、2013年4月1日から約7倍（「1万分の3」から「1万分の20」に引き上げられた。政府は、全国54か所中20か所の原子力事業所に対して、補償料の引き上げを閣議決定し、これまで原発1か所につき年3,600万円の補償料が2億4,000万円に引き上げられた。

なお、原子力損害賠償法には「無保険状態で原子炉の運転等をしてはならない」（第6条）と規定されている。また、損害賠償責任保険に代わって、供託金1,200億円を現金や有価証券で法務局に供託する方法（第12条）が定められている。

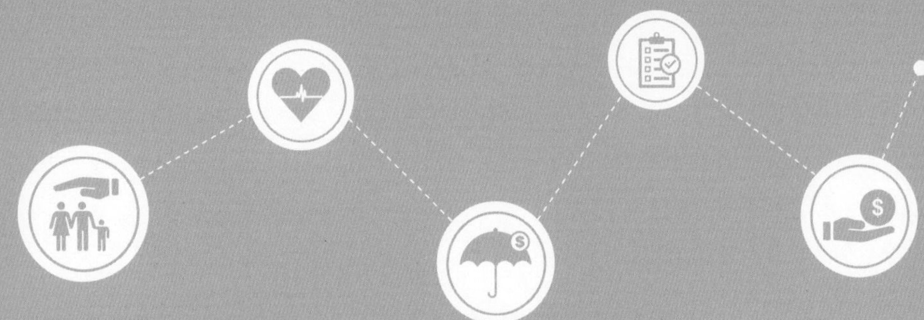

第16章

交通事故と自賠責保険

モータリゼーション（motorization）によって、自動車が広く普及し、生活必需品となった。これに伴って、自動車事故の発生も多くなっている。この自動車保険には、強制加入の自動車損害賠償責任保険（自賠責保険）と任意の自動車保険がある。本章では、自動車損害賠償責任保険（自賠責保険）について概説する。

1. 自動車保険の小史

1885年にドイツのベンツ（Carl　Benz）、1886年に同じくドイツのダイムラー（Gottlieb Daimler）が、それぞれガソリンエンジン車の第一号機を完成させたとされる。日本では、1897（明治30）年に、横浜在住のエブリ・ハイムがオリエント号蒸気自動車を輸入して販売し、1907（明治40）年には国産ガソリンエンジン車が試作され、徐々に自動車が増加することになった[46]。これに対して、世界最初の自動車保険は、1895（明治28）年、イギリスのロー・アクシデント社によって引き受けられた[47]。日本における自動車保険は、1914（大正3）年2月14日に東京海上保険社[48]が自動車保険の免許を取得したことに始まる。1914年当時の日本の自動車保有台数はわずか1,058台[49]で、同社が自動車保険の免許を取得した目的は、ニューヨークを中心とするアメリカにおける自動車保険の再保険取引が主な目的であった[50]。その後、各損害保険会社が次々と自動車保険の免許を取得していった[51]。

46　東京海上株式会社編『損害保険実務講座6　自動車保険』有斐閣、1990年、p.1。

47　アメリカでは1898年、トラベラーズ社が対人賠償責任保険を引き受けたのが最初であるとされる（自動車保険料率算定会『自動車保険料率算定会15年史』1981年、p.8。

48　1918（大正7）年に東京海上火災保険株式会社に社名変更。

49　内務省の調査によれば東京では450台であり、1914年当時の東京海上の自動車保険料は2,368円にすぎなかった（自動車保険料率算定会『自動車保険料率・制度の変遷』1994年、p.12参照）。

50　同年における国内の自動車保険契約は、件数19件、収入保険料2,368円であった（塙善多『自動車保険激動の10年』自動車保険ジャーナル、1978年、p.23）。

51　その中には、1928（昭和3）年9月に認可を受けた大日本自動車保険株式会社が、自動車保険専門の保険会社として営業用自動車を中心に自動車保険契約を引き受けていた。しかし、同社は、翌年の世界恐慌、その後の満州事変、上海事変など一連の戦乱のため、自動車が軍に徴用されたことなどによって、営業用自動車に対する契約台数の伸び悩みもあって1935年には営業を停止した。

1947年2月10日、損害保険業界統一の自動車保険約款が制定され、1965年の約款改定まで使用された。この約款統一の目的は、保険料率を統一することと[52]、共同保険の引受や再保険取引の便宜を図るためであった。当時の自動車保険は、1年以上使用した部品を新品に交換したときは、その新部品価格の3分の1を一律に控除した金額を保険金として支払うこととしていた。

一方、賠償条項による賠償担保は、被保険者が被害者に対して賠償金を支払ったことを条件として、賠償金額の4分の3が保険金として支払われるものであった。これは、船舶衝突約款に倣ったもので、賠償金額の4分の1を被保険者に負担させることにより被保険者の注意力を喚起させ、示談にあたっても被保険者に保険がなかったときと同程度の慎重な対応を促すためであった[53]。また、天災危険による損害はすべて免責とされ[54]、著しい法令違反運転による損害もすべて免責とされていた。保険金額は、保険金が支払われるとその分だけ減額され、その残存保険金額を残りの保険期間に対する保険金額とする残存保険金額方式であった[55]。運転者は、保険会社が承認した運転者に限定されていた。このような自動車保険は、高価な車体を担保することに重点がおかれていた。

1955（昭和30）年7月29日に自賠法（正式名称は、自動車損害賠償保障法）が制定され、1956年2月1日より実施された。この自賠法に基づいて、自動車事故被害者救済を主な目的する自賠責保険（正式名称は、自動車損害賠償責任保険）が強制された。この自賠法における損害賠償責任は、責任者を「自己のために自動車を運行の用に供する者」つまり運行供用者に限定したうえ、自動車の運行による人身事故に対して、自賠法第3条但書の免責3要件（注意を怠らなかったこ

52 元受会社8社と再保険会社1社で組織する新保会において、1946年1月から自動車保険の申合せ料率が実施され、1947年2月からは主務省の内諾を得て協定料率が実施された。1948年11月1には、損害保険料率算定会が設立された（自動車保険料率算定会『自動車保険料率・制度の変遷』1994年、pp.11-18）。

53 当初、「賠償4分ノ4担保特約」により賠償金の4分の4を担保することもできたが、加害者と被害者との間での示談額の設定がどうしても高いところで行われがちであるとの問題指摘がなされたため、1948年7月1日に引受中止となった（自動車保険料率算定会『自動車保険料率・制度の変遷』1994年、p.17）。

54 1952年10月1日、外国社に対する対抗上、自家用自動車を対象として、地震・風水害など自然現象による危険が特約（地震、風水害危険担保特約）により担保された。

55 普通保険約款第27条。

と、被害者または第３者に過失があったこと、自動車に欠陥または機能障害がなかったこと）のすべてが証明された場合を除き、責任を負うものである。さらに、自賠法では、被害者による賠償請求を容易にすると同時に、賠償能力を常時一定程度確保するため、賠償責任保険の加入が強制された。その結果、交通事故の相手方の人身損害は、この自賠責保険によって一定限度額[56]までてん補され、それを超える部分は任意の自動車保険によって担保されるようになった。これによって、自動車保険における対人賠償責任保険は、下積みである自賠責保険と上積みである任意対人賠償責任保険との二重構造ができあがった[57]。

1965（昭和40）年10月１日に自動車保険約款が改定され、修理した自動車全体の価額の増加が認められないときは、新・旧部品の交換による差益は一切控除しないことになった。また、賠償金額の４分の４が保険金額の限度内で支払われるようになり、被保険者の範囲は、記名被保険者とその同居の親族、記名被保険者の承諾を得て被保険自動車を使用中の者[58]に拡大された。これによって、自動車保険は、家族による賠償損害および車両損害の全額がてん補される保険となった。

1974（昭和49）年３月１日、損害保険会社が対人事故による損害賠償請求に関する示談代行をも行う「家庭用自動車保険（FAP : Family Automobile Policy)」が発売された。さらに、対人事故・対物事故を問わず示談代行が行われる「自家用自動車総合保険（SAP : Special Automobile Policy)」が、1982（昭和57年）10月１日に発売された。これよって、自動車保険は、車両損害と賠償損害のてん補に加えて､示談代行サービスが提供されるものとなった。このような自動車保険は、保険会社が示談代行を円滑に進めるためにも、被保険者の保護を充実させる必要があった。しかし、被保険者は、自分の過失割合が高くなると、自分の治療費または車両損害に対する過失相当額を自分が負担する必要があった。このような自動車保険は、1990年代末の料率の自由化とともに多様化することになった。

56 当初の限度額は、死亡30万円、重傷10万円、軽傷3万円であった。2002年4月1日の改正によって、傷害120万円、後遺障害4千万円、死亡3千万円となった。

57 鈴木辰紀『自動車保険』成文堂、1998年、pp.242-247。

58 賠償責任条項第1条3項。

2. 自動車損害賠償責任保険（強制保険）

[1] 損害賠償責任の条件付無過失責任化

自動車損害賠償保障法（以下、自賠法と称する）は、自動車事故による人身被害者の保護を目的とする法律として、1955年公布された。この自賠法では、交通事故による被害者を救済するため、加害者の損害賠償責任を明確（自賠法第３条）にし、その損害賠償責任の支払は、自賠責保険の強制加入（自賠法第５条）によって実現するようにした。

民法の第709条による不法行為による損害賠償は、加害者本人に責任があり、加害者以外の者は責任を負わないのが原則であり、被害者（賠償請求者）は、加害者に過失または故意があったことを証明しなければならない。しかし、この加害者の過失を立証することが難しい場合が多く、泣き寝入りする場合もあった。これに対応するために、自賠法第３条には、次のように規定されている。

「自賠法第３条　自己のために自動車を運行の用に供する者は、その運行によって他人の生命または身体を害したときは、これによって生じた損害を賠償する責に任ずる。ただし、自己または運転者が自動車の運行に関し注意を怠らなかったこと、被害者または運転者以外の第三者に故意又は過失があったこと並びに自動車に構造上の欠陥または機能の障害がなかったことを証明したときは、この限りでない。」

ここでは、「自動車を運行の用に供する者」という「運行供用者」の概念を設定し、この運行供用者は、その自動車の運行により生じた他人の人身被害について、いわゆる「免責の３条件」を立証しない限り賠償責任を負うものとして、被害者の保護を図っている。これは「運行供用者責任」と呼ばれている。

運行供用者とは、その自動車につき運行支配、運行利益を有する者をいうとされている。自動車の所有者は、盗難にあったりしてその運行支配を事実上完全に失った場合以外には、ほとんど常に運行供用者にあたる一方、所有者でなくても、これを借り受けて使用していた者など、実質的にその運行を支配し、利益を得ていた者もこれに該当することになる。

また、「保有者」というのは、「自動車の所有者その他自動車を使用する権利を有する者で、自己のために自動車を運行の用に供する者」のことである（自賠法

第2条3項)。保有者は、運行供用者のうちでも、所有者に代表されるような、自動車を使用する権利のある者のことである。車の所有者はもちろん保有者に当たるが、所有者Aから無償で車両の貸与を受けた友人Bも、自動車を使用する権利のある者であるから、保有者となる。

これに対し、無断でA社の所有車両を私用運転した従業員Bは、自動車を使用する権利はないので、運行供用者ではあっても、保有者ではない。保有者に運行供用者責任が発生しない場合には、自賠責保険の保険金は支払われない。

図69 運行供用者と保有者

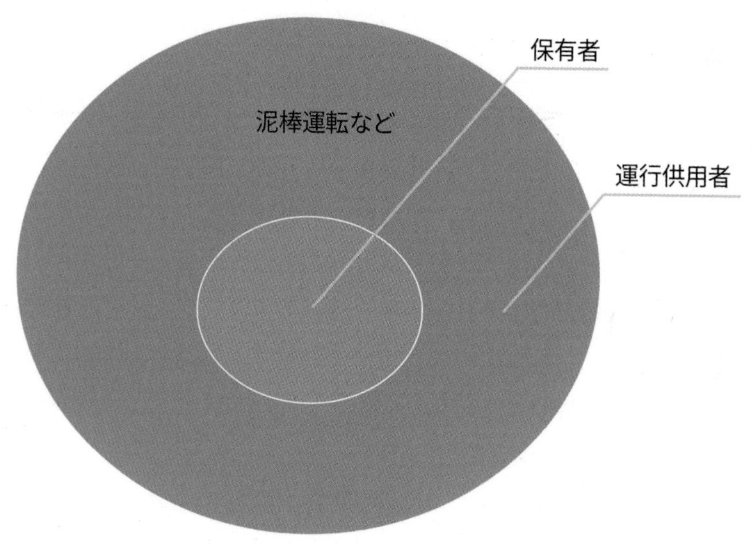

出典 各種資料を参考にして作成

運行供用者と保有者の区別の意味は、保有者は自賠責保険の被保険者である点にある。ただし、自賠責保険に加入していない無保険車であっても、自賠法第3条は適用されるので、運行供用者には運行供用者責任が発生する。

この運行供用者責任は、民法第709条とは異なり、故意または過失の存在を責任発生要件としていない。民法第709条においては、たとえ他人に損害を与えたとしても、加害者に故意または過失がなければ損害賠償責任を負わない(過失責任主義)。しかし、運行供用者責任においては、加害者に故意又は過失がなくても損害賠償責任が発生する。運行供用者責任の対象となるのは人身損害に限られ、物件損害はその対象とならないので、物損に関しては依然として民法第709条のみが適用される。この運行供用者責任は、自動車損害賠償責任保険（自賠責保険）と連動している。加害車両の「保有者」に運行供用者責任が発生する場合は、加害車両に付保されている自賠責保険から保険金が支払われる（自賠法第11条、第16条1項）。

運行供用者責任の成立要件は、次の通りである。

第一に、運行による事故であることである。自賠法第3条の責任は、自動車の運行によって生じた損害に限られる。この運行とは、「自動車を当該装置の用い方に従い用いることをいう」とされている。第二に、他人の生命、身体を害したことである。自賠法第3条にいう「他人」とは、通常、運行供用者および運転者（運転補助者を含む）以外の者をいう。その車の所有者、使用者、運転者、バスの車掌等は他人に当たらない。第三に、免責の3条件が立証できないことである。通常の不法行為責任の場合には、被害者が事故発生について、加害者に故意または過失があったことを証明しなければ賠償を請求できない。しかし、自賠法第3条の但し書きにおいて、交通事故の人身被害に限って、加害者側がその免責3条件を全部立証しない限り賠償責任を免れないとして、加害者側に立証責任を転換することによって、被害者の保護を図っている。

この自賠法第3条の但し書きによる運行供用者責任の免責は、第一に、自己または運転者が自動車の運行に関し注意を怠らなかったこと、第二に、被害者または運転者以外の第三者に故意又は過失があったこと、第三に、自動車に構造上の欠陥または機能の障害がなかったことの3条件を全部証明したときである。

この過失の立証責任の転換は、過失責任（民法の第709条の不法行為）の条件付無過失責任化ともいわれる。被害者側は、当該自動車の運行によって、生命又は身体を害されたことを証明すればよい。

[2] 強制加入

自賠法第５条[59]では、自動車損害賠償責任保険（以下「自賠責保険」という）への強制加入を規定している。この自賠法における自賠保険の強制加入によって、自動車事故の被害者が保険金による損害賠償を確実に得られるようにし、被害者の救済を図っている。

自動車に関する損害保険として、自賠責保険（強制保険）のほか、任意の自動車保険がある。任意の自動車保険には、対人賠責任償保険、対物賠償責任保険、車両保険等があり、任意の対人賠償責任保険は、自賠責保険の限度額を超える損害をてん補する性格を有している。言い換えれば、自賠責保険は、対人賠償責任保険の一階部分であり、その他の損害は、任意の自動車保険によって担保されている。

自賠責保険（強制保険）と任意の自動車保険の関係は、次の通りである。

図 70　自賠責保険（強制保険）と任意の自動車保険の関係

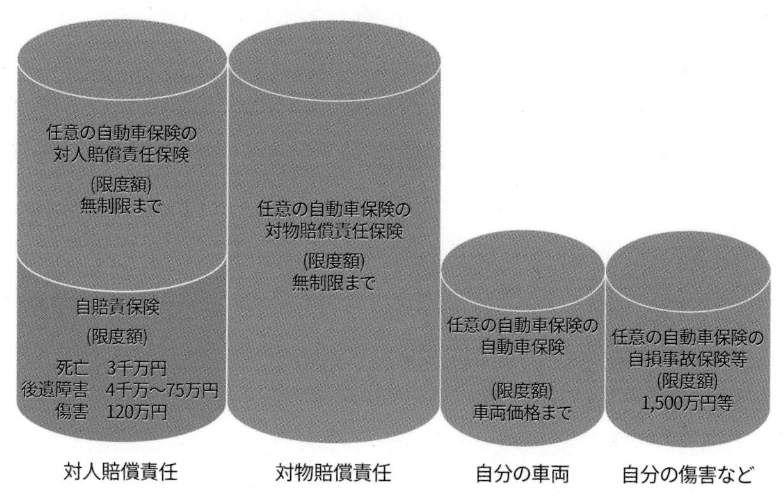

出典　各種資料を参考にして作成

59　（責任保険又は責任共済の契約の締結強制）
第五条　自動車は、これについてこの法律で定める自動車損害賠償責任保険（以下「責任保険」という。）又は自動車損害賠償責任共済（以下「責任共済」という。）の契約が締結されているものでなければ、運行の用に供してはならない。

自動車は、自動車損害賠償責任保険（以下「責任保険」という。）又は自動車損害賠償責任共済（以下「責任共済」という。）の契約が締結されているものでなければ、運行の用に供してはならない（自賠法第5条）。「自動車」とは、道路運送車両法第2条第2項に規定する自動車（農耕作業の用に供することを目的として製作した小型特殊自動車を除く。）及び同条第3項に規定する原動機付自転車をいう（自賠法第2条）。

この自賠責保険への加入規定の違反に対しては、1年以下の懲役または50万円以下の罰金に処せられる（自賠法第86条の3第1号）。1966年10月1日以降、原動機付自転車（原付）も強制付保の対象となり、車検対象車ではないので車体にステッカーを貼付するようにしている。

適用除外車（自賠法10条、同法施行令1条の2）は、国が自衛隊の任務の遂行に必要な業務のために運行の用に供する自動車、日米安全保障条約に基づく日本国内にあるアメリカ合衆国の軍隊や国連軍がその任務の遂行に必要な業務のために運行の用に供する自動車、そして所定の道路以外の場所においてのみ運行の用に供する自動車（いわゆる「構内自動車」）である。しかし、自賠責に加入義務が無いだけで、賠償責任（自賠責法3条）に関する規定は適用される。

特殊車両は、構内のみ走行する場合は不要であるが、公道を走る場合は自賠責保険への加入が必要である。農耕用大型特殊自動車は、車検の有効期間を超える自賠責保険に加入する必要がある。農耕用の小型特殊自動車（耕うん機、田植え機等）は自賠責には加入できないが、任意保険には加入することができる。

自賠責保険は、保険会社が、政令に定める正当な理由がある場合を除き、責任保険契約の締結を拒絶してはならない（自賠法24条）。自賠責保険の引受を拒絶できる正当な理由は、次の通りである（自賠法施行令11条）。①強制保険の適用除外車であるアメリカ軍用自動車・国連軍用自動車・自衛隊用自動車・構内専用自動車の場合。②告知義務違反の場合、つまり保険契約者が悪意または重大な過失により、自動車の登録番号、車両番号・車台番号、車種について、告知しなかったり、不実のことを告知したとき。③保険料の不払いの場合。④申し込まれた保険期間の末日が国土交通省が定める期間（3年1月、2年1月または1年1月）の末日以後である場合。自賠責保険の保険期間は、車検期間をカバーするものでなければならない。しかし、あまりにも長期の保険期間は、保険料率の引き上げなどの場合に保険収支上問題がある。したがって、保険期間の終期を、自動車検査証の有効期間に1ヶ月加えた期間以内とし、それ以上長期にわたる保険契約は拒絶しうるとした。

さらに、自賠責保険は、次の場合を除き、解約が禁止される（自賠法第20条の2)。①適用除外車の場合である。自賠法（自賠法第10条）に規定される適用除外車の場合は、自賠責保険の強制加入義務がないからである。②保険契約者の悪意・重過失による告知義務違反の場合である。自賠法における「重要な事実または事項」は、「道路運送車両法の規定による自動車登録番号若しくは車両番号（車両番号がないときは、車台番号)」および「政令で定める自動車の種別」の2種類に限定される（自賠法第20条)。③重複契約の場合である。重複契約の場合に解約できる保険契約は、無保険車の発生の可能性をなくすため、保険の終期が早く到来するものであり、他方の保険期間がすでに開始している場合に限定される。④登録自動車の抹消登録を受けた場合、⑤軽自動車または二輪の小型自動車の商標登録票を陸運支局長または軽自動車検査協会に提出した場合、⑥小型特殊自動車または原動機付き自転車の使用を廃止した場合、⑦登録証書の交付を受けた自動車について輸出の許可を受けた場合、⑧締約国登録自動車について輸出許可を受けた場合、⑨臨時運行に供する自動車について臨時運行許可番号標を行政官庁に返納した場合などである（自賠法施行規則第5条の2)。

以上のような場合の自賠責保険の解除は、解除事由がある場合に当事者の一方が他方になす意思表示によって行われ、当事者の合意によって保険契約を解除する「合意解除」、または一定の条件が成就したときに保険契約を解除する条件を付した「解除条件付保険契約」は認められない。

[3] 被保険者

自賠責保険における被保険者とは、自動車の保有者およびその運転者（自賠法11条1項、約款2条2項）である。自動車事故を発生させた運転者は、その過失に基づいて、民法第709条による損害賠償責任を負うことが考えられる。その場合は、保険金を支払った保険会社は、その支払った金額を限度として、被害者の損害賠償請求権に代位し、運転者に求償することができるようになる。自賠責保険では、これに対応するために、保険料を支払って保険契約を締結する保有者のみならず、運転者も被保険者にすることによって、保険会社の求償ができないようにした。

図71　自賠責保険における被保険者

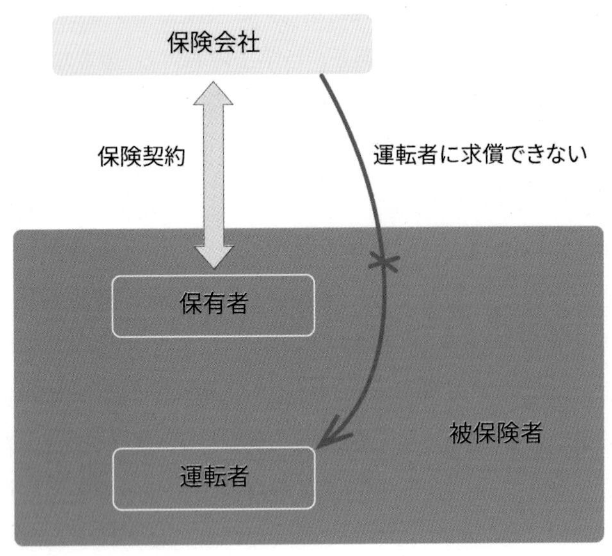

出典　各種資料を参考にして作成

[4] 担保危険および免責事由

自賠責保険は、「自動車の運行によって他人の生命または身体を害した場合において、法律上の損害賠償責任を負担することによる損害」[60]をてん補する保険である。したがって、自賠責保険の被保険者（保険契約者）が加害者となった場合、被害者の人身損害の中で賠償責任が認められる部分に対してのみ、限度額を上限として、被保険者である加害者の保険から支払われるものである。その結果、自賠責保険では、対物賠償責任、車両損害などは担保されない。また、人身損害が発生した場合でも、加害者が不明であるか加害者に責任のない場合、被害者は、自賠責保険によって、救済されない。このような場合でも、被害者が救済されるように、後述する「政府の自動車損害賠償保障事業」が運営されている。

60　自賠責保険約款第1条。

このような自賠責保険は、免責事由を次の2つに限定し、ほとんどの場合に保険金が支払われるようにしている。第一に、保険契約者または被保険者の悪意によって生じた損害についてのみ、保険者の保険金支払の責任が免除される（自賠法第14条）。多くの交通事故は、保険契約者または被保険者の過失によって発生するが、この過失または重大な過失による損害も担保される。しかし、保険契約者または被保険者の悪意によって生じた損害は、免責される。ここでいう「悪意」とは、故意の明白な場合であって、わざと衝突して他人を死傷させたような場合であるとされる。しかし、この悪意の場合でも、被害者は、保険会社に直接、損害賠償額を請求することができ（自賠法第16条）、被害者が救済されるようにしている。この損害額を支払った保険会社は、政府の自動車損害賠償保障事業にその損害額を請求し、損害額を支払った政府の自動車損害賠償保障事業は加害者に求償することによって、悪意で損害を発生させた加害者の損害賠償責任が免除されないようになっている。

図72　自賠責保険における免責（悪意）

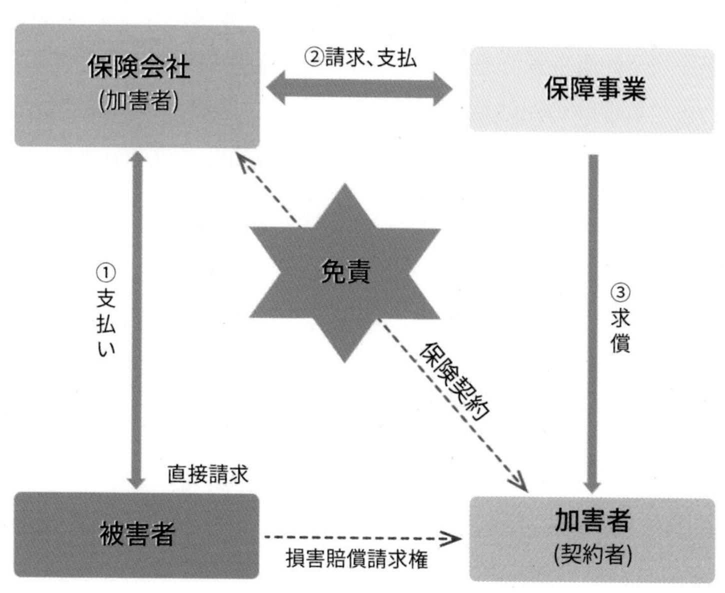

出典　各種資料を参考にして作成

第二に、自賠法の制定当時、自賠責保険の重複契約が認められ、その保険契約はすべてが有効とされた。しかし、重複契約によって、被害者間に不均衡が生じることは妥当でないという理由から、1970 年、複数の自賠責保険のうち 1 契約のみを有効な保険契約とすることに、自賠法が改定された。したがって、重複契約の場合、一方の保険契約が免責とされる（自賠法第 82 条の 3）。一台の車両について 2 以上の自賠責保険契約が締結されている場合は、これらの保険契約のうち、保険契約締結時期が早い保険契約から保険金が支払われ、それ以外の保険契約は保険金支払責任が免除される。保険契約が同時に締結された「同時重複契約」の場合は、それぞれの保険契約は、重複契約がないときに支払うべき金額を保険契約数で除した金額を支払うことによって、合計して 1 保険契約分しか支払われない。

[5] 保険金請求と保険金の支払

賠償責任保険とは、本来、保険契約者が加害者となり損害賠償責任を負った場合、その損害賠償責任を履行するための金額が、保険契約者に保険金として支払われるものである。このような賠償責任保険は、保険料を支払っている保険契約者と保険会社が保険契約当事者である（被害者は直接の保険契約当事者ではない）。したがって、自賠責保険の保険金請求の方法として、賠償金額が確定した後、保険契約者（被保険者）が保険会社に保険金を請求する加害者請求がある。

図73　自賠責保険の保険金の請求と支払

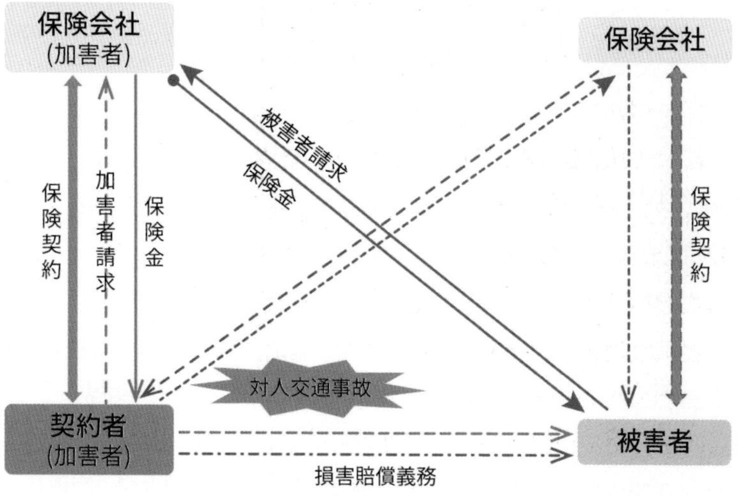

出典　各種資料を参考にして作成

しかし、自賠責険で保険金の請求を加害者にのみ認めると、加害者に支払われた保険金が被害者に賠償金として支払われず、目的としている被害者救済が達成できない可能性がある。したがって、自賠責保険では、自賠法第16条によって、被害者が直接保険会社に保険金を請求する被害者請求が認められた。任意の自動車保険においても、被害者の保険会社に対する直接請求権が認められている。しかし、自賠責保険における直接請求権は、自賠法によって保障された権利であるが、任意の自動車保険におけるそれは、被保険者の保険金請求権を前提としており、保険約款によるものである。さらに、この自賠責保険の直接請求権は差押えが禁止されていることが（自賠法第18条)、任意保険におけるそれとは異なる。また、自賠責保険における加害者請求の場合は、被保険者が被害者に対する損害賠償金を支払った限度に制限される（自賠法第15条)。これらの自賠責保険の措置は、被害者に保険金が確実に渡るようにするためである。

このような自賠責保険の保険金請求は、次の通りである。

表58 自賠責保険の保険金請求

区分		内容
加害者請求	本請求	ー 損害賠償金を被害者や病院などに支払った後、その金額の範囲（法15条）
	内払い	ー 傷害事故の場合、被害者や病院などに支払った賠償金額（治療費、休業損害、慰謝料など）が10万円以上に達したときは、治療の途中でも何回も請求できる（昭和41年から損害保険会社の自主的な決定）
	仮渡金	なし
被害者請求	本請求	ー 治療終了などで損害が確定している場合は、被害者の方から直接損害賠償を請求できる（直接請求権、法16条） ー 差し押えが禁止(法18条)
	内払い	ー 傷害事故の場合、すでに発生した損害額（治療費、休業損害、慰謝料など）が10万円以上に達したときは、治療の途中でも何回も請求できる（昭和41年から損害保険会社の自主的な決定）
	仮渡金	ー 損害賠償責任の有無につき調査に時間が必要とされる場合や治療継続中でいつ治癒するか見通しがたたない場合など、賠償責任や賠償額が確定していない状況で、被害者が治療費や葬儀費などの当座の費用に支障をきたさないよう設けられた制度（法17条） ー 死亡290万円、傷害40〜5万円(自賠法施行令5条) ー 差し押えが禁止(法18条) ー 後日、損害額から仮渡金を控除した金額が支払われ、損害額が仮渡金を下回る場合は、保険会社はその差額を被害者に請求 ー 保有者の損害賠償責任が発生しなかった場合は、保険会社は政府の保障事業に対して補償を求めることができ、補償をした政府の保障事業は被害者に対して同額の返還を求めることができる。

出典 各種資料を参考にして作成

一方、傷害事故の場合、被害者の治療に長期間を要する場合がある。このような場合の被害者の経済的負担を軽減するため、保険会社が自主的に打ち出した内払制度がある。この内払制度は、加害者または被害者いずれも請求することができ、傷害事故に限られる。この制度によって、治療費が 10 万円以上になったときにその全額について請求することができる。

また、被害者請求の場合は、加害者請求とは異なり、必ずしも示談の成立または判決の確定を必要としないが、その請求に対するてん補は責任の有無および賠償額が決定してから行われる。その結果、被害者は、この責任の有無および賠償額が決定されるまで保険金の支払いを受けられず、医療費や葬儀費などの当座の出費に迫られることになる。したがって、自賠責保険では、仮渡金制度が設けられ（自賠法第 17 条）、その責任の有無を問わず、自賠責保険を引き受けた保険会社が遅滞なく一定額（死亡 290 万円、傷害の場合は 40 万円・20 万円・5 万円の三種類）を支払うようにし、被害者の便宜を図っている。この仮渡金の金額は、確定金額であって、実損害による増減はなく、その支払の迅速性が要求されることから、損害調査事務所を経由しない扱いとなっている。

このような仮渡金は、被害者請求による損害賠償額の前渡金的性格を有するものであり、将来正規の保険金が支払われるときにこの金額が控除される。しかし、仮渡金が支払われた後に、保有者に責任がないため、保険会社に保険金の支払義務がないことが判明することがある。このような場合は、保険会社は被害者に対して返還請求をすることができるが、政府の自動車損害賠償保障事業に対して補償請求することもできる（自賠法第 17 条 4 項、第 72 条 2 項）。また、仮渡金が支払われた後に、事故が保険契約者または被保険者の悪意によって生じたことが明らかな場合も、保険会社は、政府の自動車損害賠償保障事業に補償請求することができる。これらの場合、自動車損害賠償保障事業は保険会社に対して補償を行ったうえ、保有者に責任がないとき被害者に、また保険契約者または被保険者に悪意があるときはこれらの者に対してその返還を請求することができる（自賠法第 76 条 3 項）。

[6] 支払基準の法定化

自賠責保険（共済）の保険金（共済金）および損害賠償額を迅速かつ公平に支払うための「支払基準」を、法律に基づいて国土交通大臣および内閣総理大臣が定めることとなった。また、損害保険会社等は支払についての情報を書面により請求者に提供することとなった。これにより、保険金（共済金）および損害賠償額について、支払額が妥当なものであるかどうかを請求者自らチェックすることができるようになった。

請求者には以下の情報が提供される。

①請求するとき
支払基準の概要、支払手続きの概要、紛争処理制度の概要
②支払いするとき
支払額、後遺障害等級と判断理由、減額割合と判断理由、異議申立ての手続き
③支払わないこととしたとき
支払いできない理由

上記に加えて、必要な追加情報も損害保険会社等に請求することができる。

図 74　自賠責保険の支払基準

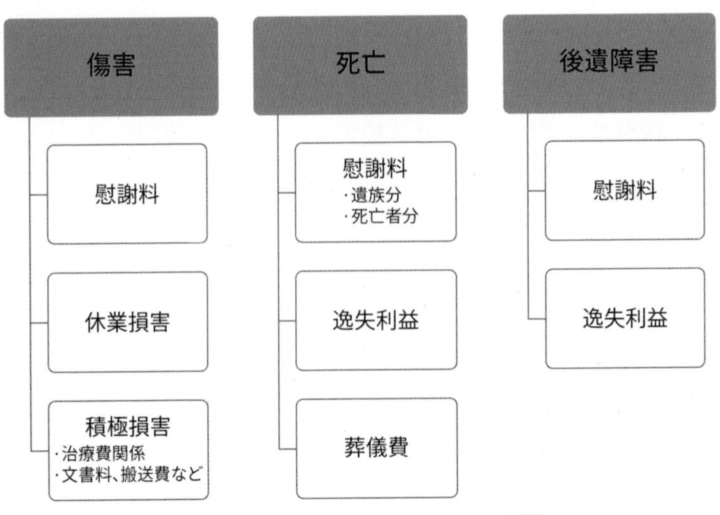

出典 各種資料を参考にして作成

[7] 重過失減額

保険金額とは、保険によっててん補される最高限度額である。しかし、自賠責保険における保険金額は、一般の損害保険でいう保険金額と異なり、1事故における1人に対する限度額である。つまり、自賠責保険では、1事故における死傷者一人当たりの限度額は定められているが、1事故当たりの限度額は無制限である。このような自賠責保険における限度額は、保険契約者と保険会社の間で任意に定められるものではなく、政令（自賠責法施行令第2条）によって定められている。この保険金額については、「自動復元制」がとられており、保険期間中に発生した損害は、何回でも支払われる。従来は、被害者が死亡した場合には、死亡日より保険の残存期間に対して追加保険料を徴収していたが、2001年の自賠法の改正によって、この追加保険料の徴収制度が撤廃された。このような自賠責保険における保険金額は、死亡、傷害、後遺障害の3つに区分することができる。この中で、死亡による損害は3,000万円、傷害による損害は120万円が保険金額であるが、後遺障害に対する保険金額は、自動車損害賠償保障法施行令別表[61]に、定められている。ここでいう後遺障害とは、「傷害が治ったとき身体に存する障害」と定義される（自賠法施行令第2条1項）。この後遺障害は、2001年の自賠法改正によって、介護を要する後遺障害（別表第1）とその他の後遺障害（別表第2）に分類された。その結果、介護を要する後遺障害に対しては3,000万円から4,000万円まで、その他の後遺障害に対して75万円から3,000万円まで等級別の保険金額が定められている。

また、「過失相殺」とは、任意保険に適用されるもので、自分の損害額から自分の過失割合分を「差し引く」ことであり、算式で示すと、次の通りになる。

保険金(損害賠償額)
＝ 被害者の損害額の合計 － (被害者の損害額の合計 × 被害者の過失割合)

任意の自動車保険の対物賠償責任保険のみを想定して考えてみると次のようになる。自分の過失が70%、相手の過失が30%の対物事故で、自分と相手の車の修

61 自賠法損害賠償保障法施行令別表の別表第1と別表第2参照。

理代が100万円ずつかかってしまった場合、相手の対物賠償責任保険から自分の車の修理代として30万円が支払われる。逆に、相手の車の修理代も100万円かかる場合、自分が契約している保険会社は、相手に70万円の対物賠償責任保険の保険金を支払わなければならない。

図75　過失相殺

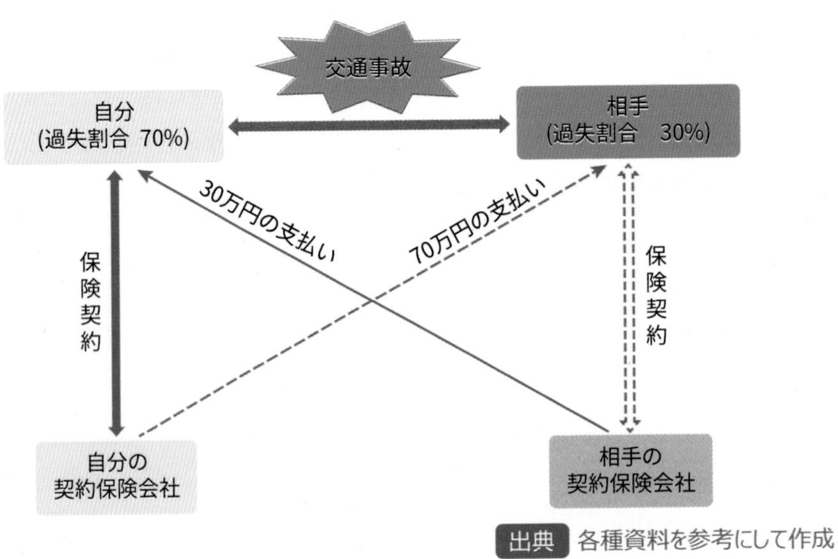

出典　各種資料を参考にして作成

一方、自賠責保険においては、保険金額を限度として、損害額に対して重過失減額が行われた後に、その金額が保険金として支払われる。この自賠責保険における重過失減額は、被害者自身の過失分が厳格に減額される任意保険における過失相殺と異なり、その減額率が緩和されている。つまり、自賠責保険で保険金額の減額が行われるのは、被害者に70%以上の過失つまり重大な過失がある場合には，強制保険（自賠責保険）でも減額される。自賠責保険は被害者保護の見地から設けられた保険であること、査定が原則として書面審査（現場調査などをしない）だけで処理されることから、過失相殺の適用については、被害者に重大な過失がある場合に限られている。

被害者が自賠責保険で重過失ありと認定される場合は、次の通りである。①信号無視の横断をしていた場合、②道路標識等で横断が禁止されている場所での横断をしていた場合、③泥酔等で道路上に寝ていた場合、④信号を無視し交差点に進入し衝突した場合、⑤センターラインを越えて衝突した場合等である。

死亡および後遺障害については、20%・30%・50%の減額率が適用され、その中間の率は認めていない。後遺障害をともなわない傷害事故については、20%の減額率が適用される。損害額が自賠責保険の限度額を超える場合、過失の程度に応じて（過失相殺認定基準表）減額される過失相殺が行われる。不法行為に係る損害賠償の範囲は、被害者の過失割合に相当する分が減額（過失相殺）されるが、自賠責制度においては、「重過失減額制度」が採用され、減額（相殺）される範囲を大幅に緩和し、被害者救済の充実を図っている。傷害による損害額（後遺障害及び死亡に至る場合を除く。）が20万円未満の場合はその額とし、減額により20万円以下となる場合は20万円とする。

この重過失減額制度1964年から始まったが、1963年の交通事故は53万件で、個別に過失相殺を行うことは物理的に無理であった。1964年2月からは被害者の過失が7割を超える場合に限って2割の減額が行われたが、1967年8月からは3割減額が導入され、1969年11月からは5割の減額が導入された。

表59　自賠責保険における重過失減額

過失割合	後遺障害、死亡	傷害
7割未満	減額なし	減額なし
7割以上8割未満	2割	2割
8割以上9割未満	3割	
9割以上10割未満	5割	
100%	10割、すなわち保険金が支払われない	

自賠法第16条の3、自動車損害賠償責任保険の保険金等及び自動車損害賠償責任共済の共済金等の支払基準（金融庁・国交省告示）

過失相殺と「重過失減額（後遺障害・死亡）」を比較すれば、次の通りである。

図 76　過失相殺と「重過失減額（後遺障害・死亡）」

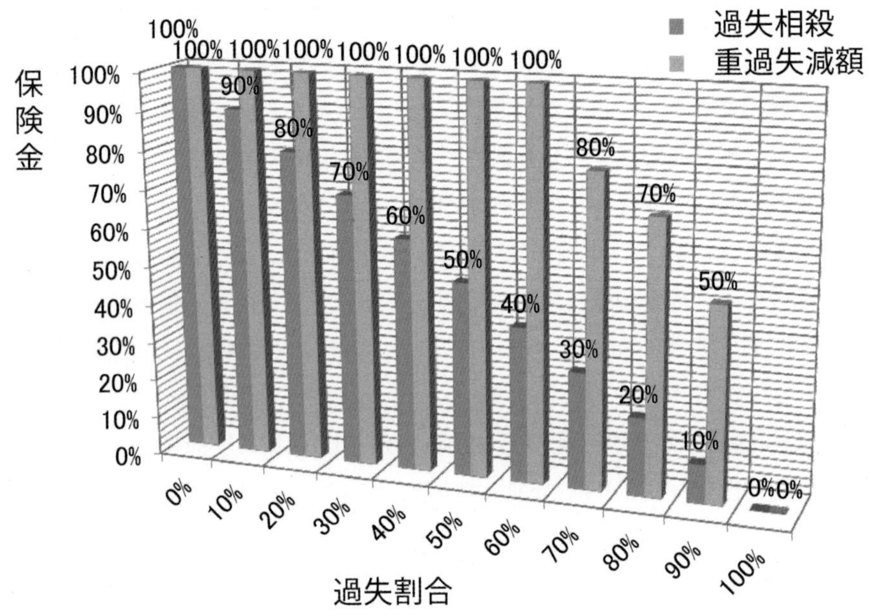

出典 各種資料を参考にして作成

3. 自賠責保険の保険料率

損害保険料における基準料率とは、金融庁長官に届け出ることにより、保険業法に基づく認可を取得したと見なされるもので、自賠責保険と地震保険に適用されている。この自賠責保険の基準料率は、「純保険料率」と「付加保険料率」に分けられ、「純保険料率」には、政府の保障事業によって支払われる保障金にあてられる「純賦課金」が含まれている。「付加保険料率」は、損害の調査や契約の事務処理等にあてられる「社費」、および、保険会社が保険契約の引き受け業務を行う代理店に対して支払う「代理店手数料」からなっている。「社費」には、政府の保障事業の業務を委託された保険会社の業務費用等にあてられる「付加賦課金」を含む。

図77 自賠責保険の保険料率

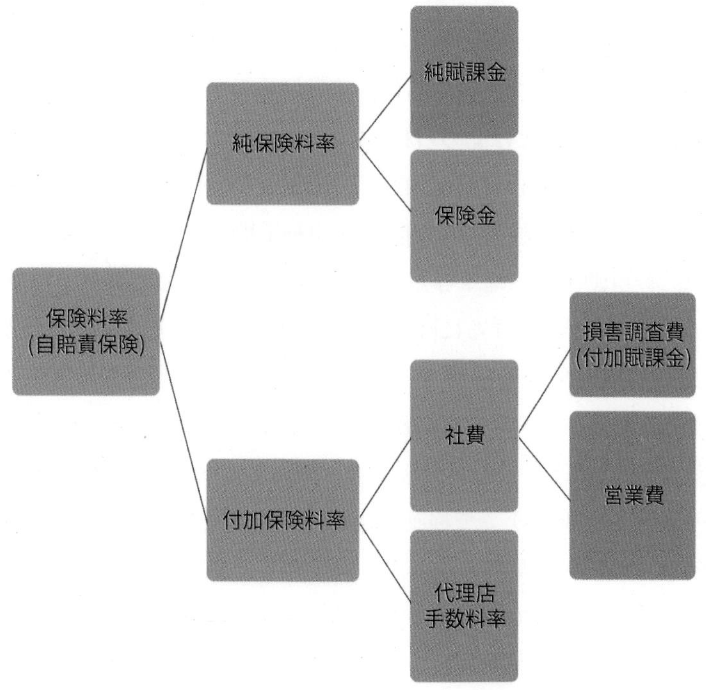

出典 各種資料を参考にして作成

4. 自賠責保険の運営

[1] ノーロス・ノープロフィットの原則

損害保険の料率には、一般的に適正利潤が算入される。一方、自賠責保険（共済）は、強制保険であるので保険会社などに危険選択の余地がなく、被害者救済を目的とする社会保障的色彩をも有する保険である。このような自賠責保険に営利性を認めて利潤を追求することと、ある特定の事業体に危険度の高い保険契約が集中し、その事業者の損失となることは、合理的とはいえない。このような理由で、自賠責保険にノーロス・ノープロフィット（No Loss No Profit）の原則が適用され、共同プール事務が行われている。

自賠法（第25条）には、「自賠責保険の保険料率および責任共済の共済掛金率は、能率的な経営の下における適正な原価を償う範囲内でできる限り低いものでなければならない」と規定されている。これによって、損害保険料率算出機構によって算出される全社画一的な料率である自賠責保険の保険料率は、その付加保険料に予定利潤を織り込むことは認められない。

このような自賠責保険の営業保険料は、純保険料、付加保険料、賦課金によって構成される。自賠責保険の保険期間は、車検期間に応じて2年または3年（自家用乗用車、軽自動車、二輪車等）の長期が大部分を占めており、自賠責保険の保険金支払の大部分が終了するにはほぼ5年間を要している[62]。そのため、収入保険料と支払保険金の合計額が一致するように保険料水準が設定されたかが判明するのは、保険契約締結から7年または8年が経過した後である。このような自賠責保険の保険料水準は、毎年、損害保険料率算出機構によって、ポリシー・イヤー・ベイシス（Policy Year Basis）[63]で検証される。ポリシー・イヤー・ベイシスとは、一定年度に締結された保険契約による収入保険料とその保険契約による支払保険金の金額を対比させる方式である。また、付加保険料は、代理店手数料と社費で構成されるが、社費には、保険契約の締結・維持管理のための営業費と保険金支払いのための損害調査費がある。さらに、ひき逃げ事故や無保険車による被害者を救済するための制度である政府の自動車損害賠償保障事業の財源として、賦課金が課せられる。

また、自賠責保険の収支は、他の保険との区分経理によって、自賠責保険によって発生した利益はすべて責任準備金として積み立てられる。このことによって、自賠責保険による収益を保険会社の利益に帰属させないことにしており、ノーロス・ノープロフィットの原則が貫かれている。

62　『自賠責保険のすべて』保険毎日新聞社、2002年、pp.136-137。

63　その他にインカード・ヘイシス（Incurred to Earned Basis）とリトン・ベイシス（Written Basis）がある。インカード・ヘイシスとは、会計学上の発生主義に相当し、一定期間の経過保険料と、実際に支払われたかに関係なく、その期間に発生した事故に対応する保険金を対比させる方式である。これに対して、リトン・ベイシスとは、会計学上の現金主義に相当し、経過保険料・未経過保険料の区別または支払備金を考慮せず、一定期間の収入保険料とその期間に支払った保険金の金額を対比させる方式である。

[2] 共同プール事務

強制保険である自賠責保険によって、保険収支に保険会社の間の不均衡が発生しないように、自賠責保険と自賠責共済を行うすべての自賠責事業主体間で共同プールが組織されている（自賠法第28の4)。共同プール事務とは、自賠責事業を行う保険会社、組合相互間で、共同して保険料、保険金などの計算、配分および徴収を行う事業である。この共同プールによって、各保険会社と共済が契約した自賠責保険と自賠責共済の純保険料部分が共同プールに提供され、一定の配分率によって各保険会社または共済に配分される。ここでの配分率は、前年度の純保険料の実績および前年度末の運用資産額等を基準にして決められ、保険金等（共済金等）も同様の配分が行われる。純保険料の徴収や配分などの事務手続きは、再保険会社であるトーア再保険が委託を受けて行っている。これによって、自賠責事業主体間に収支率の均一化が図られている。

[3] 区分経理

自賠責保険の収支は、他の保険と区分経理によって、自賠責保険によって発生した利益はすべて次の4種類の責任準備金して積み立てられ、自賠責保険による収益を保険会社の利益に帰属させないことにしている。

① 義務積立金および調整準備金

契約年度ごとに収入純保険料から実際支払った保険金を控除した金額を義務積立金に積み立てる。5年を経過した契約年度にかかる義務積立金は、5年を経過した年度に調整準備金に繰り入れられる。

② 運用益積立金

1年を超える契約は、1年を超える期間についてその利息分を割り引いているので、長期契約利息分は運用益から収入保険料へ振り替えている。その運用益は、契約者への還元、交通事故防止対策などに使われる。

③ 付加率積立金

付加保険料から代理店手数料を控除した額が保険会社の収入となるが、社費収入と実際の支出額が黒字である場合は付加率積立金に積み立てられ、赤字の場合には付加率積立金を取り崩すこととなっている。付加率積立金に積み立てる金額は、前年度の全社平均社費率で修正することとしているため、社費率の高い保険会社には赤字が発生し、低い会社には黒字が発生する仕組みになっている。

5. 指定紛争処理機関

2001年7月の自賠法改正によって、指定紛争処理機関が設けられた。この指定紛争処理機関は、自賠責保険の保険金の支払いに係る紛争解決のために設立された民間法人で、国土交通省大臣および内閣総理大臣の指定を受けたものである（自賠法第23条の5）。従来は、自賠責保険を政府再保険にしていたため、保険金支払を通じて、その処理について政府が関与することができた。しかし、この政府再保険が廃止されたため、政府による保険金支払の適正化対策の後退が懸念された。これに対応するため、中立的な機関として、指定紛争処理機関が設立された。

自賠責保険などをめぐる紛争処理制度は、次の通りである。

図78　紛争処理制度

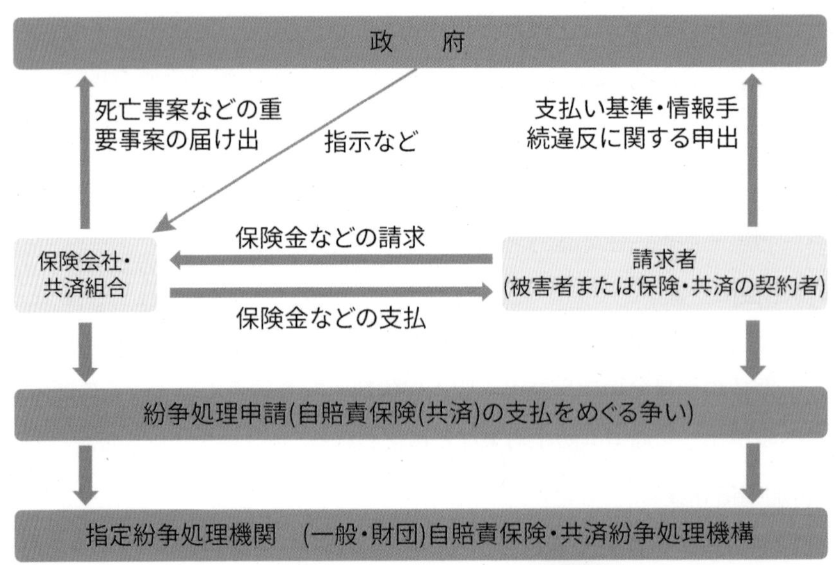

出典　各種資料を参考にして作成

紛争処理は、保険会社または被保険者などからの申請によって開始される。指定紛争処理機関は、この申請を受けて調停を行う。この指定紛争処理機関による調停は法的拘束力を持つものではないが、保険会社などはこれを遵守しなければない（自賠責保険約款第 17 条 4 項）。これによって、保険金支払に係る紛争を迅速に解決できる裁判以外の方法が用意された。

6. 自動車損害賠償保障事業

自動車の運行による交通事故被害者は、当該自動車に付保されている自賠責保険によって救済される。しかし、この自賠責保険は、自賠法による賠償責任を前提とするものである。したがって、ひき逃げ事故の場合は、加害者と加害者の自賠責保険会社が判らず、自賠責保険の保険金請求ができない。さらに、加害者が判明した場合でも、加害者の自動車に自賠責保険が付保されていない場合は、加害者に賠償資力がない限り、損害賠償を受けることができない。

このような場合の交通事故被害者に対する最終的な救済制度として、政府の自動車損害賠償保障事業（以下、保障事業）が用意された。この政府による保障事業によって、無保険車、正当な権利なくして使用した者による事故、ひき逃げ事故などによる被害者に対して、自賠責保険等の強制保険の保険金相当額が保障金としててん補される（自賠法第 72 条 1 項）。この保障金の請求および支払いの窓口は、損害保険会社の全国の支店および営業所または協同組合である。

この自動車損害賠償保障事業は、次のように自賠責保険と異なる[64]。第一に、健康保険（公的医療保険）・労災保険などの給付があれば、その金額を差し引く。社会保険を使用できるのに使用しなかった場合にも、社会保険の給付があったものとしてその金額を差し引く。つまり、社会保険の適用が優先され、自動車損害賠償保障事業は最終的な救済制度としての役割である。第二に、自動車損害賠償保障事業は親族間の事故に対して支払を認めない。第三に、二台の車が衝突した場合、両方とも自賠責保険に加入していれば、両方の車両から損害賠償額に至るまで保険金の支払いを受けられるが、その中一台が無保険車の場合一台からの自賠責保険金の支払いで打ち切られ、保障事業からの支払は認められない。

64　国岡福一『自動車事故と保険賠償』山海堂、平成11年3月、pp.222-223。

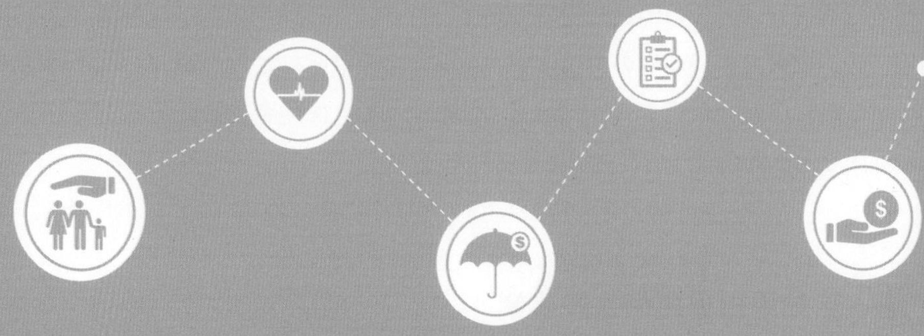

第17章

交通事故と任意の自動車保険

モータリゼーション（Motorization）によって、自動車が広く普及し、生活必需品となった。これに伴って、自動車事故の発生も多くなっている。この自動車保険には、強制加入の自動車損害賠償責任保険（自賠責保険）と任意の自動車保険がある。本章では、任意の自動車保険について概説する。

1. 従来の任意の自動車保険

【1】担保種目

任意の自動車保険の種類は、次の通りである。

図 79　自動車事故に対する保険

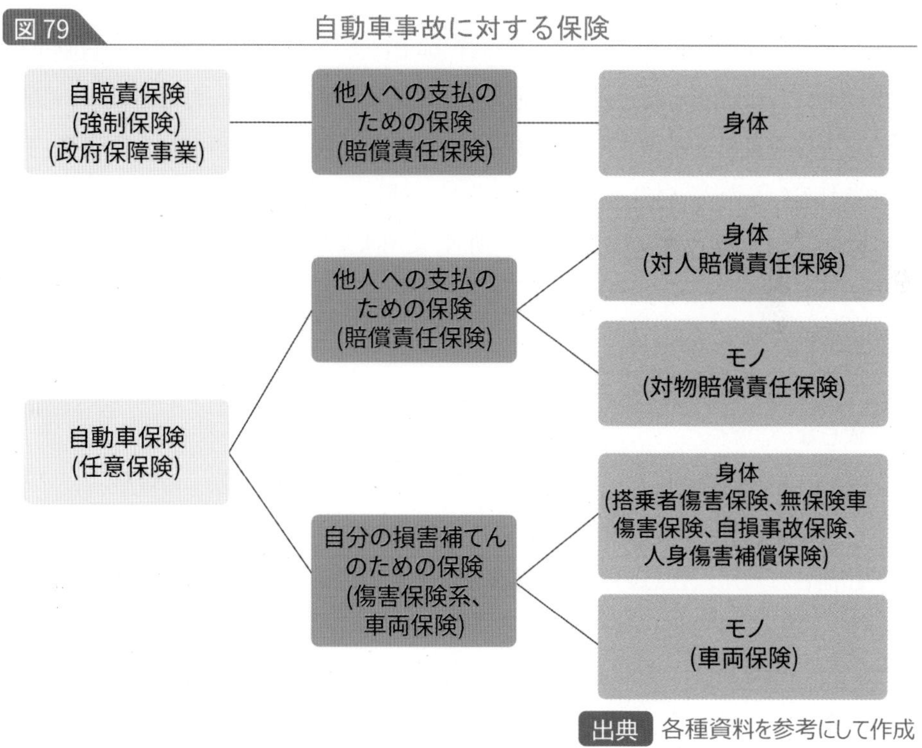

出典　各種資料を参考にして作成

(a) 対人賠償責任保険

任意の対人賠償責任保険は、自賠責保険の上乗せ部分を担保する保険である。したがって、対人賠償責任保険では、被保険者の自賠責保険の加入の有無に拘わらず、自賠責保険によって支払われるべき金額に相当する金額を超過する場合に限り、その超過額のみがてん補される。自賠責保険に加入していない場合は、被害者は政府の保障事業に請求することができ、後に加害者は求償される。保険金額は、被害者一人当たりの限度額であり、保険金額の下限から２億円まで１千万円単位で保険契約可能であるが、２億を超える場合は「無制限」の保険契約となる。この対人賠償責任保険は、「保険証券記載の自動車の所有・使用・管理に起因して他人の生命または身体を害することにより、被保険者が法律上の損害賠償責任を負担することによって被る損害」を担保する。

自賠責保険と任意の対人賠償責任の相違点は、次の通りである。

第一に、担保の範囲が異なる。自賠責保険では、「自賠責証明書記載の自動車の日本国内における運行によって、他人の生命または身体を害したとき」に、法律上の損害賠償責任を負担することによって被る被保険者の損害が一定限度額内で担保される。したがって、車庫に格納中は「運行」に当たらないが、自動車が格納・陳列されているような状態なども「所有、使用または管理」に当たることになり、このような場合は自賠責保険では担保されないが、任意の対人賠償責任保険から損害賠償額全額支払われる。つまり、対人賠償責任保険は、自賠責保険の上乗せ部分ではあるが、正確に言えば対人賠償責任保険の担保範囲は自賠責保険のそれと一致しない。

また、損害賠償責任は他人に対するものであるが、自賠責保険では配偶者、父母、子供、兄弟・姉妹が他人と定義されるため、これらの人に対する損害（賠償責任）がてん補されるが、任意の対人賠償責任保険では兄弟・姉妹までしか他人と定義されず、配偶者・父母・子供に対する損害はてん補されない。

第二に、免責範囲が異なる。自賠責保険では保険契約者または被保険者の悪意のみが免責とされているが、任意の対人賠償責任保険では故意のみならず戦争・暴動、地震、噴火、台風、洪水、高潮、津波等や原子力危険による損害が免責とされる。

第三に、自賠責保険では重過失減額が行われるが、任意の自動車保険では過失相殺が厳格に行われる。

第四に、自賠責保険は車単位の保険で保険料率の割引割増制度がないが、任意の自動車保険には運転暦・事故歴などによる割引割増制度がある。

第五に、任意保険には示談代行サービスがあるが、自賠責任保険にはそれがない。

(b) 自損事故保険

自損事故保険は、自賠法第3条による救済を受けられない被害者を救済するために1976年に導入されたもので、定額保険として任意の対人賠償責任保険に自動付帯されることになったものである。自損事故による死者数が全体の交通事故による死者数の20〜25%（2,000〜2,500人）にも達するといわれる。この自損事故保険は、被保険自動車の保有者、運転者および搭乗者の事故による損害が、自賠責保険、自動車損害賠償保障事業のいずれからもてん補されない場合の損害をてん補するものである。

例えば、相手のいない単独事故、つまり運転ミスによる電柱への激突、崖からの転落などによる被保険者（保有者、運転者、搭乗者）運転者自身の人身損害を担保するものである。また、相手がある事故で自分の過失が100%である交通事故、例えば信号待ちの車両に衝突、センターラインを越えて対向車と衝突した場合などによる自分の人身損害についてもてん補される。このような自損事故保険では、原則として単独事故による「被保険自動車の正規の乗車装置または当該装置のある室内に搭乗中の者」が担保され、トラックの荷台で荷物の積み卸しをしている者や、走行中のトラックの荷台に搭乗している者などは除外される。しかし、被保険自動車の保有者および運転者は、自賠法第３条に規定された「他人」に該当しないことによって救済の途がないため、車外での事故も救済される。

自損事故保険は、定額給付方式の傷害保険であるため、代位することなく、無過失責任である労災保険またはその他の傷害保険・生命保険・医療保険などと重複して保険金が支払われる。この自損事故保険の保険金額は、死亡1,500万円と１級後遺障害（１人）1,500万円から14級50万円までを限度とし、介護費用保険金200万円または350万円、医療保険金100万円を限度とする。このように死亡の保険金額を1,500万円とした理由は、自損事故とは過失が100%で自賠責保険からてん補されない事故であるが、この自損事故に対して、過失が100%未満である自賠責保険における最低額よりも多額の保険金が支払われることは合理的ではないというものであった。自賠責保険の重過失減額（第16章参照）における最大の減額は、過失割合90%以上100%未満の場合、保険金額3,000万円に対する50%の減額であり、その保険金が1,500万円となるためである。

(c) 対物賠償責任保険

対物賠償責任保険は、保険証券記載の自動車の所有・使用・管理に起因して他人の財物を滅失、破損または汚損することにより、被保険者が法律上の損害賠償責任を担保することによって被る損害を担保するものである。日本における自賠責保険は、前述のように一定限度額までの対人賠償責任のみが担保されるが、韓国などでは一定限度額までの対物賠償責任も担保される例もある。対物賠償の対象は、建物や家財など様々であるが、対物事故の圧倒的多数は車と車の衝突である。

車両の対物損害には、直接損害と間接損害がある。直接損害（積極的損害）には、全損のときの時価額、分損のときは修理費用と格落ちがある。格落ちとは、被害車両の修理を行っても現状に回復し得ないことによって生じる評価損のことである。間接損害（消極的損害）には、休車損害がある。休車損害は、車が稼働していたならば得られたであろうところの喪失利益であり、その経済的利益の喪失は、一般的に営業用車両に限定して認められる。代車費用は、休車損害を未然に防ぐための費用であり、重複して払われることはなく、証明を求められる。これは、主としてタクシー・バス・トラックなどの有償運送を業とする者の自動車について問題とされる。このような対物損害は、物自体がてん補・回復されれば精神的損害も回復されると考えられるため、別途慰謝料を認めることは少ない[65]。

しかし、記名被保険者、被保険自動車を運転中の人と、その父母・配偶者・子、被保険者とその父母・配偶者・子、被保険者の使用者（ただし、被保険自動車を使用者が家事で使用している場合を除く）が所有・使用・管理している財物が滅失・破損・汚損した場合は、他人への賠償損害とはならないため、対物賠償責任保険の保険金は支払われない。保険金額は、一事故当たりの限度額であり、１億を超える場合は「無制限」の保険契約となる。信号機一個の賠償額は500万円程度、

65　愛玩動物が死亡したときには、慰謝料が認められる場合もある（自動車保険料率算定会編『自動車保険論（第20版）』損害保険事業研究所、1999年、pp.250-251）。

踏切で電車と接触した場合や、積み荷の損害については高額になることもある。

(d) 搭乗者傷害保険

搭乗者傷害保険は、被保険自動車の「正規の乗車用構造装置のある場所に搭乗中」に死傷したすべての者を対象としており、運転者本人、家族、運行供用者（所有者および運転者）も担保される。これは、純粋の傷害保険形式が自動車保険に導入されたものであり、過失が問題とされることなく、加害者の自賠責保険・自損事故保険・無保険車傷害保険・加害者からの損害賠償などの他の保険の支払いとは無関係に、保険金が支払われる。保険金は、死亡保険金（180日以内に死亡した場合、人数×保険金額）、座席ベルト装着者特別保険金（１名につき3百万を限度とする保険金額の30%）、後遺障害保険金（保険金額の4～10%）、重度後遺障害特別保険金（介護が必要な場合は100万円を限度とする保険金額の10%）、医療保険金（180日を限度して治療日数）である。

(e) 無保険車傷害保険

PAP（後述参照）では、被保険自動車の正規の乗車装置があるところに搭乗中の記名被保険者が無保険車である他車によって被った人身損害がてん補される。また、SAP（後述参照）では、歩行中または他の自動車に搭乗中も担保される。記名被保険者の配偶者（妻または夫）、同居の親族（両親や子ども）、別居している未婚の子どもも対象になっている。

無保険車とは、次の通りである。a. 相手自動車に対人賠償責任保険が全く締結されていない場合、b. 相手の対人賠償責任保険によって損害のてん補を受けることができない場合（免責など）、c. 相手の対人賠償責任保険の保険金額が被保険自動車の対人賠償責任保険の保険金額に達しない場合、d. あて逃げなどにより相手自動車が不明な場合。

保険金支払いは、死亡または後遺障害に限定（死亡または後遺障害確定までに要した治療関係諸費用・弁護士費用などはてん補）される。被保険者に損害のてん補をした保険者は、被保険者が加害者に対して持っていた損害賠償請求権を代位取得する。

(f) 車両保険

車両保険では、自動車の車体自体に偶然な事故によって生じた損害がてん補され、休車損害などはてん補されない。ここでの偶然な事故とは、衝突・接触・墜落・転覆・物の落下・火災などのすべての偶然な事故であり、免責事由を除く被保険者の過失による事故が含まれる。つまり、この車両保険は、自分の保険からてん補を受けるもので、被保険者の過失は問題とされない。ここで、被保険者は、自動車検査証（車検証）上の所有者である。割賦販売契約で購入した自動車の場合は、自動車の形式上の所有者（売主）と実際の使用管理者（買主）が異なるが、形式上の所有者が被保険者となる。実務上は形式上の所有者から保険金請求に関する委任状または保険金支払指図書を取り付け、実際の使用管理者（修理費の支払者）に保険金を支払う[66]。また、被保険者の承諾を得た者などに対しては、原則として賠償請求権を行使しない。ただし、故意、酒酔い運転、麻薬など運転および無免許運転によって損害が生じた場合、または自動車を取り扱うことを業としている者が受託した被保険自動車を使用・管理している状態において損害が生じた場合は、賠償請求権が行使される。残存物については、財産価値がなく、公権力によって撤去命令などによって費用が掛かる場合があるため、保険者はその権利取得を放棄することもできる。

また、全損のときの保険金額は市場販売価格相当額とし、被保険自動車と同一の車種、同一年式で同じ損耗度の自動車を購入する場合の価格で、いわゆる再調達価格とすることができる。

車両保険の種類は、次の通りである。

66　自動車保険料率算定会編『自動車保険論（第20版）』損害保険事業研究所、1999年、p.196。

表 60 車両保険の種類

(○は担保、xは不担保)

<table>
<tr><th rowspan="2">区分</th><th rowspan="2">危険種類</th><th colspan="4">車両保険の種類</th></tr>
<tr><th>一般車両保険</th><th>エコノミー車両保険</th><th>車両危険限定(A)</th><th>ワイドエコノミー</th></tr>
<tr><td rowspan="3">走行中の危険</td><td>自損事故</td><td rowspan="4">○</td><td rowspan="2">×</td><td rowspan="3">×</td><td rowspan="2">×</td></tr>
<tr><td>他車との衝突(相手不明)</td></tr>
<tr><td>他車との衝突(相手判明)</td><td>○</td><td rowspan="2">○</td></tr>
<tr><td>その他</td><td>火災・爆発
台風・洪水
当て逃げ
(相手判明)
落書き
盗難</td><td>×</td><td>○</td></tr>
<tr><td colspan="2">添付可能な保険商品</td><td>SAP、PAP、BAP</td><td>SAP、PAP</td><td>PAP、BAP</td><td>SAP、PAP</td></tr>
</table>

出典 各種資料を参考にして作成

① **車両危険限定（A）**

車両危険限定（A）は、担保する危険を走行中の危険以外の危険に限定することによって、運転に自信のある保険契約者の保険料負担を軽減し、運転に自信のある人向けに車両保険の普及を図ることを目的としているが、SAP には適用できない。SAP に添付されている後述する対物示談サービスを円滑に行うためには、他車との衝突などの場合でも過失割合に関係ない自車の補償が必要であるためである。車両危険限定 (A) では、最も危険発生の度合の高い走行中の危険（衝突･接触･墜落など）を除いて、火災・爆発・盗難・落雷・台風・竜巻・洪水などによる損害に対してのみ保険金を支払うものである。

② **エコノミー車両保険**

正式名称は、自動車相互間衝突危険「車両保険」担保特約（相手自動車確認条件付）

である。担保範囲は、自動車相互間の衝突・接触事故で、かつ相手自動車が確認できる場合に限定される。これは、保険契約者の保険料負担を軽減し、普及率の拡大を図ることを目的としたものである。相手自動車とは、所有者（車両保険における被保険者）が異なる自動車である。相手自動車が確認できる自動車相互間の衝突・接触は、対物賠償関係も含めて１回で解決することができ、保険金詐欺を防止している。相手自動車が自動車安全運転センターの交通事故証明書などで証明できない場合（当て逃げ事故）は保険金が支払われない。このエコノミー車両保険は、SAP と PAP に添付できる。

③ **ワイドエコノミー**

ワイドエコノミーは、エコノミー車両保険と車両危険限定（A）をあわせたものである。

④ **車両価額協定保険特約**

車両保険における支払保険金は、損害が生じた地および時における被保険自動車の価格（車両条項第５条第１項）である。この市場販売価格相当額ついては、損害額の評価をめぐる保険者・被保険者間の紛争が生じることが少なくない。したがって、車両価額協定保険特約によって、保険契約締結時に保険契約者と保険者間に協定した保険価額たる車両の価額、つまり協定保険価額と同額の保険金額を設定し、保険期間中は、保険価額が不変であると見なし、常に保険価額と保険金額が一致するようにしたものである。車両価額協定保険特約は、自家用５車種[67]が対象となり、協定価額は保険契約締結の時における被保険自動車と同一の用途・車種・車名・型式・初年度登録年月の自動車の市場販売価格相当額であって、自動車保険車両標準価格表に記載されている。初年度登録後１年未満は新車価額、それ以外は販売価額である。

【2】自動車保険商品の種類

自動車保険は、従来からいくつかの保険をセットした次のようなものが販売されてきた。

---

67 自家用5車種とは、自家用普通乗用車、自家用小型乗用車、自家用軽四輪乗用車、自家用小型貨物車、自家用軽四輪貨物車である。

表61 任意の自動車保険商品

保険商品 / 保険種類	BAP	ドライバー保険	PAP	SAP
対人賠償責任保険	○	○	基本契約	基本契約
自損事故保険				
対物賠償責任保険	○	○		
搭乗者傷害保険	◇	◇		
無保険車傷害保険	なし	なし		
車両保険	○	なし	○	

（○：任意に選択可能、◇：対人賠償責任保険または対物賠償責任保険に添付可能）

自損事故保険と無保険車傷害保険は、他の担保種目または保険商品に自動付帯

一般自動車保険（BAP : Basic Automobile Policy）は、いわば単品売りの自動車保険であり、保険契約者が、対人賠償責任保険（自損事故保険自動付帯）、対物賠償責任保険、車両保険を任意的に選択でき、さらに対人賠償責任保険または対物賠償責任保険を選択した場合には搭乗者傷害保険を付帯できる自動車保険商品である。また、いわゆるペーパードライバーを対象とした「他車運転者賠償責任保険」（ドライバー保険）がある。これに対して、自動車総合保険（PAP : Package Automobile Policy）と自家用自動車総合保険（SAP : Special Automobile Policy）は、示談代行サービス付のパッケージ保険である。PAPでは、対人事故に関する示談代行が行われ、対人賠償責任保険・自損事故保険・対物賠償責任保険・搭乗者傷害保険・無保険車傷害保険を基本契約とし、車両保険を任意に付帯できるものである。SAPは、PAPの基本契約と車両保険を一括してセットにしたものであり、対人事故と対物事故に関する示談代行が行われる。この4種類の保険に付帯して、担保範囲を拡大または縮小し、保険料を調整するための特約は、1965年の約款改定の際に12種類であったものが100種類を超えるまでに急増していた。

(a) 一般自動車保険（BAP）

一般自動車保険（BAP : Basic Automobile Policy）は、単品売りの自動車保険で

あり、すべての用途・車種がその対象となる。搭乗者傷害保険は、対人賠償責任保険、対物賠償責任保険、車両保険のいずれかの特約として添付可能である。対人賠償責任保険に自損事故保険が自動付帯される。対人賠償責任保険に加入しないと年齢条件の設定ができず、「年齢問わず担保」となる。また、対物賠償責任保険には必ず免責金額が設定される。BAP には無保険車傷害保険が付帯できず、示談代行サービスもない。

(b) 自動車総合保険（PAP）

自動車総合保険（PAP : Package Automobile Policy）は、対人賠償責任保険・自損事故保険・対物賠償責任保険・搭乗者傷害保険・無保険車傷害保険の５つの種目をセットにし、車両保険を選択的に付帯できるようにしたものである。このPAP では、緑ナンバーの営業用自動車を含むすべての車種が対象とされるが、対人事故のみの示談代行が行われる。また、PAP に添付される無保険車傷害保険では、被保険自動車に搭乗中の事故のみが対象となる。保険金額の下限は、対人賠償 2,000 万円、対物賠償 100 万円、搭乗者傷害 200 万円である。

(c) 自家用自動車総合保険（SAP）

自家用自動車総合保険（SAP : Special Automobile Policy）は、対人賠償責任保険・自損事故保険・対物賠償責任保険・搭乗者傷害保険・無保険車傷害保険・車両保険の６つの保険がセットされたものである。この SAP に付帯される無保険車傷害保険では、歩行中または他の自動車に搭乗中も担保される。SAP には、保険金額の下限が、対人賠償 5,000 万円、対物賠償 200 万円、搭乗者傷害 300 万円と設定される。この SAP は、自家用５車種（普通乗用車、小型乗用車、軽四輪乗用車、小型貨物車、軽四輪貨物車）に、自家用普通貨物車、特殊用途自動車（キャンピングカーなど）を加えた７車種が対象である。この SAP では、対人事故と対物事故に対する示談代行が行われる。

示談とは、当事者の話し合いによって問題を解決する方法で、法律上の和解（民法 695 条）である。示談が成立すると、示談書あるいは和解契約書を作成するが、この文書が示談成立の要件ではない。任意の自動車保険における示談代行は、加害者の加入している保険会社が被害者と示談交渉を行うものである。示談が成立すると、通常は保険会社から被害者に直接損害賠償金が支払われる。弁護士でない者が報酬を得る目的で示談交渉などの法律業務を行うこと（非弁活動）は、事件屋が善良な市民を食い物にするのを防止するため、禁止（弁護士法第72条）されている。しかし、日本弁護士連合会と損害保険協会の合意によって、1974（昭和49）年に対人事故についての示談代行の自動車保険が発売され、そのときに、被害者が加害者が加入した保険会社に直接保険金を請求できる直接請求権が認められた。

SAPでは、対人事故のみならず対物事故についても示談代行が行われる。日本弁護士連合会と損害保険協会の合意によって、物損事故調査員は弁護士の指示のもとに事故の処理を行うが、被害者は直接弁護士との交渉を求めることもできる。一方、対物事故の場合には車両損害が発生することが多い。この対物事故の場合、被保険者に過失があれば被保険者の車に車両保険がついてないと被保険者がその損害額を直接負担することになるため、被保険者の負担額を巡って調整が難航することも予想される。したがって、SAPでは、対物事故に対する示談を円滑に行うためにも、車両保険がセットされる。

(d) 自動車運転者損害賠償責任保険（ドライバー保険）

自動車運転者損害賠償責任保険（ドライバー保険）は、自分の車はもっておらず、他人の車を借りて運転する人のための保険である。記名被保険者の（明示または黙示の）承諾を得て被保険自動車を使用・管理中の者、つまり許諾被保険者は、被保険者となり、その他人の保険を使うこともできる。しかし、その他人の保険に家族限定特約や年齢条件などが付帯されているために使えない場合もある。このような場合のために、他人の車を借りて運転する人に付ける保険が、自動車運転者損害賠償責任保険である。この保険の対象となる車両は、自家用５車種、二輪車、原付、同種のレンタカーであるが、自分の家族が所有する車や自分が役員をしている法人所有の車は対象外である。この保険には、搭乗者傷害保険が、対人賠償責任保険、対物賠償責任保険、車両保険のいずれかの特約として付帯され、対人責任保険に自損事故保険が自動付帯されるが、運転する車両が特定できないため、車両保険は付帯できない。

2. 自動車保険の近年の動向

近年行われた規制緩和によって、次のような新商品が続々と発売された。このような新しい自動車保険は、前述した従来の自動車保険と共に販売されている。

[1] リスク細分型自動車保険

アメリカンホーム保険会社は、1997年9月1日に通信販売専用の自動車保険として、「リスク細分型自動車保険」を発売した。また、1998年10月1日にチューリッヒ社が、1999年2月1日にウインタートウル社が、1999年4月27日にアクサ損害保険が、1999年9月16日にソニー損害保険会社が、次々とリスク細分型自動車保険の認可を取得した。このリスク細分型自動車保険は、損害保険会社独自の判断でリスクが細分化され、損害保険会社独自の保険料率が適用されるものである。その結果、これまでの損害保険業界における自動車保険の統一約款体制は、崩れることになった。

このようなリスク細分型保険は、従来のSAPやPAPに相当するセット保険であり、担保の内容を拡大したり縮小するものではなく、既存のSAPやPAPの担保内容に対して、各被保険者毎の料率を設定しようとするものである。したがって、リスク細分型保険は、自動車保険の担保内容が変化したものではなく、保険料率の算出方法が変化したものであるといえる。

このリスク細分型自動車保険は、リスクの低い被保険者が不当に高い保険料を支払っているという主張に基づくものである。したがって、従来の自動車保険と比較してリスクの高い被保険者の保険料は高くなり、リスクの低い被保険者の保険料は低くなることが予想された。その結果、不良リスクを事実上拒絶し、優良リスクのみを独り占めしようとするものであるとも非難された。このリスクの細分化に伴い、リスクの高い階層の保険料が一気に跳ね上がることのないように、認可における審査基準が保険業法施行規則に定められている。

表62 リスク細分型自動車保険のガイドライン

リスク要因	内　容	リスク要因	内　容
年　齢	料率間の格差が3倍以内	性　別	男女間の料率格差が1.5以内
運転歴	事故歴	使用目的	自家用、営業用、その他
使用状況	年間走行距離、その他	種　別	車種
安全装置	エアバック、ABS装着	所有台数	複数
地　域	料率格差は1.5倍、地域は以下の7地域 北海道、東北、関東・甲信越、北陸・東海、近畿・中国、四国、九州		

出典 保険業法施行規則付則（総務部令・大蔵省令第７号）から抜粋して作成

[2] 人身傷害補償保険

従来の自動車保険では、自分の過失に相当する被保険者の人身損害は、相手方の対人賠償責任保険からも被保険者自身の対人賠償責任保険からもてん補されない。被保険者自身の保険からてん補される自損事故保険・搭乗者傷害保険・無保険車傷害保険があるにしても、これらにも限界がある。自損事故保険は、第三者の加害行為がなく単独で事故を起こした場合の損害のみがてん補されるものであり、保険金額1,500万円を限度として、傷害などの程度に応じて一定額が支払われる一種の定額保険である。また、搭乗者傷害保険は、相手の対人賠償責任保険の給付とは別個に支払われる一種の定額保険であり、保険金額を自由に設定できるとはいえ、通常引受時に保険金額が制限されるものである。無保険車傷害保険も、死亡または後遺障害に限定して、相手方に損害賠償責任が認められる金額までしかてん補されない。このように、既存の自動車保険においては、交通事故被害者救済のために、過失のすべてが担保されるようになってきたが、被保険者自身の過失による自分の人身損害はてん補されず、自損事故保険で見るように、自賠責保険で行われる最大50%の重過失減額を考慮して、その保険金額が制限される。

このような既存の自動車保険における被保険者自身の人身傷害の担保に対する限界に対応するため、東京海上（現在の東京海上日動火災）が、自動車保険料率算定会の料率によらず独自に開発した「人身傷害補償」担保を付帯した自動車保険である「TAP（Tokio Automobile Policy）」を1998年10月1日から発売した。このTAPは、前述のリスク細分型保険に対抗する意味もあった。その後、各損害保険会社がこれに追随し、現在はほとんどの損害保険会社が人身傷害補償保険または人身傷害補償特約を販売しており、各社別にその内容が少しずつ異なっている。このような人身傷害補償保険は、基本的にPAPまたはSAPをベースにして、被保険自動車に搭乗中の人が被った人身損害の全額を、過失相殺なしに自分が保険契約した保険会社に請求できるファーストパーティー（First Party）型の保険である。また、従来の無保険車傷害保険よりも担保範囲が拡大され、被保険者[68]は、歩行中または他人の車に乗車中の事故の場合にも、死亡・後遺障害だけでなく傷害による損害がてん補される。したがって、被保険者が、人身事故の加害者・被害者いずれの場合でも、事故相手との示談交渉にわずらわされることなく、自分が保険契約した保険会社に損害額に相当する保険金の請求を可能にし、これまでPAPまたはSAPで担保されていなかった過失相殺などによる被保険者自身の治療費・慰謝料・休業損害などがてん補されることになった。保険金を支払った損害保険会社は、事故の相手またはその保険会社に対して過失割合に応じて求償を行うことになる。

例えば、人身損害額5千万円で、過失割合が保険契約者4割・相手6割の場合の保険金支払いは、次の通りである。

68　被保険者とは、記名被保険者およびその配偶者・同居の親族、別居の未婚の子である。

図 80　人身傷害補償保険の保険金

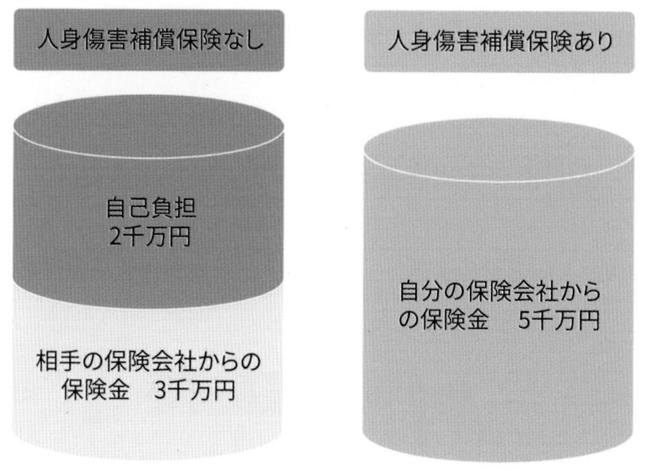

出典　筆者作成

このような人身傷害補償保険は、自損事故保険などの既存の一部の保険の必要性をなくしている。自損事故保険は、被保険者の過失割合が 100% の場合の被保険者自身の人身損害をてん補するファーストパーティー型の保険であるからである。また、無保険車傷害保険は、加害者の過失による賠償責任を前提にして、その加害者（相手）が無保険車である場合、死亡と後遺障害に限定して、被保険者の人身損害に対して責任のある相手方の賠償責任額まで補償するファーストパーティー型の保険であるが、人身傷害補償保険で過失割合に関係なく被保険者の人身損害が全額てん補されるため、人身傷害補償保険の限度額の範囲内ではその必要性がなくなる。実際に東京海上日動火災が販売する新型 TAP は、傷害の保険、賠償責任保険（対人・対物）、車両保険の 3 種類の保険によって構成されており、傷害の保険は人身傷害補償保険と搭乗者傷害保険によって構成されている。また、搭乗者傷害保険は、保険会社が求償権を行使せず、他の保険からの保険金支払に関係なく被保険自動車に搭乗中の全員に一定額が支払われるファーストパーティー型の保険ではあるが、人身傷害補償保険では被保険自動車に搭乗中の人も担保されるので、その必要性が減少することになる。

したがって、人身傷害補償保険は、被保険者の人身損害に対する過失相殺の分も担保されていることがこれまでの自動車保険とは大きく異なる点であり、被保険者保護という任意の自動車保険本来の機能という側面から、既存の対人賠償責任保険に自損事故保険と無保険車保険、搭乗者傷害保険の一部を統合し、さらに担保範囲を拡大したものであるといえる。その結果、自動車保険における特約の数は、減少の傾向にある[69]。

図81 既存の対人賠償責任保険と人身傷害補償保険

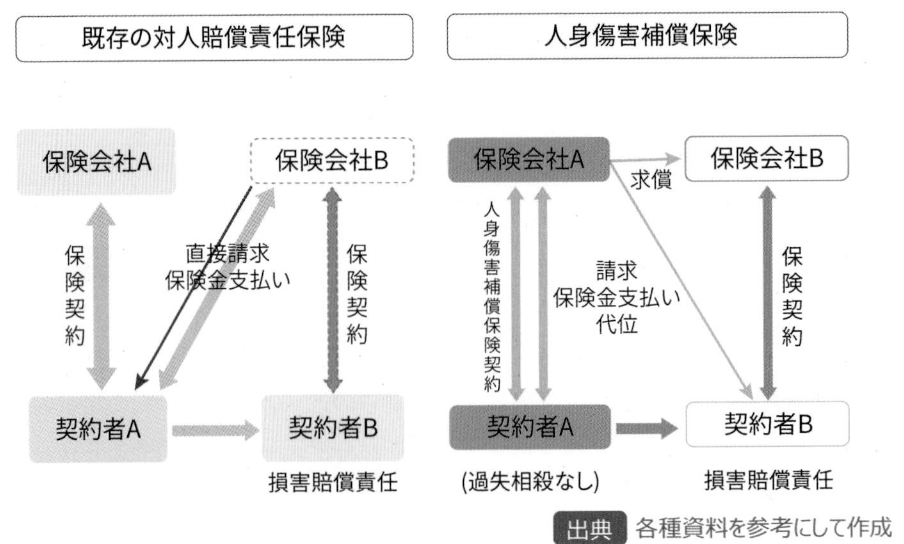

出典 各種資料を参考にして作成

[3] テレマティクス自動車保険

「テレマティクス（Telematics）」とは、電気通信分野における「テレコミュニケーション（Telecommunication）と情報処理分野におけるインフォマティクス（Informatics）を合成した造語で、多くの場合、移動体に対し通信を介してサー

69 1996年に損害保険事業総合研究所が発行した『自動車保険約款集』には、強制保険である自賠責保険以外にも普通保険約款4種類、特約109種類が掲載されていた。しかし、2000年に同研究所が発行した『自動車保険約款集』には、強制保険である自賠責保険以外にも普通保険約款4種類、特約47種類が掲載されている。この2000年版は、東京海上が使用している自動車保険約款を纏めたものであるすべての約款が網羅されているとはいえないが、1996年版に掲載されていた多くの特約が掲載されていないことは確認できる。

ビスを提供することを指す。その移動体の中で最もポピュラーな存在が自動車で、「カーテレマティクス」と呼ばれることもある。このテレマティクス(Telematics)は、主に自動車の運転を支援する目的でインターネット等の通信でさまざまな情報取得を可能にするため開発された技術や機器またはシステム全般を指す総称である。

テレマティクス自動車保険は、自動車に搭載したデバイス（機器）が、保険契約した自動車、ドライバーの運転情報を通信システムを介して保険会社に送り、保険会社は運転データを分析した上で個別に保険料率を計算して、ドライバーに保険料を請求する、という仕組みである。運転者のリスクに応じた詳細な保険料設定が可能になり、安全運転の促進の効果や事故の減少効果等もあるとされる。

テレマティクス自動車保険は、走行距離に応じて保険料の割引を行う「走行距離連動型（Pay As You Drive：PAYD)」と、走行距離だけでなく、アクセル・ブレーキ操作等の運転行動に関するデータに基づいて保険料の割引を行う「運転行動連動型（Pay How You Drive：PHYD)」の2種類に分けられる。「走行距離連動型」は、デバイスで運転距離を測定して、走行距離が短ければ保険料算定で保険料を下げ、長ければ保険料を上げる。個別性を考慮せず、自動車は長い距離を走れば走るほど事故を起こす確率が高くなるという仮説に基づいている。一方の「運転行動連動型」は、デバイスで運転速度、急ブレーキ、急アクセル、ハンドリングなどの運転特性を細かく測定して、より安全な運転をしていると判定すれば保険料を下げ、逆に危険な運転をしていると判定すれば保険料を上げる種類である。これは、自動車事故が起きる確率は運転するドライバーの個別性によって変わるという仮説に基づいている。電車通勤で休日のみ運転のドライバーには「走行距離連動型（PAYD)」が向いており、平日から運転するドライバーには「運転行動連動型（PHYD)」が向いているように思われるが、もし休日に長距離ドライブを頻繁にするようなら、その限りではない。

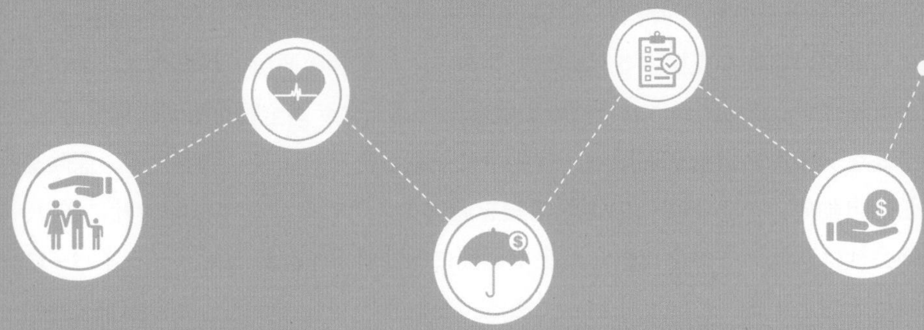

第18章

個人リスクと新種保険

新しいリスクが出現すると、それに対応するための損害保険が発売されている。本章では、損害保険の分類である新種保険と個人リスクへの対応について概説する。

1. 新種保険の概要

新種保険とは、その定義がはっきりしていないが、伝統的には、日本の損害保険市場で、海上保険、火災保険、運送保険より後に商品化され、その歴史が浅い保険の総称である。しかし、自動車保険は、元受収入保険料の中で最大の占有率を占めるようになったこともあって、一般的に新種保険から除外されており、最近では、傷害保険もその業績が伸びたこともあって、新種保険から独立した種目として分類されている。損害保険会社では、自動車保険（自賠責保険を含む）、火災保険、傷害保険、海上保険（運送保険を含む）以外の損害保険を総称して、新種保険と称されている。このような新種保険は、その数は数百を数えられるが、新しいリスクの増加によってさらに急速に増加している。

新種保険の発生は、中世のイギリスにおけるギルドおよび友愛組合（Friendly Society）とされているが、保険事業としてはイギリスで始まった18世紀の産業革命と密接に関係している。19世紀半ば以降では、信用保険・傷害保険などの種々の新種保険が現れ、各国に波及していた。ロイズ[70]は、従来の保守、伝統の歴史の殻を破り、海上保険以外のノンマリン保険を1887年に初めて引き受けたのを契機に、火災利益保険を手始めとして盗難保険や労災保険など新種保険の引受に手を広げていたが、自動車保険の引受は1909年より、航空保険の引受は1911年より開始した。このロイズは、19世紀末までに、伝統的な海上保険引受のクラブから多様なリスクを取扱う国際的な市場へ成長した。

日本では、1904（明治37）年に横浜火災保険株式会社が信用保険を発売したのが新種保険の始まりとされており、その後、1908年に第一機罐株式会社が機罐保険を、1911年に日本傷害保険株式会社が傷害保険をそれぞれ発売した[71]。その後、盗難保険、硝子保険、航空保険、保証保険、賠償責任保険などが続々と発売された。

70 ロイズについては、第5章参照。

71 東京海上保険株式会社『損害保険実務講座7新種保険』有斐閣、1989年、pp.4-6。

2. 傷害保険

傷害保険は、最近では、その業績が伸びたこともあって独立した種目として分類されている。しかし、傷害保険は、後述の医療保険と共に第三分野保険として分類され、両者を総称して医療保険と称している場合もあるため、ここで説明することとする。

[1] 傷害保険の小史

イギリスでは、タイムズ紙に、1849年1月19日、毎日のように鉄道事故が起こっており、それによって四肢の喪失のみならず生命を奪うような結果を招いていると報道された。これと軌を一にして、鉄道の乗客を対象にして、同年にRailway Passengers Assurance Companyが傷害保険を発売したのが世界最初であるとされる[72]。一方、日本では、1893年に職工生命保険株式会社が、その翌年には大阪病傷株式会社が鉱山労働者や一般工場労働者を対象に、傷害保険を引き受けたが失敗した。現在の傷害保険の原型は、1911年に傷害保険専門の損害保険会社として認可を受けた「日本傷害保険株式会社」が発売した傷害保険である。日本傷害保険株式会社は、傷害保険の発売当時、イギリスのそれと同様に、鉄道の駅構内売店に保険切符発売所を委託して、旅行傷害保険契約の獲得に努力していた[73]。

戦後には、学童団体傷害保険、スポーツ団体傷害保険などの各種団体傷害保険が発売され、さらに1962年頃からは商品のメーカーやディーラーを保険契約者とし、商品の購入者を被保険者とするなど、石油コンロ・ストーブ・新聞・雑誌などの販売促進のための商品付帯契約が流行し始めた。また、自動車の大衆化による交通事故の増加に伴い、1963年に、陸上・水上・航空などの危険をあわせて担保する交通事故傷害保険が発売された。この交通事故傷害保険は急速に普及し、1966年には全傷害保険の収入保険料のうち70%を占めるに至っている。このような傷害保険には、乳児の先天的事故・双生児出産を担保する愛児保険や遭難捜索費用担保保険等、様々なものがある。

---

72 安田火災海上保険株式会社『傷害保険の理論と実務』海文堂、1980年、pp.112-121。

73 東京海上保険株式会社『損害保険実務講座7新種保険』有斐閣、1989年、pp.24-25。

また、1964年に生命保険業界が傷害保険に類似した「災害保障特約」を発売したことを契機に、生損保間の業務領域に関する論議が高まり、長い間論争が繰り返されてきたが、1996年保険業法によって、傷害保険・疾病保険などの第三分野保険は、生損保兼営となったが、がん保険などの単体の医療保険は依然として外国系生命保険会社に限定して認可されていた。しかし、日米保険協議の結果、単体の医療保険も2001年7月1日以降段階的に国内保険会社の販売が解禁された。

【2】傷害保険における偶然

傷害保険における偶然事故は、急激・偶然・外来の事故とされる。ここでの「急激」とは、一般的に「事故が突発的で傷害発生までの過程において時間的間隔がないことや事故の発生が被保険者にとって予測・回避できないものであること」などと解される。例えば、滑落によって被った傷害、ゴルフのクラブを振った瞬間の捻挫、ひげそりの時にできた顔の切り傷から破傷風に感染したことは、急激性があるといえるが、靴ずれや凍傷、日射病、職業病などは、継続的な行為によって引き起こされた結果であるため、急激性があるとはいえない。太陽光線に身体を長時間さらすことによって発生した日射病は、被保険者にとっても予知できるところであるため、急激性および偶然性を欠くとされる。

また、「偶然」とは、事故の原因または結果の発生が被保険者にとって予知できないことや被保険者の意思に基づかないことなどとされている。つまり、偶然の要件としては、①登山道で足を踏みはずすなどの原因が偶然であること、②重いザックを持ち上げて腰を痛めるなどの結果が偶然であること、③道路で転んだところを走ってきた車にひかれるなどの原因と結果がともに偶然であることの、いずれかに該当することが必要である。反対に、例えば足の骨折治療中にボールを蹴って悪化させた場合などは十分に結果を予測することができるので、偶然性があるとはいえない。

また、「外来」とは、一般的に「事故の原因が被保険者の身体外部からの作用によることや身体に内在する疾病要因の作用でないこと」であるとされる。事故の原因が外来であれば、必ずしも身体の外部に傷害の痕跡を有する必要はないので、例えば溺死や窒息死なども傷害保険の補償の対象となる。反対に、脳疾患で卒倒して骨折した場合などは身体に内在する原因によって生じた傷害であるので、外来性があるとはいえない。

ここでの「傷害」とは、いわゆる「ケガ」よりはやや広い意味を有し、例えば登山中に火山ガス溜まりに落ちて有毒ガスなどの吸入による中毒症状も、急激かつ偶然な外来の事故によるものならば、傷害に含まれる。しかし、食中毒(「細菌性食中毒」「ウイルス性食中毒」)は傷害保険の補償の対象外としており、病原性大腸菌であるO-157による食中毒などは保険金支払いの対象にはならない。

[3] 傷害保険の補償

傷害保険における保険の目的は、自然人に限られる。また、保険期間中に発生した保険事故の発生事故が担保の対象となるが、普通保険約款に、保険事故の発生場所は、日本国内または国外と規定され、特に制限されていない。この傷害保険における保険事故は、急激かつ偶然な外来の身体傷害(Bodily injury caused by violent, accidental and external visible means)と限定され、疾病は担保されない。しかし、犬に咬まれて恐水病にかかり死亡した場合のように、先行した傷害事故と後に発生した疾病との間に因果関係が認められるときは、当該疾病も傷害事故の結果として担保される。

また、傷害保険普通保険約款1条2項には、「前項の傷害には、身体外部から有毒ガスまたは有毒物質を偶然または一時的に吸入、吸収または摂取したときに急激に生じる中毒症状(継続的に吸入、吸収または摂取した結果生ずる中毒症状は除きます)を含みます。但し、細菌性食物中毒は含みません。」と規定されている。したがって、青酸化合物やフグの毒などの毒物による急性中毒は担保てん補されるが、継続的に吸入、吸収または摂取した結果生ずる麻薬中毒は担保されない。さらに、細菌性食物中毒は、病気に準じて考えるべきとの立場から担保外としている。溺死の場合は、以前から心臓疾患を持ち、医師の警告を無視した事実があるような場合は、偶然性を欠くものと解され、不担保となる場合もありうる。

傷害保険の免責事由は、次の通りである。a. 故意、自殺行為または闘争行為、b. 無資格運転、酒酔い運転、c. 脳疾患、病気、d. 地震もしくは噴火またはこれらによる津波、e. 戦争、暴動、f. 頸部症候群(いわゆる「むちうち症」)、g. 山岳登坂、スカイダイビング、ハングライダー搭乗など(特約は可能)、h. 自動車、モーターボートなどによる競技、試運転などをしている間に生じた事故など。

一般的な保険金の内容は、次の通りである。

(a) 入・通院保険金

入院保険金は、事故の日から 180 日を限度として、１日入院保険金日額を保険金額の 1,000 分の 1.5 以内とする。通院保険金は、事故の日から 90 日を限度として、１日通院保険金日額を保険金額の 1,000 分の 1.5 の 3 分の 2 以内とする。

(b) 後遺障害保険金

後遺障害保険金は、事故の日から180日以内に後遺障害が発生したとき、その後遺障害の程度に応じて保険金額の一定割合（3～100%）の後遺障害別の定額を払う。事故の日から180日を経過して治療を要する場合は、事故の日から181日目における医者の診断に基づいて、後遺障害が確定した場合のてん補率と後遺障害が残ると見られる蓋然性を斟酌して、保険金が支払われる。

傷害保険普通保険約款の一部を抜粋すると、次の通りである。

表 63　別表２（第６条関係）の一部抜粋

１．眼の障害

(1)　両眼が失明したとき………………………………………………………… 100%

(2)　１眼が失明したとき…………………………………………………………… 60%

(3)　１眼の矯正視力が0.6 以下になったとき……………………………………… 5%

(4)　１眼が視野狭窄（正常視野の角度の合計60%以下となった場合をいう）
となったとき………………………………………………………………………… 5%

(c) 死亡保険金

死亡保険金は、傷害によって 180 日以内に死亡した場合で、急激・偶然・外来の３要件を満たす傷害事故の結果の死亡の場合に支払われるものである。後遺障害保険金と死亡保険金とは、合算して保険金額を限度とするが、入・通院保険金と後遺障害保険金とは別々に支払われる。

傷害保険の保険金は、遭難捜索費用・治療費実費を除いて、一般的に、上記のように日額または後遺障害の程度によって定額で支払われるため、請求権代位は認められていない。請求権代位（商法662条）とは、保険事故による損害の発生につき有責第三者が存在する場合、保険者は、その支払保険金額の限度において、被保険者が第三者に対して有する損害賠償請求権を取得するものである。

請求権代位の根拠についての学説に定説は見当たらないが、それには、「被害者の利得防止」および「加害者の免責阻止」という二つの機能があることについては異論がなく、少なくとも「被害者の利得防止」、すなわち利得禁止の原則が請求権代位制度の根底にあるということは、一般的に認められている。しかし、この請求権代位は、損害てん補を目的とする損害保険契約について認められているものであり、定額保険である生命保険には認められていない。傷害保険は、一般的に、生命保険と同様に、保険価額を持たず、入・通院保険金などが治療費とは無関係に治療保険金日額と治療日数の関係または後遺障害の等級の関係で決定されるため、全部保険、一部保険、超過保険も存在しない。したがって、定額の保険契約である傷害保険は、生命保険の給付と同様に、第三者からの賠償金の受領とは関係なく、保険金が支払われる。

このような傷害保険には、日常生活を対象とする普通傷害保険、家族傷害保険、団体傷害保険など、交通事故を対象とする交通事故傷害保険、ファミリー交通傷害保険、積立ファミリー交通傷害保険など、旅行を対象とする国内旅行傷害保険、海外旅行傷害保険がある。

[4] 傷害保険と医療保険

医療保険では、「ケガ」や「病気」による入院・手術等が保障される。これに対して、傷害保険では病気に対する補償がなく、そのぶんケガに特化した保険で、「ケガ」による通院・入院・手術等の補償が中心である。また、傷害保険では主に損害保険会社が販売してきた影響もあって「補償」、医療保険では主に生命保険会社が販売してき影響もあって「保障」という表記が使われる場合が多い。

また、傷害保険の保険料は、年齢や性別、健康状態によって保険料が決まる医療保険とは異なり、職業に応じて決められる。傷害保険においては、被保険者の職業を「職種級別Ａ」と「職種級別Ｂ」の２つのグループに大別しており、それに応じて保険料が異なる。「職種級別Ａ」は事務職や営業職といったケガのリスクが低い職種であり、「職種級別Ｂ」はドライバーや建設作業者といったケガのリスクが高い職種である。傷害保険はケガのリスクをカバーする保険なので、よりケガをする危険が大きい「職種級別B」に分類される職種に就いている場合、保険料は高く設定される。

また、これらの職種グループとは別に、プロ格闘家、テストライダー、スタントマン、競輪選手、猛獣使いなど、より危険な職種については特別保険料率が適用されてさらに高額な保険料となる場合がある。

3. 医療保険

新種保険は、損害保険の分類で、生命保険の分類ではないが、医療保険は、前述の傷害保険と共に、生損保の兼営が認められる第3分野保険であるため、ここでは両者を含めて説明する[74]。

【1】公的医療保険の皆保険

日本では、明治後半から昭和初期にかけて医療保険が成立したが、その時期には産業経済の近代化が行われていた。この医療保険制度の導入の目的は、国力増強であった。当初の医療保険は、事業主と被用者の負担する保険料が賃金の3%で、保険給付は、被用者の傷病に対する療養（現物給付）と、労働不能に対する手当金が中心であった。工場法、鉱業法において使用者責任であった労働災害も、医療保険の給付の対象であった。

この医療保険の被保険者は、工場法と鉱業法が適用される企業で働く常用被用者で、臨時雇用被用者は対象外であった。給付は被保険者本人に対してのみ行われ、家族に対する給付はなかった。また、この給付の支給期間は180日以内であったため、当時、多く発生していた結核などによる長期療養者には、あまり効果がなかったといわれる。この医療保険の加入者は、職域保険の対象を「5人以上の従業員のいる会社」へと拡大した1934年の制度改正まで、総就業人口3,000万人のうち200万人で、一部の大企業の被用者に限られていた。

74　拙稿「民間医療保険の構造と生損保間の融合」『早稲田商学』第431号、2012年3月を抜粋して、加筆・修正した。

また、1938年から実施された国民健康保険制度は、労働者以外の住民を対象として、当時の農村漁村の不況対策の一環として発足した。当時の日本の農村漁村の衛生状態は悪く、疾病も多発していた。1932年の農林省の調査では、収入の50%以上が疾病の治療費にあてられていたとの記録がある。田舎の村では、医者を呼ぶのは死ぬ時であるが、それは死亡診断書を書いてもらう必要があるためであったとされる。

厚生省が1938年1月に設立され、その年の秋に国民健康保険制度が成立した。この国民健康保険は、強制加入の構想となっていたが、医師、薬剤関係などの強い反対によって実現できず、任意加入となった。しかも、医療費の30～45%を本人負担とした制度であったため、医療保険が最も必要であった貧困層には、十分に機能していなかった。

国民健康保険は、戦後、1948年に占領軍である連合国軍総司令部（GHQ）の指導によって、市町村公営の原則が確立されたが、多くの市町村で、財政事情の悪化によって、休廃止となった。その結果、1955年頃は、農業・自営業・零細企業の従業員などを中心に、国民の約3分の1に当たる約3,000万人が医療保険の無保険者であった。これに対応するため、1959年に全面的な法改正が行われ、市町村及び特別区に国民健康保険の設立が義務化されたことによって、1961年4月に「国民皆保険」が達成され、保険料納入が一種の税として義務化された。

国民皆保険制度の下では、国民は、生まれるときから公的医療保険の加入者となる。会社員などの親の元に生まれた人は、その企業などの健康保険などの被扶養者となり、自営業者の親であれば、国民健康保険の被保険者となる。

図 82 医療保険の皆保険における加入

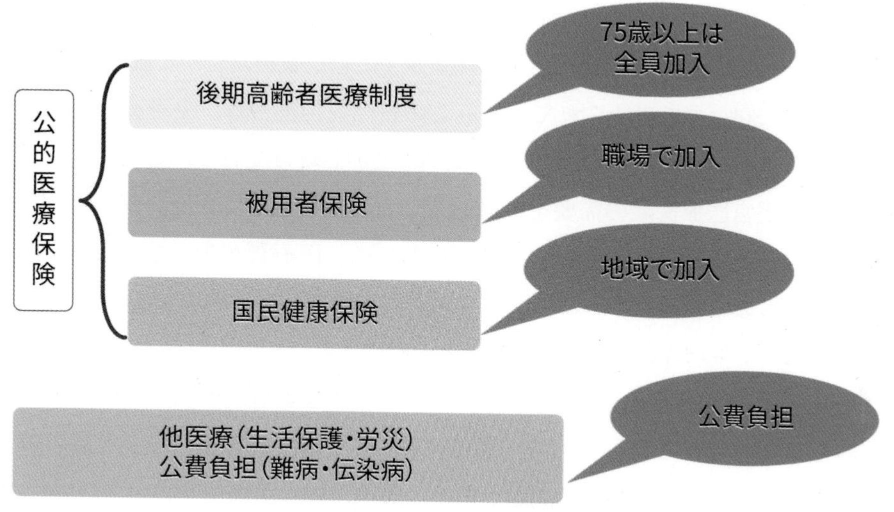

出典 各種資料を参考にして作成

被扶養者とは、職域保険のみにある制度で、後期高齢者に該当せず、主に被保険者本人の収入により生計を維持されている人である。被保険者と別居でもよい被扶養者は、配偶者（事実婚を含む）、子・孫、弟妹、父母、祖父母など直系尊属である。また、被扶養者となるためには、被保険者と同一の世帯であることが条件の人は、上記の別居でも被扶養者となれる人を除く被保険者の三親等内の親族、内縁関係の配偶者の父母および子（その配偶者の死後、引き続き同居する場合も含む）である。ここで、「同一の世帯」とは、同居して家計を共にしている状態をいう。

いずれの場合でも、75 歳以上になると、所属していた医療保険から脱退して、後期高齢者医療制度の加入者となる。医療保険は、給与生活者が加入する被用者保険（職域保険）と、自営業者・退職者などが加入する国民健康保険（地域保険）、75 歳以上の人が加入する後期高齢者医療制度に大別され、日本の居住者は、必ずいずれかの医療保険に加入している（国民皆保険）。

[2] 公的医療保険と民営の医療保険

民営医療保険は、公的医療保険を補完しているが、その需要が増大している。その理由は、次のことが考えられる[75]。

第一に、公的医療保険における療養の給付には、自己負担割合が年齢別（所得別）に10%から30%まで決められている。この自己負担割合は、少子高齢化などによる医療費負担の増大に伴い、1980年代から増加し続けており、この自己負担割合の増加が民営医療保険の需要を刺激していると指摘されてきた。確かに、公的医療保険の自己負担額は、一定の比率であるため、医療費が多くなるとそれに比例して嵩むものである。さらに、医療リスクは加齢とともに増加するものであり、高齢化によって平均寿命が延びていることを考慮すれば、納得できる指摘である。

しかし、この自己負担金が高額になると、「高額療養費制度」によって、自己負担金限度額を超えた自己負担金が還付される。この「高額療養費」制度における限度額は月単位であるなどの問題もあり、長期に渡る治療や介護を含む場合は、自己負担額が比較的に多くなる可能性があった。この問題に対応するために、公的医療保険と公的介護保険の両方の合算で、しかも年単位の限度額を基準に支給を受ける「高額医療・高額介護合算療養費制度」が、2008年4月から実施されている。さらに、職域の健康保険には、働けなくなった日から4日目以降、給与の約6割が最長1年6ケ月支給される「傷病手当金」制度がある。

したがって、公的医療保険が適用される限りにおいては、そのリスクは相当限定的なものなっている。この公的医療保険が比較的に高いレベルで医療費用の保障に対応していることが民間医療費用保険の低迷につながったと指摘する意見も見られる[76]。この公的医療保険の自己負担金を担保する保険は、損害保険会社の医

75　拙稿「民間医療保険の構造と生損保間の融合」『早稲田商学』第431号、早稲田商学同攻会、2012年3月、pp.455-490。

76　安井敏晃「自由化と私的医療保険」『保険学雑誌』第611号、日本保険学会、2010年12月、p.136。

療費用保険[77]であり、自己負担金に対しては、治療費用保険金が実費で支払われる。しかし、この医療費用保険は、損害保険会社が、1985年12月に、医療費用保険の認可を得てからこれまでに特に注目するほどの売れ行きはなかった。一方では、近年、民営医療保険の需要が増加しており、それには公的医療保険における増加する自己負担割合以外の別の理由が考えられる。

第二に、医療現場では、公的医療保険より高級な医療サービスが提供されており、その高級な医療サービスを受けることが多くなっている。例えば、入院した病室が6人部屋であれば公的医療保険が適用されるが、緊急の治療を要する際には、差額ベッド代がかかる1～2人の病室の使用を余儀なくされることもある。追加料金というべき差額ベッド代は、日額2～3千円から1万円程度が相場といわれるが、日額十万円を超えるところもある。このアメニティ（Amenity）[78]に相当する部分は、選定医療となっているが、この部分は全額が自己負担である。しかも、この選定医療に係る自己負担額は、「高額療養費制度」と「高額医療・高額介護合算療養費制度」の適用外となっており、最終的に全額が患者負担となる。また、平均寿命の延びと加齢による医療リスクの増大を考えると、この選定療養に関する医療費の負担は、大きなリスクとして認識される。このようなリスクを背景にして、終身医療保険などの医療保険の保険期間が長期化し、民営医療保険の需要が増大していると見られる。このリスクが、民営医療保険では、主に定額給付の入院給付金[79]として保障され、民営医療保険の需要に応えていると見られる。

---

77 医療費用保険金の保険金には、次のようなものがある。①治療費用保険金：入院中にかかった治療費の自己負担金額（健康保険や国民健康保険からてん補される高額療養費や付加給付、損害賠償金額などを除く実費負担金額）。②入院諸費用保険金：差額ベッド代、ホームヘルパーの雇入費、親族付添費、入院諸雑費、入院・転院・退院のための交通費、入院中の食事にかかる費用（入院時食事療養費を除く）などの実費。③高度先進医療費用保険金：高度先進医療にかかる費用、高度先進医療を受けるに当たって必要な入院・転院・退院のための交通費。

78 アメニティ（Amenity）とは、第一義的には「心地よさ、快適さ、快適性、楽に暮らすために必要なものが整い、整備されていること」を意味する。また、市場価格では評価できないものをふくむ生活環境であり、自然、歴史的文化財、街並み、風景、地域文化、コミュニティの連帯、人情、地域的公共サービス（教育、医療、福祉、犯罪防止など）、交通の便利さなどを指す。一方では、ホテルなどの設備や備品を指し、洗面所などに備え付けられたものをアメニティグッズともいう。

79 入院給付金は、現金で給付されることから、その使途が入院に制限されているものではないことから、モラルハザードの可能性が併存している。

第三に、公的医療保険で最先端の医療が制限的にしか提供されていないことに起因する民営医療保険の需要がある。近年では高度な医療技術を駆使する「先進医療」が、「保険外併用療養費制度」によって、国の承認の下に行われており、患者負担は数百万円に及ぶ場合もある。このリスクは、確率は低いともいわれるが、その金額の大きさから大きなリスクとして認識されるのに十分である。この先進医療は、公的医療保険に取り入れることを前提にして厚生労働省が認定するもので、公的医療保険の対象になっていく可能性があり、一方では新しい医療技術が先進医療として認定されている。民営医療保険では、この厚生労働省の認定した先進医療を担保しているため、そのリスクは相当流動的なものである。このような流動的な先進医療を背景にして、先進医療を担保する民営医療保険の需要を刺激していると考えられる。

公的医療保険における自己負担は、次の通りである。

図83　公的医療保険における自己負担

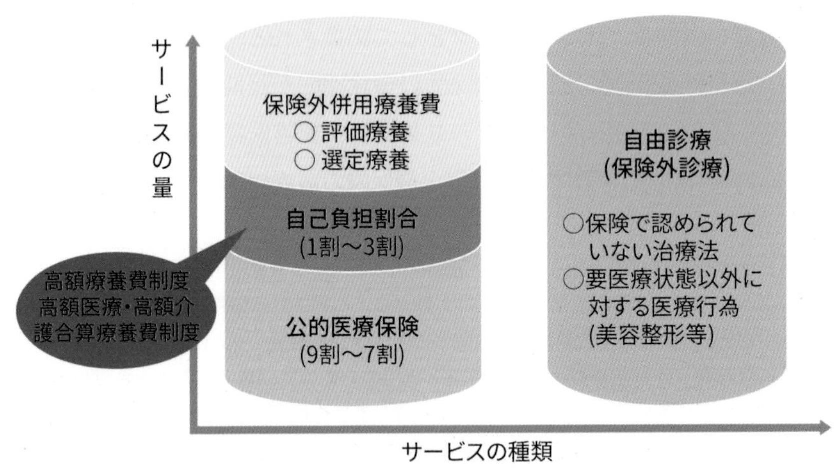

出典　各種資料を参考にして作成

公的保険で認められていない治療法（未認可の治療薬など）や、要医療状態以外に対する医療行為（通常の歯列矯正や美容整形など）は、公的医療保険が適用されない。これらは、自由診療（保険外診療）と称され、診療報酬は医療機関の裁量で設定することができ、全額患者の自己負担となる。また、公的医療保険は、保険外併用療養費と自由診療には適用されないため、全額患者負担となる。また、公的医療保険が適用される部分は、その診療報酬に対する自己負担割合が定まっている。この公的医療保険が適用される場合の自己負担額に対して、一定限度額を超えた場合に払い戻しを受けることができる「高額療養費制度」と「高額医療・高額介護合算療養費制度」が実施されていることは、前述の通りである。

一方、自然分娩などの通常の出産は、病気やケガではないため、公的医療保険が適用されないが、何らかの事情で帝王切開などの異常出産になつた場合では公的医療保険が適用される。健康保険においては、出産の場合、病気やケガではないが、出産育児一時金として1児あたり39万円または42万円が病院等に支給される。また、労災保険の担保の対象となる業務上または通勤上の病気やケガは、公的健康保険が適用されない。

また、一連の医療行為の中で、保険診療と自由診療が混在するものは混合診療と称され、歯科と一部の例外を除いては認められず、診療の一部でも保険で未認可の医療行為が含まれていれば、それは自由診療として扱われ、全額自己負担となる。

公的医療保険に加えて、民営の医療保険を必要とする理由は、次の通りである。

第一に、医療現場では、高級な病室などの設備を備えて、公的医療保険より高級な医療サービスが提供されており、その高級な医療サービスを受けることが多くなっているためである。また、高齢化などを背景にして、民営医療保険の保険期間が長期化している。

第二に、公的医療保険では、最先端の医療が制限的にしか提供されていない。しかし、近年では高度な医療技術を駆使する「先進医療」が、保険外療養費制度によって、国の承認の下に行われており、患者負担は数百万円に及ぶ場合もあるが、先進医療の医療費は全額が自己負担である。この先進医療を受けるために民営の医療保険が必要になっている。

第三に、公的医療保険には、高額医療費制度があるが、患者本人一部負担がある。この公的医療保険における一部負担金を賄うために、民営の医療保険が必要である。

つまり、民営医療保険は、主として、公的医療保険で提供できない高級の医療サービス、先進医療などを受けるためのものとしての役割を果たしている構造といえる。

[3] 民営医療保険の概要

民営の医療保険は、公的医療保険を補完するものとして、生命保険会社・損害保険会社・共済団体などによって販売されている。この医療保険は、疾病または傷害により、入院、手術など所定の医療サービスを受けた場合に、約定の保険金（給付金）が支払われる保険であり、個人または団体に対して、主契約または特約の形式で販売されている。また、「医療保険」単品は、主契約型の医療保険で、死亡保険金がないか低額の小額保障が多い。また、生命保険会社が販売する医療保険は、定額給付で、医療などに対する費用保障と所得保障の機能を持つが、損害保険会社が販売する医療保険には、定額保険以外に、実際に支払った医療費を担保する医療費用保険がある。

1974年、アメリカンファミリー生命が、がん保険を発売した。このがん保険は、単品の医療保険であったが、国内大手の生命保険会社は、がんリスクのみを担保する単品の医療保険は認可されなかった。国内生命保険各社は、1976年に、がんリスクが含まれた成人病特約を、主契約に添付する形で、認可を受けて発売した。疾病や傷害による入院を担保する生命保険の疾病特約や医療保険があったが、損害保険業界は、1985年12月に、医療費用保険の認可を得た。また、生命保険業界は、医療保障保険の認可を得て、1986年4月から、生命保険会社は医療保障保険を、損害保険会社は医療費用保険を同時に発売した。

1990年代に入ると、大手の生命保険会社は、定期付終身保険の特約として、特定の疾病によって所定の状態になった場合に、死亡保険金と同額の給付金を支払う保険を相次いで販売した[80]。2001年からの医療保険に対する完全自由化以降、国内大手生命保険会社と損害保険会社などは、がん保険と医療保険（単品）を発売することができるようになり、ほとんどの生損保が医療保険の販売を開始した。

医療保険を含む第3分野保険は、2001年7月に生損保の本体による相互乗り入れが開始され、生命保険会社と損害保険会社の両方にその販売が認められた。このように民営の医療保険が急速に普及している背景には、保険業に対する規制緩

80　1992年、日本生命とアリコジャパンがほぼ同時期に、主契約型の特定疾病給付保険（三大成人病保険）、「ニッセイあすりーと」、「生きるための保険 エトワ」をそれぞれ発売したのが最初である。遺族保障が主流であった当時、生前給付による本人（被保険者）保障という新しいコンセプトが広く支持され、ヒット商品となった。

和があるが、がん、すなわち悪性新物質が死亡原因の中で1位を占めているため、がんリスクに対する国民の認識が高いことも考えられる。

このような医療保険の生損保の特徴は、一般的に、次の通りである。生命保険会社の医療保険の場合は入院した日数に応じて保険金が支払われるが、損害保険会社の医療保険の場合は、かかった医療費分が支払われる。つまり、損害保険会社の医療保険は、医療費用に対する損害てん補という前提に立ったものが多いので、通院だけでも（入院しなくても）治療費が保険金として支払われる。これに対して、生命保険系の医療保険では、入院したことを条件に給付金が支払われる。例えば、定期付き終身保険の特約などで医療保険に加入している場合、ケガをしたとしても自宅療養できる事例では保険金は支払われない。しかし、この場合でも、所定の手術を受けた場合に支給される手術給付金などがある場合もあり、生命保険の特約の中には、特定のケガをしたときなどに通院だけでも治療費が支払われる場合もある。また、生命保険会社の医療保険では、入院日数が一定日数（例えば、3日または21日）以上でないと入院給付金が支払われないものも多いが、損保系の医療保険は入院日数分、入院給付金が支払われるものが多い。

医療保険は、保険期間によって、定期保険（有期型）と終身保険（終身型）に分類される。定期保険（有期型）は、10年、15年、20年といった「一定期間」や、60歳、65歳、70歳といった「一定年齢」で、保険期間の満期が定められている医療保険である。また、終身保険（終身型）は、保険期間が一生涯続く医療保険である。定期保険の主な特徴は、次の通りである。第一に、契約当初の保険料は同水準の保障内容の終身保険より安い、第二に、契約の更新の際、更新時の年齢によって保険料が再計算されるため、更新ごとに保険料が高くなっていく。第三に、一定年齢を限度に更新できなくなることである。

また、終身保険の場合、保険期間は一生涯で、主契約は被保険者が亡くなるまで続く医療保険である。この終身保険の主な特徴は、次の通りである。第一に、契約当初の保険料は同水準の保障内容と比較して割高である。第二に、更新・満期がなく、一生涯保険料も保障内容も変わらない。第三に、一部の特約に関しては、保険期間が設けられている場合があることである。

【4】民営医療保険の種類

医療保険には、その保障対象または範囲を限定して特定の疾患に対して保障を手厚くするものがあり、基本的な医療保険の特約または単品として販売されている。その代表的なものが、三大疾病保障保険、がん保険、女性保険（女性向け医療保険）である。

(a) 三大疾病保障保険（特定疾病保障保険）

三大疾病保障保険は、「特定疾病保障保険」や「重大疾病保障保険」などと呼ばれることもあり、被保険者が三大成人病（ガン、急性心筋梗塞、脳卒中）（特定疾病）と診断され、一定の状態になった場合に限り、生存中に保険会社から死亡保険金と同額の特定疾病保険金が支払われる保険である。三大疾病保障保険の保険金には、特定疾病保険金、死亡保険金、高度障害保険金がある。

三大疾病に罹患した場合は、次の一定の条件の下で、生前に保険金を受け取ることができるため、高額の医療費や家族の生活費に対応できる。具体的には、がんは、はじめて診断されたときに保険金が支払われる。がんについては、加入時（責任開始日以降）90日間は免責となる。急性心筋梗塞の場合は、保障の開始以後に、急性心筋梗塞を発病し、初めて医師の診療を受けた日からその日を含めて60日以上、労働の制限を必要とする状態（軽い家事等の軽労働や事務等の座業はできるが、それ以上の活動では制限を必要とする状態）が継続したときと、医師によって診断されたときに保険金が支払われる。また、脳卒中は、保障の開始以後に、脳卒中を発病し、初めて医師の診療を受けた日からその日を含めて60日以上、言語障害、運動失調、麻痺等の他覚的な神経学的後遺症が継続したときと、医師によって診断されたときに保険金が支払われる。

この保険の保険金の支払は、通常は1回限りで、保険金を受け取れば保険契約は終了する。しかし、三大疾病に罹患した場合、保険金の支払を終身または有期の年金払いとする商品もある（ソニー生命の三大疾病収入保障保険）。三大疾病保障保険（特定疾病保障保険）は、銀行によっては、住宅ローンに付帯するものもあり、この場合は「三大疾病保障特約付住宅ローン」や「三大疾病保障付住宅ローン」などと呼ばれている。ガン保険は、ガンによる入院日数に応じて支給される「入院給付金」と、「診断給付金」や「在宅療養給付金」などがセットになっているものがほとんどである。これに対して、三大疾病保障保険は、ガンになった場合に保険金支払いの要件を満たせば、保険金が一括で支払われ、以降は保険契約が消滅する。

(b) がん保険

がん保険は、被保険者が「がん」と診断された場合のみ、診断給付金や入院給付金、手術給付金等を受け取ることができる。これは、一般の医療保険では、あらゆる病気やケガによる入院・手術を対象に、入院給付金や手術給付金が支払われることと異なる。がん保険の最大の特徴は、入院給付金の支払日数が無制限であることである。一般の医療保険の場合、1入院支払限度日数または1通院支払限度日数と、それぞれの通算支払限度日数がある。一方、最近のがん治療では、がんの発見から手術、放射線治療・抗がん剤治療を経て、完治に至るまでに、1回の入院で済むことは少なく、検査、手術、抗がん剤治療のたびに入退院を繰り返したり、通院治療を行うことも多い。このように、がんが他の病気よりも入院期間も長く、入退院を繰り返すことも多いので、がん保険の場合は、入院給付金の支給に制限が無い。

また、がん保険には一般医療保険にはない「がん診断給付金」がある。がん診断給付金とは、医師により「がん[81]」であると確定診断されたときに支払われる一時金のことである。がん診断給付金は、保険会社によって支払方法の違いが大きく、上皮外への侵入がある悪性新生物のみ支給するもの、上皮内新生物（上皮内がん）にも支給するもの（給付金額は悪性新生物より少なくなる場合もある）、給付回数が1回限りのもの、何回でも支払われるもの（前のがんにかかってから2年以上経過していることなどの条件がある）がある。がん診断給付金は1回50万円や100万円などである。がん手術給付金に関しては、手術の種類により入院給付金の10・20・40倍の額を支払うものと、定額型がある。他には、通院治療を保障する「通院給付金」があるがん保険もある。通院給付金には、入院給付金が支払われる入院後の通院を保障する種類と、通院のみでも保障する種類がある。

---

81 がんの定義は保険会社によって異なり、担保するがんの種類も保険会社または保険商品によって異なる。厚生労働省の「疾病、傷害および死因統計分類表、ICD-10」に準拠した分類を採用する保険会社が増えている。

最近は、放射線治療や抗がん剤治療を通院で行う病院が増えている。また、「先進医療」の約７割はがんの診断・治療を対象にしている。最近のがん保険には、先進医療保障を特約で付けられるものが多い。また、がんになった場合に、セカンドオピニオン[82]や精神面のケアのサービスを提供するがん保険もある。

(c) 女性向け医療保険

女性向け医療保険とは、女性特有の病気への備えに特化した医療保険で、乳がん、子宮がん、卵巣がんなどの女性特有の病気の場合の入院給付金や手術給付金が支払われる。女性特有の病気の場合、手術の傷跡を消したい、病気の状態の自分を見られたくないので個室で療養したいなどのニーズがあり、通常の病気よりも多くの費用がかかることが少なくない。このようなニーズに応えるために発売された保険が、女性向けの医療保険である。

この女性向け医療保険では、女性特有の病気や妊娠・出産異常などについて、その他の病気やケガよりも保障を手厚くしている。例えば、女性特定疾病で入院した場合は、入院給付金に一定の上乗せをする種類などが多い。女性向けの医療保険で保障される病気は、保険会社によって様々である。女性向け医療保険は、基本的には入院や手術をしたときの医療保障のための保険であるが、保険会社によっては、死亡保障を付けたり、一定期間内に入院や手術をしないか、生存していると無事故給付金・生存給付金が支払われる女性保険などもある。さらには、女性特有疾患だけでなく、全てのがんや生活習慣病にも保障を厚くしている女性保険や、乳がんにかかって乳房再建手術をした場合は高額の給付金が支払われる女性向け医療保険などもある。一方、医療保険に女性特定疾病特約を加えただけの形のものもある。

---

82 セカンドオピニオン（Second Opinion）とは、医療分野の場合、患者が検査や治療を受けるに当たって主治医以外の医師に求めた「意見」、または「意見を求める行為」である。自費診療で受診する場合は、セカンド・オピニオンは「診療」ではなく「相談」になるため、健康保険給付の対象とはならず、全額自己負担となる。しかし、保険医療機関で受診し、保険証を提示して、患者が一般外来での保険診療を希望する場合は、保険診療の取扱いとなる。医療保険の付帯サービスとして、セカンドオピニオンを提供する保険会社がある（アクサ生命、アメリカンホーム、AIU保険など）。

(d) 子供向け医療保険

子供向けの医療保険は、医療保障の内容は大人向けの医療保険と同じであるが、「将来の学資の積立の保障」や「他人や他人のモノを傷つけてしまった時の賠償責任補償」など、子供に必要だと思われる保障（補償）が添付されている。

(e) 積立型医療保険

積立型医療保険は、保険料の払い込みが満了になると解約返戻金をもらえるという積立としての性格を持つ医療保険であるが、一般的な医療保険に比べると保険料は高めに設定されている。

(f) 引受基準緩和型医療保険・無選択型医療保険

一般的な医療保険は、加入時に健康告知をもとに審査が行われる。健康告知とは、保険契約締結の際に、保険契約の申込者が保険会社の設定した健康状態についての質問に答え、健康状態を保険会社に知らせることである。保険会社は、その健康告知に基づいて審査を行い、保険契約の引受の可否を判断する。この審査の時点で持病・既往症を抱えていたり、通院中であったりすると、保険に加入できない場合があり、加入できても部位不担保、すなわち「特定部位の病気が保障されない」という条件が付く場合もある。

これに対して、引受基準緩和型医療保険は、一般的な医療保険と比べて健康告知を簡単にし、引受基準を緩和しているため、持病や健康に不安がある人でも加入しやすくしている。しかし、保険料は、一般的な医療保険に比べて高めに設定されており、「加入してから１年間は入院・手術をしても保障は半分しか受け取れない」といった免責期間などの制限が課される。

引受基準緩和型医療保険では、一般的な医療保険とは異なり、持病や既往症が担保の対象となることが特徴である。さらに、引受基準緩和型医療保険よりも加入しやすくしたものが無選択型医療保険である。無選択型医療保険は、原則として無診査・無告知（医師の診断を受ける必要もなく、現在の健康状態や既往症などを報告する義務がない）で加入できる医療保険である。この無選択型医療保険は、引受基準緩和型医療保険以上に保険料が高く設定され、保険金額や担保内容にも制限がある。

[5] 民営医療保険の給付金

傷害保険が「ケガ（傷害）」を担保するものであるのに対し、民営医療保険は、傷害と「病気（疾病）」の両方を担保している[83]。民営医療保険で支払われる主な給付金は、次の通りである。

表 64　民営医療保険の給付金

給付金の種類		要　件	支払われる額
入院・通院	入院給付金	急激・偶然・外来の事故による傷害または疾病で入院したとき	入院給付金日額×入院日数
	通院給付金	傷害入院給付金または疾病入院給付金が支払われる場合などで、その傷害または疾病の治療のため、通院したとき	通院給付金日額×通院日数
手術	手術給付金	傷害入院給付金または疾病入院給付金が支払われる場合で、その傷害または疾病の治療のため、所定の手術をしたとき	入院給付金日額×所定倍率
先進医療	先進医療給付金	傷害や疾病で入院し、その治療のため先進医療を受けて特別料金を負担したとき	先進医療技術料相当額、または一定額（通算限度額の設定がある場合もある）

資料　各種資料から筆者作成

民営医療保険は、傷害と疾病に対する入院給付金・手術給付金[84]などを支払うことを基本にして、通院時の給付、健康保険の対象外となるような先進医療を受けたときに要する特別料金（技術料）の給付などを組み込むことにより、商品に

83　損害保険業界が医療費用保険を発売した1986年4月当時では、「医療保険」は、「傷害保険」と「疾病保険」とを組み合わせた保険である」と、説明されていた（竹内昭夫序・神谷高保著『医療費用保険の解説』保険毎日新聞社、1987年6月、pp.9-11）。

84　生命保険では、医療保険金で死亡以外のときの保険金を「給付金」と称しているが、損害保険では、「保険金」と称している。

よっては給付内容が多岐にわたっている。民営医療保険における「入院」とは、医師による治療が必要な場合において、自宅などでの治療が困難なため、病院または診療所に入り、常に医師の管理下において治療に専念することをいう。この入院は、国内外を問わない。しかし、美容上の処置、正常分娩、疾病を直接の原因としない不妊手術、治療処置を伴わない人間ドック検査などの検査入院については、民営医療保険では保障されない。

基本的に入院給付金は、日額という定額で設定され、入院日数分が支払われる。入院給付金の日額は、5,000円・10,000円・15,000円などで、1,000円刻みで自由に設計できる保険会社も多い。この入院給付金は、「日帰り入院」「1泊2日型」（2日以上入院した時、1日目から給付）、「5日型」（5日以上入院した時、5日目から給付）など、保険会社や商品によって異なる。「日帰り入院」とは、入院基本料などの支払いが必要となる入院日と退院日が同一の入院であり、「医療費請求書」の「入院料」の欄に点数（金額）が記載される。病院の1泊2日は、2日の入院となる。また、「通院」とは、医師による治療が必要なため、外来や往診によって治療を受けることをいう。通院給付金は、生命保険会社の医療保険の場合、入院があって初めて支払いの対象とするものが多く、入院に至らない通院のみでは対象とはならない。しかし、損害保険会社の傷害保険の場合、ケガでの通院のみで、給付金が支払われる。通院給付金も、上記の入院給付金と同様に、日額という定額で設定される。

この入院給付金には、1入院支払限度日数と通算入院支払限度日数の2つの限度日数が設定されていることが多い。また、通院給付金には、1回の通院支払限度日数と通算入院支払限度日数の2つの限度日数が設定される。1入院支払限度日数とは、1回の入院（1入院）で支払われる入院給付金の限度日数で60・120・180日などがある。従来は1入院120日型が基本であったが、入院日数の短期化と保険料競争から1入院60日型が登場し、入院給付金が少なくなるため保険料が割安となることから、急速に広まった。民営医療保険は、1入院の定義について、転入院または再入院については継続した1回の入院とみなされ、退院後180日以内に同一もしくは医学上重要な因果関係にある疾病で再入院した場合は、継続入院とみなされる。したがって、1入院支払限度日数が60日の場合、30日間入院した後、同じ病気で3ヶ月後に40日間入院した場合、合計で70日間入院であるが、入院給付金は1入院支払限度日数である60日分しか支払われない。また、通算入院支払限度日数は保険期間中に支払われる入院給付金の限度日数で 730・1,000・1,095 日などがあり、日数が多いほど保険料が高くなる。終身医療保険などで、保険期間中であっても、入院期間が通算入院支払限度日数に達すれば、それ以降は入院給付金が支払われなくなる。通院の場合は、保険期間中であっても、通院期間が通算通院支払限度日数に達すれば、それ以降は通院給付金が支払われなくなる。多くの保険会社では、入院特約の通算支払限度日数を 1,095 日などに拡大した。

手術給付金は、病気やケガで所定の手術を受けた時に受け取る給付金である。この手術給付金には、手術の種類に応じて入院給付金日額の 10･20･40 倍のものと、10 万円・20 万円などのように、金額が固定された種類がある。手術の種類に応じて、入院給付日額の 10 倍・20 倍・40 倍の給付金額を設定していることが多いが、20 倍 1 種類のところもある。また、手術給付金は、原則的に手術を受けるたびに何度も受け取ることができるが、1 回の手術で 2 種類の手術を受けた場合は、手術給付金は 1 回分の支払いとなる。なお、医療保険によっては手術給付金を特約としているものもある。

先進医療給付金は、厚生労働省が定めた「先進医療」を受けた場合に、支払われる。実際の技術料が支給される（上限がある場合もある）もの[85]と、治療内容によって一定の金額が決まっているものがあるが、その技術料相当額を給付金として支払うというのが一般的である。つまり、技術料相当額を保障することが多くなっている。先進医療の給付金の限度額は保険会社によって異なり[86]、1 回あたりの限度額と通算限度額が設定されており、50 万円、100 万円、700 万円、1,000 万円、2,000 万円などとなっている。先進医療は受けられる医療機関が限られていることから、治療を受ける際にかかる宿泊費を支払うものや、宿泊費・交通費などに充てられるよう 5 万円あるいは 10 万円の一時金を支払うものもある。

85　例えば、2012年1月現在、ソニー損保の「SURE」では、先進医療の技術料と同額を保障する。オリックス生命保険の「CURE」では、先進医療の技術料を保障するが、通算限度額が1,000万円となっている。明治安田生命保険の「元気のミカタ」での「先進医療保障特約」では、通算限度額が600万円となっている。

86　先進医療特約付の医療保険の保険料は、終身払いの場合でも、月々60～100円程度の保険料負担で付けられるのが一般的であるが、これは先進医療を受ける事例が少ないからであるといわれる。

4. 介護保険

【1】公的介護保険制度の導入

日本における公的介護保険制度は、ドイツの介護保険制度をモデルにして、2000年4月1日に導入された。公的介護保険制度が導入された理由は、次の通りである。

第一に、急速な平均寿命の延びによって、寝たきり老人や認知症を患った高齢者が増加し、介護の長期化などによる介護の必要性・重要性が高まっていた。このような状況下で、それまで女性を中心に高齢者の介護を担ってきた女性の社会進出が増加し、核家族化が進行したため、老人が老人を介護する「老老介護」が問題になっていた。

第二に、「社会的入院」を解消する必要があった。中高所得者にとっては、低廉な老人保健法に基づく老人医療費制度において、介護施設よりも医療機関の方が、その費用負担が少なかったことと、福祉サービスの体制が不十分であったため、一般病院への長期入院（社会的入院）が多くなった。そのために、高齢者の医療費が急増していた。

これらの問題を解決して、要介護者を社会全体で支える新たな仕組みとして、2000年4月より公的介護保険制度が導入された。公的介護保険制度は、社会的入院の解消と居宅介護の促進などを通じて、医療費の増加の抑制を目的とするものであった。

【2】公的介護保険制度の概要

公的介護保険の運営主体である保険者は、市町村及び特別区である（介護保険法第1条)。東京都では、特別区の23区が保険者である。厚生労働省が介護保険運営の広域化を勧めてきたため、広域連合や一部事務組合で運営されている事例も多い。

保険者は、介護保険事業計画を策定し、実施する。要介護者を社会全体として介護するという見地から、国、都道府県、医療保険者等が重層的に支え合うことが予定されている。市区町村の責任で設置される地域包括支援センター（在宅介護支援センター）という組織もある。

介護保険の被保険者は、満 40 歳以上の者であり、65 歳以上は第 1 号被保険者、40 歳から 65 歳未満の健康保険加入者は第 2 号被保険者と称される。原則として、保険者（市区町村又は広域連合）の区域内に住所を有する者を当該保険者の被保険者とする。

図 84　公的介護保険制度の仕組み

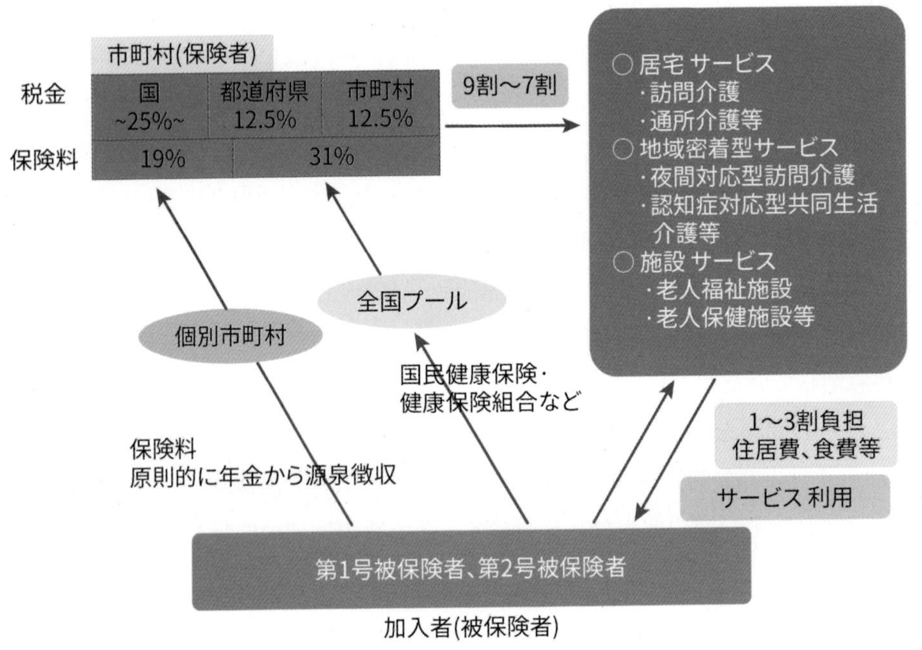

出典　各種資料を参考にして作成

第 1 号被保険者は、理由を問わず、「要介護認定」によって介護や支援が必要と認められれば、介護サービスを利用できる。第 2 号被保険者は、加齢に伴って生ずる心身の変化に起因する病気（国の定めた 16 の特定疾病）によって介護が必要となり、かつ要介護（要支援）の認定を受けた場合に限り、介護保険のサービスを利用できる。第2号被保険者は、16の疾病ないし疾病群が特定疾病[87]以外(例えば、交通事故)の原因によって介護を要する状態になった場合は、介護保険制度ではなく、障害者総合支援法などに基づく障害者福祉の対象となる。

介護サービス事業者は、介護サービスを提供し、基本的にその費用の1割を利用者から自己負担として徴収し(所得によって2〜3割の負担もある)、残りの9割の給付費を各都道府県に設置されている国民健康保険団体連合会へ請求する。国民健康保険団体連合会は、9割の給付費を保険者から拠出してもらい運営する仕組みとなっている。

介護給付費の審査支払の流れは、次の通りである。

図85 公的介護保険の介護給付費の審査支払

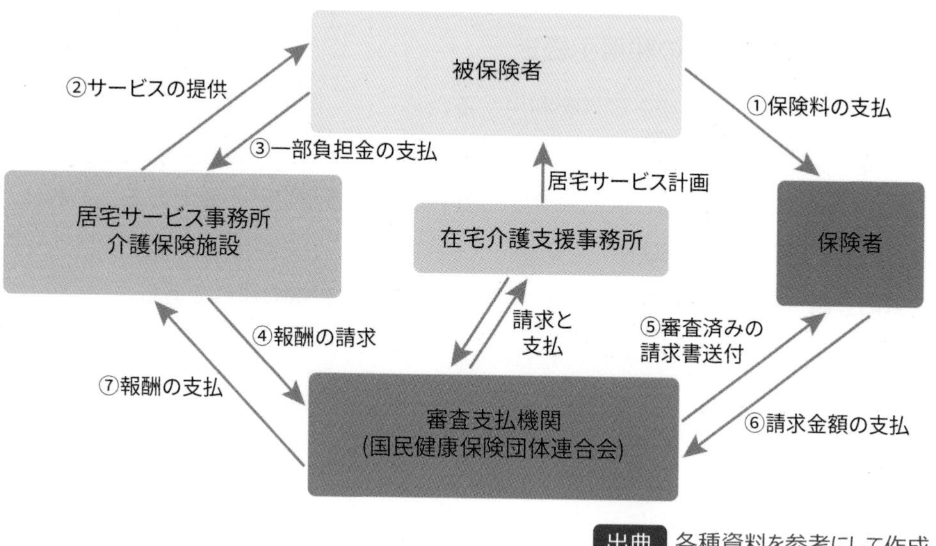

出典 各種資料を参考にして作成

87 がん(がん末期)、関節リウマチ、筋萎縮性側索硬化症、後縦靭帯骨化症、骨折を伴う骨粗鬆症、初老期における認知症、進行性核上性麻痺、大脳皮質基底核変性症、パーキンソン病(パーキンソン病関連疾患)、脊髄小脳変性症、脊柱管狭窄症、早老症(ウェルナー症候群)、多系統萎縮症、糖尿病性神経障害、糖尿病性腎症、糖尿病性網膜症、脳血管疾患、閉塞性動脈硬化症、慢性閉塞性肺疾患、両側の膝関節または股関節に著しい変形を伴う変形性関節症国民健康保険団体連合会は、保険者から審査支払業務の委託を受け、介護給付費に対する審査支払業務を行う。事業者等から介護給付費請求書が提出されれば、介護給付費審査委員会（法第179条）において審査され、保険者への請求額及び事業者への支払額を決定し、保険者への請求及び事業者への支払いを行う。

公的医療保険制度の3原則は、「国民皆保険」、「フリーアクセス」、「現物給付」である。それに対して、介護保険制度の3原則は、「要介護認定」、「ケアプラン」、「費用給付」である。医療保険体制を担う医療機関は、営利目的での開設を制限した1948年施行の医療法第7条の規定に従い、ほとんどが営利性のない医療法人等または個人により運営されている[88]。しかし、介護保険のサービス基盤を担うサービス事業所では、一部の医療系サービスを除いて法人規制が撤廃され、営利性が認められている。

[3] 公的介護保険の利用手続き

公的介護保険の介護サービスを利用するためには、医療機関に受診する前に要医療状態の認定を受ける必要のない医療保険とは異なり、被保険者が介護を要する状態であることを事前に公的に認定を受ける要介護認定が必要である。これによって、介護保険料の無駄使いを防止している。

公的介護保険の介護保険のサービスの利用手続きは、次の通りである。

88　一部例外として、同法施行前に開設されたもの、また、旧三公社等の民営化に伴い営利法人運営となったJR東京総合病院、NTT東日本関東病院などがある。

図86 公的介護保険のサービスの利用手続き

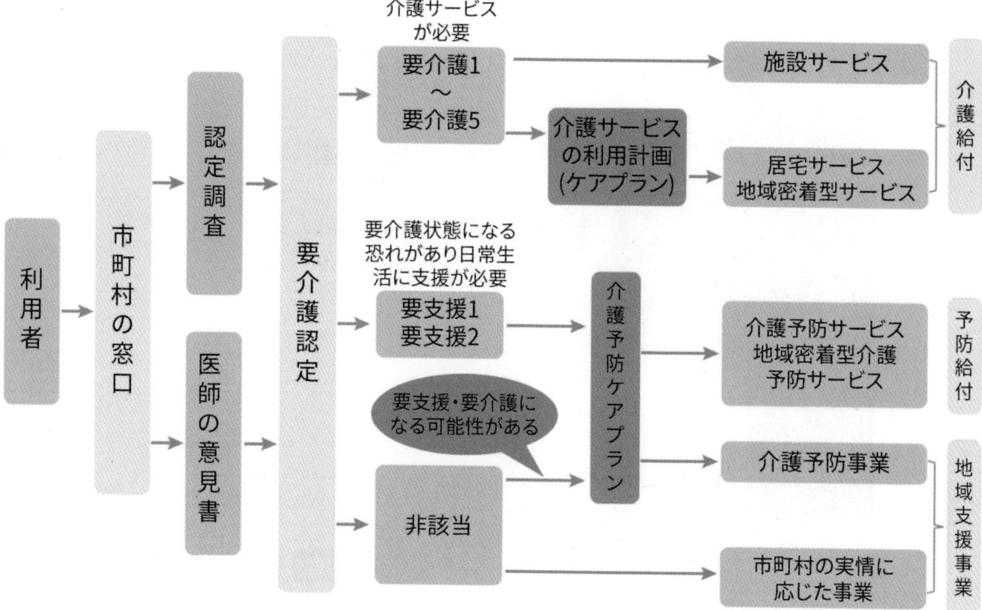

出典 各種資料を参考にして作成

【4】公的介護保険の保険給付と要介護区分

予防給付の対象は、「要支援１」の者すべてに加え、「要支援２」のうち、心身の状態が安定していない者や認知症等により予防給付の利用に係る適切な理解が困難な者を除いた者になる。要介護には１～５の５段階がある。要介護１はもっとも要支援に近く、要介護５は最も介護が必要な状態である。

図 87　公的介護保険の保険給付と要介護区分

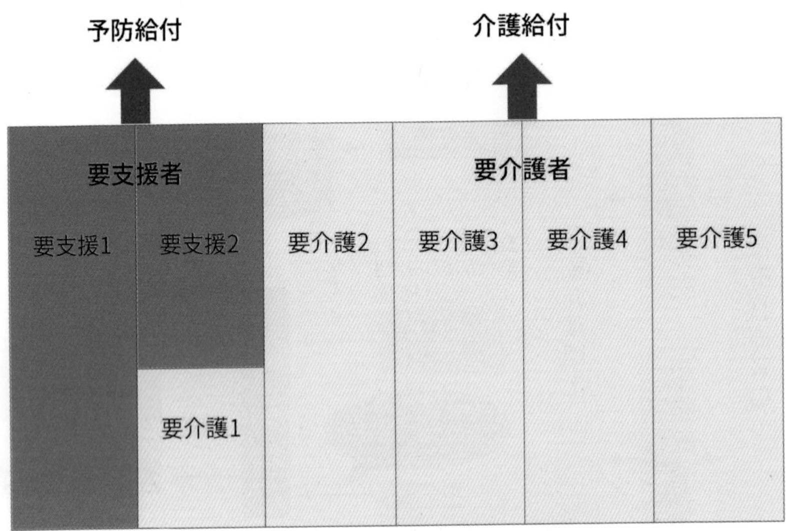

出典 各種資料を参考にして作成

要支援２は、要支援１の状態と比べると、自分でできることが少なくなり、支援と共に一部介護が必要な状態で、介護予防サービスの利用で、状態の維持・改善が期待できる状態である。例えば、食事や排せつなどは自分で行えるが、入浴時に背中を洗えないことや、浴槽を跨げないなどの一部介護が必要な状態である。要支援１、２では、介護保険が適用される介護予防サービスなどを利用することができるが、特別養護老人ホームや老人保健施設、介護療養型医療施設などの介護保険施設は、原則として入居の対象とはならない。要介護１～５では、介護保険が適用される介護サービスを利用することができ、老人保健施設や介護療養型医療施設などの介護保険施設に入居可能であるが、特別養護老人ホームへの入居は、原則として要介護３以上である必要がある。

要支援・要介護認定の目安は、次の通りである。

表65 要支援・要介護認定の目安

区分	内容
要支援1	掃除など身の回りの世話の一部に手助けが必要。立ち上がり時などに、なんらかの支えを必要とする時がある。排泄や食事は、ほとんど自分でできる。
要支援2	要介護1相当のうち、以下に該当しない人 1）病気やケガにより、心身の状態が安定していない 2）認知機能や思考・感情等の障害により、予防給付の利用に関わる適切な理解ができない 3）心身の状態は安定しているが、予防給付の利用が困難な身体の状態
要介護1	みだしなみや掃除などの身の回りの世話に手助けが必要。立ち上がり、歩行、移動の動作に支えが必要とするときがある。排泄や食事はほとんど自分でできる。問題行動や理解の低下がみられることがある。
要介護2	みだしなみや掃除など身の回りの世話の全般に助けが必要。立ち上がりや歩行、移動になんらかの支えが必要。排泄や食事に見守りや手助けが必要なときがある。問題行動や理解の低下がみられることがある。
要介護3	みだしなみや掃除など身の回りの世話、立ち上がりなどの動作がひとりでできない。歩行や移動など、ひとりでできないことがある。排泄が自分でできない。いくつかの問題行動や理解の低下がみられることがある。
要介護4	みだしなみや掃除など、立ち上がり、歩行などがほとんどできない。排泄がほとんどできない。多くの問題行動や全般的な理解の低下がみられることがある。
要介護5	みだしなみや掃除など、立ち上がり、歩行や排せつ、食事がほとんどできない。多くの問題行動や全般的な理解の低下がみられることがある。ほぼ寝たきりの状態に近い。

出典 各種資料を参考にして作成

[5] 民営の介護保険

民営の介護保険は公的介護保険があることを前提に作られており、公的介護保険を補完するものである。公的介護保険と自己負担額のイメージは、次の通りである。

図 88　公的介護保険と自己負担額

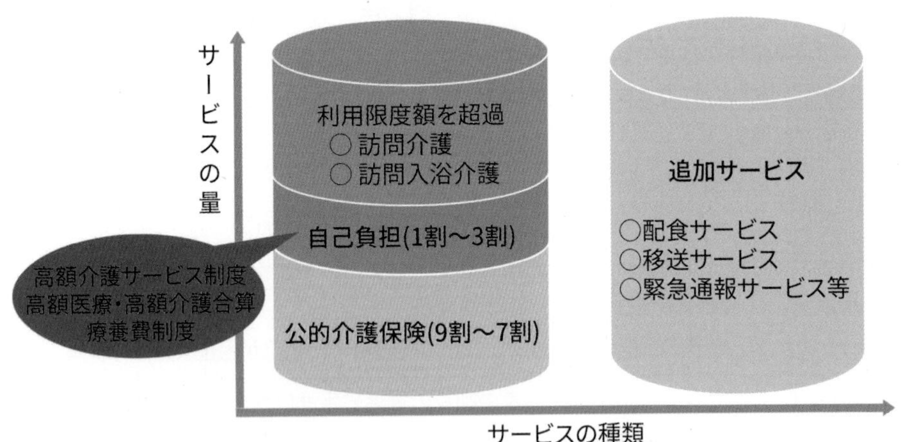

出典　各種資料を参考にして作成

公的介護保険を利用し、自己負担１～３割の合計の額が、同じ月に一定の上限を超えたとき、申請をすると「高額介護サービス費」として払い戻される制度がある。一定以上の所得がある第１号被保険者（65 歳以上）は２割または３割負担となる。これは、国の制度に基づき各市町村が実施するもので、個人の所得や世帯の所得に対して上限が異なる。また、介護保険と医療保険の両方の利用者負担が高額になった場合に合算することができる高額医療・高額介護合算制度がある。公的介護保険が介護サービスという現物支給方式である一方で、民間の介護保険は現金支給方式である。保険金の受け取り方としては、介護が必要になった時点で一括支給、もしくは年金支給、またはその両方がある。また、保険会社の介護保険は、公的介護保険で見られるような年齢による給付の制限はない。公的介護保険の対象者は基本的に 65 歳以上で、それ以下の年齢の被保険者に対しては特定の疾病の条件が付いている。

一方、民営の介護保険には、保険契約に定める所定の要介護状態になった場合、現金を受け取れる保険で、給付内容は「一時金（介護一時金）」「年金（介護年金）」「一時金と年金の併用」の３種類がある。その加入方法としては、終身保険などの主契約に「介護の特約」を付加する方法、主契約として「介護保険」に加入する方法、終身保険などの保険料の払込満了時点で介護保障に移行する方法がある。

民営の介護保険における保障の対象となる要介護状態とは、保険会社が定める所定の「寝たきり」と「認知症」状態が対象である。要介護状態が、保険会社が定める所定の期間継続していることが給付の要件である。介護保険制度で「要介護2以上と認定されたとき」など公的介護保険の要介護認定に連動して支払われる種類も販売されている。介護保険の保険期間は、有期（10年、20年など一定期間、または70歳、80歳など一定年齢まで）と、終身の2種類がある。また、介護年金の受取期間には、有期（10年などの一定期間、または保険期間満了まで）と、終身の2種類がある。

この他、商品によっては、死亡保障がついているものや、一定年齢まで介護にならなかったときに健康祝金が出る特約がつけられるもの、一度、要介護状態になって回復したという時に祝金が出るものなど、様々なオプションもある。所定の高度障害状態になった場合、高度障害保険金が支払われる保険商品もある。民営の介護保険の給付は、現物給付の公的介護保険とは異なり、現金給付が行われている。

5. 所得補償保険

所得補償保険は、傷害保険や医療・介護保険を補完する保険である。医療保険では、治療費などは担保されるが、所得喪失は担保されないが。その所得喪失分が所得補償保険によって担保される。

[1] 所得喪失リスクと保険

死亡時に遺族の生活を保障する生命保険、病気やケガの治療費を補償する医療保険・傷害保険、介護費用を補償する介護保険などは、突発的な事故に対しての日常生活費以外の出費に備えるためのものであるが、就業不能による本人の収入の減少には対応できない。また、生命保険における就業不能保険は、主に高度障害・特定障害・介護状態になった場合に必要な費用に備えるためのものである。社員が就業不能になった場合、企業が健康時の収入水準を補償する期間には限度があり、大手企業の一部を除けば意外に短いのが現実である。さらに、業務災害または通勤災害による病気やケガによる就業不能の場合は、労災保険で休業補償給付（休業給付）または障害補償給付（障害給付）が行われる。しかし、それ以外の原因による就業不能の場合は、健康保険から傷病手当が支払われるが、最長でも１年６カ月分に過ぎない。さらに、自動車保険の中には、本人の過失による逸失利益をも担保する人身傷害補償保険があるが、一般的な自動車保険では本人の過失による逸失利益は担保されない。このように、伝統的な生命保険と損害保険では、病気やケガで長期間の就業不能になった場合の本人の収入の減少には対応できない。その結果、日本の勤労者は、労災保険が適用されない長期の就業不能の場合は、大幅な収入の減少を余儀なくされる。これに対して、所得補償保険は、病気やケガによる所得喪失を担保する保険である。

アメリカでは、65 歳に達するまでに７人のうち１人が５年以上の長期高度障害にあっており、30 歳の男性が 65 歳までに長期障害にいたる確率は死亡する確率の３倍にも達していると報告されている。更に、入院患者のうち、３人に１人は１年以上の長期入院を強いられており、そのうち 35 歳から 64 歳の働き盛りの人の占める割合が最も高いとも報告されている。

このような所得補償保険による所得喪失の担保は、次の図の通りである。

図 89　所得喪失リスクと保険

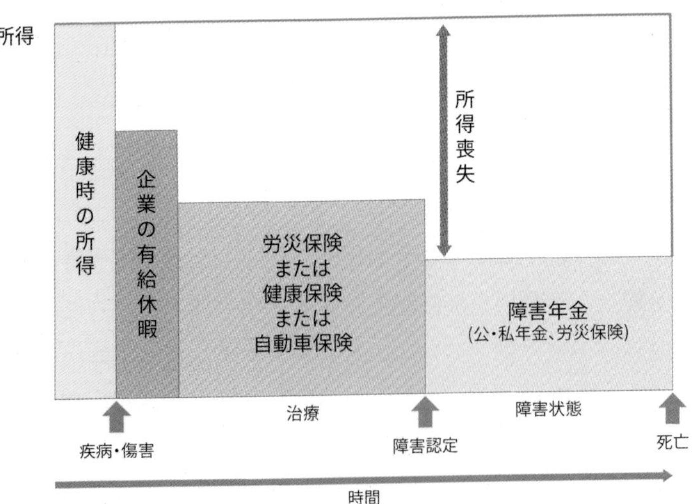

出典　各種資料を参考にして作成

[2] 所得補償保険の担保

損害保険業界は、1974 年 、就業障害のリスクに対応するため、所得補償保険を発売した。この従来の日本における「所得補償保険」は、免責期間７日で、担保期間が１年ないし２年の短期の所得補償を提供するものであった。しかし、日本の保険会社の多くは、所得補償保険はリスクが高いと認識している。これは、この所得補償保険が、発売当初、高い損害率を記録した事実によるところが大きい。現在は、損害率も好調に推移しているようであるが、確かに販売するマーケットやリスク選択を誤ると、大きな損害が発生する商品である。現在そして将来にわたり、安定した給与所得が期待できない人に大量に所得補償保険を販売すれば、モラル・ハザード（道徳的危険）を惹起することになるのは容易に想像できる。

近年、損害保険各社が販売している「長期所得補償（LTD : Long Term Disability）保険」は、終身年金の形式で長期の就労不能・障害リスクを担保するものである。長期所得補償保険の免責期間は通常 90 日である。会社員の場合、休業が始まってからも２～３ヶ月は年休や病気休暇の活用で、本当の所得喪失は起こらないという実態のみならず、道徳的危険に対する対策でもあった。このような LTD は公的な保障や会社保障では対応できない長期の就労不能・障害を担保する保険商品であるが、次のような問題点があるとされてきた[89]。①給付金支払が１回とは限らない。②給付金支払総額は、保険事故発生時点では確定しない。③就業不能の客観的な判定が困難である。④商品設計が複雑である。

最近、損害保険各社は、新しい LTD 商品を続々と発売している。医師・大学教員などの安定した専門職種は、団体所得補償保険に一番適した職種である。東京海上日動火災・損保ジャパンなどの既存の損害保険会社が、全国医師協同組合連合会の会員などを対象に、所得補償保険を販売している。

一方、所得補償保険を主力商品としていたユナム・ジャパン傷害保険株式会社（以下、ユナム・ジャパン）は、2004 年１月、親会社のユナム・プロヴィデント・コーポレーションが日立キャピタル株式会社に同社を売却することによって、日立キャピタル株式会社の 100% 子会社となった。ユナム・ジャパンが日立キャピタル株式会社の子会社となった理由は、主力商品であった所得補償保険の販売不振によ

89 天野卓「所得補償保険を巡る最近の動向」『ニッセイ基礎研REPORT』ニッセイ基礎研究所、2004年3月。

る同社の累積赤字が原因であったといわれる。ユナム・ジャパンの累積損失は、2002年度末現在で、総資産46億円に対して27億円であった。このユナム・ジャパンは、2004年4月1日より日立キャピタルグループ損害保険株式会社に社名を変更した。

このユナム・ジャパン傷害保険株式会社は、1994年6月に、アメリカの保険会社ユナム・コーポレーションの現地法人として設立された。ユナム・コーポレーションは創立150年余の歴史を持つアメリカでも指折りの優良保険会社であったが、1999年に個人マーケットでトップシェアを持つプロヴィデントと合併して、ユナム・プロヴィデント・コーポレーションとなった会社で、アメリカにおける団体・個人両方を合わせた所得補償保険分野で第1位の占有率を占めている。

日本の既存の損害保険会社は、所得補償保険に対して慎重な態度をとっていることもあり、その補償期間は1年ないし2年といった比較的に短期である。しかし、新設保険会社とアメリカ系の損害保険会社は、所得補償保険を積極的に販売しており、補償期間も定年または70歳というように長期である。

6. 海外旅行保険

海外旅行は、年々増加の傾向にあり、海外旅行保険で担保されるリスクも、ケガや病気、手荷物の盗難等に加えて、テロリズム・伝染病・新型インフルエンザなどの新たなリスクについての対応が求められている。

[1] 海外旅行保険の概要

保険契約における保険期間は、一般的に、始期から終期までの日時を保険期間としているが、海外旅行保険では、その期間内かつ海外旅行行程中に発生した保険事故が担保されることが特徴とされる。この海外旅行行程中とは、旅行者が保険証券記載の海外旅行の目的を持って、住居を出発してから住居に帰宅するまでの旅行行程である。したがって、帰宅することを前提とせず、永住目的で海外へ行く人や、永住権をもって外国に居住する人は除外をされている。

日本における海外旅行保険は、AIUが1951年4月にアメリカン・インターナショナル・アンダーライターズ社（現在のAIU保険会社の前身）が、アメリカのハノーバー・インシュアランス・カンパニー社の英文海外旅行保険約款に日本語訳を付して、当時の大蔵省から海外旅行傷害保険の認可を受けたものが現代の海外旅行保険の始まりといわれている[90]。その後1964年に損害保険料率算定会の料率に基づく全社同一約款として発売されたが、1998年より改正保険業法施行に伴う料率自由化が実施され、現在に至っている。

海外旅行保険の発売当初では、傷害保険が損害保険と生命保険のいずれに属するのかについて検討が行われたが、欧米の事例を参考にして損害保険として扱われた。現在日本で販売されている旅行保険には、国内旅行保険、国内航空傷害保険、宇宙旅行保険、旅行総合保険、海外旅行保険の５種類がある[91]。

国内旅行保険は、旅の出発から帰宅までの間に発生した、ケガや、他人の物を壊した場合、または自分自身の持ち物が盗難にあった場合の損害を補償する保険である。国内航空傷害保険は、日本国内で、被保険者が乗客として航空機に搭乗中の事故により傷害を被った場合に補償される保険である。

また、宇宙旅行保険は、宇宙旅行中の事故による傷害死亡に限定して補償する保険である。通常の旅行保険においては、旅行中のケガや死亡、盗難などが担保されるが、宇宙旅行保険においては、宇宙でのリスクの想定が難しいため、その担保が事故による死亡に限定される。宇宙旅行保険の保険期間は、地上で宇宙船に搭乗した時点から、宇宙空間と地球に帰還して宇宙船を下りるまでが補償の対象期間となる。

旅行総合保険は、国内旅行中と海外旅行中の両方を補償する保険商品である。海外旅行保険は、海外旅行中の様々なリスクに対応する保険である。

海外旅行保険の発売当初、日本傷害保険株式会社は、営業開始と同時に鉄道の駅構内売店や切符販売所を保険代理店として委託契約をして、旅行保険を販売していたといわれる。現在は、各損害保険会社が日本各地の空港構内の保険代理店に委託をして、対面販売のカウンターや自動販売機を設置して海外旅行保険を販売している。

90　酒井悦嗣「海外旅行保険と感染症」『日本渡航医学会誌』2008年。

91　先本将人「日本における海外旅行保険の誕生と約款の歴史的変遷」『日本国際観光学会論文集』第21号、2014年3月を参照。

現在保険業法では、保険を生命保険固有分野（いわゆる第一分野の保険）、損害保険固有分野（いわゆる第二分野の保険）、生命保険・損害保険のどちらともいえない分野を第三分野の保険として、3つに大別している。海外旅行保険の発売当時、疾病危険は生命保険分野であるという理解であったので、損害保険会社が販売する海外旅行保険では、疾病リスクは担保から除外されていた。

しかし、1964年4月に日本人の海外旅行が解禁になったことの影響などで海外旅行者が増加[92]するにつれ、海外での疾病リスクを担保して欲しいという海外旅行者のニーズが高まった。これに対応する形で、海外旅行行程中の病気による入院費・職業看護費および手術費を補償する「疾病危険担保特約」が、1964年11月1日、新設された。

海外旅行者数が順調に増加する中で、海外旅行中の疾病による死亡を担保して欲しいとのニーズが高まってきた。そこで疾病死亡危険担保特約が、1969年10月1日に新設され、疾病により死亡した場合にも担保されるようになった。海外旅行保険は、損害保険会社が販売するが、疾病リスクを担保することが最大の特徴である。国内旅行保険では、疾病リスクが担保外とされている。

海外旅行保険は、普通傷害保険の普通約款に各種特約を付帯してきたが、1974年独立約款に改めることになり、新設をされた3つの特約によって担保範囲が拡大された。その特約は、賠償責任危険担保特約・携行品損害担保特約・海外旅行傷害保険特別費用担保特約（現在の救援者費用特約））である。それまでは、海外旅行者本人の傷害と疾病リスクのみが担保されたが、第三者からの賠償リスク、身の回り品等の盗難・破損リスク、海外旅行者本人が傷害や疾病にかかった場合に家族が海外現地に行く渡航費用や滞在費用を補償するようになった。

1996年に保険業法改正による保険料率自由化が1998年5月22日に実施され、全保険会社が同一の保険約款と保険料率を使用する時代は終わり、損害保険各社が多様な海外旅行保険を異なる料率で提供する時代となった。

92 海外旅行者は、1970年には663,467人であったが、1990年に10,997,431人、2005年には17,403,565人となり、さらに増加傾向にある。

[2] 海外旅行保険の補償

海外旅行保険は、外国への旅行中に病気やケガをしたときの治療費、他人や他人の物に損害を与えてしまったときの賠償責任、衣服や貴重品など持ち物が盗難にあったときの補填、といったものを主な補償対象としている。

(a) 病気やケガ

海外旅行保険には、次のような補償が行われる。

①旅行先で入院・手術をした場合に、一定の限度額の範囲内で実際にかかった治療費が支払われる。②遺体や病人の移送・搬送にかかる救援者費用が補償される。③旅行先で病気（疾病）やケガ（傷害）を原因に亡くなったときに保険金が支払われる。保険期間中で、かつ、旅行行程中に死亡した場合には死亡保険金が支払われが、これは契約時に予め告知している病気（既往症）で死亡しても支払われる。また、保険期間が終了した日からその日を含めて30日以内に死亡したときにも保険金が支払われるが、保険期間終了後72時間以内に医師の治療を開始し、その後も引き続き治療を受けていた場合に限る。保険期間中に感染した別表に掲げるコレラ、ペスト、天然痘、発疹チフス、ラッサ熱などの感染症[93]を直接の原因として保険期間が終了した日からその日を含めて30日以内に死亡した場合保険金が支払われる。この場合は、保険期間終了後30日以内に医師の治療を開始していることが前提となる。④ケガを原因として後遺障害が残ったときに保険金が支払われる。

海外では、日本と比べて医療費が高額となる場合がある。多くの国や地域では、救急車の出動が有料化されており、アウトバック（奥地）や海、山での不慮の事故に、ドクターヘリを利用するなど、救援にかかわる費用負担が数千万円以上なる場合もある。例えば、コロナウィルスに関連しても、治療救援費用・疾病死亡・旅行変更費用（または旅行キャンセル費用）が支払われる。

93 保険期間終了後30日以内に医師の治療を開始した場合に支払対象となる感染症とは、コレラ、ペスト、天然痘、発疹チフス、ラッサ熱、マラリア、回帰熱、黄熱、重症急性呼吸器症候群、エボラ出血熱、クリミア・コンゴ出血熱、マールブルグ病、コクシジオイである症、デング熱、顎口虫症、ウェストナイル熱、リッサウィルス感染症、腎症候性出血熱、ハンタウィルス肺症候群、高病原性鳥インフルエンザ、ニパウィルス感染症、赤痢、ダニ媒介性脳炎、腸チフス、リフトバレー熱、レプトスピラ症の26疾病がある。

(b) 賠償責任

海外で旅行をしているときに他人にぶつかってケガをさせてしまったり、ホテルの部屋のスプリンクラーを壊し水浸しにしてしまったり、子供がうっかりお店の物を壊してしまったりなど、他人や他人の物を傷つけて賠償責任を負うこともある。海外旅行保険では、そのような賠償責任の担保も添付されている。

(c) 携行品や交通機関のトラブル

飛行機が遅延・欠航して余計に宿泊費や飲食代がかかったり、飛行場で預けた荷物の到着が遅れ現地で身の回り品を買わなければいけなくなる場合がある。海外旅行保険には、そうした携行品や交通機関のトラブルによって発生した費用が支払われる。

携行品損害補償では、旅行中に自分が所有している、もしくは他人から無償で借りている携行品（カメラ、バッグ、衣類など）が盗難・火災・破損といった偶発的な事故により損害を受けときに保険金が支払われる。

航空機寄託手荷物遅延等費用補償では、飛行場で預けた荷物の受取りが遅れたことにより発生した予定外の費用が支払われる。航空機遅延費用補償では、飛行機の欠航・遅延により予定外に発生した宿泊費・飲食代などが支払われる。

(d) その他の付帯サービス

基本的に海外旅行保険に付いている電話サービスでは、24 時間 365 日で日本語対応してくれる。実際のサービスとしては、キャッシュレスで治療を受けられる近くの病院の紹介・予約・通訳の手配などはもちろん、荷物が盗難・紛失にあったときにも対応方法を教えてくれる。

[3] 海外旅行保険の加入方法

(a) クレジットカード付帯

海外旅行保険はクレジットカードに付帯されていることがある。クレジットカード付帯の海外旅行保険は、旅行に行くたびに面倒な申込み手続きをする必要がなく、回数制限も特に設けられていない。また、保険会社の海外旅行保険の補償期間はあらかじめ設定した「旅行の期間」のみであるが、クレジットカード付帯の海外旅行保険の補償期間は1回の旅行につき90日間など長期間のものが多い。クレジットカードの年会費などが無料の場合は、保険料も実質的にゼロ円となる。しかし、クレジットカード付帯の海外旅行保険の場合、限度額がおよそ50～200万円になっている。海外では日本の健康保険が使えず、治療費がかなりの高額になる場合もあるので注意が必要である。

また、賠償責任に限度額が設定されている場合がある。通常の海外旅行保険の場合、賠償責任補償は1億円以上のものが多いが、クレジットカード付帯の海外旅行保険では、賠償責任補償が2,000～5,000万円の場合が多い。

(b) 保険会社の海外旅行保険

保険会社の海外旅行保険は、クレジットカード付帯の海外旅行保険と比べて、病気やケガをしたときの補償は手厚く設定されている。治療費補償や救援者費用補償では、あらかじめ決められている保険金額を上限として病気やケガで入院・手術をしたときにかかった実際の費用が補償されるが、基本的に保険会社の海外旅行保険の保険金額の上限は「無制限」になっている。

また、保険会社の海外旅行保険には付帯サービスがあり、24時間・年中無休の日本語での対応窓口、電話による医療通訳サービス、医療機関の紹介・手配、弁護士の紹介・手配、パスポートやクレジットカードの再発行援助、飛行機や宿泊施設の紹介・手配などがある。さらに、保険会社の海外旅行保険では、旅行先で病気やケガで治療を受けて高額な治療費がかかったとしても、一旦自分で立て替える必要のないことが多い。病気やケガによっては、旅行先での治療費は高額になることも少なくない。

しかし、保険会社の海外旅行保険では、必要のない大きな補償に加入することもある。例えば、何枚かクレジットカードを持っていて、実はクレジットカード付帯の海外旅行保険である程度の補償を持っているような場合には、クレジットカード付帯の海外旅行保険の補償内容で足りない部分に対する保険会社の海外旅行保険を検討すればいいということになる。

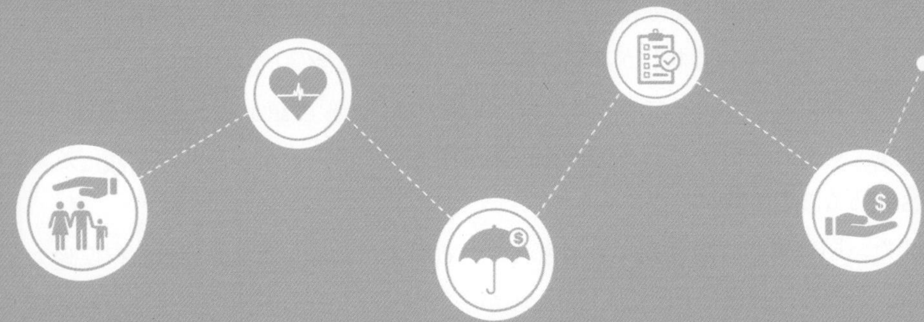

第19章

事業リスクと新種保険

新しいリスクが出現すると、それに対応するための損害保険が発売されている。本章では、新種保険と事業リスクについて概説する。

1. 保証保険

[1] 保証証券と保証保険

保証証券とは、損害保険会社が保証金額を限度として債務の履行を保証する証券のことである[94]。これは保険法における保険とはみなされていないが、保険業法上では損害保険業による保険の引受と考えられる[95]。この保証証券業務は、保証委託者と損害保険会社の間で締結される保証委託契約と、保証人たる損害保険会社と債権者の間で締結される保証契約の２種類の契約で構成されるが、この２種類の契約をまとめて保証証券契約とみなされる。保証証券業務では、保証委託者たる債務者が損害保険会社に対して保証料を負担し、保証人たる損害保険会社は、保証委託者たる債務者が債務不履行または不法行為を行った場合、保証証券に基づき保証債務を履行する。保証債務を履行した損害保険会社は、保証委託契約に基づき、保証委託者たる債務者に求償する。

94　拙稿「新種保険」『保険論(第3版)』成文堂、2012年3月を抜粋して、加筆・修正した。

95　保険業法第3条6項には、「保証証券業務（契約上の債務又は法令上の義務の履行を保証することを約し、その対価を受ける業務のうち、保険数理に基づき、当該対価を決定し、準備金を積み立て、再保険による危険の分散を行うことその他保険に固有の方法を用いて行うものをいう。）による当該保証は、前項第１号に掲げる保険の引受とみなし、当該保証に係る対価は、同号の保険に係る保険料とみなす。」と規定されている。

図 90　保証証券

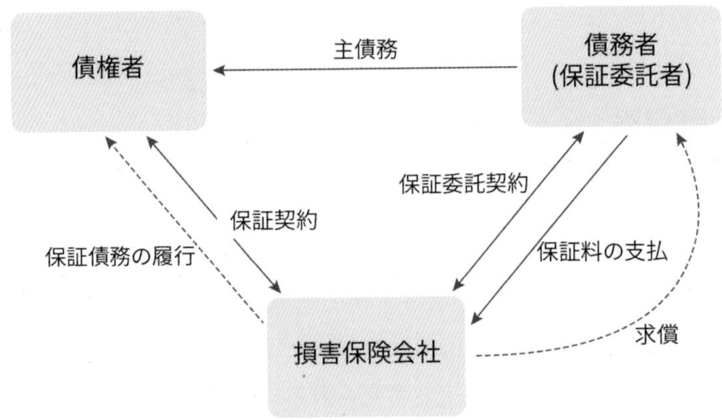

出典　各種資料を参考にして作成

一方、保証保険は、債務者が自分の債務の履行を保証するために保険契約者となり、債権者を被保険者として、自らの債務不履行によって債権者が被る損害をてん補する他人のためにする保険契約である。つまり、保証保険においては、保険契約者は、債務者であり、損害保険会社に対して保険料を支払う者である。損害保険会社は、保険契約者（債務者）が債務不履行または不法行為によって債権者に損害を与えた場合、被保険者たる債権者に保険金を支払う。保険金が債権者に支払われた場合、損害保険会社は、請求権代位または債権譲渡により債権者の権利を取得することによって、保険料を負担した債務者たる保険契約者に求償することになる。

図91 保証保険

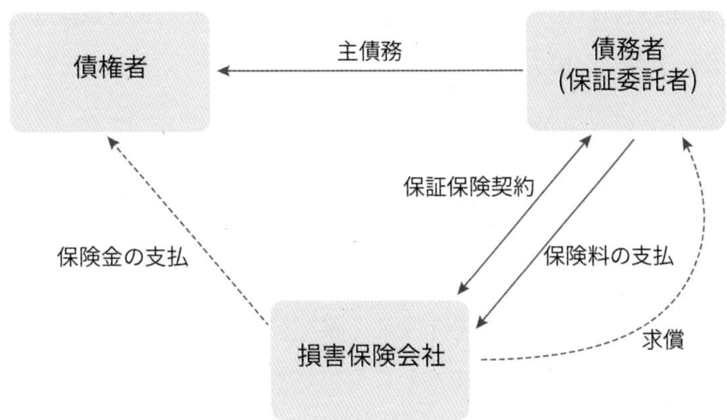

出典 各種資料を参考にして作成

[2] 保証保険の種類

保証保険には、次のような種類がある。

(a) 入札保証保険

入札保証保険は、入札参加者が入札をして落札者になったにもかかわらず、契約（建築請負など）を結ばなかったため、被保険者である入札公告者が被った損害をてん補する保険である。原則として入札公告者が他の者と再契約をし、その再契約金額が当初の入札金額より増額した場合に、その差額をてん補する実損てん補方式（特約条項に基づき、予め定められた金額を支払う実損てん補方式）である。

一方、損害保険会社は、申請会社の信用リスクの評価に応じて保証証券を発行し、そのリスクは、損害保険会社が行う再保険を通じて世界中に分散されることになる。入札ボンドは、アメリカで多く使われ、保証会社は、入札参加時点において、入札参加希望の建設業者の資金力、過去の工事経歴、契約遂行能力などに対するその建設業者の信用状態を評価し、入札段階の際に事業者の選定のための判断基準としている。日本では1995年に導入された履行保証制度があるが、それは、金融機関等が、契約時点における建設業者の財務的な履行能力を審査して貸付を行うものである。この履行保証制度との一体的運用を前提に、入札までに損害保険会社や銀行が建設会社の工事遂行能力を審査し、工事の完成を保証する「入札ボンド制度」が、2006年10月に導入された。

(b) 履行保証保険

履行保証保険は、債務者である請負人または売主が保険契約者となり、保険料を支払い、発注者または買主を被保険者とする保険契約であって被保険者が被ることのある損害をてん補する。履行保証保険契約の証明である保証証券（Surety Bond）は、保険契約者である売主などに交付され、被保険者である発注者または買主に提出される。損害保険会社は、その保証証券に記載された請負契約や売買契約に基づく債務を債務者が履行しないことによって、被保険者である注文主または買主が被る損害をてん補するのである。保険事故とされる債務不履行には、履行遅滞、履行不能、不完全履行の三つがある。実損てん補方式と損害賠償予定額をてん補する定額てん補方式がある。

(c) 住宅ローン保証保険

住宅ローン保証保険は、住宅ローン利用者（債務者）が保険契約者、融資金融機関（債権者）が被保険者となり、融資期間を保険期間とする。債務者たる住宅ローンの利用者（住宅購入者）が債務を履行しなかった場合に、融資金融機関である被保険者が被る損害をてん補する保険である。住宅ローン保証保険には、提携型住宅ローン保証保険と非提携型住宅ローン保証保険がある。

提携型住宅ローン保証保険契約は、損害保険会社、金融機関、不動産会社の間に覚書などが締結されていることが前提となる。不動産会社は、住宅購入者に対して、住宅購入の際に提携している金融機関の住宅ローンを斡旋し、連帯保証人の代わりに金融機関を被保険者とする保証保険契約を締結させる。保険会社は、住宅購入者（債務者）と保険金支払を停止条件とする求償契約を締結し、債務者が取得する土地または住宅に保険者を担保権者とする抵当権などを設定する。

非提携型住宅ローン保証保険契約は、損害保険会社と金融機関の間に覚書などが締結されていることが前提となる。金融機関は、住宅購入者が購入する土地または住宅に金融機関を担保権者とする抵当権などを設定し、金融機関を被保険者とする保証保険を付保させてから、融資を行う。

2. 信用保険

【1】信用保険の概要

信用保険は、債権者が自ら保険契約者・被保険者となって、債権者と債務者の間で結ばれた契約に基づき、債務者の債務不履行によって債権者が被る損害をてん補する保険である[96]。保証保険と信用保険は、債務者＝義務者、債権者＝権利者、保険者＝保証人の三当事者が存在する（身元保証保険においては使用者、被用者および保険者の三当事者である）。また、保証保険は、保険契約者と被保険者が別人であり、債務者が保険料を負担する「他人のためにする保険契約」であり、保険者が個別に保険引受の審査を行い、これに合格した者のみが保証保険契約を締結する事前の信用供与でもある。これに対して、信用保険は、保険契約者と被保険者が同一人であり、債権者が保険料を負担する「自己のためにする保険契約」であり、債務者の債務不履行によって債権者が被る損害をてん補する事後的救済が行われるものである。

【2】信用保険の種類

信用保険には、次のような種類がある。

(a) 身元信用保険

身元信用保険とは、社員を被保証人とし、会社を被保険者とする保険で、社員が社員としての地位を利用して、会社や顧客・取引先その他の第三者に対して、保険期間中に、窃盗や詐欺などの不誠実行為を行ったことにより、会社が被った損害に対して、保険期間中の総支払額を限度として自己負担額を超える部分を補

96　拙稿「新種保険」『保険論（第3版）』成文堂、2012年3月を抜粋して、加筆・修正した。

償を行う保険である。過去に遡れば、奉公人などの身元保証人制度である徳川時代の人請け制度が原点といわれるこの身元保証制度は、欧米ではすでに200年以上前よりFidelity Bond（証券で特定された人物の詐欺的行為によって契約者が被った損害に対する補償の一形態）が確立されていた。身元保証を保険化したものが身元信用保険である。

身元信用保険は、被用者が単独でまたは第三者と共謀して行った不誠実行為（窃盗、強盗、詐欺、横領および背任行為）によって、使用者である被保険者が被る財産上の直接損害および法律上の損害賠償責任をてん補する保険である。保険会社が損害をてん補した場合には、そのてん補した金額の限度で、代位が認められている。身元信用保険普通保険約款に、身元保証人責任保険契約特別約款を付帯することができる。

(b) 割賦販売代金保険

割賦販売代金保険は、被保険者である割賦販売業者が割賦代金を回収できなくなったことによって被る損害をてん補する保険である。現在は、ほとんど「オールリスク」担保方式で、一定の免責事由を除き回収不能の原因いかんを問わず担保される。保険金支払額は、未収代金に対するてん補率50%によって制限されるのが一般的である。

(c) 住宅資金貸付保険

住宅資金貸付保険とは、企業または共済組合等が、その従業員または共済組合員等に住宅資金を貸し付け、その住宅資金の貸付が回収不能になった場合に企業等が被る損害をてん補する保険である。この住宅資金貸付保険の引受は、企業または職場単位で行われ、退職金などに一定の担保的な機能を求めている。

(d) 個人ローン信用保険

個人ローン信用保険は、債務者が金銭消費貸借契約などの債務を履行しない場合に、債権者たる金融機関が被る損害を補償する保険である。この保険は、貸付契約の条件を定めた特約書の種類により、貸付残高方式、貸付金額方式、当座貸越契約用および貸付予約契約に基づく証書貸付契約用の4種類に分類される。

貸付残高方式は、特約期間（1年間）内の金融機関の貸付残高総額を一括して付保する方式であり、貸付金額方式は、特約期間（1年間）内の金融機関の個別債権の貸付期間を保険期間として包括的に付保する方式である。当座貸越契約用とは、金融機関の当座貸越にかかる特約期間（1年間）内の貸越残高総額を一括して付保する方式であり、貸付予約契約に基づく証書貸付契約用とは、貸付予約にかかる金融機関の貸金債権を目的とするものである。

(e) 取引信用保険

取引信用保険（Credit Insurance）は、取引先の倒産等による債務不履行によって、売掛債権に損害を被った場合、損害の一定額が保険金として支払われる保険であり、日本国内で1990年代半ばに登場した比較的新しい損害保険である。

図92 取引信用保険

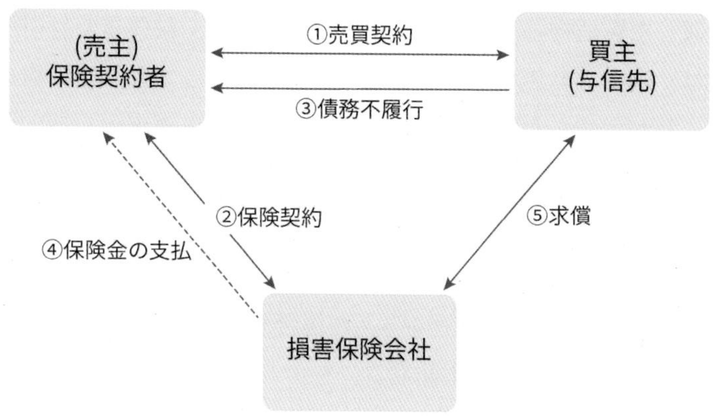

出典 各種資料を参考にして作成

取引信用保険は、すべての取引先に対するリスクを包括的に引き受けるのが原則であり、単発的な取引先については担保されない。外資系の取引信用保険会社では、取引先の上位20社など特定の条件に基づいた保険契約も行われている。個別取引先ごとに保険金の上限額が設定され、さらに総支払限度額が設定される。支払われる保険金は、保険契約時に取引先ごとに設定された縮小てん補割合に従い、損害額から一定の率が削減される。保険料は、業種・取引先の状態など総合的に判断して設定され、対象企業の危険度合いが急激に著しく高くなったときには、一定の留保期間ののちに支払限度額の変更が行われることがある。

3. 製造物責任保険

[1] 製造物責任法

製造物責任（Product Liability： PL）[97]は、製造物の欠陥による被害者救済を目的として、1960年代にアメリカで確立し、日本でも1994年6月22日に製造物責任法が制定され、1995年7月1日より施行されている。製造物責任法では、製品の欠陥によって、生命・身体または財産に損害が生じたことを証明した場合に、被害者は、製造会社などに対して損害賠償を請求することができることが定められている。同法には、製造業者等は、自ら製造、加工、輸入または一定の表示をして、引き渡した製造物の欠陥によって、他人の生命や身体または財産に損害が生じたときは、過失の有無にかかわらず、それらによって生じた損害を賠償する責任があることが定められている。また製造業者等の免責事由や期間の制限についても定められている。

この製造物責任は、欠陥を要件とする無過失責任（同法第3条）で、不法行為（民法第709条以下）の特例である。過失責任主義（民法第709条不法行為・民法第415条債務不履行）は、他人に損害を与えた場合であっても、主観的な基準である故意や過失などがない限り、損害賠償責任を負わないという原則である。この過失責任主義では、製造物による被害者は、営業秘密などという理由で製造物に関する情報を入手することが難しく、また複雑な製造物の内容を理解することが困難であるため、製造業者等の故意や過失の立証は困難である。

したがって、製造物責任法では、製造業者らの故意や過失の立証なしで、製品の欠陥の立証によって、製造業者等らに損害賠償を請求することができるようにしている。その結果、PL法では、被害者が、①損害の発生、②当該製品の欠陥の

97　拙稿「新種保険」『保険論（第3版）』成文堂、2012年3月を抜粋して、加筆・修正した。

存在、および③欠陥と損害との因果関係の３点の立証によって、製造業者等は過失の有無に関係なく、損害賠償責任を追及できるようになった。

「欠陥」の基準は、次の三つである。①消費者が期待する程度の製品の安全性を基準とする消費者期待基準、②製品が通常の状態からどの程度逸脱しているかを基準とする標準逸脱基準、③製品の有する効用と危険との比較を基準とする危険効用基準、である。また、「欠陥」とは、通常、製造物が有すべき安全性を欠いている状態であり、製品の性能が悪いことのような安全性に関わらない品質や機能上の問題は、PL 法上の欠陥ではない。

つまり、製造物責任法における欠陥とは、瑕疵とは異なり、次のような製造物の客観的安全に関わるものである。①設計上の欠陥であり、自動車の「ハンドルの強度設計の誤り」などである。設計上の欠陥が立証されると、その製品が欠陥品であると認められる。最新の医薬品等では消費者の期待基準が存在しない場合があるが、このような場合は、取締り規制・ガイドラインなどの安全規制が欠陥判断の重要な要素である。②製造上の欠陥であり、「製造時に設計と異なる製作をするか、不良品を出荷してしまった場合」などである。すべての製品に欠陥があるのではなく、一定比率で欠陥が発生するときの欠陥の判断は、標準逸脱基準が採用されることが多い。③表示上の欠陥であり、「取扱説明書が不適切な場合や警告ラベルの不備」のような場合である。指示・警告上の欠陥が立証される場合は、その製品が欠陥品と認められる。

製造物とは、「製造または加工された動産」を意味し、不動産と未加工の農産・畜産・水産物には、適用されない。動産とは、「不動産以外の有体物」であり、有体物でない電気などのエネルギー、サービスには適用されない。PL 法では製造物を「製造または加工された動産」と定義されているため、不動産・電気等の無形のエネルギー、ソフトウエアや運送等のサービスは、製造物責任法における製造物ではない。魚や野菜を加工せずに販売している場合は PL 法が適用されないが、民法上の不法行為に該当する場合は、民法による損害賠償責任は発生する。

製造物責任法における責任主体は、製造・加工または輸入した製造業者、氏名・商号・商標その他の表示をした表示製造業者（OEM 生産）、製造業者と誤解させる氏名などを表示した誤認表示者（PB 生産）、委託生産をして自分の販売ルートで販売等を行った実質的な表示製造業者である。また、製造物責任法の目的を「被害者保護」（第１条）としているため、法人も同法による損害賠償請求ができる。

製造業者の責任期間は、製品を出荷してから10年間であり、被害者が損害を知ったときから3年以内に損害賠償請求しないときは、請求権は時効によって消滅する。

製造物責任法における免責は、次の通りである。

① 当時の科学技術の水準で欠陥を認識できなかった場合の開発危険の抗弁（第4条1号）

開発危険の抗弁とは、製品の製造流通販売時における科学技術水準では予見できなかった欠陥について、製造業者らを免責とする抗弁であり、抗弁の証明責任は製造業者らにある。この抗弁を容易に認めることは、審理の長期化、抗弁の濫用につながる可能性があるが、該当時点での入手可能な最高の科学技術知識の水準が基準となる。

② 最終製造物の製造業者の具体的な指示に従った場合の部品製造業者の抗弁（第4条2号）

設計に関する指示通りに行ったため、部品・原材料・中間製品に欠陥が生じたときには、それを製造した業者の抗弁が認められる場合がある。発注や受注の元受・下請け関係を検討して判断することが求められる。

【2】製造物賠償責任保険

(a) 賠償責任保険と生産物賠償責任保険

賠償責任保険は、他人の生命・身体または財物に損害を与えたために、被害者に対し法律上の損害賠償責任を負担することによって被る損害をてん補する保険である。この賠償責任保険では、名誉毀損、不法拘禁等の非財産的損害や他人に一般財産上の損害を与えた場合の損害は、担保の対象から除外される。

賠償責任保険には、次のような特徴がある。①被保険利益は全財産に関係しており、物保険ではなく、消極財産（費用）に関する財産保険の一種である。②保険価額がないので、一部保険、超過保険、重複保険の問題が発生しない。③加害者たる被保険者を介して損害賠償責任によって結ばれる第三者が存在する。この賠償責任保険は、自賠責保険のように、第二次的に被害者保護、被害者の救済に及ぶ。④法律上の損害賠償責任の発生を前提とする。⑤保険金として、損害賠償金のほかに、求償権保全・行使費用、緊急措置費用、訴訟費用、協力費用が支払われる。また、特別約款として、施設所有（管理）者、生産物、請負業者、自動車管理者、個人、店舗、医師、旅行業者、建築家、公認会計士、司法書士などを区分して担保している。

日本の製造物賠償責任保険は、「PL 保険」または「生産物賠償責任保険」と称され、賠償責任保険の普通約款に生産物特別約款を追加し、さらに追加特約条項を追加して引き受けられているが、国内 PL 保険と海外 PL 保険に区分されている。

PL 保険（生産物賠償責任保険）は、製造業者等が製造または販売した製品、あるいは工事業者等が行った仕事の結果が原因で、他人にケガをさせたり、他人の物を壊したりしたために、事業者が法律上の賠償責任を負担することにより被る損害を補償する、事業者向けの保険である。補償される損害賠償責任は、製造物責任法に限らず、民法上の不法行為責任、債務不履行責任、その他特別法による損害賠償責任である。

PL 保険（生産物賠償責任保険）では、次のような場合に、保険金が支払われる。

① 製造・販売に起因する事故例

仕出し弁当が品質不良で、食べた人が食中毒を起こした場合、または清涼飲料水のビンが破裂して、子供が破片で失明した場合などである。

② 完成工事（作業）に起因する事故例

電気店が顧客の屋根に取り付けたテレビのアンテナが、取り付け方が悪かったため倒れ、子供にケガをさせた場合、または看板の取付け工事を行ない、工事が完了した後、取付け作業に不備があったため、看板が落下し通行人にケガをさせた場合などである。

生産物賠償責任保険では、法律上の賠償責任による損害賠償金が保険金（損害賠償額から免責金額を差し引いた金額）として支払われるが、損害賠償金のほか、事故解決のための必要で有益な費用についても支払われる。その項目は、損害賠償金、緊急措置費用（応急手当・護送など）、損害防止・軽減費用、求償権保全・行使費用、協力費用、争訟費用（弁護士報酬など）などである。この保険で支払われる保険金は、「損害賠償金」「争訟費用（裁判・弁護士費用等）」などがあるが、製品自体の損害や回収・修理・交換等の費用については支払いの対象外である。

(b) 国内PL保険

生産物賠償責任保険とは、損害賠償責任保険の一種で、各種製品の製造・販売業者あるいは据付工事・修理などの業者が、その製造・販売にかかる製品や据付工事・修理などの仕事により発生した事故によって、他人に身体の障害や器物の損害を与え、これによって法律上の損害賠償責任を負担することにより被る損害をてん補する保険である。この生産物賠償責任保険では、生産物自体の損害や生産物回収費用は免責される。

このPL保険は、被保険者が、「製造・販売または取り扱った生産物に起因して被保険者の占有を離れた後に発生した偶然な事故」、「仕事を完了（引渡）した後に仕事の結果に起因して発生した偶然な事故」によって、他人にケガをさせたり（対人）、他人の財物を壊した（対物）ために法律上の賠償責任を負った場合に、その損害賠償責任に対して保険金を支払う保険である。担保の範囲は、被保険者が取り扱っているすべての製品と特定製品の中から契約者が選択する。

この生産物賠償責任保険は、賠償責任保険普通保険約款に生産物特別約款を組み合わせて引き受けられているが、東京海上社が、賠償責任保険普通保険約款と生産物特別約款を1957年に事業認可を得たことに始まった[98]。

一方、生産物回収費用保険とは、各種製品の製造・販売業者が、製造・販売等を行った製品の欠陥によって、他人の身体の障害や器物の損壊、すなわち拡大損害が発生した場合に、その損害の拡大または防止を目的として製品の回収・点検・修理等を行うことにより支出する諸費用を担保する保険である。生産物賠償責任保険では、製造物による拡大損害のみが担保され、製造物そのものに関する損害は担保されない。

さらに、中小企業生産物賠償責任保険が、国民生活審議会と産業構造審議会の報告を受け、中小企業に対する配慮が成されるよう衆参議院で決議され、1995年7月1日に発売された。

中小企業生産物賠償責任保険の特徴は、次の通りである。①商工3団体を契約者として、3団体傘下の団体の会員である全国の中小企業（中小企業基本法第2条）を被保険者としている。②基本保険料を安く設定している（一般の製造物責任保険の50%程度）。③後述の賠償請求基準の保険であり、これは、継続契約を前提

98　鴻上喜芳「生産物賠償責任保険約款の課題」『保険学雑誌』第636号、日本保険学会、2017年3月。

としたものである。④対人賠償・対物賠償の共通にてん補限度額が設定されるコンバインド・シングル・リミット（Combined Single Limit）である。⑤食品販売業に対しては、食中毒・伝染病などによる営業停止による損害をてん補する。これは、1996年のO－157事件を契機として、中小企業が損害保険会社と個別的に保険契約するようにしたものである。

この中小企業生産物賠償責任保険は、任意加入ではあるが、団体加入であることから、個別企業の立場から見ると加入の強制力をもつものであるといえる。

(c) 海外PL保険

海外PL保険は、一般賠償責任保険普通約款（General Liability Policy Standard Provisions）に生産物特別約款（Products and Completed Operations Liability Coverage Part）を追加し、さらに特約条項（Endorsement）を使用して引き受けられる。また、生産物自体の損害の責任は、生産物保証責任保険（Product Guarantee Legal Policy）により、生産物回収等による損害は、生産物回収費用保険（Product Incident Coverage）によって、PL保険とは別の保険で引き受けられる。担保の対象は、被保険者が取り扱っているすべての商品または特定商品のみを対象とする担保方法の中から保険契約者が選択し、賠償請求基準（Claims Made Basis）で引き受けられる。一般賠償責任保険普通約款における保険期間は、損害事故発生基準（Occurrence Basis）と規定されているが、特約により賠償請求基準に変更して引き受けられている。

具体的には、「Claims Made Basis and Retroactive Date Clause」を添付し、損害発生の原因となった生産物の生産および販売、または損害発生の時期と無関係に、生産物が原因となった事故について、保険期間中に被保険者が損害賠償請求を受けた場合にのみを保険金支払いの対象としている。ただし、遡及日（Retroactive Date）を設定し、遡及日以降に発生した事故について、保険期間中に被保険者が損害賠償請求を受けた場合のみが保険の対象となる。Claims Made Basis（賠償請求基準）とは、損害賠償請求の原因である身体障害または財物損壊が遡及日（Retroactive Date）以降に発生したもので、保険期間内に被保険者（記名被保険者・追加被保険者）が損害賠償請求された場合に限り、保険金支払の対象とするものである。

図 93　賠償請求基準

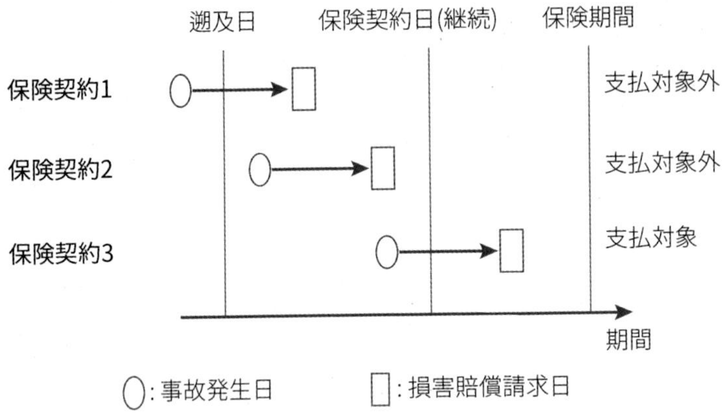

出典 各種資料を参考にして作成

国内 PL 保険と海外 PL 保険の免責は、次の通りである。国内 PL 保険では、戦争などの巨大危険、加重責任、製品自体の損害などが免責され、海外 PL 保険では、国内 PL 保険で免責されている重大な過失による法令違反が免責されない。また、製造物自体の損害は、PL 保険でてん補されない。

表 66　国内 PL 保険と海外 PL 保険の免責の比較

国内PL保険	海外PL保険
①故意または重大な過失による法令違反 ②戦争・暴動・ストライキなど ③地震・噴火・洪水・津波 ④契約上の加重責任 ⑤従業員が業務中に被った身体障害 ⑥製品自体の損害 ⑦重大な過失による法令違反 ⑧生産物の回収・交換・点検、修理等 ⑨効能不発揮 ⑩排水・排気による損害 ⑪汚染物質の排出・流失など ⑫アスベスト	①契約上の加重責任 ②飲酒または麻薬による損害 ③従業員の業務中被った身体障害 ④物理的損壊を伴わない損害 ⑤製品の故障および当該製品の損壊 ⑥回収・交換・検査・修理など ⑦液体・気体の流出（公害リスク） ⑧罰金・懲罰的損害賠償金 ⑨原子力 ⑩地震・噴火・津波 ⑪アスベスト

出典 PL 保険の約款から抜粋して作成

海外PL保険における免責の中の「懲罰的損害賠償金（Punitive Damages）」とは、加害者の動機等において、悪意性が強いとされた場合に、現実に発生した損害とは別に課される損害賠償金で、懲罰的な意味を持つ損害賠償である。懲罰的損害賠償は製造物責任に限ったものではないが、アメリカでは、州法である製造物責任法に基づく訴訟において、製造業者である被告に故意または悪意が認められる場合に、現実に発生した損害とは別にこの懲罰的損害賠償が認められる場合がある。

一般の製造物責任における加害者の被害者への損害賠償金は、対人賠償では、治療費、入院費、収入減少などの経済的損害と肉体的・精神的損害に対する慰謝料などの非経済的損害に対する損害賠償金があり、対物賠償では、修理費用、財物の使用不能による不稼働損害などがある。これらは、てん補的損害賠償と称され、これに加えて、悪意が認められる場合には、懲罰的損害賠償が課せられることがある。しかし、日本では、懲罰的損害賠償の法制度は存在しない。それは、制裁や懲罰は、刑事法が扱うべき領域であり、民事事件の加害者に懲罰的損害賠償を課することは公の秩序を乱すという理由からである。

アメリカでは民事事件においても陪審制度があり、一般市民が陪審員として賠償額の認定を行う。陪審裁判における事実認定は原告側（被害者）が有利になる傾向も指摘されており、悪意性についての客観的基準がないため、容易に悪意性が認められるとの批判的な議論もある。この陪審制度とともに、提訴費用が極めて低額であること、さらには、日本に比較して数十倍の弁護士が存在するという事実にも注目する必要がある。弁護士が成功報酬ベースで事件を引き受け、高額な懲罰的損害賠償を求める訴訟の増加を招いているという見方がある。

1970年代半ばには、製造物責任訴訟の急増と懲罰的損害賠償金額の高額化により、製造物賠償責任保険の業績悪化を来たし、保険会社は保険引受の拒否ないしは大幅な保険料の値上げを行ったため、アメリカ産業界に深刻な影響と混乱が生じる結果となった。アメリカでは、1980年代から州法における民事訴訟制度改革が行われており、製造物責任訴訟制度、懲罰的損害賠償制度の改革も行われている。1994年にHonda Motor Co.のオレゴン州の懲罰的損害賠償制度が連邦憲法違反であるとの上訴が認められたのを契機として、懲罰的損害賠償請求における立証責任の強化など制度的改革が行われ、懲罰的損害賠償金の上限が定められている州も多い。

03 生死のリスクと生命保険

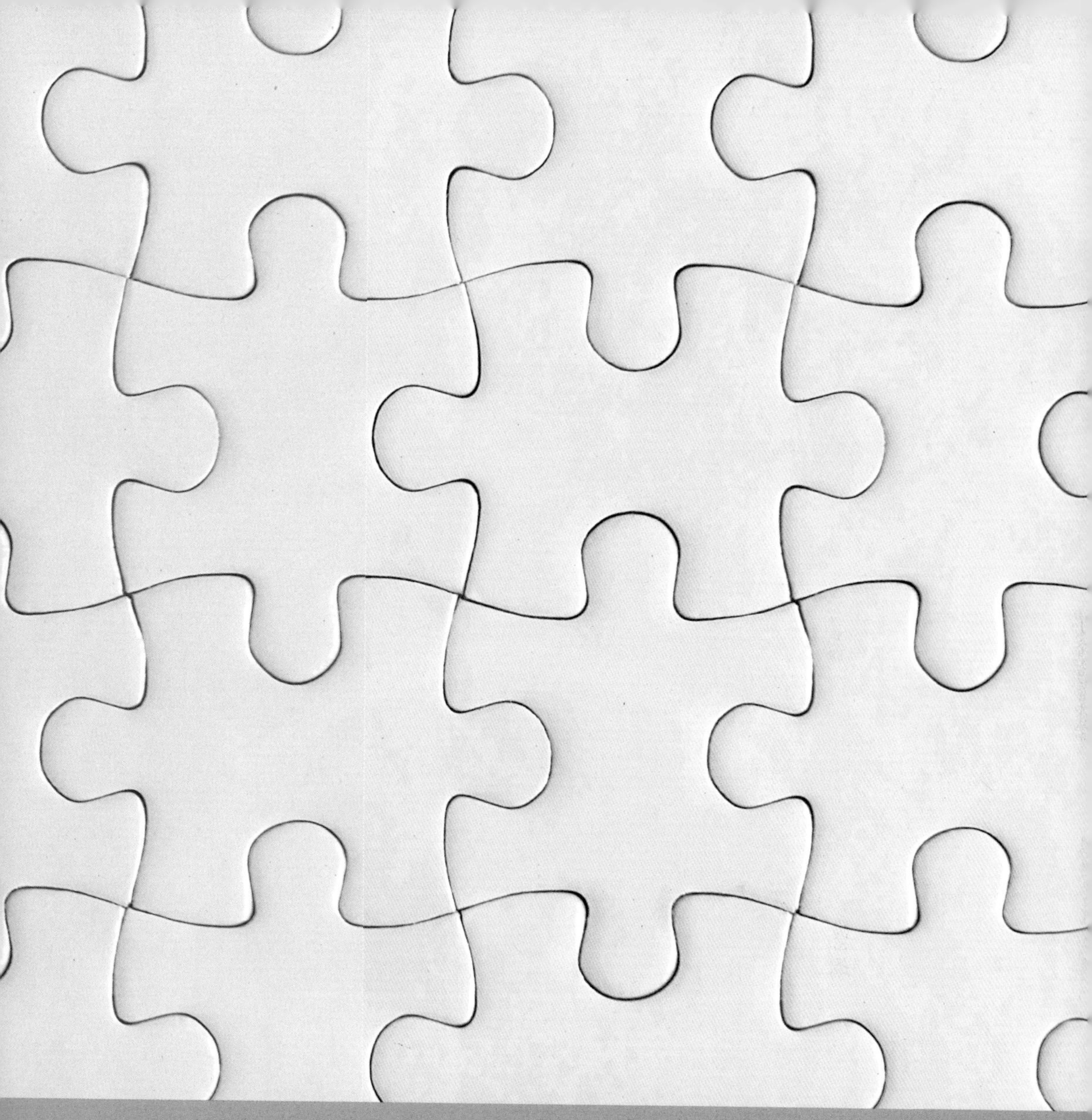

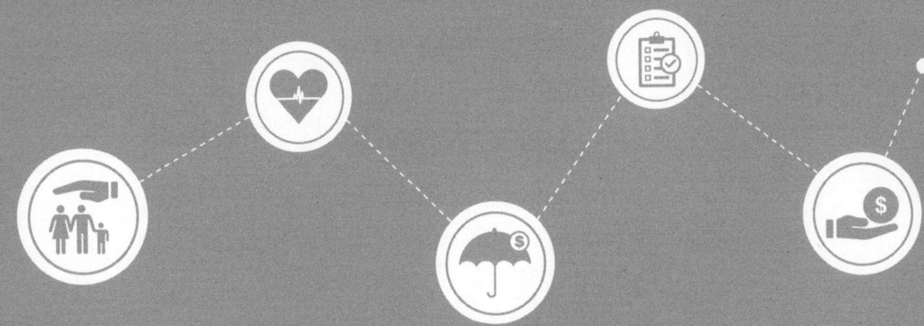

第20章

生命保険商品の種類

生命保険は、人間の生死のリスクを担保している。本章では、その生命保険種類について概説する。

1. 基本的な生命保険商品の類型

[1] 第一分野保険

生命保険会社が販売している保険には、生命保険の固有の分野である人間の生死に関する終身保険・定期保険・養老保険などの「第一分野」と、損害保険会社と生命保険会社が同時に販売している医療保険・がん保険・介護保険などの「第三分野」がある。第一分野における生命保険商品は多様であるが、その多くが死亡保険と生存保険の組み合わせでできている。

(a) 死亡保険

死亡保険とは、被保険者が死亡した場合に保険金が支払われる保険である。純粋な死亡保険の代表例は、一定の保険期間内に死亡したときのみ死亡保険金が支払われる定期保険である。

主な死亡保険（個人保険）の種類は、次の通りである。

表67 死亡保険（個人保険）の種類

保険種類	保障内容
定期保険	一定の保険期間内に死亡したときのみ死亡保険金が支払われる
定期付終身保険	終身保険に定期保険を特約として付加した保険
終身保険	一生涯死亡保障が続く保険で、貯蓄機能も持つ
変額保険	運用実績に応じて保険金・解約返戻金の額が増減するハイリスク・ハイリターン型の保険
無選択終身保険	健康状態に関係なく加入できる終身保険

出典 各種資料を参考にして作成

(b) 生存保険

生存保険は、被保険者が、最初に定められた時点で生存しているときに、生存保険金・満期保険金が支払われる保険であり、長生きリスクに備える保険である。例えば、終身年金は、年金支払開始から1年後に生存していれば1年目の年金が、2年後に生存していれば2年目の年金がもらえる。現在、純粋な生存保険は販売されておらず、個人年金保険には死亡保障を添付したものが販売されているため、個人年金保険は、次の生死混合保険に分類している。

(c) 生死混合保険

生死混合保険は、死亡保険と生存保険を重ね合わせたもので、被保険者が死亡したときには死亡保険金が、満期時に生存しているときには生存保険金が支払われる。養老保険は、死亡保険と生存保険を1対1で組み合わせた生命保険で、保険期間中に死亡したときと満期時に生存しているときに同額の保険金が支払われる生命保険である。

また、終身保険は、死亡保険に分類されるが、養老保険の保険期間を生命表の生存者が0になる時点までに伸ばしたものである。その生存者が0になる時点は生命保険会社によって異なっており、概ね105歳付近が理論上の満期となっている。

主な生死混合保険（個人保険）の種類は、次の通りである。

表68 生死混合保険（個人保険）の種類

保険種類	保障内容
養老保険	一定の保険期間内に死亡した場合は死亡保険金が、死亡せずに満期を迎えれば同額の満期保険金が支払われる。
個人年金保険	老後の年金を受け取ることを目的とした保険。 一生涯年金が支払われるものや、10年・15年など一定期間支払われるものがある。死亡保障が添付される。
変額年金保険	運用実績に応じて年金・死亡保険金・解約返戻金の額が増減するハイリスク・ハイリターン型の年金。
学資保険	親の万が一に備えると同時に、こどもの教育資金を計画的に準備するための保険。

出典 各種資料を参考にして作成

[2] 第三分野保険

日本における生命保険は、1960年代以降の経済発展と人口増加を背景に、急速に普及し、1970年代には世帯加入率が90%を超えた。死亡保険の総保障額である「保有保険契約高」は急速に高まっていたが、1996年度を頂点にして徐々に減少傾向に転じて現在に至っている。それに代わって、1990年代後半から急速に増加してきたのが、医療保険やがん保険などの「第三分野」の商品である。

近年、高齢化が急速に進展する中、従来は生命保険会社が引き受けていなかった「持病や既往症がある人」向けの引受基準緩和型医療保険などの新しい医療保険が多く発売され、持病や既往症のある中高年層の入院・手術リスクに備える保険への加入が増えている。

主な第三分野保険(個人保険)の種類は、次の通りである。

表69 第三分野保険(個人保険)の種類

保険種類	保障内容
医療保険	病気やケガなどで入院したり、所定の手術をした場合に給付金を受け取ることができる保険
がん保険	がんにより入院したり、所定の手術を受けたときに給付金が支払われる保険
傷害保険	万一の事故でケガをしたり亡くなったりした場合に、死亡保険金、後遺障害保険金、入院保険金、通院保険金などの保険金が支払われる保険
所得補償保険	サラリーマンや自営業者などが、病気やケガによる入院などで全く仕事ができなくなった場合の収入の減少に備えるための保険

出典 各種資料を参考にして作成

2. 個人保険

[1] 終身保険

終身保険は、死亡時に保険金が支払われる死亡保険であるが、保険期間を定めず、生涯にわたって保障される生命保険である。この終身保険は、人間はいつか必ず死亡するため、保険契約者（保険金受取人）に漏れなく必ず保険金が支払われるので、定期保険と比較すると保障される金額に対する保険料が割高となる。

また、終身保険は、一定の期間の経過後には解約返戻金が払い込んだ保険料総額よりも多くなる貯蓄の機能もある。したがって、この終身保険は、保険契約者（保険金受取人）全員に保険金が支払われるが、その分保険料が高くなるため、保障額が比較的に少なく、遺族に支払われる死亡保険金の額は、一般的に数百万円程度にとどまる場合が多い。

図 94　終身保険

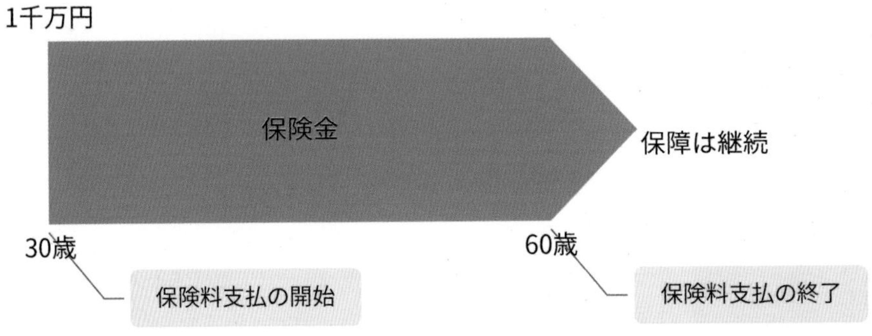

出典 各種資料を参考にして作成

この終身保険は、30 歳に保険料の支払を開始し、60 歳に保険料の支払を終了する終身保険契約を締結した場合、おおむね 60 歳前後で払い込んだ保険料よりも解約返戻金の方が多くなる。

表70 終身保険の種類

保険種類	特徴
有配当終身保険	保険会社の運用利益がある場合には配当が行われる。
5年利差配当終身保険	5年間の運用のプラスだけでなく、マイナスまでも契約者に帰属させて、保険会社のリスクを減らしている商品。保険料は、有配当より安くしている。運用利率は固定。
無配当終身保険	配当がない分保険料が安い。運用利率は固定。
変額保険終身型	解約返戻金の金額は、運用結果によって増減する。保険金額は最低保証金額が設定されている。
積立利率変動型終身保険	運用の結果を、毎月積立金・保険金額に反映させる。最低保証がある。ドル建て商品もある。増えた積立金を減らさない仕組み。
低解約返戻金型終身保険	払込期間終了時まで、通常の5年利差配当終身保険の7割の解約返戻金になる。ある程度の解約を見越し、日本の生命保険商品で、初めて「予定解約率」を使用した商品。

出典 各種資料を参考にして作成

[2] 定期保険

定期保険は、一定期間内の死亡に対して保険金が支払われる生命保険であることは、前述の通りであり、保険期間の終了時の満期保険金はない。この定期保険は、満期保険金の支払のための積立金がないため、保険数理的には純粋な「死亡保険」といえる。

図95 定期保険

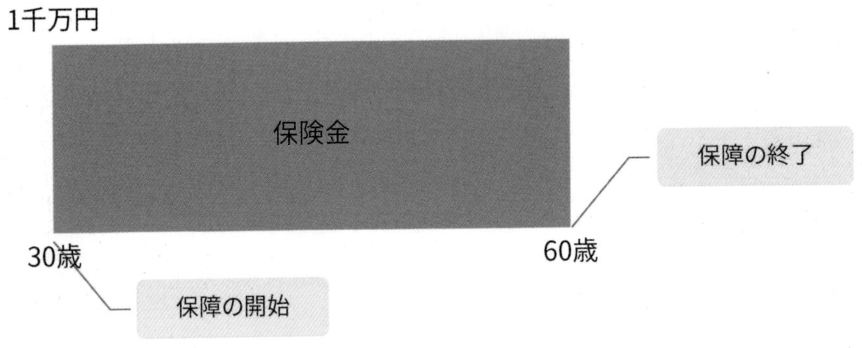

出典 各種資料を参考にして作成

定期保険の保険期間は、1～15年といった短期のものから、50～80年のような長期のものもある。死亡のみ保障するため、中途解約の場合の解約返戻金は一般に少ないが、保険期間が60年・70年といった長期の場合、解約の時期にもよるが、解約返戻金の額は短期の定期保険に比べて大きくなる。保障額に対する保険料は終身保険などと比べれば、比較的安いため、子どもが成長するまでの一定期間の高額な保障が必要とされる場合にその期間の間に利用されることが多い。

保険期間中は保険金額が一定のものが多いが、保険期間中に保険金額が増加したり減少したりするものもあり、それぞれ「逓増定期保険」または「逓減定期保険」と称される。これらは、契約時に低減または逓増を含めて、将来の保険金額がすべて定められているという点で、その保険金額が保険契約時に定められていない変額保険とは異なる。

主な定期保険の種類は、次の通りである。

表71 定期保険の種類

保険種類	特　徴
平準定期保険	保険期間をあらかじめ決めて加入する。保険期間満了後は保障・解約返戻金は無い。終身保険に比べ保険料が安く、特約としても良く使われる。保険期間の短いものは、自動更新して保険料が上がる。
逓増定期保険	期間の経過と共に保険金額が増加する。個人保険よりも法人保険契約でよく使われる。
逓減定期保険	住宅販売のローンの付帯で保険契約される団体信用生命保険が代表的なもの。
収入保障保険	死亡保険金を月々の給料のように支払う保険。一時金でも受け取れる。月々の保険金額が毎年増加する逓増型もある。

出典 各種資料を参考にして作成

[3] 定期付終身保険

定期付終身保険とは、終身保険契約を主契約として、それに定期保険を特約の形で付加した生命保険である。正式には「定期特約付終身保険」と称されるが、定期付養老保険に代わる保険として、1990年代まで保険商品の主力として販売されてきた。

図96 定期付終身保険

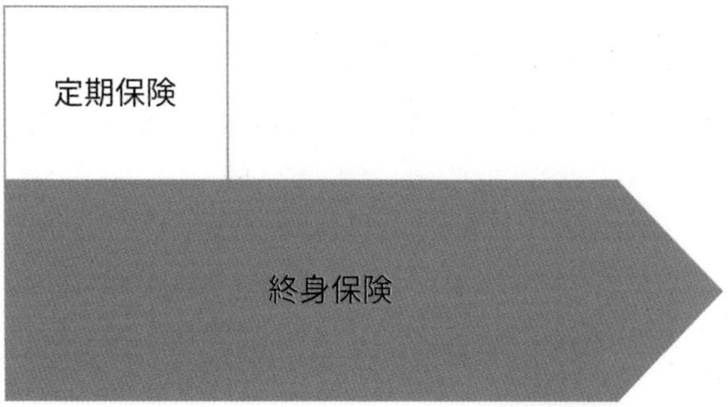

定期保険

終身保険

出典 各種資料を参考にして作成

定期保険は、前述したとおり、一定期間の死亡保障のみの保険であり、一定の保障額に対する保険料は終身保険料と比較して安い。一方で、終身保険は、終身の死亡保障の保険であるが、貯蓄性の強い生命保険であり、定期保険と比べて保険料は高額である。定期付終身保険は、終身保険と定期保険の二つの生命保険を組み合わせることによって、終身保険部分で契約者の生涯の必要保障額を準備すると同時に、特約として付加した定期保険部分で、子どもが成人するまでの一番保障が必要な期間の保障額を比較的安い保険料で補強できる生命保険契約の形態である。

[4] 養老保険

養老保険は、死亡保障の期間と満期を一致させ、保険期間内に死亡した場合には死亡保険金が支払われ、満期の時点で生存していた場合、満期保険金として死亡保険金と同額が支払われる生死混合の生命保険である。この養老保険は、生存保険と死亡保険を同額組み合わせた貯蓄の色合いの強い生命保険である。

保険契約満了時には通常、満期保険金に加え、配当金が支払われるため、払い込んだ保険料よりも多く受け取れる「貯蓄型」とも呼ばれる。

図 97　養老保険

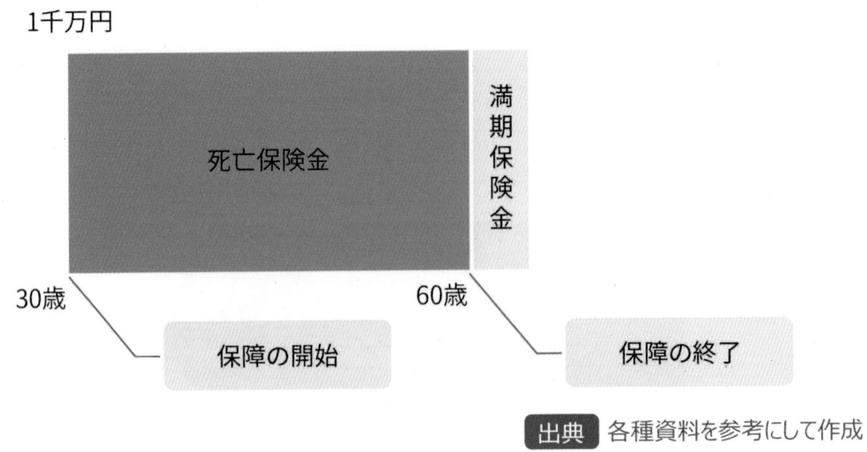

出典　各種資料を参考にして作成

養老保険は、死亡時または満期時のいずれかに必ず保険金が支払われるため、保険料には保障に対する部分に加えて、満期保険金の支払のための積立部分が含まれる。養老保険は、死亡しても生存していても保険金が支払われるので、終身保険や定期保険と比較した場合、同一保険金額の保障のための保険料は、最も割高になる。

養老保険の種類は、次の通りである。

表72 養老保険の種類

保険種類	特徴
有配当養老保険	配当を支払うものである。
5年利差配当養老保険	5年ごとに利差益を支払う。
無配当養老保険	配当を無くして、保険料を安くしている。
変額保険養老型	死亡保険金は保証しているが、満期保険金・解約返戻金は、運用結果で増減する。
ドル建て積立利率変動型養老保険	養老保険をドル建にしたものである。

出典 各種資料を参考にして作成

[5] 学資保険（子ども保険）

学資保険（子ども保険）は、一般的に、こどもが生まれたときに加入する。保険の満期には、「満期保険金」が支払われ、こどもが小学校、中学校、高校、大学に入学する時期に合わせて、保険金（祝い金）が支払われる。また、保険期間の中途に保険契約者（父親が多い）が死亡すると、それ以後の保険料支払いが免除され、「育英年金」が支払われる。この学資保険は、子どもを被保険者とする生存保険と、親を被保険者とする死亡保険を組み合わせた生死混合の生命保険である。

[6] 個人年金保険

(a) 日本の年金制度の概要と個人年金

個人年金は、公的年金や企業年金を補完するものである。

日本の年金制度の概要と個人年金は、次の通りである。

図98 日本の年金制度の概要と個人年金

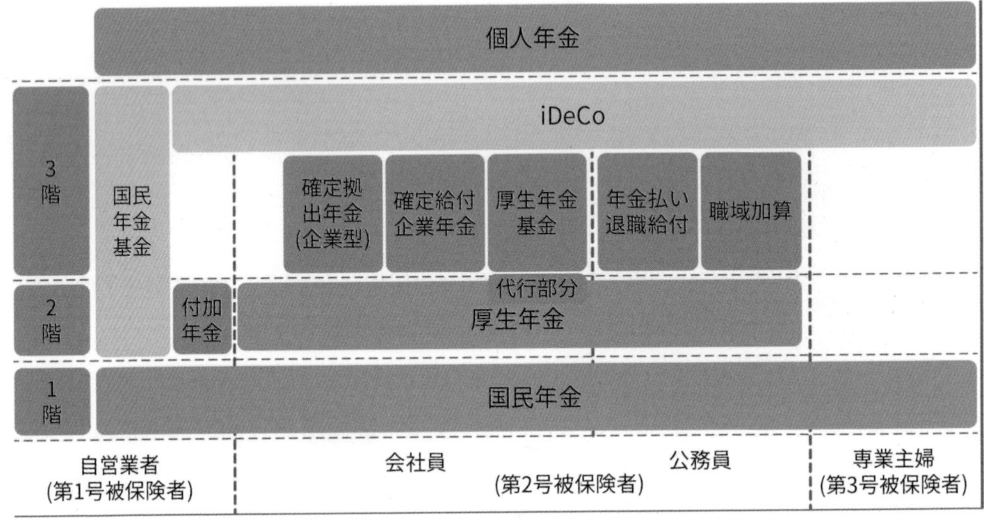

出典 各種資料を参考にして作成

日本の年金制度には、公的年金と私的年金がある。公的年金には、国民年金、厚生年金、国民年金基金がある。国民年金は、20歳以上の全国民が強制加入するものである。給与をもらっている従業員は、国民年金に加えて、掛金を労使折半で負担する厚生年金に強制加入する。一方、自営業者は、老後の年金受給額を増やすために、任意で国民年金基金に加入することができる。これらの公的年金は、掛金全額が所得控除され、運用利益は非課税となる。また、所得税の計算の際に受給時も公的年金等控除の対象となる。

私的年金には、企業年金と個人年金がある。多くの従業員は、企業が実施している任意の制度である退職金を年金化した企業年金に加入する。この企業年金には、確定給付年金、確定拠出年金（企業型）などがある（詳細は後述の団体年金保険を参照)。この企業年金は、退職金の課税との関係で、拠出時には非課税、運用時と給付時には課税となっている。しかし、運用時の積立金に対して課税される特別法人税（1.173%）は凍結されており、受給時も退職所得控除や公的年金等控除の対象となる。したがって、企業年金も大部分が非課税となっている。

さらに、確定拠出年金（個人型(iDeCo)）は、国民年金基金が実施し、20歳以上の全国民が任意で加入と拠出金額を選択できる個人年金であるが、原則として60歳までには引き出すことができない。この確定拠出年金（個人型(iDeCo)）は、加給者の種別による限度額が設けられているが、掛金全額が所得控除され、運用利益は非課税となる。また、受給時も退職所得控除や公的年金等控除の対象となる。このiDeCoは、米国のIRA（Individual Retirement Account：個人退職勘定・個人退職年金制度）を参考にして、企業年金を補完する形で導入された。

確定拠出年金（個人型(iDeCo)）以外の個人年金は、生命保険会社などが販売している年金保険であるが、一定の限度額内で拠出時に税金が控除されている。

以上のように、従業員は、公的年金のうち国民年金と厚生年金に二重に加入し、さらにその多くが企業年金に加入している。また、多くの従業員は、任意の確定拠出年金（個人型(iDeCo)）や生命保険会社などが販売する個人年金にも加入している。したがって、定年年齢までに勤務した従業員は、定年後にこれらの複数年金制度から給付が得られるため、比較的に豊かな年金給付を得ている。しかし、自営業者は、任意加入の国民年金基金があるが、基本的には国民年金のみの加入となっており、老後の生活資金が足りなくなる人が少なくない。さらに、従業員の専業主婦の配偶者は、従業員の年金でカバーされているが、離婚した場合などは、老後の生活資金が足りなくなることが指摘されている。この自営業者などの老後の資金の準備を促すことが課題となっている。

(b) 個人年金の種類

生命保険会社などが販売する年金保険は、公的年金や企業年金とは別に、個人で老後のための資金を用意するための保険である。この個人年金保険は、資産運用・年金・保険の3つの機能がセットになった保険商品である。

個人年金の種類は、次の通りである。

表73　個人年金の種類

種　類	特　　　徴
有期年金	年金を受け取る期間が、10年、20年などと決まっている。年金受取期間中に死亡した場合は、年金の支払いが終わる。
保証期間付有期年金	年金を受け取る期間が決まっている有期年金に、年金受け取りの保証期間がある。保証期間中に死亡した場合は、残りの保証期間分の年金または一時金が支払われる。
確定年金	決められた一定期間は、生死に関係なく年金が受け取れる。年金受取期間中に死亡した場合は、残りの期間分の年金または一時金が支払われる。
終身年金	生存している限りずっと年金を受け取ることができ、死亡すると年金の支払いが終わる。
保証期間付終身年金	生存している限りずっと年金を受け取ることができる終身年金に保証期間がある。保証期間中に死亡した場合は、残りの保証期間分の年金または一時金が支払われる。
夫婦年金	夫婦いずれかが生存している限りずっと年金を受け取ることができる。
変額年金	死亡保険金や年金原資などがその運用成果によって変動する年金保険である。

出典　各種資料を参考にして作成

個人年金には、年金ではなく、一時金として受け取ることができる年金保険もある。保険契約者が一定期間または一時払いで支払った保険料を原資にして、生命保険会社が運用を行い、予め決められた年齢になると、年金が支払われる。被保険者（保険契約者）が年金が支払われる年齢に達する前に死亡した場合は、遺族に対して死亡保険金が支払われる。

(c) 変額年金

変額年金は、個人年金の一種であるが、日本では、1999年に販売が開始されたが、2002年10月の銀行窓販の解禁から販売量が本格的に増加してきた。窓販で変額年金を仲介する銀行は、投資信託よりも多くの販売手数料が見込まれるためである。このように日本における変額年金の歴史は浅いが、世界においては、日本よりも先に、投資信託（Mutual Fund）と生命保険を組み合わせたような保険商品が販売されてきた。しかし、変額年金は、生命保険商品であるため、それに保障機能が添付されることが求められ、運用実績が悪化した場合においても、死亡や満期時の保険金額が最低保証されている。

変額年金は、保険料の積立金が生命保険会社の一般勘定とは分離された特別勘定で運用され、死亡保険金や年金原資などがその運用成果によって変動する年金保険である。

図99 変額年金の流れ

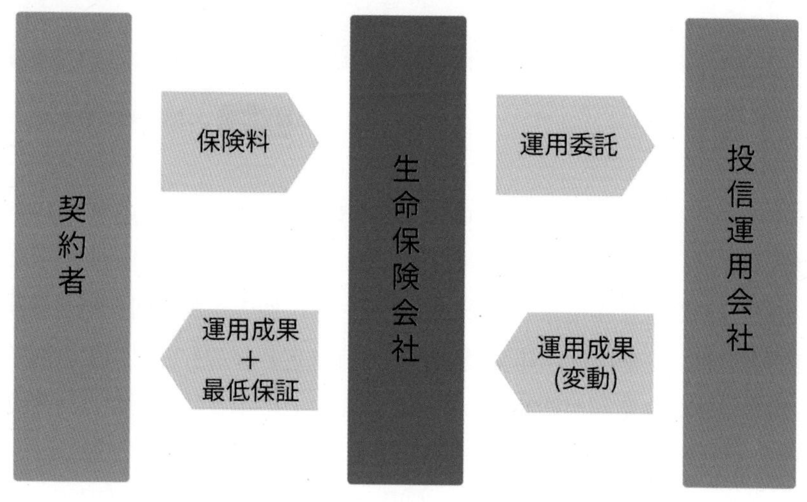

出典 各種資料を参考にして作成

変額年金には、後述するバブル期の変額保険の販売の問題点などの影響もあり、一般的に、保険金や年金原資に最低保証が設定される。最近の変額年金では、保険料の支払方法は一時払いが多く、「投資型年金」という名称で販売されている。

図100　変額年金（一括払いの場合）

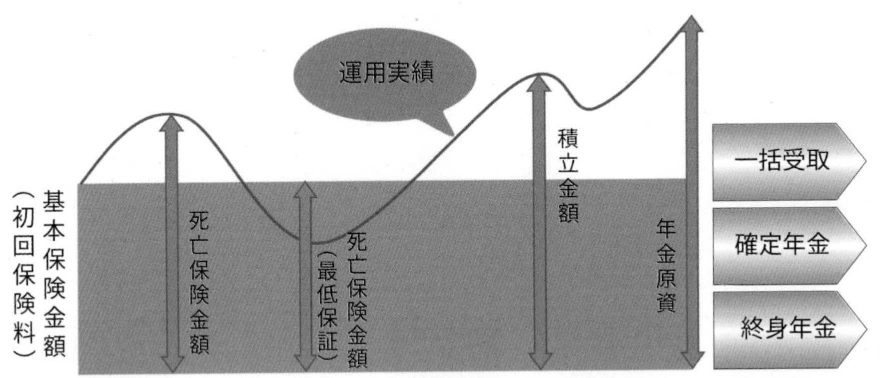

出典　各種資料を参考にして作成

確定年金は、インフレ対応が難しいが、変額年金は、インフレ対応が可能である。この変額年金は、保険料を株式や債券となどに運用し、その運用の実績によって年金や解約返戻金などが増減し、その投資リスクは個人が負う個人年金保険である。変額年金には、年金額が年金受取開始後は一定となるものと、受取開始後も運用実績によって年金額が増減するものがある。その年金受取期間は、保証期間付終身保険と確定年金が多いが、保証期間付有期年金もある。

年金受取開始前に被保険者が死亡した場合の死亡保険金は、最低保証があるものが多いが、最低保証のないものもある。解約返戻金についても、最低保証がないものが多いが、最低保証のあるものもある。

[7] 変額保険

(a) 変額保険の仕組み

変額保険は、1986年7月に当時の大蔵省の認可を受け、同年10月から販売された。この変額保険では、高度障害・死亡保険金と満期保険金が設定される。また、死亡保険金に一定の最低保証額（基本保険金）が設けられているが、原則的には保険契約者が保険料運用の投資リスクを負うもので、従来の保険商品とは、本質的に異なる商品である。この変額保険は、その資産を株式や債権などの金融商品に投資し、その運用成果に応じて保険金額や解約返戻金額を変動させる生命保険の一種である。

変額保険には、保険期間が一定の「有期型」と一生涯保障が継続する「終身型」の２種類がある。その保険期間に死亡・高度障害が発生した場合には、基本保険金（最低保証額）に加えて、変動保険金を受け取ることができる。基本保険金額は、運用実績にかかわらず保証される保険金であるため、変動保険金がマイナスになった場合でも基本保険金額は受け取ることができる。

有期型は、満期の際に満期保険金が支払われるが、その金額は、資産運用の実績によって変動し、死亡・高度障害保険金とは異なり、保証はない。したがって、その満期保険金は、年金資産の運用実績により基本保険金額を上回る場合もあれば下回る場合もある。また、保険期間の途中に解約する場合、その解約返戻金に最低保証はない。

変額保険において、満期時に満期保険金が基本保険金を上回った場合（有期型）の図示は、次の通りである。

図 101　変額保険における満期保険金が基本保険金を上回った場合（有期型）

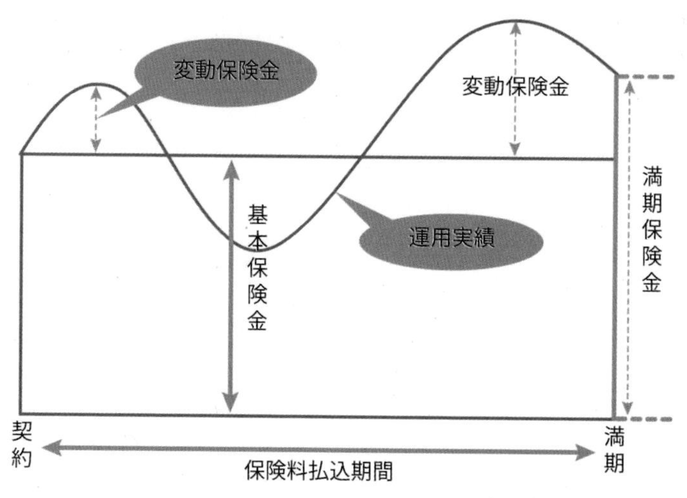

出典　各種資料を参考にして作成

一方、変額保険において、満期時に満期保険金が基本保険金を下回った場合（有期型の例）の図示は、次の通りである。

図102 変額保険における満期保険金が基本保険金を下回った場合（有期型）

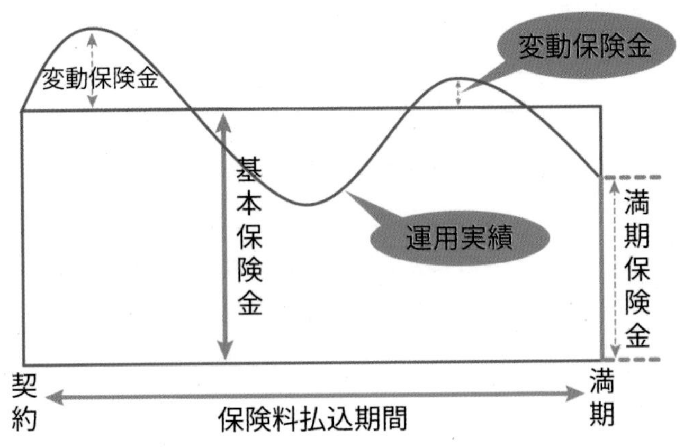

出典 各種資料を参考にして作成

変額保険の有期型において、満期時に年金資産の運用実績が基本保険金を下回った場合は、その基本保険金を下回った金額が満期保険金となる。

(b) バブル時の変額保険の販売

変額保険は、1989年頃から1991年の間に、銀行員と生命保険会社の営業社員が「1円もかからない相続対策商品」や「相続税から家を守る方法」などと説明して、銀行融資とセットで、高齢者に対して大量に販売されていた。この変額保険の販売方法は、加入者の自宅を担保にして、銀行から数千万円から数億円までの融資を受けて、その資金で保険料一時払いの変額保険を購入させる方法であった。

この「融資一体型変額保険」[99]は、変額保険契約に融資契約を組み合わせたものであった。変額保険契約は、保険契約締結の際に、保険料の全額を一括して払い込む保険料一時払いで、それに組み合わせられた融資契約は、元金の返済が期日

99 大阪地裁平成12年12月22日判決（金融・商事判例1110号26頁以下）で「融資一体型変額保険」という文言が用いられた。

一括返済であり、毎月発生する貸付利息も順次融資されていくことになっていた。すなわち、保険契約者は、銀行から保険料全額に相当する金額の融資を受けて、生命保険会社に対して変額保険の保険料全額を一時払いで支払い、借入金の毎月の利息は銀行から順次貸し増しされ、相続発生時に保険金または解約返戻金を用いて元金及び利息を一括返済するというものであった。

このように、保険契約者は、銀行から融資を受けた資金で、変額保険に投機的な資産運用をしていたことになるが、そのリスクについての説明はほとんどないかリスクがないという説明で、銀行を信頼していた高齢者が変額保険を購入していた。その結果、バブルが崩壊したときには、変額保険の購入者は、大きな損失を被り、融資の担保にしていた住宅を売却しても融資の残額が残る事例が続出した。この変額保険に関する判決は、1992年から10年間で400件を超えた。

この変額保険は、インフレーションの対応などに有効とされる。しかし、満期保険金や解約返戻金は、基本保険金や払込保険料の合計額を下回ることがあることに注意を要する。

3. 団体保険

団体保険は、会社や官公庁等の団体に所属する構成員全員に対して保障が提供される生命保険である。当該団体と生命保険会社が直接保険契約を締結し、単一の保険契約によってその所属員が一括して保障されるようになっている。保険契約の大量処理によってその費用が節約できるため、個人保険よりも安い保険料で保障が得られることが多い。

【1】団体定期保険

団体定期保険とは、大企業や企業グループに勤める社員などを被保険者とする、保険期間１年の死亡保険である。団体保険は、多くの人数の所属員に対する一括の契約締結と管理が行われるため、保険会社の経費削減が図れ、保険料が安いことが特徴である。また、団体定期保険の保険期間は１年で、１年経過後には自動更新される。

(a) 総合福祉団体定期保険

企業などの団体が弔慰金等の財源を用意するために加入する団体定期保険である。基本的に所属員全員が加入し、団体が保険料を負担する。

(b) 団体定期保険（Bグループ）

A グループの団体保険は所属員全員が加入して保険料を所属会社などが負担するが、B グループの団体保険は所属員が任意で加入して保険料を加入者が負担する定期保険である。この B グループの団体保険は個人保険よりも割安で加入できることが多いが、退職等により団体から脱退する場合には保険契約の継続ができない。

[2] 団体信用生命保険

住宅ローンに付帯する生命保険として、団体信用生命保険がある。団体信用生命保険は、住宅ローンの返済中に、ローン契約者が死亡したり、高度障害になった場合に支払われる保険金で、ローンの残額が完済される生命保険である。具体的には、返済期間と生命保険の保険期間を一致させ、借入額と保障額を同額の保険契約にした「逓減定期保険」である。

逓減定期保険とは、住宅ローンの債務残額は毎月の返済に応じて減っていくが、生命保険の保障額もそれに合わせて減少させていく仕組みの定期保険である。死亡保険金の受取人は、貸し手である金融機関となるため、遺族が直接保険金を受け取って、他の目的に利用することはできない。しかし、例えば一家の大黒柱である夫名義のローンを組んでいて、その夫が死亡した場合には、団体信用生命保険の保険金でローンが清算され、遺族は、その後はローンの負担なしに、マイホームに住み続けることができる。また、団体信用生命保険は、金融機関がローンの保険契約者をまとめて保険契約を締結しているため、一般の生命保険に加入するより掛け金が割安である。

一方、銀行などの民営の金融機関でローンを組む場合、一般的に、団体信用生命保険は強制加入となっている。この場合の団体信用生命保険の保険料は金利に含まれていることがが一般的（0.3%程度）で、別途に支払う必要はない。しかし、受託金融支援機構による住宅ローンの際に団体信用生命保険に加入する場合は、保険料は別途支払うことになる。最近は、がんなどの三大疾病になった場合にも、ローン残高の100%が保障されるといったユニークな商品も登場している。さらに、団体信用生命保険と同じ仕組みの団体生命保険には、消費者信用団体生命保険がある。この消費者信用団体生命保険は、消費者金融が債権回収のために、借り手を被保険者として消費者金融が保険料を払い、消費者金融会社は、借り手が死亡した際に残った貸付債権の残額を保険金で回収する仕組みである。

[3] 団体年金保険

主な団体年金には、企業年金がある。

(a) 企業年金の概要

企業年金とは、企業等が従業員に対して退職後に退職年金などを支給するための年金保険である。主な企業年金制度は、次の通りである。

表74 主な企業年金制度

種類	厚生年金基金	適格退職年金	確定拠出年金	確定給付企業年金（基金型）	確定給付企業年金（規約型）
根拠法	厚生年金保険法	法人税法	確定拠出年金法	確定給付企業年金法	確定給付企業年金法
創設	1966年創設	1962年創設、2012年３月廃止	2001年創設	2002年創設	2002年創設

制度の概要	企業が厚生年金基金を設立し、国の厚生年金の一部を代行するとともに独自の給付を行うことによって、企業年金と公的年金を一本化した調整年金	税法上定められた適格要件を備えた退職年金の掛金に対して損金算入を認める制度。積み立て義務がないため受給権保護に問題があると指摘された。	拠出された掛金が個人ごとに明確に区分され、その個人の指図で資金運用される。掛金とその運用収益との合計額をもとに給付額が決定される年金	企業年金基金を設立し、基金において年金資産を管理・運用し、給付を行う制度（厚生年金の代行は行わない）	労使が合意した年金規約に基づいて企業と信託銀行・生命保険会社等が保険契約を結び、母体企業の外で年金資産を管理・運用し、給付を行う制度

出典 各種資料を参考にして作成

企業年金の掛け金には、企業が全額負担する無拠出制と、従業員が一部または全額を支払う拠出制がある。さらに、積立金に関しては、企業が自ら運用・管理を手がける自社年金があり、生命保険会社または信託銀行等に、運用・管理を委託する方式（厚生年金基金、適格退職年金、確定給付企業年金）に分けられる。

また、確定拠出年金は、2001年（平成13年）10月から「確定拠出年金法」の施行によって始められた。

(b) 企業年金制度の再編

企業年金と退職一時金の相違点は、「外部積立」と「平準的な掛金拠出」の体制が整備されることである。退職一時金には、事前積立ての義務がないため、計画的な事前の退職給付のための資金準備・保全が行われていない事例も少なくない。さらに、退職一時金は、内部積立であるために、その資金が保全されず、企業の倒産の場合には退職金が十分に支払われない場合も発生することが想定される。しかし、企業年金制度においては、企業は、生命保険会社や信託銀行などの外部に積立てを行い、毎月、企業年金の掛金を計画的に拠出しているため、企業が倒産する場合でも退職給付のための資金が保全される。したがって、退職給付に対する受給権保護において、退職金の企業年金化は、大きな意味がある。また、老後の収入保障としての年金の重要性が高まっているが、企業年金は、従業員の退職後の年金形式の受け取りの選択肢が与えられるため、老後保障としてもその役割が期待される。

このような企業年金が再編されることになり、2001年10月施行の確定拠出年金法に基づく「確定拠出年金」と、2002年4月施行の確定給付企業年金法に基づく「確定給付企業年金」が実施された。確定拠出年金は、日本版401 kとも称されるが、原則的に企業が掛金を拠出して、運用は加入者である従業員が行う制度である。確定拠出とは、拠出建てによる拠出（掛金）が確定しており、支給額（退職金）は決まっていない。この確定拠出年金は、加入者は、自らの責任で運用した成果を受け取ることになり、企業は、掛金の拠出で責任が終了する。確定給付企業年金は、厳正な積立基準、資産状況の開示などが定められ、企業側には積立不足の対処が求められるようになった。確定給付とは、給付建てによる給付（年金）が確定しており、拠出額（掛金）は決まっていない。

図103 企業年金の再編

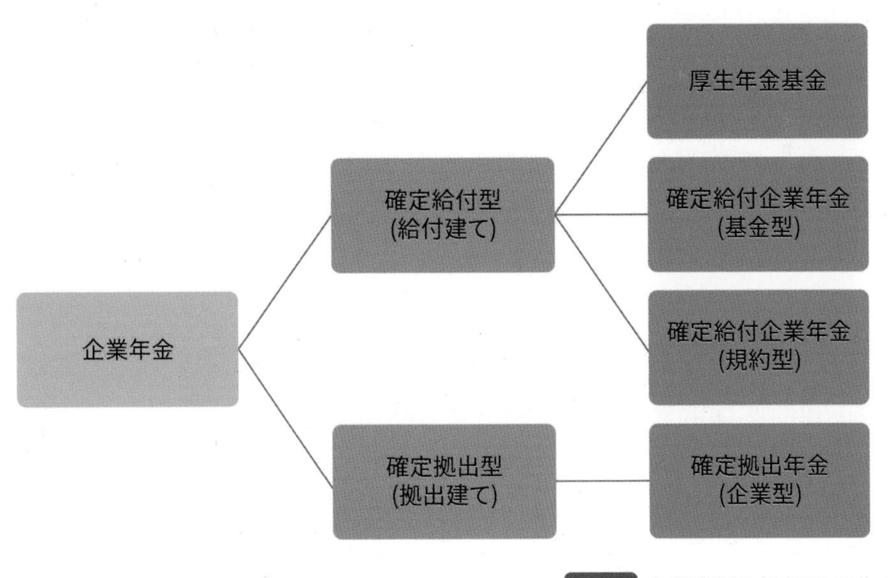

出典 各種資料を参考にして作成

企業年金の種類は、次の通りである。

① 厚生年金基金

厚生年金基金は、企業や業界団体等が厚生労働大臣の認可を受けて設立する法人であり、国の厚生年金のうち老齢厚生年金の部分を代行するとともに、厚生年金基金独自の上乗せ（プラスアルファ）を行い、年金資産を管理・運用して年金給付を行う。厚生年金基金は、公的年金と企業年金を合体させた「調整年金」とも称される。

② 確定給付企業年金

確定給付企業年金は、運営形態により、企業が法人格のある企業年金基金を厚生労働大臣の認可を受けて設立する「基金型」と、労使合意の年金規約を制定し、厚生労働大臣の承認を受ける「規約型」の２つに大別され、年金資産を管理・運用して年金給付を行う。

③ 確定拠出年金

確定拠出年金には､運営形態により､企業が掛金を負担して実施する｢企業型｣と､国民年金基金連合会が実施し、確定給付型企業年金のない従業員や自営業者等が加入し、個人が掛金を負担する「個人型」の２つに大別され、いずれも規約を作成し厚生労働大臣の承認を受ける。このうち、企業が掛金を負担して実施する「企業型」のみが退職給付としての企業年金に分類される。確定拠出型年金は、拠出された掛金は個人ごとに明確に区分され、掛金と個人の運用指図による運用収益との合計額をもとに給付額が決定される。

(c) 確定給付型と確定拠出型の特徴

確定給付型（給付建て）と確定拠出型（拠出建て）の相違点は、確定給付型（給付建て）が年金給付額の算式を予め決めておき、その給付のために、年金数理計算を用いて掛金を定めるのに対し、確定拠出型（拠出建て）は掛金を予め決定し、その運用実績により将来の給付額が決定されることである。また、資産運用などのリスク（責任）は、確定給付型（給付建て）は企業側が負い、確定拠出型（拠出建て）は加入者である従業員が負う。最近では、確定拠出型（拠出建て）は、運用リスクが企業側にはなく従業員にあるため、企業側のリスク・マネジメントの意味もあり、採用する企業が増えている。

表75　確定給付型（給付建て）と確定拠出型（拠出建て）の特徴

区　分	確定給付型（給付建て）	確定拠出型（拠出建て）
年金給付額	算出式などが先に定められ、給付に見合う掛金が年金数理によって算出される。	掛金が予め定められ、給付額は運用実績によって決まる。
リスク負担	資産運用などのリスクは企業が負担する。 積立不足が発生した場合は、企業がその積立不足を補填する。	資産運用などのリスクは、従業員である加入者が負担する。加入者の自己責任による運用実績によって、事後的に給付額が決まるため、積立責任などが賦課されていない。責任準備金などの積立の管理をする必要がないので、年金数理も必要としない。
積立額の把握	企業が加入者全員の年金資産を統合的に運用しているため、個人別の積立資産の残高は把握することができない。企業が給付の支払責任を負っているため、個別の年金資産を把握する必要もない。	個人別に口座があるので、各自の年金資産の残高を把握することができる。

出典　各種資料を参考にして作成

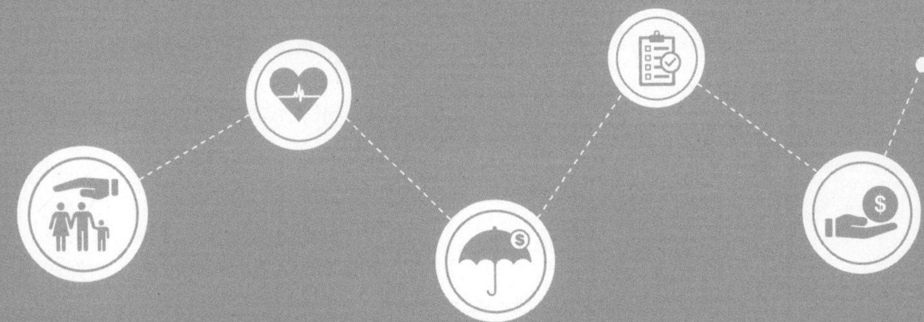

第21章

生命保険商品の変遷

時代の変化と共に生命保険商品も変化してきた。本章では、バブル時期までの生命保険商品の変遷について概説する。

1. 戦前と戦後の生命保険商品

[1] 戦前の生命保険

戦前における生命保険の保有保険契約高は、最初は終身保険が大半を占めていたが、徐々に終身保険の保険契約高が減少し、養老保険の保険契約高が増加して主流を占めるようになった。終身保険が持つ保障機能よりも、養老保険が有する貯蓄機能が高く評価された結果であった。

図 104　戦前の生命保険の保有高比率

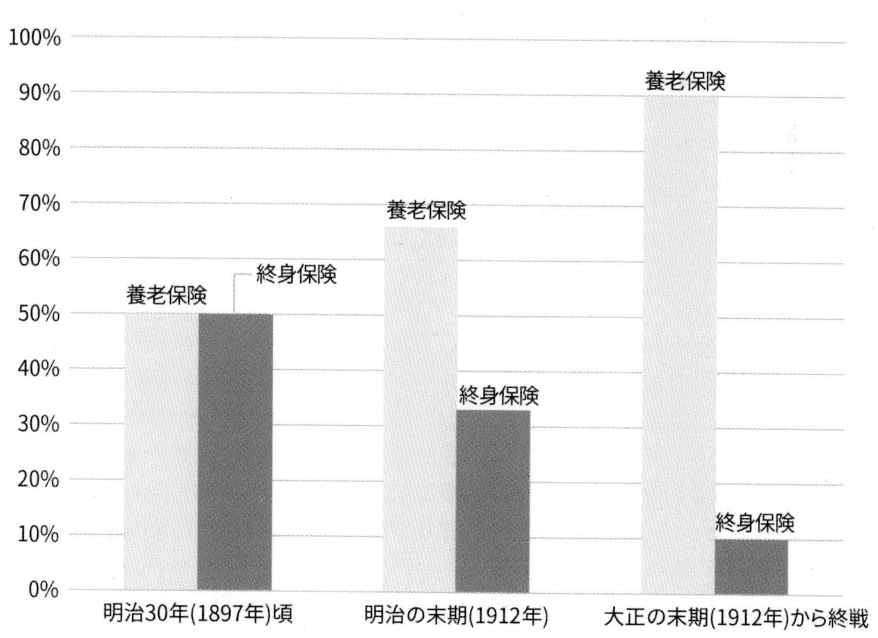

出典 各種資料を参考にして作成

[2] 戦後の生命保険

第二次世界大戦の終結後、植民地で運用していた在外資産の喪失などによって、多くの生命保険会社は事実上の破たん状態となった。この状態を解決するために、1946年制定の金融機関再建整備法により、生命保険会社の資産・負債が新・旧勘定に分離され、旧勘定が整理の対象となるとともに、新勘定で再建整備が行われることになった[100]。その結果、板谷生命という小規模な保険会社を除くすべての株式会社が1948年の3月までに相互会社に組織変更して保険事業を再開した[101]。

この時期には、戦後混乱の中で、国民所得が低下したことによって国民の保険料負担能力も弱まり、年払い、半年払いに限っていた民営の生命保険会社の新保険契約高は低下していった。月払いの生命保険は、小口の集金を伴うものであり、戦前、簡易生命保険法に基づいた国営の独占事業となっていた。

しかし、1946年に同法が改正され、民営の生命保険会社でも月払いの生命保険を販売できるようになり、1949年以降、多くの保険会社がこの月払いの生命保険を販売するようになった。月払い保険では、営業職員が一定地域を担当し、その地域内で新保険契約募集と保険料集金などの諸手続きをすべて一元的に行うというデビット・システム（debit system、地区受持制度）が導入された。この制度では、保険契約者は自宅にいながらにして営業職員が訪問し保険料を集金してくれるという利便性があった。このデビット・システムの導入に伴い、新たに女性の営業職員が大量に採用された。家庭訪問などの営業活動が女性に向いていたことなどが理由であるといわれており、これによって、営業力の増大と共に、保険商

100　1946年8月に会社経理応急措置法、同年10月に公布の企業再建整備法、戦時補償特別措置法などが公布された。会社経理応急措置法では、在外資産や戦時補償請求権をもつ資本金20万円以上の会社を特別経理会社として指定し、会社経理を1946年8月10日現在で新旧勘定に分けて、新勘定では事業遂行に必要とする資産のみを、旧勘定ではその他の資産および負債を経理することとした。また企業再建整備法は、旧勘定を整理清算するとともに、新勘定によって企業再建をはかるものであるが、これは戦時補償特別措置法に関連し、戦時補償を打切る意図があった。戦時中の陸海軍工事に対し、業者は国庫から全額の支払いを受けたが、戦時補償特別措置法によると、そのうち1945年8月15日以降の支払い分は戦時補償とみなされ、100%課税されて政府に還元しなければならなかった。政府にとっては悪性インフレを制圧し、経済を正常化するための通貨収縮措置であった（1972年に刊行された「大林組八十年史」を参照）。

101　戦前からの相互会社３社（第一、千代田、富国）に、戦後相互会社化した13社が加わり、相互会社数は16社となった。

品の変化も激しくなっていった。

 2. 養老保険時代

[1] 養老保険の仕組み

養老保険は、前述の通り、満期まで生存している場合には満期保険金が支払われ、保険期間中に死亡した場合には死亡保険金が、満期保険金と同額支払われる保険であり、生死に関わらず保険金が支払われる「生死混合保険」である。

図105 養老保険の仕組み

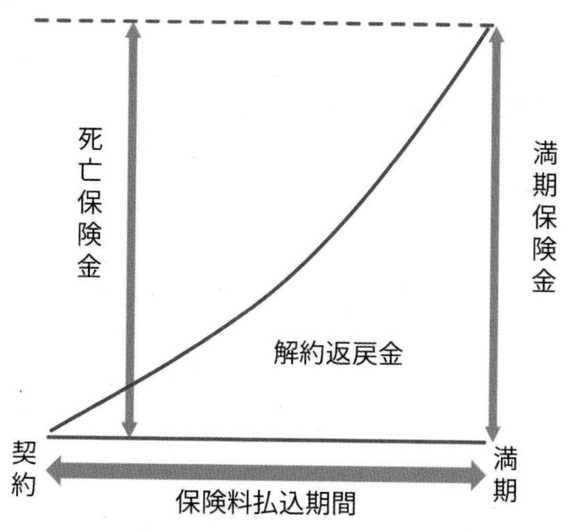

出典 各種資料を参考にして作成

この養老保険における貯蓄と保険の機能は、満期時に何も返ってこないことを嫌う日本人の文化に合うものとされた。この貯蓄と保険の機能は、貯蓄が三角形で、保険が四角形で説明されていた。

図 106　養老保険における貯蓄と保険

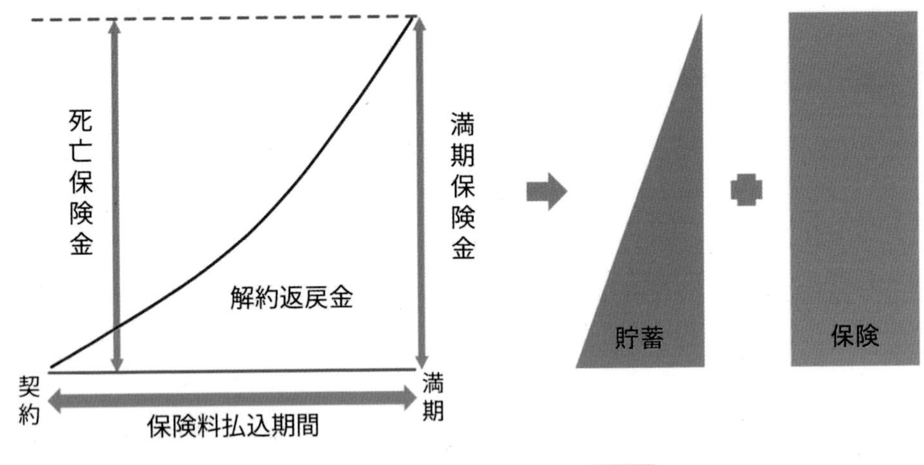

出典 各種資料を参考にして作成

養老保険は、1880（明治20）年代から1970年代まで、日本の生命保険の主力商品であった。それは、養老保険が持つ貯蓄機能が優れていることが評価されていたためである。

しかし、この養老保険は、保険契約者（被保険者）全員が漏れなく保険金を受け取るものであるため、保険料がかなり高く設定されている。この養老保険は、その保険契約の更新ができるものもあるが、中には契約更新ができないものも存在し、保険契約更新できない養老保険は、その満期になると、入院特約などの保障もすべてなくなった。また、その養老保険の保険契約が更新できたとしても、年齢が高くなっているため、保険契約更新後の保険料が値上がりするため、経済的な余裕がある人でなければ、保険契約を継続していくのは困難であった。

[2] 定期付養老保険

1960年代当時の庶民が加入できる養老保険の保障は、30年満期で「満期保険金10万円または20万円」が主流であった。100万もあれば一戸建ての住宅が建築できた時代であったので、満期保険金100万円または200万円で加入できるのは、医者などの一部の裕福な人々だけであった。しかし、インフレーションの進展によって、既存の養老保険では、保障額の不足となりつつあった。一家の大黒柱が、若くして死亡した場合に、保険金が10万円や20万円では遺族は将来が不安であった。そこで養老保険に定期保険を特約という形で添付することで、安い保険料で大きい保障が得られる保険を作ったのが、「定期付養老保険」であった。定期保険は、満期保険金がないため、保険料が割安である。

図107 定期付養老保険

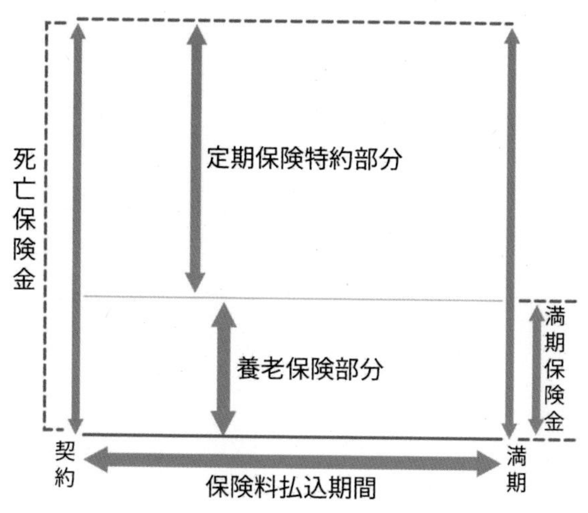

出典 各種資料を参考にして作成

[3] 「箱型」と「L字型」

定期付養老保険は、当初「養老保険」1に対し「定期保険」1の割合に対して、被保険者が死亡した場合には満期保険金の2倍の死亡保険金が支払われるものが主流であったが、やがてその定期保険特約部分の金額が、3倍、5倍、10倍、20倍と、増加していき、満期保険金に対する死亡保険金の比率を高くしていった。進行するインフレを背景にして、「少ない保険料負担で大きい死亡保障を」というニーズもあり、定期付養老保険において、さらに高倍率化が進展して、1960（昭和40）年代後半以降は、10倍型、15倍型が中心になっていった。また、より割安な保険を求めて、30年間の保障期間のうち、最初の10年あるいは20年のみ定期保険特約を添付するもの、つまり「高額保障期間」を設定する定期付養老保険が誕生した。この定期保険特約が保険期間全期間に添付されているものが「箱型」と称されたのに対して、最初の一定期間のみに定期保険特約が添付されるものは、「L字型」と称された。

図108　養老保険の「箱型」と「L字型」

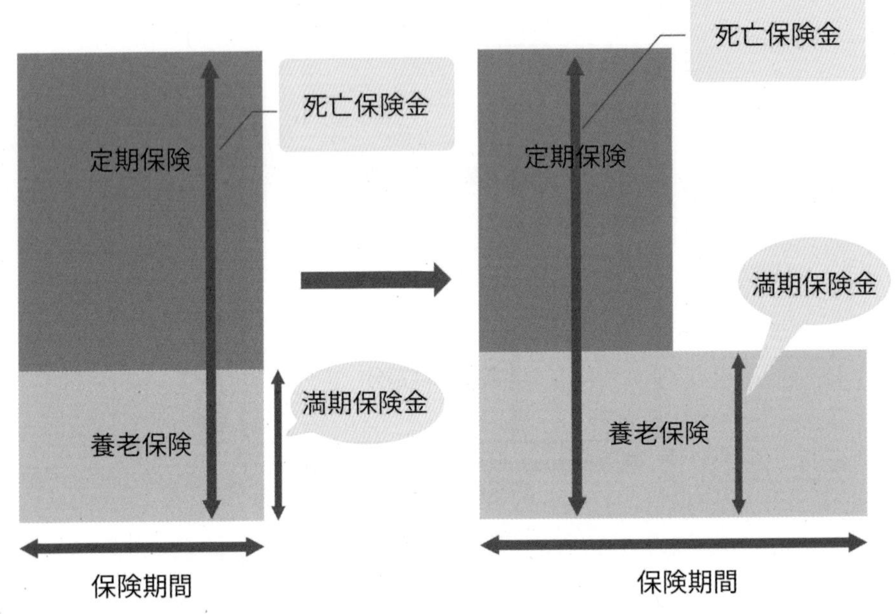

出典 各種資料を参考にして作成

一方、養老保険について、次の問題点が指摘された。養老保険は、定期保険などに比べると、保険料が高い。この養老保険は、保険期間が終身ではないため、被保険者が生存時に満期になると、その養老保険に添付されている特約や保障もすべてなくなる。養老保険の満期後に他の生命保険に加入する場合、年齢が高くなっているため、より高い保険料を請求されることになる。

また、L字型養老保険の問題点は、次の通りである。L字型養老保険に加入していたが、高額保障期間終了後に死亡したため、「1,000万円の保険金が受給できると期待していたが、100万円しか支払われなかった。」というような苦情が散見された。当時は、L字型養老保険における「自動更新」という制度はなかった。

[4] 災害割増特約

1960年代には高度経済成長の期間であったが、自動車の普及に伴い交通事故が急激に増加していた。その中で、1963年7月に損害保険業界が交通事故傷害保険を発売した。生命保険業界は、これに対応する形で、担保するリスクを交通事故から一般の不慮の災害事故にまで拡大させた「災害保障特約」を発売した。

一方、生命保険業界は、1968年に、終身保険に定期保険を付帯した2倍型、3倍型の定期付終身保険を販売し始めた。この頃、疾病入院を担保する生命保険が日本で始めて開発され、医療費の増加に伴い、1973年末〜1974年にかけて、急速に普及した。この疾病入院の担保は、主契約である死亡保障の特約として販売されため、主力商品の販売に大きく貢献することとなった。

また、それまでに日本の保険会社が販売していなかった単品としての医療保険を販売する条件で外国生命保険会社が日本に進出した。1973年12月 アリコジャパン、1974年11月 アフラックがその例である。これらの生命保険会社が発売した生命保険は、担保の対象をがんに絞った「がん保険」や、死亡保障を低く抑えて、医療保障に重点をおいた「医療保険」を発売するなど、それまでの日本の生命保険会社が発売してきた生命保険と異なるものであった。

生命保険業界がこの頃に発売した「災害割増特約」は、災害によって死亡した場合に、病気で死亡した場合の2倍の保険金が支払われるものであった。さらに、「災害入院特約」を発売したことで、初めて「死亡保障」のみの生命保険に「生存保障」が加わることになった。この災害関係特約の発売後、1年程遅れて「疾病入院特約」が発売された。災害担保よりもその発生確率が高い疾病担保の保険料が高いため、生命保険の販売において災害リスクに対する保障が強調されることもあり、「(病気で) 入院して保険金がもらえると思っていたのに、災害入院しか付いていなかった」という苦情も散見された。

[5] 既契約の保障額の増額

1973年、第一次オイル・ショック後に発生したインフレーションによって既保険契約の生命保険の保障額の実質価値が急速に減少していたことを背景に、既保険契約に対する保障額の増額のニーズが非常に大きくなった。そこで、次の２つの制度が開発された。

第一に、1974 年、既保険契約に定期保険特約を付加することによって、既保険契約に保障額を上乗せする制度として、中途増額制度が発売された。

また、1976 年に導入された転換制度は、既保険契約を解約して、その解約返戻金を原資にして新しい生命保険に加入できる制度であった。それまでは、生命保険契約の解約の際は、一種の罰則として解約控除が行われたが、この転換制度では解約控除を行わないものであった。この転換制度は、生命保険契約者の立場からは、保険料負担を軽減して、新しい生命保険商品を購入できるものであった。

3. 終身保険時代

[1] 「高齢化社会」と生命保険

養老保険は、前述の通り、終身保険の普及までに生命保険会社の主力商品であった。この時期の日本人の平均寿命は 50 ～ 60 歳台と低かったため、養老保険は、老後の資金を積み立てるとともに、遺族のための死亡保障を兼ねる生命保険であった。例えば、人生 50 年といわれた時代には、長生きしたとしても、30 歳で加入した 30 年満期の養老保険が 60 歳で満期になり、満期保険金を受け取ることができた。

しかし、1970 年代（昭和 50 年代後半）になると、高齢化が急速に進展し、一定の期間（30 年満期または 40 年満期）で保障が切れる定期付養老保険では不安が生じた。ここで、養老保険よりも割安な保険料で一生涯保障が継続する終身保険への関心が除々に高まってきた。その影響で、1980（昭和 60）年代には、生命保険会社の主力商品は、定期付養老保険から定期付終身保険へと変化した。この定期付終身保険における定期保険特約の部分は、「全期型」であった。

一方、高齢化の進行によって、老後生活資金準備の必要性を認識するようになり、1979（昭和 54）年以降、生命保険各社は、これに対応する形で、相次いで個人年金保険を発売した。1984（昭和 59）年に、税制面での優遇措置である個人年金保険料控除制度が創設され、個人年金の販売高は徐々に増加していた。また、当時の株式市場の活況を背景として、1986（昭和 61）年 10 月に変額保険が発売されたことは、前述の通りである（第 20 章参照）。

図 109　平均寿命の伸び

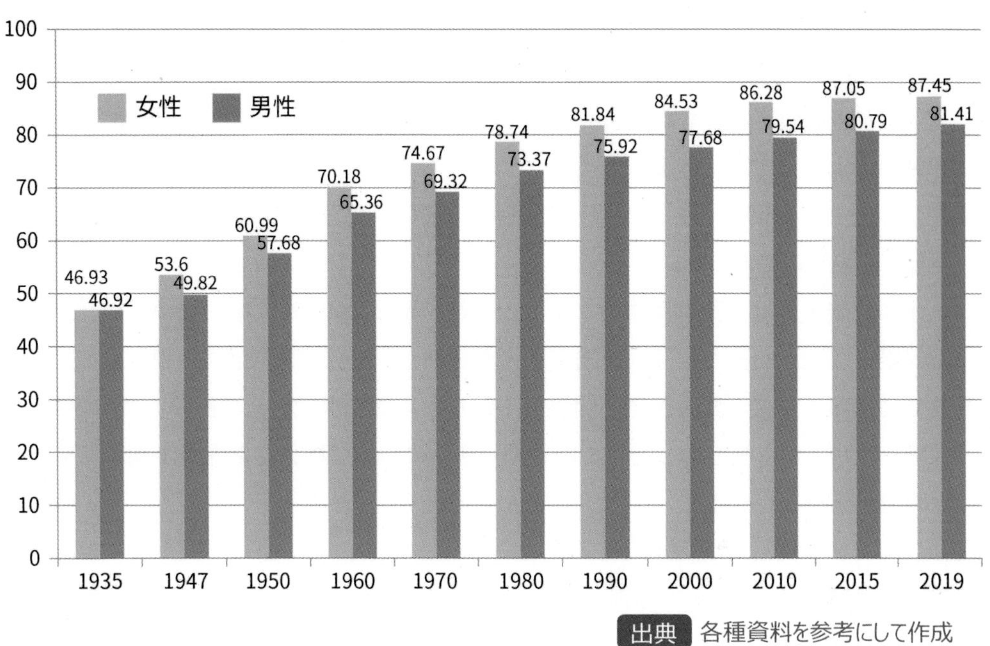

出典　各種資料を参考にして作成

[2] 定期付終身保険

1968 年に、終身保険に定期保険を付加した 2 倍型、3 倍型の定期付終身保険が発売され、1970 年代後半には、生命保険各社とも「定期付終身保険」の発売に踏み切った。この定期付終身保険は、養老保険の時と同様に、終身保険に定期保険特約を添付したものであったが、発売当初の基本的な組み合わせは、「60 歳払済、終身保険 500 万円、定期保険 1,500 万円」であった。

定期保険を、死亡確率やライフサイクルから考慮して、保障期間を 65 歳や 70 歳までに長期の期間を添付すれば、定期保険部分の保険料は高くなる。一方、終身保険の払込期間を長くすればするほど、保険金額が一定であれば、終身保険部分の保険料は安くなる。定期保険と終身保険のいずれも保険料払込期間を長くすれば保険料が安くなり、保険料払込期間を短くすれば保険料が高くなる。

1976年に導入された転換制度を利用して、自動車を下取して、新車を購入するごとく、古い保険を下取して新しい保険に切り替える仕組みを確立した。定期付終身保険を1970（昭和50）年代後半から販売した生命保険各社は、この転換制度を利用して10年も経たないうちに「定期付養老保険」という従来の生命保険を、「定期付終身保険」という新しい種類の生命保険に切り替えた。

1980年代の終わり頃、「（全期型）定期付終身保険」販売も、ほぼ市場を一巡化し、定期付養老保険が全期型からＬ字型へと変化したように、「定期付終身保険」にも1990年代に入るとＬ字型が登場した。このＬ字型の定期付養老保険は、定期保険の部分を10年満期にして、20年30年保障する定期保険よりも割安に高額保障を可能にしたものであった。

生命保険業界は、養老保険のクレームの轍を踏まぬため、自動更新型定期付終身保険を開発した。これは、保険契約者が更新しないことを申出ない限り、これまでと同額までなら健康状態に関係なく新たな年齢で保険料を再計算して、定期保険を更新する方法であった。この自動更新型においては、定期保険が満了して、保障額が下がることはない。

図110　定期付終身保険と自動更新型定期付終身保険

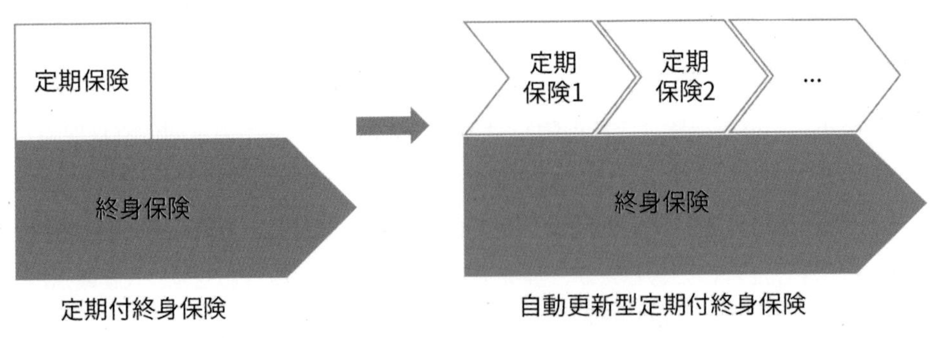

出典　各種資料を参考にして作成

定期付終身保険は、多くの場合、定期保険特約部分の終期を末子が大学などを卒業する時期に合わせ、その後は定期保険特約による死亡保障額がない終身保険として設計される。この保険契約形態は、被保険者のライフ・ステージの変化に合わせて、必要保障額の修正ができる生命保険契約の形態である。

この定期付終身保険は、2000年4月に明治生命がアカウント型保険『ライフアカウント』を発売するまで、各生命保険会社の主力商品として発売されてきた。この定期付終身保険が発売された1968年頃の終身保険と定期保険の割合は、1：1〜1：4程度であった。しかし、全体の保険料が同額である場合、定期保険の割合を大きくすれば保障額が増加するため、定期保険の倍率が高まる傾向が高まり、バブル期以降には25〜30倍型が主流となった。また、終身保険に、定期保険の代わりに、収入保障保険や三大疾病保障保険を付けた契約形態も現れた。

「定期付き終身保険」は、当初「定期保険」が「終身保険」に組み込まれた形であったが、1987年（昭和62年）頃からこれを「定期保険」と「終身保険」に分けた「定期保険特約付き終身保険」として販売されることになった。

一方、生命保険の予定利率は、全期型定期付終身保険が多く販売された時期では、5〜6％であったが、自動更新型定期付終身保険が多く販売された時期では4〜3％に低下していた。生命保険の保険料は、予定利率が低くなれば、高くなるが、自動更新型定期付終身保険の保険料は、予定利率の影響以外にも、年齢が高くなれば保険料も高くなる。

この定期保険特約には、定期保険と同じように「全期型」と「更新型」があり、「全期型」の場合は、その保険料は、保険契約締結時の年齢で計算される。しかし、「更新型」の場合は、更新される定期保険特約部分の保険料は、その特約が更新される時点における年齢で保険料が再計算される。その更新時には、多くが60歳あるいは65歳となるため、その保険料はかなりの高額となっていた。

この「定期保険特約付き終身保険」の苦情としては、次のようなものがあった。第一に、加入時の保険料を抑えるために、定期保険部分を10年程度で更新する特約とする場合が多いが、更新時の保険料は、その更新の時点での年齢によって再計算されるため、上昇することを避けられない。最初の定期保険特約付終身保険の保険契約締結の際に、保険契約者がこの定期保険特約の更新の際には保険料が上昇することについて十分に理解されなかった場合があり、更新時期に急に保険料が上がるため、苦情が提起されることがあった。第二に、定期保険特約は一定期間の間に死亡保障が提供される部分であることについての説明・理解が十分ではなく、保険契約者は一生涯大きな保障が続くものであると思い込んでいた。

[3] 生存保障の強化

1980年代末頃には、生命保険のニーズは、遺族のための死亡保障から、病気やケガ・長生きリスクに備えた「自分のための保険」へと変化していった。

(a) 介護保険（特約）

生命保険会社の介護保険の保険契約方法は、大きく分けて、「主契約」として保険契約する方法と、「特約」として他の主契約に付加する方法の2つがある。一方、損害保険会社の介護保険の保険契約の方法は、主として、「主契約」として保険契約する方法が採られているが、それは、損害保険には、生命保険会社の終身保険のような長期の保険契約が一般的に普及していないためである。介護保障を特約として添付する方法は、一般的には終身保険に添付するが、個人年金保険・養老保険・医療保険・がん保険などにも添付する生命保険会社もある。

その他の方法として、死亡保障や老後保障の生命保険を、一定の時期に介護保障に移行（変更）する方法もある。死亡保障を目的とする「終身保険」や、老後保障を目的とする「養老保険」、「変額保険」などから、介護保障へ移行（変更）する制度の生命保険を販売する生命保険会社がある。

また、民営の介護保険の給付要件としては、介護保険制度で「要介護2以上と認定されたとき」など公的介護保険の要介護認定に連動して保険金が支払われる種類が、近年増えてきている。民営の介護保険は、公的介護保険の要介護度または約款で定めた要介護状態となったときに、一定の金額の介護一時金や介護年金が支払われるものが多い。この他、死亡保障が添付されているものや、一定年齢まで介護状態に陥らず健康であった場合に健康祝金が支払われる特約が添付されているもの、所定の高度障害状態になった場合、高度障害保険金が支払われるものなどがある。

民営の介護保険は、公的介護保険で見られるような年齢による給付の制限はない。公的介護保険で、基本的に65歳以上の被保険者がその対象となり、それ以下の年齢の被保険者に対しては特定の疾病の場合に対象となるという条件が付いている。これに対して、民営の介護保険は、約款に記されている支払条件に該当すれば、年齢によってその担保が制限されることはない。

また、公的介護保険では、被保険者の申請に基づき、審査会で介護が必要であると判断されれば、要介護度の認定が行われる。これに対して、民営の介護保険における要介護認定は、被保険者の診断結果を約款に照らし合わせ、保険会社の担当者などによって行われる。

このような民営の介護保険における給付は、現物給付の公的介護保険とは異なり、現金給付が行われている。この民営の介護保険は、公的介護保険の補完的かつ補充的なものではあるが、公的介護保険の要介護度等の要介護のレベルによって、その支払金額に差を設ける商品は見当たらない。つまり、民営の介護保険では、公的保険などの介護のレベルを支払の要件とはしているが、支払金額の計算の根拠とはしていないのである。

(b) リビングニーズ特約

「リビング・ニーズ特約」は、余命6カ月以内と診断された場合、死亡保険金の一部または全部（最高額3,000万円）を生前に請求することができる特約である。リビング・ニーズ特約は、生前給付特約（リビングベネフィット）とも称される。このリビング・ニーズ特約は、プルデンシャル生命が1992年10月に日本で初めて発売したものであるが、現在は多くの生命保険会社が販売している。

(c) 生前給付保険

生前給付保険は、三大成人病（ガン・急性心筋梗塞・脳卒中）などの特定の疾病になった場合に、死亡保険金や高度障害保険金と同額の保険金を生存中に受け取ることができる保険である。これは、病気やケガの種類を問わず、被保険者が余命6ヶ月と診断された場合、死亡保険金の一部または全部を生前に受け取ることができる「リビング・ニーズ特約」と異なる。

この生前給付保険は、特定の疾病になった場合、死亡していなくても、死亡保険金と同額の保険金を受取ることができ、この生前給付保険金を受取った時点で、保険契約は終了する。三大疾病保障保険、特定疾病保障保険、重度慢性疾患保障保険とよばれるものが、代表的な生前給付保険である。

4. 各種制度

[1] 保険料負担を軽減する制度

1990年代に入ると、高齢化が進展したために生存保障の需要が拡大するとともに、バブル崩壊による資産運用環境が悪化する中で、予定利率の引き下げによる保険料の引き上げが発生した。このような状況下で、保険料負担を軽減するための次の4つの制度が開発された。

(a) 自動更新制度

定期付終身保険などにおいて、定期保険特約の保険期間を主契約である終身保険における保険料払込期間に一致させたことに加え、定期保険特約の保険期間を10年・15年などの短期に設定して自動的に更新する自動更新制度が創設された。この自動更新制度が適用された短期の定期保険特約によって、若い年齢層が加入する定期付終身保険の加入当初の保険料を安く抑えることができるようになった。この自動更新制度によって、定期保険特約の保険期間の終了時に、健康状態の悪化などに関係なく、定期保険特約が自動的に更新され、保障が継続すされるようになった。入院保障特約などの疾病関係特約についても、自動更新制度を適用することによって、若い時期の保険料をさらに安く抑えることが可能になった。

(b) 頭金制度

頭金制度は、保険契約の締結の際に一時払い保険料を保険契約の一部に充当し、平準払い部分の保険料負担を小さくする制度である。この頭金制度は、余裕資金を頭金として支払い、月々の保険料を割安にできるという表向きの理由よりも、他社の保険契約の解約返戻金を頭金にするという「他社保険下取制度」に使われることが多かった。この解約返戻金は、終身保険の主契約に加えて、定期保険特約部分にも充当されるようになり、主契約の終身保険と定期保険特約の両方に充当されるようになった。

(c) ボーナス払併用制度

「ボーナス払併用制度」とは、毎月高い保険料の他に、年２回ボーナス月に追加で払う制度である。住宅・自動車などの購入の際には、ボーナス払を多くし、月々の支払負担を少なくする制度が普及しているが、生命保険においても、ボーナス払併用制度が普及した。このボーナス払併用制度は、６ヶ月ごとに保険料を一括払して支払うボーナス払契約と、月払契約の組み合わせを１つの契約としたものである。

(d) 修正保険料方式（ステップ払込方式）

「ステップ払込制度」とは、最後まで一定額である平準払いの終身保険料を当初10年間は安くして、その後値上がりするという、住宅ローンのステップ償還という考え方を保険に適用したものである。年功序列が一般的であった日本の雇用環境下では、収入は年齢とともに上昇するため、この収入の増加に合わせて支払保険料が増加する形としたのが、修正保険料方式（ステップ払込方式）である。ステップ払込制度によって、保険契約当初の保険料を安くして必要な保障額を確保できるが、一定期間経過後、あるいは一定期間経過ごとに一定割合の保険料が増額されることになる。

【2】保障内容を変更するための制度（転換制度）

(a) 転換制度

転換制度とは、既保険契約を解約して、その責任準備金や積立配当金などを新しい生命保険契約の責任準備金に充当することによって、少ない保険料負担で新しい生命保険の保険契約締結を可能にした制度である。1988年に、定期付終身保険の転換価格を転換後の新保険契約の主契約部分と定期保険特約部分の両方に、同じ比率で充当する比例転換制度が導入された。この比例転換制度は、多くの生命保険会社に普及した。

(b) 中途増額制度、特約中途付加制度

中途増額制度、特約中途付加制度は、既保険契約の保険期間中に、保険金額を増額する制度であり、増額部分の保険金に対応して、保険料も増額される。

(c) 移行制度

移行制度は、終身保険の保険料払込期間の終了後、あるいは個人年金の年金開始時に、その責任準備金や積立配当金などを活用して、死亡保障から年金受け取りに、または終身年金から確定年金などに、当初の生命保険契約における内容とは異なった保障に変更できる制度である。この移行制度は、保障内容変更制度とも称され、生命保険契約自体は、当初の保険契約が継続されることと、保障内容の変更は保険料払込期間の終了後に限られることが、転換制度とは異なる。

5. 終身保険の多様化

[1] 解約返戻金減額型終身保険

解約返戻金減額型終身保険は、例えば60歳までを解約返戻金減額期間と設定した場合、この期間内に解約すると解約返戻金が普通の終身保険の7割に減額されるなどの終身保険である。この解約返戻金減額型終身保険は、一定期間の間の解約を抑制することによって、保険料を安くしているが、保障額や一定期間経過後の解約返戻金は、普通の終身保険と同じである。

[2] 積立終身保険

積立終身保険は、積立期間を60歳までとした場合、この積立期間内に死亡したときには、死亡保険金がそれまで払い込んだ保険料相当額のみとするが、積立期間が終了すれば、死亡保険金が増加する終身保険である。この積立終身保険は、終身の保障よりも長期の貯蓄性を重視し、死亡保障に対する保険料を安くしたものである。

【3】無選択終身保険

無選択終身保険は、生命保険会社による選択が行われないため、健康状態が悪い場合でも加入できる終身保険である。この無選択終身保険には、だれでも無診査で入れる保険もあり、多少健康状態が悪いくらいなら入れる弱体者向け保険もある。保険契約後2〜3年内に死亡した場合の死亡保険金はわずかで、保険料は比較的に高く設定されている。

【4】積立利率変動型終身保険

積立利率変動型終身保険は、運用利率を毎月見直して解約返戻金や死亡保険金が見直される生命保険である。これには、最低運用利回りが保証されているため、変額保険ほどリスクが大きくはない。生命保険契約者の立場からの積立利率変動型終身保険のリスクは、有配当保険と変額保険の中間のようなもので、金利が上昇局面で有利である。

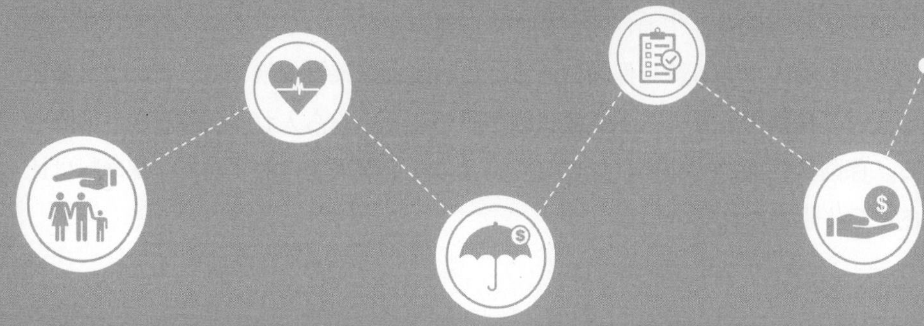

第22章

アカウント型生命保険と収入保障保険

時代の変化と共に生命保険商品も変化してきた。本章では、バブル崩壊後に出現したアカウント型生命保険と収入保障保険について概説する。

1. アカウント型生命保険

【1】アカウント型生命保険の登場の背景

日本における生命保険は、生命保険会社の創業当時である明治時代には終身保険を主力商品としていたが、明治末期から1960年代までは養老保険がその主力商品であったことは、前述の通りである。その後、インフレーションによって既保険契約の遺族保障の不足が発生したことと、子供の独立前の遺族保障の強化などのニーズを反映して、養老保険に定期保険特約を添付した定期付養老保険が主力商品となっていった[102]。

一方、高齢化の進展による生存保障のニーズが高まり、医療保険などの第三分野保険が普及した。しかし、養老保険には満期があり、その満期には医療保障などの特約も保険契約が終了するため、高齢化時代に満期後の保障がなくなる問題点があった。この問題に対応するため、1968年に主契約の死亡保障を終身保険とし、その終身保険に定期保険特約を添付した2〜3倍型の定期付終身保険の発売が開始された。この終身保険は、その保険期間が終身であり、特約定期保険も10年または20年のように長期のものであった。つまり、定期付終身保険は、長期の保険期間の間は、保障額と予定利率が固定されるものであった。1976年に導入された転換制度[103]が功を奏し、既存の定期付養老保険は、急速に定期付終身保険に変わり、1980年代には定期付終身保険が多くの生命保険会社の主力商品となっていった（第21章参照）。これらの生命保険商品の変遷は、平均寿命の延びを反映して保障が必要な時期に十分な保障を提供するためのものでもあった。

---

102 定期付き養老保険は、1948年に2倍型が発売され、1959年に3倍型が発売された。

103 1976年、既契約の解約に伴う解約控除をなくして保険会社が下取し、その解約返戻金で新しい保険に加入できる制度として、転換制度が導入された。この制度は、加入者にとって保険料負担を軽減して、新しい保険に加入できることなどからその利用が急速に普及することになった。

また、インフレーションの状況下で、金利選好意識が高まり、1986年には変額保険が発売され、1999年には変額年金が発売されるなど、生命保険の貯蓄化現象[104]が見られた。この金利選好意識の高まりの中で、高い予定利率が盛り込まれた生命保険は、バブルの崩壊と共に逆ザヤの原因となり、多くの生命保険会社が倒産する一因となった（第10章参照）。

一方、2000年頃から大手生命保険会社によって発売されたアカウント型生命保険[105]は、独身・結婚・出産等のライフステージに合わせて死亡保障を減らすなどの保障内容を見直（縮小）せるものであった。このアカウント型生命保険は、2000年以降に急速に普及し、多くの大手生命保険会社の主力商品となっている。このアカウント型生命保険は、アメリカのユニバーサル保険を参考して開発されたものとされる[106]。

[2] ユニバーサル生命保険の登場の背景

アメリカでは、1970年代後半、激しいインフレーションが発生し、それを抑制するための高金利政策が実施された[107]。このような金利の上昇局面で相対的に金利が低くなった固定金利（予定利率）の終身保険は、次第にその魅力を失い、高い運用利回りで投資するための生命保険契約の解約・失効率が高まった。また、終身保険などのキャッシュ・バリュー（Cash Value；解約返戻金）を担保とした保険契約者貸付の急増とあいまって、生命保険会社から資金が証券会社によるMMF（Money Market Mutual Fund）などに流出する現象が発生した。このような状況

104　武田久義「生命保険における質的変化」『総合研究所紀要』第31巻第2号、桃山大学総合研究所、2005年11月。

105　拙稿「アカウント型生命保険と収入保障保険 ―― ライフステージ別の保障内容の変更と 生命保険商品の展開 ――」『早稲田商学』第439号、2014年3月を抜粋して加筆・修正した。

106　2001年にはAIGスター生命（当時、現在のジブラルタ生命保険）、マニュライフ生命などの外資系生命保険会社からユニバーサル型保険が発売された。

107　1978年末の第2次オイルショックを背景に、アメリカでは、消費者物価が9%上昇し、その翌年の1979年には13.3%上昇するなど、急速なインフレーションが進行していた。また、それまで12%台であったアメリカのプライムレートは、1979年秋には15.75%まで上昇し、翌1980年2月には16.5%になり、1980年12月19日には21.5%として、史上最高に達した。その後も2000年頃までに10%前後を推移した。

下で、生命保険は定期保険のみとし、残りは高利の金融商品に投資しようとする動きが出てきた（buy term and invest the rest）。その対策として、ユニバーサル保険（Universal Life Insurance）が、1979年に、Life Insurance Company of California社（後にE.F. Hutton Life）によって世界で初めて開発された[108]。

このユニバーサル保険は、1980年には中小生命保険会社によって扱われることが多かったが、1981年には主要な大手生命保険会社によっても販売され、1983年までにはほとんどの大手生命保険会社によって販売されるようになった。現在アメリカにおいては、終身保険をはじめとする既存の生命保険を上回る販売シェアを持ち、主力商品としてすでに定着している[109]。日本では、一部の外資系保険会社が発売しているが、本格的には普及していない状況である[110]。

ユニバーサル保険は、自在型保険料・保険金式の生命保険（Flexible Premium Adjustable Life Insurance）と称され、一つの保険契約の中で、積立部分（Cash Value）と保障部分を分離した積立金付定期保険である。つまり、一定の限度内で、保険契約者の払い込む保険料額とその払込時期が自在（Flexible Premium）であり、死亡保険金を調節できる（Adjustable Death Benefit）ものである（保障に重大疾病・障害が含まる場合もある）。

ユニバーサル保険の支払保険料と死亡保障額は、保険契約者が決める。保険契約者からの保険料は積立金に入金され、保障に必要な保険料は、積立金から引き

108 同社は、現在のFirst Capital Lifeとなった。同社が開発したユニバーサル生命保険は、Total Life（Complete Life）と呼ばれた（Douglas C. Doll, A Brief History of Universal Life, Society Of Actuaries, Jan. 1999）。

109 アメリカにおけるユニバーサル保険の占有率は、2008年の金融危機以降の低金利の影響などによって減少し、終身保険が復活する傾向を示している。具体的に、ユニバーサル保険の占有率は、2007年に定額ユニバーサル保険42%・変額ユニバーサル保険14%の合計56%であったが、2012年には定額ユニバーサル保険41%・変額ユニバーサル保険6%の合計47%となった。一方、終身保険の占有率は、2007年に22%であったが、2012年には32%となった（小松原章「近年における米国個人生命保険の動向・特徴」『保険・年金フォーカス』ニッセイ基礎研究所、2013年11月12日参照）。

110 AIGスター生命が「ユニバーサルライフ」（2001年5月）、マニュライフ生命が「マニュフリックス」（2001年10月）、アリコジャパンが「ISユニバーサル保険」（2003年10月）、東京海上日動フィナンシャル生命が「投資型ユニバーサル保険　Prime Life」（2003年11月）を発売している（社名は当時）。

出される。このユニバーサル保険は、決済機能[111]こそ持たないものの、死亡保障額に影響を与えることなく、いつでも積立金の引き出しが可能であり、また、保険料の払込みが自由であるなど自在性がある。このユニバーサル保険は、その保障が一年更新の定期保険であるが、終身保険（Whole Life Insurance）から開発された長期生命保険（Permanent Life Insurance）[112]である。この保障部分の保険料を支払うのに十分な積立金が存在する限り、被保険者がいつ死亡しても保険金が支払われるためである。

しかし、このユニバーサル保険では、積立金がなくなり、そこから保障部分の保険料と経費を支払えなくなると失効する。保障部分は、一年更新の定期保険であるために、責任準備金を持たず、保険料は死亡率をベースにした自然保険料である。

このユニバーサル保険は、終身保険の予定利率が固定金利であるために、金利上昇局面では相対的に低い利率となるため、積立金に高い市場金利を反影した付利ができるようにして発売された保険であることは、前述の通りである。しかし、アメリカにおける政策金利は、2009年以降に概ね0%台が維持されるなど、歴史的な低金利が続いている。このような状況では、ユニバーサル保険の積立金に付利される利率が低下するため、積立金が予測したように増加せず、積立金から保障部分の保険料などを引き出すことができずに保険契約が失効してしまう可能性がある[113]。これを防ぐために、保険契約で規定する最低保険料が期限内に払い込まれている限り、積立金がゼロないしマイナスになっても、一生涯の間または希望

111 決済機能（settlement function）とは、現金を使わずに、銀行の口座振替で支払を行うことができる機能のことである。金融機関に口座があることが条件で、手続きをすれば預金口座にある残高の範囲内で公共料金や商品代金などの支払、送金をすることができる。

112 長期生命保険（Permanent Life Insurance）は、定額の保険金が満期時に支払われる養老保険（Endowment Insurance）、またはすべての契約者に保険金が支払われるために積立金が積み立てられる終身保険（Whole Life Insurance）などを指す。この長期生命保険は、例えば5年または10年などの保険期間内の死亡時にのみ保険金が支払われる定期保険（Term Life Insurance）と大別される。最初の長期生命保険として、18世紀に、固定保険料（平準保険料）の終身保険が発売され、20世紀には、ユニバーサル保険が開発された。

113 大村和也「ユニバーサル保険の失効リスクと無失効保証特約」『生命保険経営』生命保険経営学会、第80巻3号、2012年5月。

する年齢までに失効せずに維持される特約が付された商品が多くなっている[114]。これが第二の保証（Secondary Guarantee または No-laps Guarantee）と呼ばれる長期無失効保証である。しかし、第二の保証の保険料が払い込まれない場合は、失効するため、定期保険のようになる。

一方、変額保険（Variable Life Insurance）[115] は、死亡保険金額や解約返戻金、満期保険金の額が運用成果に応じて変動するものである。この変額保険は、死亡保険金に最低保険金額が設けられているが、この一般勘定で運用される最低保険金額となる部分を除く保険料は分離勘定（特別勘定）（Separate Account）で運用され、保険金がその分離勘定の資産運用の成果によって増減するものである。この変額保険では、保障額は可変であるが、保険料は必ずしも可変である必要はない。また、その保障部分と貯蓄部分の内訳は開示されず、保険事故が発生した場合には、分離勘定の運用資産と一般勘定の積立金（責任準備金）を合計した金額をその支払いの財源とするため、保障と貯蓄が分離された保険ではない。また、資産運用の成果によって保障額が変動するが、保険契約者の必要に応じてその保障額を変更できるものでもない。

また、変額ユニバーサル保険（Variable Universal Life Insurance）は、1985 年に発売されたが[116]、変額保険とユニバーサル保険を合体化した保険である。つまり、変額ユニバーサル保険は、ユニバーサル保険のように自在型保険料・保険金式生命保険であり、変額保険のように投資の選択権を有するものである。この投資の

114　2012年現在、終身期間にわたる契約継続保証付の「終身死亡給付保証型」が37%となっている（小松原章「近年における米国個人生命保険の動向・特徴」『保険・年金フォーカス』ニッセイ基礎研究所、2013年11月12日参照）。

115　アメリカ最大の年金基金である、TIAA-CREF（米教職員保険連合会・大学退職株式基金：Teachers Insurance and Annuities Association-College Retirement Equity Fund）は、1952年に、変額年金保険（Variable Annuities）の取扱を開始した（Committee of Annuity Insurersのホームページ参照（2014年1月31日））。変額年金は、証券取引委員会（SEC）との法律論争の決着を待って、1976年、生命保険会社エクイタブルがその100%子会社エクイタブル・バリアブル・ライフ（EVLICO）を通じて販売を開始した。日本における変額保険は、1986年７月に当時の大蔵省から認可されて、同年10月から販売された。アメリカでは、投資信託と同様、証券法の規制を行っているが、日本では、保険として認可されて、販売された。

116　変額ユニバーサル保険は、PrudentialとAmerica National lifeの2社が全米で初めて1985年4月から発売した（財団法人生命保険文化研究所『生命保険用語英和辞典』財団法人生命保険文化センター、2004年、p.858参照）。

選択権は、変額ユニバーサル保険の積立金に影響を与え、積立金が保証されない。ユニバーサル保険では、積立金が一般勘定で運用されるため、株価などが上昇する時期には高額の配当を期待できない。しかし、変額ユニバーサル保険では、積立金が分離勘定で運用されるため、その勘定の収益率次第では、高額の配当が期待できる長所がある。

変額ユニバーサル保険は、貯蓄部分と保障部分を分離し、資産運用と保険料の選択を保険契約者の責任にしており、投資と保障を分離した商品である。ここでの保障とは、死亡・疾病・障害などである。保険契約者からの保険料は口座に入金され、保障に必要な保険料は、口座を窓口にし、ファンドから引き出される。

変額ユニバーサル保険の運用費用は、積立金に対して何%と、ファンドごとに公開され、保険契約管理費は積立金に対して何%、死亡保障の管理費は死亡保険金の何%、定期保険の保険料は年齢別に月幾らなどである。

図111　ユニバーサル生命保険

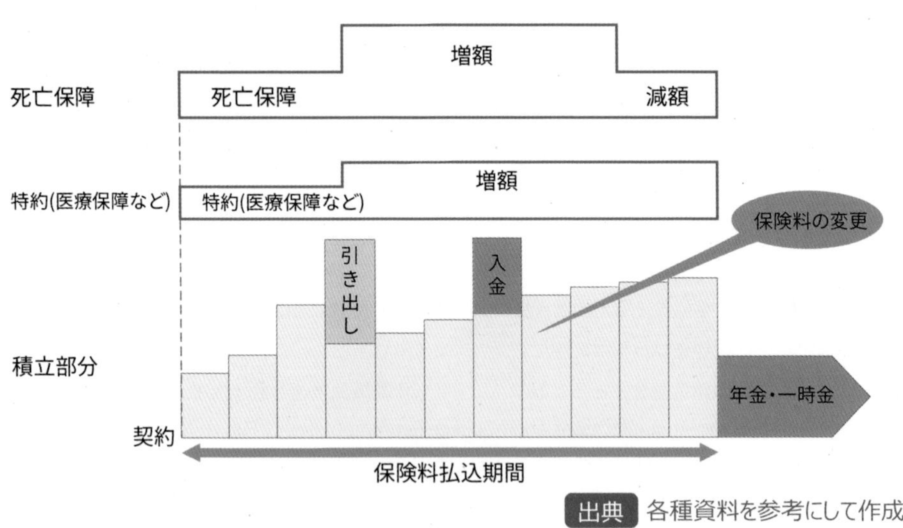

出典 各種資料を参考にして作成

[3] アカウント型生命保険の仕組み

(a) アカウント型生命保険の発売

明治生命(当時)[117] は、2000 年 4 月、従来の主力商品であった定期付終身保険を「売り止め」にし、「ライフアカウント L.A.(3年毎利差配当付き利率変動型積立終身保険)」を発売した。

この商品の名称に「アカウント」という用語が使われていたため、その後、同種の利率変動型積立終身保険のある生命保険が「アカウント型保険」と呼ばれるようになった。明治生命による発売の翌年 2001 年 3 月には、住友生命が「ライブワン」、同年 4 月に朝日生命が「保険王」という名称で、国内大手生命保険会社を中心にしてアカウント型生命保険を続々と発売していた。明治生命の「ライフアカウント L.A.」の積立金管理のシステムは、ビジネスモデル特許を取得した[118]。その結果、明治生命に遅れてアカウント型生命保険を発売した後発の生命保険会社は、その商品の仕組みが少しずつ異なっていた。

「アカウント型生命保険」は、「自由設計型保険」とも称され、生命保険の保障機能と、貯蓄機能が分離された保険で、銀行における預金口座(アカウント)に似た積立金部分である「利率変動型積立終身保険」があるのが特徴である。

当時の明治生命のアカウント型生命保険は、積立部分(主契約)と独立した保障部分(特約)が定期保障(例えば、10〜15年)となっており、その期間中の平準保険料方式の保険になっている。したがって、その保障部分を見直すときには、保険料の更新があり、一般的には保険料は値上がりとなる。

また、2001年3月には、住友生命が「ライブワン」を発売した。アカウント型保険である「ライブワン」には、その保障内容や加入できる年齢範囲によって14種類の商品が存在していた。「ライブワン」のそれぞれは、加入する年齢で分類されていた。例えば、「愛&愛らぶ30型」は15〜75歳、「元気らぶ型」は50〜75歳

---

117 2004年1月1日、明治生命保険相互会社と安田生命保険相互会社が合併し、明治安田生命保険相互会社として発足した。

118 日本国特許「特開2004-326822」(払込保険料評価方法、契約内容変更管理方法、保険管理システム、および保険管理機能をコンピュータに実現させるためのプログラム)として登録された。保険関連のビジネスモデル特許については、拙稿「保険関連のビジネスモデル特許について」『産業経営』第30号、早稲田大学産業経営研究所、2001年12月を参照されたい。

であり、「FAN型」は子供保険であった。

住友生命の「ライブワン」は、アカウントである「保険ファンド」すなわち「利率変動型積立終身保険」を主契約として、定期保険特約や各種医療保険特約を付加するものである。これらの特約には、新介護収入保障特約、三大成人病特約（リガード特約）、重度慢性疾病生前給付特約（Vガード特約）などがある。利率変動型積立終身保険での利率は、最低保証利率付きの固定利率であるが、3年毎に見直される。積立金の引出しには3年間は手数料がかかる（1年目6％、2年目4％、3年目2％）が、それ以降は手数料がかからない。積立金は、一定の投資信託・損保・銀行等への資金移動が可能であり、保険料払込期間の終了後もアカウントのまま継続可能である。

また、2001年4月には、朝日生命が「保険王」を発売した。2010年4月2日より、「保険王」を改訂して「保険王プラス」を発売した。アカウント型保険である「保険王プラス」では、主契約となる「利率変動型積立終身保険」とともに、新たな保障ユニットとして「医療保険（返戻金なし型）(2010)」「普通終身保険（低解約返戻金型)」を加えた。さらに、2011年4月4日より、「保険王プラス」に「特定生活障害年金保険」を付加した「保険王プラス マイサポートプラン」を発売した。「特定生活障害年金保険」は、死亡・高度障害状態に加えて、生活や仕事に支障をきたす所定の状態も保障するものである。

朝日生命の「保険王」には、保険期間が終身である「利率変動型積立終身保険」があるが、利率変動型積立終身保険を主契約として特約の保障を添付するのではなく、単体の保険契約の集合体となっている。この点が、他の生命保険会社のアカウント型生命保険の保障が主契約である利率変動型積立終身保険の特約であることと異なる点である。ここでの利率変動型積立終身保険も独立した保険契約であり、複数の保険商品との間で保険料・保険金・給付金・配当金・積立金などを移管して、それぞれの保険について、保障を見直すことができる。保険料の払込期間である第1保険期間は、全ての保障において統一される。保険料の払い込みが終了すると第2保険期間となり、「死亡保障」と「医療保障」は、それぞれの保険商品について継続（更新）するか満期にするかを選択できる。利率変動型積立終身保険は、第2保険期間で終身保険や年金保険に移行することになっている。

さらに、朝日生命が2011年8月5日に発売した「ハハの幸せ コの幸せ」では、母と子のそれぞれを被保険者（保障の対象者）とする保険商品を、複数で契約する。

母子ともに、「利率変動型積立終身保険」に「医療保険」等を組み合わせて加入するため、「利率変動型積立終身保険」は、母と子の１件ずつの２件となる。この「ハハの幸せ コの幸せ」は、「利率変動型積立終身保険」に、それぞれが単体保険である「医療保険」「障害年金保険」等を２件以上組み合わせることで構成されている。つまり、複数の保険契約をパッケージで保険契約を締結する保険ユニットであり、その複数の保険契約（保険ユニット）の総称が「ハハの幸せ コの幸せ」である。「母の保険」では、利率変動型積立終身保険に「特定生活障害年金保険」「医療保険L（返戻金なし型）(2011)」などを組み合わせる。

一方、保険契約の基礎（主契約）となる「利率変動型積立終身保険」に「定期保険」「医療保険」等を保障部分として組み合わせることで構成される保険は、商品の分類上において「アカウント型生命保険」と称される。したがって、「ハハの幸せ コの幸せ」は、独立的な保険契約を組み合わせる「保険ユニット」であるが、アカウント型生命保険でもある。日本で初めて発売されたアカウント型生命保険である明治安田生命（現在）の「ライフアカウントL.A.」は、単一保険契約である。そして、現在販売されているアカウント型生命保険は、朝日生命の「保険王プラス」を除き、すべて単一保険契約となっている。単一保険契約の「アカウント型生命保険」は、保障部分が特約であるため、主契約が終了されれば、特約も自動的に終了する問題がある。しかし、保険ユニットの「アカウント型生命保険」では、それぞれが独立した保険契約となるため、それぞれの保険契約に保険期間を設定できる特徴がある。

また、三井生命（2019年４月１日に大樹生命保険株式会社に改名）が2001年10月に、「ザ・ベクトル」を発売した。これは、「利率変動型積立終身保険」を主契約として、各種特約を添付できるようにしている。

(b) アカウント型生命保険の特徴

「アカウント型生命保険」は、「自由設計型保険」とも称され、生命保険の保障機能と、貯蓄機能が分離された保険で、銀行における預金口座（アカウント）に似た積立金部分である「利率変動型積立終身保険」がある。支払った保険料は、一旦アカウントと呼ばれる口座に移される。そのうちのいくらかが定期保険や医療保険などで構成される保障部分に保険料として充当され、残りが積立金として運用される。積立金には所定の利息が付与され、払込期間が満了を迎えた時点で、積立金部分の貯蓄額に応じた一時払いの終身保険や個人年金保険へ移行する。

図 112　アカウント型生命保険の仕組み

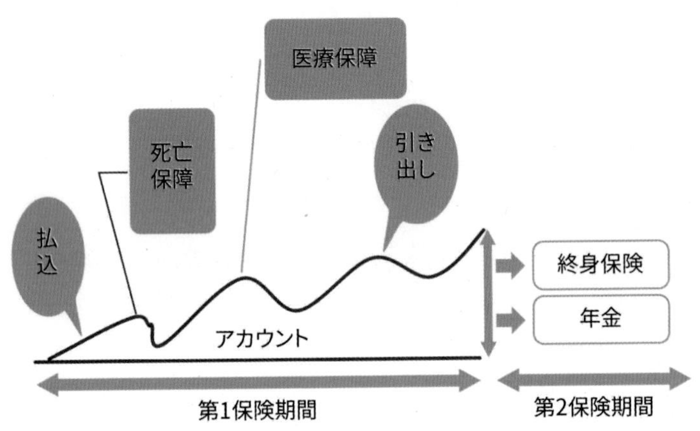

出典　各種資料を参考にして作成

「アカウント型生命保険」は、その主契約が「利率変動型積立終身保険」であり、保障機能は、この主契約に特約の形式で死亡保障または医療保障などが特約として添付されることが特徴である。このアカウント型生命保険の保険期間は、保険料払い込み期間である第１保険期間と保険料払い込み期間終了後である第２保険期間に分けられる。第１保険期間では、契約者が支払った保険料は、一旦アカウントと呼ばれる利率変動型積立終身保険に入金され、その一部が定期保険や医療保険などで構成される保障部分の保険料として充当され、残りが積立金として運用される。積立金（責任準備金）には最低保証の予定利率が設定される。その範囲では資産運用リスクは保険会社が負うものである。しかし、市中金利の変動を反映して、一定の期間毎にこの予定利率を変更できるようにしている[119]。したがって、利率変動型積立終身保険は、保険会社の予定利率が固定となるリスクを制限しているものといえる。

119　明治安田生命・住友生命のそれは、3年毎に変更しており、朝日生命は1年毎に変更できるようにしている。

アカウント（積立金）には、決済機能はないが、積立期間中であれば毎回の保険料から積立金への配分額を変更することによって保障の内容を見直したり、金銭を必要とする急な経済的事情が発生したときに積立金を引き出して使用することが可能である。また、月々の保険料全額を保障部分に充当するのに加え、積立金から毎月一定額を切り崩すことによって、保障部分の保障を厚くするような運用も可能である。

また、第１保険期間では保険契約者が保障内容を自由に選択・買い増し・解約をすることができる。ユニバーサル保険は、保障部分を自然保険料方式による1年更新の死亡保険とし、従来の責任準備金に相当する部分を積立金としたものである。これに対して、アカウント型生命保険は、積立部分と独立した保障部分が定期保障（例えば、10～15年）となっており、その期間中には保険料が固定される平準保険料方式の保険になっている。しかし、保障部分を見直すときには、保険料の更新があり、一般的には値上がりした保険料となる。

第２保険期間は、保険料払い込み期間である第１保険期間終了後の期間である。保障部分が特約である場合は、第１保険期間が終了すると同時にその保障契約が終了する。また、第１保険期間で積み立てられた積立金を原資とし、終身死亡保障、終身医療保障、あるいは終身介護保障、一時金を選択することが求められる。

(c) アカウント

アカウント型生命保険の主契約は「積立金」であり、一般的に、保障は定期保険の「特約」である。アカウント部分は、毎月積み立てられていき、一定期間毎（例えば３年に１回）に保障を見直すための資金となり、保険料支払期間終了後には終身保険などに移行できる。積立金にはある程度柔軟性があり、積立期間中であれば毎回の保険料から積立金への配分額を変更することによって保障の内容を見直したり、金銭を必要とする急な経済的事情が発生したときに積立金を引き出して使用することが可能である。また、積立金そのものから保障部分の保険料へ充当することも可能になっている。つまり月々の保険料全額を保障部分に充当するのに加え、積立金から毎月一定額を切り崩すことによって、保障部分の保障を厚くするような運用も可能である。しかし、積立金部分には決済機能はない。預金口座の役割をする「利率変動型積立終身保険」は、積立部分の金利が保険契約時の利率で固定するのではなく、金利の変化に応じて、予定利率を見直していく。

(d) アカウント型生命保険の保険期間

アカウント型生命保険の保険期間は、保険料払い込み期間である第1保険期間と保険料払い込み期間終了後である第2保険期間に分けられる。第1保険期間とは、保険契約からの保険料払い込み期間のことであり、この期間では保険契約者が生命保険会社に払い込んだ保険料はいったん主契約部分（積立部分）に払い込まれ、その中から必要な特約保険料が自動的に支払われ、残った部分は利息を付けられて積み立てられる。この期間では保険契約者は特約である保障内容を自由に選択・買い増し・解約をすることができる。第2保険期間は、保険料払い込み期間である第1保険期間終了後のことを指し、第1保険期間で積み立てられた積立部分を原資とし、その原資を終身死亡保障、終身医療保障、あるいは終身介護保障等に移行することができる。保険契約者は、この時点で、終身保障または年金、一時金を選択することが求められる。

[4] アカウント型類似の生命保険

保障の見直しができるという点において、アカウント型生命保険に類似した第一生命の「堂堂人生」がある。第一生命が、1999年10月に発売した「堂堂人生」シリーズは、積立金の部分であるアカウントを有しないが、契約の更新による既存の保険契約の予定利率の修正と保障の見直しを可能にしている。2002年1月に組み立て型保険である堂堂人生「保険工房」を発売した。さらに、2004年4月に「保険料払込免除特約」と特定状態収入保障特約「インカムサポート」を付加した新「堂堂人生」を発売している。

このうち、堂堂人生「保険工房」は、「更新型終身移行保険」といわれる保険であるが、全体像は10年更新の定期付終身保険に近いものとなっている。この保険では10年定期保険の10年後の保険契約満了時には「堂堂ファンド」と称する生存給付金が出る。そして、この「堂堂ファンド」を原資にして、新たな「10年間の生存給付金付定期保険」に更新する商品である。この際に健康診断等は必要なく、保険契約が満了した旧保険契約の「堂堂ファンド」は新保険契約の一時払い保険料に充当される。この更新が繰り返される。その結果、この保険では、積立部分であるアカウントを持たずに、保障部分の更新を可能にした。

この「堂堂人生」は、更新される10年定期保険であるので、10年ごとの更新の際に保険料が高くなる仕組みとなっている。この保険の更新の際の新保険契約は、当時の予定利率と新しい年齢で計算することになるので、この時の保険料は、10歳年齢が加算されたことと当時の予定利率の状況に応じて変動（上昇）する。さらに、65歳などの一定の年齢になって10年保険契約が満了したときには、最終の保険契約の「堂堂ファンド」を一時払いの保険料に充当することによって、「終身保険」に移行することになる。

また、同社は、先行する「堂堂人生」と平行して、2008年10月に「順風人生」を発売した。「堂堂人生」と「順風人生」の違いは、主契約が更新型の定期保険から更新なしの終身保険に切り替えられたことである。さらに、2010年9月より「順風ライフ」を発売し、2011年1月より「堂堂人生」「主役人生」の販売を停止し、主力商品を「順風ライフ」へ一本化した。つまり、「更新型の終身移行保険」の「堂堂人生」は、主力商品として発売されたが、それを販売停止にし、従来の終身保険を主契約とする商品に戻したといえる。

[5] 逆ザヤの解消

アカウント型生命保険は、アメリカにおけるユニバーサル保険がモデルであるとされている。ユニバーサル保険は、インフレーションの状況下で、生命保険会社の他金融業界への対抗策として、死亡保障と貯蓄を分離し、貯蓄部分である積立金に対して、市場金利の上昇を反映して変動金利で付利するために導入されたことは、前述の通りである。

一方、アカウント型生命保険の導入の際の2000年を前後（1997～2001年）して、生命保険会社7社が破たんした（第10章、第11章参照）。それは、1980年代末からのバブル経済の崩壊と低金利政策[120]によって、多額の逆ざやを抱えたことがこの破たんの主な原因となった。保険会社の破たん処理の際には、既存の保険契約の保険金が削減されるなど、保険会社のみではなく保険契約者にも多大な影響を

120　低金利政策の影響で市中金利が低下し、新契約に対する予定利率は1980年代の契約当時5.5%前後であったが、2001年には1.5%にまで下がった。

及ぼしていた[121]。この生命保険契約から生じた逆ザヤの問題は、生命保険契約の保険期間が長期であり、その保険契約内容と予定利率が保険契約時のもので、長期の保険期間の間に、固定されていることに起因するものであった。

この逆ザヤを回避する生命保険商品の構造にするためには、保険期間を短期にするか予定利率を変更できる仕組みにすることが求められた。アカウント型生命保険が導入された背景には、生命保険会社の保険契約者のニーズに応えるための商品開発という側面以外にも、生命保険会社が逆ザヤ状態から抜け出したいという危機感があり、予定利率のリスク管理の必要性があった。この生命保険会社が抱える逆ザヤ問題を背景にして、予定利率リスク管理の一環として、アカウント型生命保険が導入された。アカウント型生命保険は、一定期間ごとに特約を更新するようにすることによって、予定利率が更新される仕組みである。

このアカウント型生命保険は、自由自在な設計とライフステージに合わせた保障の変更によって、無駄のない保障を実現できるという生命保険会社の説明と共に、既存の保険契約を急速に切り替えていった。既存の定期付終身保険を解約して、アカウント型生命保険を新保険契約として新しく保険契約することによって、高予定利率を解消してその時の低い予定利率で保険契約することができた。その結果、多くの大手生命保険会社がアカウント型生命保険を主力商品と据えるようになり、生命保険業界は、逆ザヤから脱却することになった。

[6] アカウント型生命保険の問題と販売終了

アカウント型生命保険は、発売当初は雑誌等でそれなりに高い評価を得ていた。明治安田生命は、発売年度である2000年度には、「2000年日経優秀製品・サービス賞最優秀賞」を受賞している。アカウント型生命保険の特徴は、保険料のうち、保障と貯蓄に回す割合を自由に変更できるところにある。必要保障額はライフステージ（独身・結婚・出産等）によって変わってくる。アカウント型生命保険において、月々の保険料を変えずに保障額を変化させることや、保険料自体を変化させることもできる柔軟性を持つ保険商品は確かに魅力的である。しかし、近年

121　この期間に損害保険会社も2社（第一火災、大成火災）が破たんした。さらに、2008年には大和生命が破たんした（拙稿「保険会社の破たん処理と保険契約者保護」『保険論』成文堂、2012年;「保険会社の破たんと契約者の保護」『新保険論』成文堂、2005年）。

では、このアカウント型生命保険の仕組みが、「複雑過ぎて、一般の人には理解できない商品」、または「保険契約者が全く保険の内容を理解していない」とも批判されるようになった[122]。

一方、アメリカのユニバーサル保険は、自由度が高く、各消費者に適した保障をカスタマイズができる優れた保険商品とされる。また、ユニバーサル保険では付加保険料の額が開示され、透明性が高いために信頼度も高いとされる。その結果、アメリカなどでは、全生命保険契約の半分を、ユニバーサルが占めていることは、前述の通りである。しかし、アカウント型生命保険では、支払った保険料の内、どれくらいの割合の額が付加保険料であるのかは開示されていない。

生命保険会社には、できるだけ貯蓄部分に積立金を残さずに保障部分に多くの金額を回そうとする動機がある。生命保険会社の本来の業務は保障の提供であり、販売手数料体系なども保障部分に高く設定されているためである[123]。アカウント型生命保険の保障部分に支払った保険料は保障に対する対価であるので、将来その金額が積立金として残ることはない。

さらに、アカウント型生命保険に添付される定期保険などの特約は積立金の払込満了の60～65歳まで更新していくことができるが、そこで保障は終了となり、それ以降は定期保険の保障を継続することはできないことも問題である。また、特約である定期保険の保険料は、更新時の年齢と予定利率で再計算しているが、この更新は10年や15年ごとに起こり、その度に保険料が1.5～2倍程度高くなる。 その結果、保険契約者が保障を継続することができなくなる場合も想定できる。

また、アカウント型生命保険のアカウント部分の利率は低いので、保険契約者がその積立金を多くするための動機も大きくない。さらに、いくら計画的に積み立てをしたとしても、利率変動型なので、将来の予定利率などに基づいた保険料を予測できず、自分に必要な終身保険に移行できる保証は全くない。その結果、アカウント型生命保険の積立金は、通常、あまり残らない。仮に、予定通りの積立ができたとしても、払込満了時の保険料率（予定死亡率など）が高くなり、保険契約当初に想定していた終身保険金額に変更できないことがある。そのため、アカウント型生

122 『週刊ダイヤモンド』ダイヤモンド社、2012年4月21日号。

123 例えば、保険料10,000円のうち500円程度しか積み立てられていないという事例も多く、毎月500円の積み立てを30年続けたところで18万円にしかならない。この18万円で、変える終身保険の保障額はわずかである。

命保険は、相続税対策などには向いていない保険であるといえる。その影響もあり、住友生命のように、アカウント型生命保険の商品数を減らして従来の終身保険に各種保障を特約として添付する形式の保険に復帰するかのような保険会社も見られた。

さらに、アカウント型生命保険と類似の更新機能を有する生命保険を販売していた第一生命保険も、それを販売停止にし、終身保険を主契約とし、それに各種保障を特約として添付する形式の保険に復帰していることは、前述の通りである。

また、アカウント型生命保険を業界初で発売した明治安田生命は、それを長らく同社の主力商品としていたが、2014 年 5 月に新商品「ベストスタイル」の発売を機にアカウント型生命保険の販売を終了した。この「ベストスタイル」は、主契約がない保険なので、複数の保険（特約）を組み合わせた保険を作ることができるものである。

保険消費者（契約者）は、保険商品の仕組みを理解して、自分に合う賢い消費をすることが求められている。

 収入保障保険

収入保障保険は、「家族収入保険」や「生活保障保険」とも称され、定期保険（逓減定期保険）の死亡保険金を分割して受け取るものである[124]。この収入保障保険は、保険契約の内容によっては、独身・結婚・出産等のライフステージに合わせて死亡保障を減らすことができる保険であり、外資系を含む中小生命保険会社の主力商品の一つになっている。

[1] 収入保障保険の仕組み

収入保障保険は、死亡保障の保険であり、保険会社によっては、「家族収入保険」や「生活保障保険」とも称している。保険契約時に定めた保険期間内に、被保険者が死亡したり高度障害になったりした場合に、残された遺族が、保険金を年金形式で、年払いや月払いで受け取ることができる保険である。その仕組みは、簡

124　拙稿「アカウント型生命保険と収入保障保険 ―― ライフステージ別の保障内容の変更と 生命保険商品の展開 ――」『早稲田商学』第439号、2014年3月を抜粋して加筆・修正した。

単にいえば、定期保険（逓減定期保険）の死亡保険金を分割して受け取るものであり、1983年に、ソニー生命が最初に取扱いを開始したのが始まりとされる。収入保障保険は、外資系を含む中小生命保険会社の主力商品の一つになっている。

この収入保障保険は、保険契約時に定めた保険期間内に、被保険者が死亡または高度障害になった場合に、残された遺族が、保険金を年金形式で、年払いや月払いで受け取ることができる保険である。その仕組みは、簡単にいえば、定期保険（逓減定期保険）の死亡保険金を分割して、一定期間に年金で受け取るものである。

収入保障保険は、保険金が毎年、もしくは毎月支払われるが、その保険金の金額は、子どもの人数や生活水準によっても変わってくるが、10万円くらいに設定する加入者が多いようである。

図113　収入保障保険（60歳まで、毎年120万円受け取りの場合）

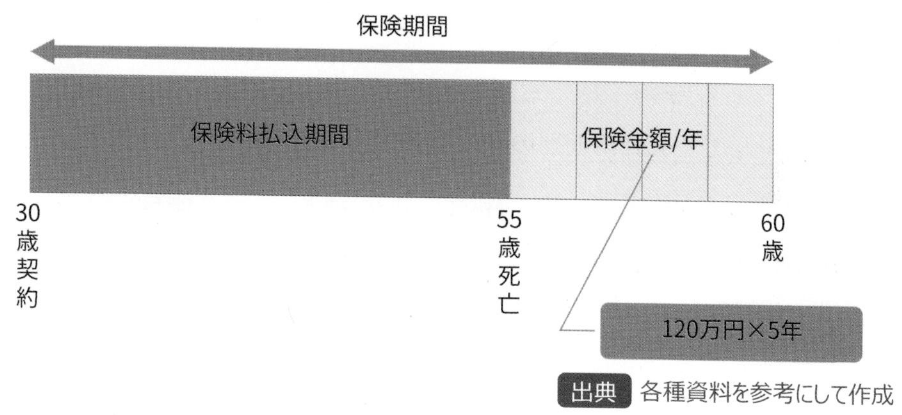

出典　各種資料を参考にして作成

収入保障保険は、年々、保険金額が減っていく逓減定期保険から派生した商品である。55歳で死亡したときには120万円×5年（60歳－55歳）＝600万円の保険金が支払われることになるが、もし59歳で死亡した場合には120万円×1年＝120万円しか受け取れないということになる。死亡保険金（年金）を年120万円、保険期間を30年とした場合、加入して間もなく死亡すれば、120万円×30年で総額3,600万円の年金が支払われるが、加入して20年後に死亡すれば、受取総額は120万円×10年なので1,200万円となる。

図 114　加入期間別の受取年金額累計のイメージ（収入保障保険）

(30歳契約、60歳まで、毎年120万円受け取りの場合)

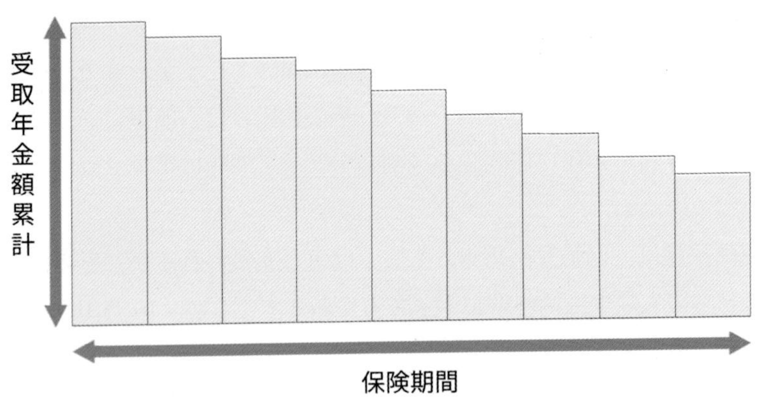

この事例における加入者の死亡時期別の受け取り保険金の累計額は、次の通りである。

表 76　死亡時期別の受け取り保険金の累計額

区　分	保険契約時	2年目	3年目	4年目	・・・
受取年金累計	3,600万円	3,4380万円	3,360万円	3,240万円	・・・
前年との差額	-	▲120万円	▲120万円	▲120万円	・・・

出典 各種資料を参考にして作成

また、保険期間中、いつ亡くなっても年金は一定期間支払われる「確定年金型」「収入保障保険・年額 240 万円・10 年確定コース」に加入した場合、加入後すぐに亡くなっても年額 240 万円の年金が 10 年間、保険期間終了直前に亡くなっても年額 240 万円の年金が 10 年間、保険金が支払われる。

図115 収入保障保険（確定年金型）

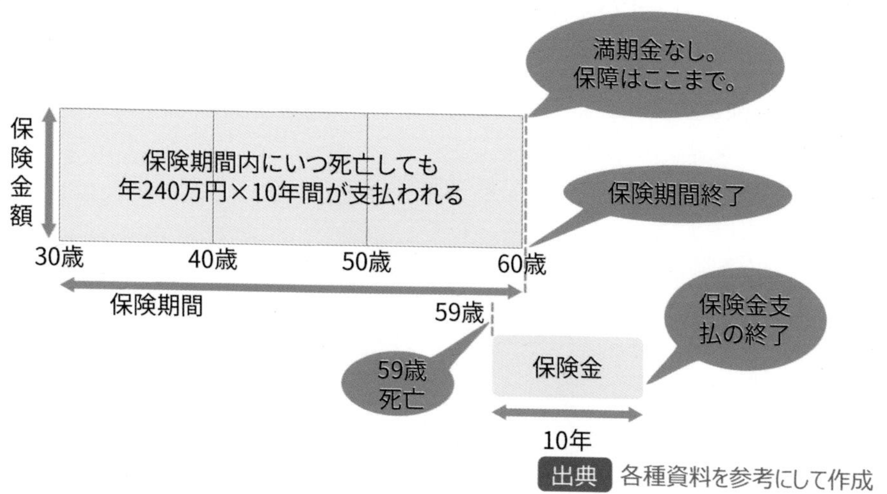

出典 各種資料を参考にして作成

一方、「収入保障保険・年額240万円・60歳満期」に加入した場合、加入後、すぐ亡くなれば、年金が保険期間終了までの30年間に渡って毎年支払われ、加入10年後に亡くなったら20年間、保険金が支払われる。保険会社によって、保険期間終了の直前であっても○年間は支払うという「最低保証期間」を設定している。1年、2年、5年、10年などで最低保証期間が長くなるほど、保険料の負担は高くなる。

図116 収入保障保険（歳満了年金型）

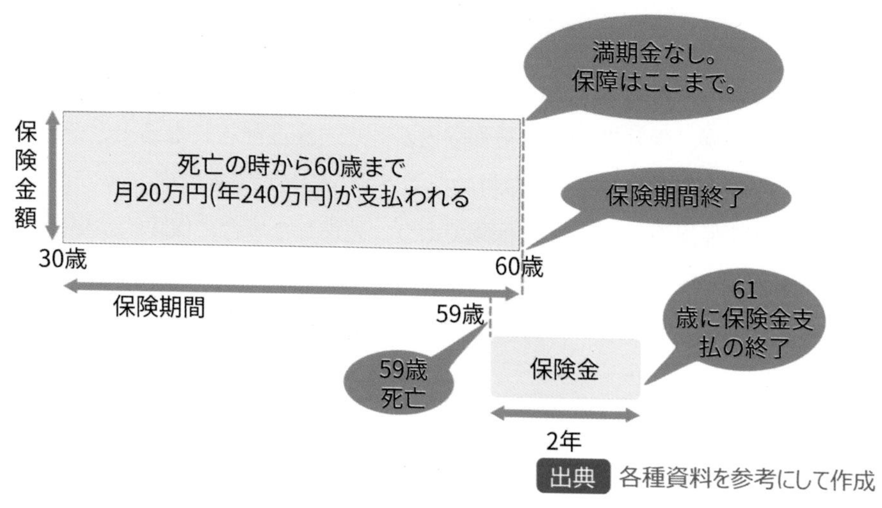

出典 各種資料を参考にして作成

一方、逓減定期保険とは、保障期間中の保険料は一定であるが、死亡保険金額が一定の割合で減っていく保険である。その保険期間が決まっているということで、基本的には「定期保険」に属する。死亡保障が徐々に減少していくため、通常の定期保険よりその分保険料が安く設定されている。

図 117　低減定期保険

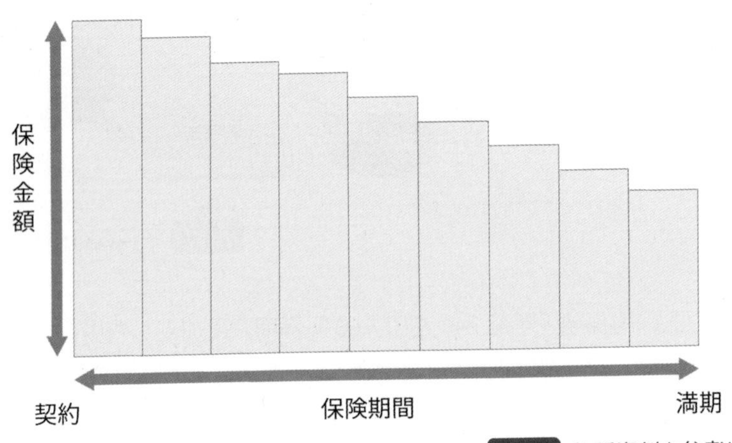

出典　各種資料を参考にして作成

収入保障保険は、保険会社によっては、主契約として加入できる場合と、特約としてだけ添付できるものがある。保険金の受取方法には、主に「確定年金型」と「逓減定期型」の2つがある。確定年金型は、受取期間を10年や15年など予め設定しておき、被保険者が保険期間内にいつ死亡・高度障害になっても、決められた期間内では給付金を確実に受け取ることができる。これに対して、逓減定期型は、定期保険と同様、保険期間内に被保険者が死亡・高度障害になると、その時点から満期までの残存期間中にしか給付金を受け取ることができない。

この収入保障保険[125]は、死亡保険であり、死亡した場合に保険金が支払われる。

125　所得補償保険は、主に損害保険会社が販売する保険商品であり、ケガや病気により就業不能となった場合について、生きている間の収入減に備える保険である。所得補償保険では、契約者本人が死亡した場合には基本的に保険金の支払がないことが、収入保障保険と大きく異なる。つまり、所得補償保険は、契約者本人が生存している場合に、所得が得られないときの収入補償を目的とする保険である。生命保険にも所得を補償する保険があるが、「就業不能保険」と呼ばれる。

収入保障保険は、保険期間が決まっているため、「定期保険」に属し、保険金が毎年、もしくは毎月、一定期間に年金で支払われる[126]。例えば、逓減定期型の場合、60歳までを保険期間とする収入保障保険に加入した場合、55歳に死亡したときには120万円 × 5年（60歳－55歳） ＝ 600万円の保険金が支払われることになる。しかし、59歳に死亡した場合には120万円 × 1年 ＝ 120万円しか受け取れないということになる。

この収入保障保険は、逓減定期保険[127]と類似しているが、保険金の受取方法が異なる。例えば、死亡保険金（年金）を年120万円、保険期間を30年とした場合、加入して間もなく死亡すれば、120万円 × 30年で総額3,600万円の年金が支払われるが、加入して20年後に死亡すれば、受取総額は120万円 × 10年なので1,200万円となる。

収入保障保険における死亡時期別の受取年金総額の推移は、次の通りである。

表77 収入保障保険における死亡時期別の受取年金総額の推移（逓減定期型）

死亡時期	契約後すぐ	1年後	2年後	・・・	20年後
受取年金累計	3,600万円	3,480万円	3,360万円	・・・	1,200万円

このように、収入保障保険では、保険料の払込期間が長くなるほど、支払われる年金の金額（回数）が減っていくことになる。このため、収入保障保険は、期間後半になるほど保険料の割高感が出てくる。したがって、保険期間の後半になると保険料を逓減する制度を取り入れている事例もある[128]。収入保障保険の保険金は、保険事故発生の時点で、年金形式で受け取らず、一時金として受け取る方法に変更することも可能である。ただし、その場合は、総額で受け取る年金額より、

126 収入保障保険の保険金の金額は、子どもの人数や生活水準によっても変わってくるが、10万円くらいに設定する加入者が多いようである。遺族年金という公的保障があり、一家の主が死亡した後の遺族の収入などを考慮する必要がある。

127 逓減定期保険とは、保障期間中の保険料は一定であるが、死亡保険金額が一定の割合で減っていく保険である。逓減定期保険は、保険期間が決まっているということで、基本的には「定期保険」に属するが、死亡保障が徐々に減少していくため、通常の定期保険よりその分保険料が安く設定されている。

128 NSKJひまわり生命の「家族のおまもり」がその事例である。

一時金で受け取る金額が少なくなる[129]。近年、多くの大手の生命保険会社でも、終身保険の特約としての逓減定期保険特約を販売している事例がみられる[130]。

[2] 収入保障保険の特徴

(a) 収入保障保険の概要

生命保険会社全社間のその商品の内容が概ね同一のものとなっている定額死亡保険と異なり、収入保障保険は各社ごとに内容が細かい点で異なっている。その加入方法は、収入保障保険は少し複雑な保険であるためか、アクサダイレクト生命など一部を除いて営業マンによる対面販売が基本になっている。その保険期間は、被保険者が（生きていたとして）何歳に達するまで年金を給付するかを設定する。①年金月額は、万が一のときの月額支給額の上限額は各社で異なっている。②最低支払保証期間は、保険終了期間間近で死亡などが発生した場合にも、年金給付について最低支払保証期間を設定することができる。最低支払保証期間0ヶ月という保険商品もある。③割引は、非喫煙者の場合は安くなる非喫煙者割引や、BMI指数・血圧が適正範囲だと安くなる健康体割引、優良ドライバーの場合は安くなる割引などがある。これらの割引がない生命保険会社もあり、生命保険会社によって微妙に条件が異なる。④保険料払込免除は、三大疾病など、特定の状況になった場合にそれ以降の保険料の支払を免除する特約をつけることができる。生命保険会社によっては、三大疾病の場合は、標準で保険料の払込の免除がついている場合もある。また、年金の給付条件として「死亡・高度障害に加えて三大疾病になったら支払われる特約」をつけられるものもある。

収入保障保険の保険期間は、末子の子供が成人するまでとするのが一般的であ

---

129 保険金の受取方法によって、課税の種類が異なる。一時金で死亡保険金を受け取った場合は、相続税（非課税枠あり）となる。しかし、毎年年金として受け取ると、受け取る年金額が雑所得扱いになる。収入保障保険の保険金が支払われるのは、世代主の死亡などの場合であるため、世帯主の不在による寡婦控除や扶養控除などもある。いずれの方法が有利であるかは、保険金受取人などの財産状況によって異なる。

130 第一生命の「低減定期特約」は、一時金として１回で支払われるものであり、当初の保険金が1年経過するにつれ、5%ずつ減少する。また、明治安田生命の「低減定期特約Ｉ型」は、保険期間が5分の1を経過するにつれ、死亡保険金が10%ずつ減少するものである（2014年1月31日現在）。

る。そのため、保険期間を子供の就学時から大学を卒業するまでなどと定めれば、はじめのうちは大きな死亡保障額を確保しながら、保険料を安くすることができる。定期保険の中では、「収入保障保険」が最も割安な保険である。

(b) 最低保証期間

収入保障保険には「最低支払保証期間」がある。この最低支払保証期間とは、保険期間終了間近で保険事故が発生した場合に、低限の保険金の支払いを約束する期間である。例えば、60 歳までを保険期間とする収入保障保険で、59 歳の時点で被保険者が死亡した場合、最低支払保証期間がなければ、59 歳から 60 歳までの 1 年間しか保険金が支払われない。しかし、最低支払保証期間が 5 年と設定されていれば、59 歳から 64 歳まで保険金が支払われる。ほぼすべての保険会社の収入保障保険にこの最低支払保証期間があるが、その期間は異なる。2 年と 5 年を設けている保険会社が多いが、中には 1 年や 10 年もある。

(c) 収入保障保険の年金額と保険料

収入保障保険の特徴は、死亡保険金が、年金として毎月または毎年に分割されて支払われることと、加入時を最高額として、年数の経過に伴い徐々に受取総額が減っていくことである。収入保障保険の保険金は、保険事故発生の時点で、年金形式で受け取らず、一時金として受け取る方法に変更することも可能である。ただし、その場合は、総額で受け取る年金額より、一時金で受け取る金額の方が少なくなる。したがって、死亡保険金が保険期間中変わらない通常の定期保険と比べ、収入保障保険の保険料はざっと 3 分の 1 程度であるといわれる。また、収入保障保険は、定期保険であるので、満期を迎えればそれ以降の保障額はゼロになり、解約返戻金は基本的にはない。

(d) 収入保障保険と団体信用生命保険

収入保障保険は、住宅ローンの残高に合わせて逓減（徐々に減る）するように保障額を設定することによって、団体信用生命保険の代わりにすることもできる。団体信用生命保険とは、住宅ローンを組んだ人が死亡または所定の高度障害状態になったとき、その保険金で住宅ローンを返済するための生命保険である。住宅ローンを組む時に、ほとんどの金融機関で団体信用生命保険の加入が義務付けられている。この団体信用生命保険が「残債・支払期間」で保険料を判断しているのに対して、収入保障保険は普通の生命保険と同様に「その人の個別性」をもとに保険料が決まるので、若い人は安く済む場合もある。収入保障保険は、通常の生命保険と同様に、加入時の年齢や性別、病歴、喫煙・非喫煙などを個別に考慮して保険料が決定される。

[3] 保険会社の販売戦略

(a) 中小の生命保険会社

収入保障保険は、ライフステージに合わせて保障額が少なくなる合理的な保険であり、既存の定期保険と比べて保険料が安い。また、保険金が年金払いで、一時金の管理に自信のない人でも安心できるものである。この収入保障保険は、死亡・高度障害に加えて、がんを含む三大疾病の場合に保険金を支払うものも多い。このようなことを背景として、外資系を含む中小の生命保険会社各社は、収入保障保険を主力商品の一つにしており、その販売額も急速に伸びていると知られる。この収入保障保険は、生命保険会社の競争が激化する中で、保険契約者のニーズを的確にとらえている保険商品ともいえる。

(b) 大手生命保険会社

国内の大手生命保険会社は、収入保障保険を販売していない。その理由は、次の通りである。

第一に、生命保険の営業社員の販売成績の大半は、保険金額に連動しているが、収入保障保険は、その保険金額が小さい。単純に考えても、収入保障保険の保険期間における平均の保険金額は、定期保険特約付き終身保険などの半分程度となる。また、既存の保険契約者の加入している生命保険を下取りする仕組み（転換）を利用して収入保障保険を販売する場合、下取りする生命保険より保険金額が大きくならないと営業社員の販売成績が計上されないが、必要保障額に合わせて収入保障保険を設計すると、保険金額が少なくなるため、営業社員の販売成績が計上されない（または、少なく計上される）。

第二に、収入保障保険を販売するためには、保険契約者の必要保障額を算出する必要がある。そのためには、保険契約者の家族構成や収入、貯蓄残高、公的年金の加入履歴などプライベートな情報をかなり収集する必要があるが、その情報の収集が難しいとされる。また、保険契約者の属性情報を十分に収集できて、パソコンに入力し必要保障額を算出できたとしても、営業社員が必要保障額の根拠などを説明する知識を持ち合わせていない事例も少なくないとされる。

 3. アカウント型生命保険と収入保障保険

[1] アカウント型生命保険

アメリカでは、超高金利下での他の金融商品との競争という背景の中、ユニバーサル保険が導入された。つまり、アメリカのユニバーサル保険は、インフレーションの状況下での高金利選好意識が高まり、保険契約者に資産運用のメリットのある保険商品を提供し、新たな顧客を取り込むために発売された。

それに対して、アカウント型生命保険は、超低金利下での逆ザヤ問題を解決するためには、既存の高い予定利率の保険契約を新しい保険契約に切り替える必要性があることを背景に開発されたが、超低金利状態で発売されたこともあり、資産運用のメリットを強調したものではなかった。つまり、アカウント型生命保険は、資産運用のメリットを強調して発売されたアメリカのユニバーサル保険と異なり、ライフステージに合わせて死亡保障の見直しができるという点で消費者のニーズに応えた保険商品である。

このアカウント型生命保険を最初に発売した明治安田生命がそのシステムを特許登録したこともあり、後発の生命保険会社が発売したアカウント型生命保険は、その仕組みが少しずつ異なっている。保障分部を「利率変動型積立終身保険」の特約として添付するものと、「利率変動型積立終身保険」と保障分部をそれぞれ単体保険として組み合わせるものがある。さらに、第一生命の『堂堂人生』でみられるように、アカウントを持たずに保障の見直しができる生命保険までが発売された。しかし、いずれの保険商品においても保険契約が更新されることによって予定利率が更新される仕組みであった。 これによって、既契約の高い予定利率が低い予定利率の契約に更新された。

アカウント型生命保険は、独身・結婚・出産等のライフステージに合わせて死亡保障を見直して無駄をなくせる画期的保険という保険会社の説明と共に、既存の高い予定利率の定期付終身保険や養老保険・個人年金保険などを、低い予定利率に猛烈なスピードで切り替えた。この急速な切り替えにより、多くの大手生命保険会社各社は、アカウント型生命保険を主力商品とし、逆ザヤを解消してきた。

このようにして、アカウント型生命保険の普及は、多くの生命保険会社が破たんする中で、逆ザヤ問題を解決することで、生命保険会社の経営を安定させることに大きく貢献した。しかし、アカウント型生命保険は、その仕組みが複雑であるのみならず、第1保険期間が終わると特約である保障の部分も終了し、積立部分の積立金もあまり残らないのが現実であるため、老後保障の問題点として指摘された。その結果、アカウント型生命保険またその類似の生命保険の販売を縮小または廃止し、従来の終身保険に各種特約を添付する形式に回帰する保険会社も見られる。

[2] 収入保障保険

収入保障保険は、アカウント型生命保険と同じ機能であるライフステージに合わせて保障額が少なくなる合理的な保険であり、既存の定期保険と比べて保険料が安い。しかし、収入保障保険は、大手生命保険会社が特約として販売する事例は見られるが、既存の大手生命保険会社の営業社員に受け入られず、主契約として販売している事例は見られない。その結果、収入保障保険は、外資系を含む中小生命保険会社の主力商品となっている。

この収入保障保険は、複数の保険契約となるアカウント型生命保険と異なり、逓減定期型の場合、一つの保険契約の中で、その保障額が時間の経過とともに減少していくものである。したがって、その保険契約の形態が単純である。また、保険金が年金払いで、一時金の管理に自信のない人でも安心できるものである。この収入保障保険は、死亡・高度障害に加えて、がんを含む三大疾病の場合に保険金を支払うものも多い。このようなことを背景として、主に外資系を含む中小の生命保険会社各社は、収入保障保険を主力商品の一つにしており、その販売額も急速に伸びていると知られる。この収入保障保険は、生命保険会社の競争が激化する中で、保険契約者のニーズを的確にとらえている保険商品ともいえる。

参考文献

Harold D. Skipper, W. Jean Kwon, Risk Management and Insurance: Perspectives in a Global Economy, Blackwell publishing, 2007.

赤堀克彦『保険の仕組みが分かる本』金融ブックス、2002 年。

天野卓「所得補償保険を巡る最近の動向」『ニッセイ基礎研 REPORT』ニッセイ基礎研究所、2004 年 3 月。

石名坂邦昭『ファミリーリスク・マネジメントと保険』白桃書房、1999 年。

梅田篤史「高齢社会におけるアカウント型生命保険の課題と可能性に関する考察」『生命保険論集』第 166 号、2009 年 3 月。

伊藤宏一監修「金融商品購入に関する消費者保護」『金融商品なんでも百科』金融広報中央委員会、平成 27 年。

大谷孝一編著『保険論（第 3 版）』成文堂、2012 年 3 月。

大蔵省『新しい金融の流れに関する懇談会「論点整理」』平成 10 年 6 月 17 日。

大谷孝一・中出 哲他『はじめて学ぶ 損害保険』有斐閣、2012 年。

大村和也「ユニバーサル保険の失効リスクと無失効保証特約」『生命保険経営』生命保険経営学会、第 80 巻 3 号、2012 年 5 月。

大森彌・山崎史郎他『新装版 介護保険制度史：基本構想から法施行まで』東洋経済新報社、2019 年。

大塚忠義「銀行の窓口販売による変額年金市場の拡大と縮小に係る考察」『保険学雑誌』第 618 号、日本保険学会、2012 年。

小川功「金融恐慌と生命保険破たん―末期の旭日生命を中心として－」『文研論集』第 120 号、生命保険文化研究所、1997 年。

同　上 「千代田生命の経営破たんと投資政策―投融資先の分析を中心として－」『保険学雑誌』第 566 号、日本保険学会、1999 年。

恩蔵三穂「生命保険会社の破たん処理策をめぐる日米比較」『保険学雑誌』第 562 号、日本保険学会、1998 年。

亀井利明『企業危機管理と仮定危機管理の展開』危機管理総合研究所、2002 年。
同　上『リスク・マネジメント理論』中央経済社、1992 年。
木宮高彦・羽成守・坂東司郎・青木荘太郎『注釈自動車損害賠償保障法』有斐閣、2003 年。
岸田雅雄監修『注釈金融商品取引法第 1 巻 定義・情報開示』社団法人金融財政事情研究会、平成 23 年。
経済産業省編『事業リスク・マネジメント』2004 年。
経済産業省『先進企業から学ぶ事業リスク・マネジメント実践テキスト』2005 年。
同　上『リスクファイナンス研究会報告書～リスクファイナンスの普及に向けて～』2006 年。
鴻上喜芳「生産物賠償責任保険約款の課題」『保険学雑誌』第 636 号、日本保険学会、2017 年 3 月。
小藤康夫『生命保険危機の本質』東洋経済新報社、2001 年。
同　上「生命保険会社の経営危機対応制度とその限界」『文研論集』第 122 号、生命保険文化研究所、1998 年。
同　上「生命保険危機と保険機能の分離―― 金融サービス産業としての生命保険会社 ――」『専修大学 商学研究所報』第 32 巻第 3 号、2001 年 3 月。
酒井悦嗣「海外旅行保険と感染症」『日本渡航医学会誌』2008 年。
先本将人「日本における海外旅行保険の誕生と約款の歴史的変遷」『日本国際観光学会論文集』第 21 号、2014 年 3 月。
佐野誠『世界のノーフォルト保険』損害保険事業総合研究所、2001 年。
同　上「自賠法の改正と自賠責保険の変容」『損害保険研究』第 64 巻第 4 号（損害保険事業総合研究所、2003 年。
自動車保険料率算定会『自動車保険料率・制度の変遷』1994 年。
同　上『自動車保険普通保険約款の変遷』1997 年。
同　上『自動車保険論』第 20 版、1999 年。
下和田功『リスクと保険』保険毎日新聞社、2004 年。
同　上『リスクと保険』有斐閣、2004 年。
鈴木辰紀編著『自動車保険』成文堂、1998 年。
同　上『保険論』成文堂、2000 年。
同　上『新保険論』成文堂、2003 年。
鈴木辰紀『損害保険研究』成文堂、1977 年。
同　上『自動車保険』成文堂、1981 年。

同　上「自動車保険制度の課題」『損害保険研究』第 61 巻 1 号、損害保険事業研究所、1998 年。

同　上『自動車保険の現代的課題』成文堂、2000 年。

田畑康人・岡村国和『読みながら考える保険論 (増補改訂第 3 版)』八千代出版、2018 年。

谷内満『入門 金融の現実と理論 第 2 版』同友館、平成 25 年。

近見正彦・堀田一吉他『保険学』有斐閣、2016 年。

東京海上火災保険株式会社『損害保険実務講座 7 新種保険』有斐閣、1989 年。

出口治明『生命保険入門 新版』岩波書店、2009 年。

同　上『損害保険実務講座 6 自動車保険』有斐閣、1990 年。

東京弁護士会自動車事故処理委員会・日弁連自動車事故相談センター『損害賠償額算定基準』1990 年。

中出哲『海事交通研究』第 61 集「わが国の海上保険の現状の課題と進むべき方向性」一般財団法人山縣記念財団、2012 年 11 月。

中出哲・中林真理子他『基礎からわかる損害保険』有斐閣、2018 年。

日吉信弘『代替的リスク移転』保険毎日新聞社、2000 年。

羽根圭祐『保険契約の会計』中央経済社、2021 年。

保険毎日新聞社『自賠責保険のすべて』2002 年。

藤井一裁「金融サービスにおける利用者保護施策の経緯と課題」『立法と調査』No. 367、参議院事務局企画調整室編集・発行、2015 年 8 月。

堀田一吉『民間医療保険の戦略と課題』勁草書房、2006 年。

同　上『現代リスクと保険理論』東洋経済新報社、2014 年。

同　上『保険学講義』慶應義塾大学出版会、2021 年。

堀田一吉・山野 嘉朗『高齢者の交通事故と補償問題 (慶應義塾保険学会叢書 5)』慶應義塾大学出版会、2015 年。

星野明雄「新型自動車 TAP 開発について」『損害保険研究』第 61 巻 1 号、損害保険事業研究所、1998 年。

松木淳一・荒木靖之「アメリカの変額ユニバーサル保険」『生命保険経営』生命保険経営学会、第 71 巻 2 号、2003 年 3 月。

村林正次「リバースモーゲージ再考」『土地総合研究』2016 年夏号、一般財団法人 土地総合研究所、2016 年。

米山高生『リスクと保険の基礎理論』同文舘出版、2012 年。

李洪茂『保険事業と規制緩和』成文堂、1996 年。

同　上「保険業界の再編について」『早稲田商学』第389号、早稲田商学同攻会、2001年。
同　上「保険会社の破たんとその処理」『紀要』第55号、早稲田大学大学院、2002年。
同　上「保険関連のビジネスモデル特許について」『産業経営』第30号、早稲田大学産業経営研究所、2001年12月。
同　上「保険会社の破たんとその処理」『紀要』第55号、早稲田大学大学院、2002年11月30日。
同　上「人的損害に対する労災保険と自動車保険の交錯」『保険学雑誌』586号、日本保険学会、2004年09月。
同　上「日本における所得補償保険の商品化」『損害保険』第431号、大韓損害保険協会、2004年10月5日。
同　上「保険会社の破たんと契約者の保護」『新保険論』成文堂、2005年。
同　上「日本における生命保険商品の変遷と終身保険」『生命保険』第315号、韓国生命保険協会、2005年4月25日。
同　上「日本における保険会社の破たん処理の変遷」『生命保険』第317号、韓国生命保険協会、2005年6月25日。
同　上「日本における変額年金リスク管理とその問題点(1)」『生命保険』第325号、韓国生命保険協会、2006年3月5日。
同　上「日本における変額年金リスク管理とその問題点(2)」『生命保険』第327号、韓国生命保険協会、2006年5月5日。
同　上「民間医療保険の構造と生損保間の融合」『早稲田商学』第431号、早稲田商学同攻会、2012年3月。
同　上「日本におけるアカウント型生命保険の功績と問題点」『生命保険』第400号、韓国生命保険協会、2012年6月10日。
同　上「定期保険を年金化した日本の収入保障保険」『生命保険』第418号、韓国生命保険協会、2013年12月10日。
同　上「保険会社の破たん処理と保険契約者保護」『保険論』成文堂、2012年。
同　上「自動車保険の販売競争とその影響」『現代保険論集―鈴木辰紀先生古希記念』成文堂、2001年。
同　上「自動車保険の変遷と多様化について」『早稲田商学』第394号、早稲田商学同攻会、2002年。
同　上「確定給付企業年金における受給権保護とその実効性」『早稲田商学』第409・410合併号、2006年12月。

同　上「確定給付型企業年金におけるモラル・ハザードと受給権保護」保険学雑誌、第603号、2009年。

同　上「民営医療保険の構造と生損保間の融合」『早稲田商学』第431号、2012年3月。

同　上「アカウント型生命保険と収入保障保険 —— ライフステージ別の保障内容の変更と 生命保険商品の展開 ——」『早稲田商学』第439号、2014年3月

同　上『リスク・マネジメント論』成文堂、2019年。

同　上『리스크관리론』博英社（韓国語)、2020年。

同　上『风险管理论』博英社（中国語)、2020年。

労働調査会出版局編『労災保険の業務上疾病認定基準の医学的解説 (脳・心臓疾患編)』労働調査会、2006年。

金融庁ホームページ（www.fsa.go.jp）

財務省ホームページ（www.mof.go.jp）

土地総合 library（www.touchi.nla.go.jp）

日本銀行ホームページ（www.boj.or.jp）

索引

う

え

お

か

き

く

け

こ

さ

す

せ

そ

た

ち

な

に

ね

の

は

ひ

ふ

へ

ほ

ま

み

む

め

も

や

ゆ

よ

ら

り

れ

ろ

わ

李洪茂 (Hongmu Lee)

早稲田大学商学学術院教授。

早稲田大学大学院商学研究科博士後期課程修了。

博士（商学）（早稲田大学）

韓国檀国大学校商経大学助教授、早稲田大学商学学術院専任講師、助教授を経て現職。

専門は、保険論、損害保険論、リスクマネジメント論。

主要著作（単著）

『保険事業と規制緩和』成文堂、1996 年（1996 年度日本リスクマネジメント学会優秀著作賞受賞）。

『リスクマネジメント論』成文堂、2019 年。

『리스크관리론』博英社、2020 年（한국어판）。

『风险管理论』博英社、2020 年（中国語版）。

『保険論』博英社、2021 年。

Risk Management —Fundamentals, Theory, and Practice in Asia—, Springer, 2021.

第2版
保険論 -実際とリスクマネジメントへの適用-

初版発行　2021年4月5日
第2版発行　2022年10月1日
著　者　李洪茂（Hongmu Lee）
発行人　中嶋 啓太
発行所　博英社
〒 370-0006 群馬県 高崎市 問屋4-5-9 SKYMAX-WEST
TEL 027-381-8453 / FAX 027-381-8457
E-MAIL hakueisha@hakueishabook.com
HOMEPAGE www.hakueishabook.com

ISBN　978-4-910132-23-5

定　価　2,970 円 (本体 2,700 円 + 税 10%)